VOLUME III
ORDEM E HISTÓRIA

VOLUME III
ORDEM E HISTÓRIA

ERIC VOEGELIN

PLATÃO E ARISTÓTELES

Introdução
Dante Germino (ed.)

Tradução
Cecília Camargo Bartalotti

Revisão técnica
Marcelo Perine

Edições Loyola

Título original:
Order and History, v. III – The collected works of Eric Voegelin, v. 16
© 2000 by The Curators of the University of Missouri
University of Missouri Press, Columbia, MO 65201
ISBN 0-8262-1250-6
All rights reserved.

Preparação: Carlos Alberto Bárbaro
Capa: Mauro C. Naxara
Diagramação: So Wai Tam
Revisão: Maurício Balthazar Leal

Edições Loyola Jesuítas
Rua 1822, 341 – Ipiranga
04216-000 São Paulo, SP
T 55 11 3385 8500/8501 • 2063 4275
editorial@loyola.com.br
vendas@loyola.com.br
www.loyola.com.br

Todos os direitos reservados. Nenhuma parte desta obra pode ser reproduzida ou transmitida por qualquer forma e/ou quaisquer meios (eletrônico ou mecânico, incluindo fotocópia e gravação) ou arquivada em qualquer sistema ou banco de dados sem permissão escrita da Editora.

ISBN 978-85-15-03683-7

3ª edição: 2015
© EDIÇÕES LOYOLA, São Paulo, Brasil, 2009

Plano da obra
ORDEM E HISTÓRIA

I Israel e a revelação
II O mundo da pólis
III Platão e Aristóteles
IV A era ecumênica
V Em busca da ordem

Sumário

Prefácio do editor   9
Introdução do editor   11
Prefácio   53
Sumário analítico   55

Parte 1   Platão

Capítulo 1   Platão e Sócrates   63
Capítulo 2   O *Górgias*   85
Capítulo 3   A *República*   107
Capítulo 4   *Fedro* e *Político*   195
Capítulo 5   *Timeu* e *Crítias*   229
Capítulo 6   As *Leis*   273

Parte 2   Aristóteles

Capítulo 7   Aristóteles e Platão   327
Capítulo 8   Ciência e contemplação   349
Capítulo 9   A ciência da pólis   371
Capítulo 10   Sobre tipos de caracteres e ceticismo   415

Índice remissivo   431

Prefácio do editor

O texto desta nova edição do volume III de *Ordem e história* de Eric Voegelin é o mesmo que o da primeira edição publicada pela Louisiana State University Press em 1957, exceto pela revisão discreta de pequenas idiossincrasias estilísticas e erros tipográficos ocasionais. Não pude me convencer, no entanto, a alterar a predileção de Voegelin por "por princípio", trocando-a pelo uso padrão de "em princípio", porque essa peculiaridade e outras idiossincrasias que não perturbam a clareza fazem parte do charme do livro.

Deste modo, foram feitos todos os esforços para que o texto permanecesse como o próprio Voegelin o deixou. Abstive-me, por exemplo, de adicionar [às notas] publicações mais recentes sobre Platão e Aristóteles com base em que é impossível saber quais das muitas obras secundárias publicadas desde então o próprio Voegelin teria decidido incluir em suas anotações caso estivesse vivo para revisar pessoalmente a edição.

A principal mudança é o acréscimo de uma introdução escrita por mim, resultado de minha própria interação com a obra, há quarenta anos minha companheira mais estimada no ensino e na reflexão sobre os cofundadores da teoria política.

Resta apenas o prazer de expressar os seguintes agradecimentos: Ellis Sandoz, tanto por seu convite para que eu realizasse este trabalho como por suas inestimáveis opiniões; Jonathan Rice, da Alderman Library, Universidade de Virgínia, por compilar as resenhas discutidas e por outras assistências bibliográficas especializadas; e meus amigos e colegas estudiosos de teoria política que leram a introdução e fizeram comentários a respeito dela: professores Timothy Collins, Meindert Fennema, Benedetto Fontana, Manfred Henningsen, Thomas Hollweck, Andreas Kinneging, George Klosko, Jeffrey Miller, Athanasios Moulakis, Chaiwat Satha-Anand, Thomas W. Smith, Kenneth W. Thompson e Arjo Vanderjagt, nenhum dos quais está envolvido no que eu digo ou em como o digo, o que, na verdade, vai contra os conselhos de alguns deles. *Mea culpa, mea culpa, mea maxima culpa.*

Por fim, agradeço a Beverly Jarrett, editora chefe da University of Missouri Press, e a Jane Lago, editora administrativa, por fazerem de meu trabalho uma alegria. Voegelin é de fato afortunado por ter a maior parte de suas *Obras coligidas* publicada por essa editora notável, dedicada aos mais elevados padrões.

DANTE GERMINO
Amsterdã
Dezembro de 1998

Introdução do editor

Este volume, em particular a parte sobre Platão, é, de todos os livros de Eric Voegelin, o favorito do autor. Nele Voegelin conseguiu, praticamente sozinho, resgatar Platão das mãos dos anacrônicos, que o julgavam "de acordo com um código de consciência estrangeiro", para utilizar as palavras do grande tributo de Auden a Yeats. Professores e alunos submetidos a traduções equivocadas de termos fundamentais, como *ariste politeia* para "Estado ideal", e de entendimentos imprecisos de *philosophia* como o equivalente a ideologia foram subitamente libertados dessas armadilhas, desde que estivessem preparados para levar Voegelin a sério, como eu sei, por minha própria experiência de uma vida inteira como professor, que muitos estavam. Durante os quarenta anos que lecionei a história da teoria política, este livro foi meu companheiro constante e, portanto, recebo como um profundo privilégio a tarefa de escrever a introdução a esta sua nova edição. Nela, dedico atenção especial a Platão, a quem Eric Voegelin devotou bem mais atenção do que a Aristóteles. Isso não quer dizer que eu não considere importantes os capítulos sobre Aristóteles, pois não seria fácil encontrar tratamento mais sucinto e erudito para a *Ética a Nicômaco* e para a *Política* na literatura especializada.

Começo por uma breve tentativa de situar as reflexões de Voegelin sobre Platão, publicadas em 1957 como o volume III de *Ordem e história*, no contexto de sua *Nova ciência da política* e, acima de tudo, do que se tornou, desde então, o conjunto completo de sua *opus magnum*. Isso deve nos ajudar a melhor compreender o volume III em si, e também a entender o lugar extraordinário ocupado pelo grande ateniense na filosofia da ordem de Voegelin e em sua relação com a história. A segunda parte contém um comentário tão detalhado quanto possível no espaço desta introdução sobre o livro agora aqui republicado. Uma terceira e curta seção examina o próprio Voegelin na "posição platônica" — para usar as palavras dele mesmo. A parte final é uma discussão de algumas das resenhas mais importantes sobre o livro.

1 Platão em Voegelin

Com a publicação, em 1952, de suas conferências Walgreen na Universidade de Chicago sob o título *A nova ciência da política*, Voegelin já havia indicado a posição singular de Platão e Aristóteles na história da teoria política. De fato, eles foram os seus cofundadores, com Platão tendo a primazia tanto cronológica quanto substantiva. Assim, foi Platão quem descobriu o "princípio antropológico", de acordo com o qual a pólis é o homem escrito em letras grandes, para existir em tensão com o princípio cosmológico do mito (a sociedade é o cosmo escrito em letras pequenas). Platão recebe o crédito de ter, de uma vez por todas, produzido "uma ruptura [...] na ideia de que a sociedade não representa nada além da verdade cósmica. [...] Uma sociedade política [...] terá de ser um *cosmion* ordenado, mas não à custa do homem"[1].

Dois outros pontos importantes referentes à interpretação de Platão foram esboçados por Voegelin na *Nova ciência*: primeiro, que Platão não pretendia apresentar "uma filosofia do homem" entre outras, mas engajar-se concretamente "na exploração da alma humana e da verdadeira ordem da alma que se revela dependente da filosofia no sentido estrito do amor pelo *sophon* divino"[2]. Segundo, que as construções de Platão, na *República* e nas *Leis*, de sociedades-modelo ou "paradigmáticas" não pareciam "fantasias extravagantes" para os seus contemporâneos porque eles tinham a lembrança viva da vitória de Maratona e a tragédia como um culto público representando a verdade da alma. "Aqui, por uma hora dourada de história", espírito e poder estiveram em miraculoso equilíbrio[3].

---

[1] Eric VOEGELIN, *The New Science of Politics* [1952], com um novo prefácio de Dante Germino, Chicago, University of Chicago Press, 1987, 61. *The New Science of Politics* também está disponível em *The Collected Works of Eric Voegelin 5: Modernity without Restraint*, Columbia, University of Missouri Press, 2000.

[2] Ibid., 63, ênfase acrescentada.

[3] Ibid., 71.

No volume I do que viria a ser a sua obra em cinco volumes intitulada *Ordem e história*, publicado em 1956, Voegelin indicou que, acima de tudo, Platão deveria ser lembrado por ensinar nas obras de sua última fase que todo mito tem a sua verdade, de forma que o seu legado estava longe de ser o do dogmático ou "idealista" utópico rígido apresentado em boa parte da literatura interpretativa. É verdade que o "amor do ser" de Platão inspirou nele uma intolerância pelas simbolizações inadequadas de uma existência não reflexiva — as histórias fabulosas do "mito antigo" expostas ao ridículo na *República*, por exemplo —, mas seu "amor à existência" inspirou-lhe uma "nova tolerância [...] pelos caminhos tortuosos em que o homem se move historicamente para mais perto da verdadeira ordem do ser"[4]. Assim, a tensão no pensamento de Platão refletia a tensão de sua experiência de participação na *metaxy*, ou na Mistura, da vida humana. Além disso, nesse volume Voegelin destacou que, em comum com a revelação, a filosofia conforme elaborada por Platão representava um "salto no ser". Como a revelação, a filosofia é "mais do que um aumento de conhecimento da ordem do ser; é uma mudança na própria ordem". Ao lado da revelação, a filosofia, "longe de ser um ponto de vista subjetivo, é um evento ontologicamente real na história"[5].

No volume II de *Ordem e história*, intitulado *O mundo da pólis* (publicado simultaneamente com o volume III, em 1957), há inúmeras referências a Platão, principalmente associadas ao fato de que a filosofia não surgiu ao estilo Minerva, plenamente crescida da cabeça de Platão, mas teve uma longa pré-história de que participaram muitos visionários talentosos, entre eles Xenófanes, Heráclito e Parmênides. De fato, ele diz que "a filosofia, no sentido estrito [...] é criação de Parmênides e Platão". A filosofia, portanto, "é não somente *uma* verdade *sobre* o Ser; é *a* Verdade *do* Ser proclamada pelo 'homem que sabe'. No meio da especulação, o filósofo reproduz o próprio Ser". A filosofia, de fato, como Parmênides nos mostrou, é "uma encarnação da Verdade do Ser"[6]. A contribuição da Grécia para a experiência da humanidade não acontece no nível da história pragmática, "mas por meio de sua articulação na forma simbólica da filosofia, [um] simbolismo... que se alegava ser cientificamente válido para todos os homens"[7]. Embora os pré-socráticos, em especial Parmênides, tenham tido participação na descoberta e

---

[4] ID., *Ordem e história* I: *Israel e a revelação* [1959], São Paulo, Loyola, 2009, 55.
[5] Ibid. 54, 182.
[6] ID., *Ordem e história* II: *O mundo da pólis* [1957], São Paulo, Loyola, 2009, 289, ênfase acrescentada.
[7] Ibid., 102-103.

| Introdução do editor

na articulação dessa forma simbólica, foi Platão quem a salvou da desculturação e da destruição pelos sofistas e, no processo, "magnificamente enriquecido"[8].

No entanto, também os sofistas contribuíram para o sucesso de Platão em expressar o apogeu da ordem grega, pois "a grande realização dos sofistas na organização material das ciências da educação, da ética e da política tem de ser reconhecida tanto quanto sua decisiva deficiência filosófica" para que possamos compreender o "repentino e magnífico desenvolvimento via Platão e Aristóteles" em seu contexto apropriado. "O gênio filosófico era uma propriedade de Platão, mas as matérias às quais aplicou o seu gênio tinham de ser amplamente preexistentes."[9]

Uma vez mais, Voegelin alerta contra a prática anacrônica da maioria dos intérpretes modernos do pensamento político de Platão, que estabeleceram uma convenção pela qual "as preocupações de grande alcance da filosofia clássica da ordem" foram ignoradas e substituídas pelos "interesses restritos do constitucionalismo moderno"[10]. "Seria um lamentável equívoco", escreve Voegelin, usando um termo ameno, "interpretar essa convocação intensa [de Platão] a uma reforma espiritual como um projeto racional de uma 'constituição ideal'". A *República* deve ser lida como um apelo dirigido aos atenienses "com a autoridade espiritual do filósofo"[11].

Em *O mundo da pólis*, portanto, Voegelin nos apresenta um Platão que, longe de ser um idealista sem contato com a realidade empírica, é, de fato, um "realista espiritual". O "idealismo" atribuído a Platão por intérpretes modernos é na verdade "a tentativa de superar um pesadelo [o que Atenas se tornou em sua queda da grandeza] por meio da *restauração da realidade*"[12]. O símbolo do rei-filósofo na *República* não era uma ideia utópica ou um sonho idealista: ele foi apresentado para dramatizar e realçar o *insight* da nova ordem da filosofia, qual seja, que "o espírito tem de estar associado ao poder a fim de tornar socialmente efetivo. [...] [E]ssa demanda [...] provém do pensamento do patriota que vê o poder de sua pólis desintegrando-se em virtude de não estar vinculado ao espírito"[13]. Platão, o patriota, Platão, o realista (realismo que não tem nada a ver com a sua associação do século XX ao niilismo) e, acima de tudo, Platão

---

[8] Ibid., 290.
[9] Ibid., 355 e 356.
[10] Ibid., 107.
[11] Ibid., 262.
[12] Ibid., 238.
[13] Ibid., 317.

como um meio importante por intermédio do qual o salto no ser pelo amor da sabedoria entrou na existência humana — este é o Platão com quem Voegelin começou a escrever a sua extensa análise no volume III de *Ordem e história*.

Mas não devemos esperar que Platão desapareça dos últimos volumes de *Ordem e história*. Para Voegelin, assim como para Emerson, Platão era filosofia e filosofia era Platão. De fato, Voegelin mal disfarçava o fato de que aspirava a ser um Platão para os nossos tempos e que via a si mesmo "na posição platônica". Este é um tema ao qual retornaremos.

Assim como Platão escreveu sobre o entendimento filosófico como algo que de repente se inflama na alma como uma chama crepitante, no volume III Voegelin escreveu sobre Platão numa linguagem flamejante embebida de paixão. De fato, a filosofia em suas origens teve pouco a ver com o modo como passou a ser vista na era moderna, na qual, com muita frequência, o que é chamado de filosofia ou é conduzido como se fosse um jogo intelectual destituído de entusiasmo ou energia em que o *logos* é reduzido a lógica, ou é expandido num sistema ideológico gnóstico, manipulado por assassinos totalitários e seus asseclas.

Em seu capítulo sobre o *Górgias*, o assassinato — o assassinato judicial de Sócrates pelo *demos* ateniense — é o tema central da disputa entre Sócrates e os sofistas. Pode-se dizer que este seja o maior capítulo dessa grande obra. Pois a filosofia está estreitamente associada à "resistência de Platão à desordem da sociedade circundante e [a] seu esforço para restaurar a ordem da civilização helênica por meio do amor à sabedoria"[14]. A precondição para tal resistência torna-se o reconhecimento de que as prioridades existenciais do mundo helênico se inverteram. De fato, apenas essa inversão pode explicar o assassinato de Sócrates, o homem mais justo de seu tempo.

Para Platão, a filosofia torna-se portanto uma relação dramática, uma fome erótica pela realidade tão intensa que por vezes só com dificuldade pode ser distinguida de um desejo homoerótico[15]. A *Carta Sétima* de Platão, de acordo com Voegelin, "iguala-se em importância à *República* e às *Leis* para o entendimento da política platônica". O profundo e apaixonado amor de Platão por Dion, sobrinho de um tirano de Siracusa, que tinha vinte anos por ocasião de seu primeiro encontro com ele, quando Platão tinha quarenta, acaba se tornando o eixo de uma proposta federação de buscadores da sabedoria com propósitos semelhantes que, associados uns aos outros, aspiravam a um redespertar

---

[14] *Ordem e história* III: *Platão e Aristóteles* [1957], São Paulo, Loyola, 2009, 65.
[15] Ibid., 89 s.

espiritual e político de Atenas e do mundo helênico em geral. O esforço de Platão foi um fracasso em seu objetivo imediato. "Ainda assim, foi um sucesso, provavelmente além de qualquer expectativa mantida por Platão na época [...] na medida em que, em seus diálogos, ele criou os símbolos da nova ordem de sabedoria, não apenas para a Hélade, mas para toda a humanidade"[16].

No volume III de *Ordem e história*, portanto, Voegelin vislumbra em Platão uma tensão entre o amor ao ser e o amor à existência. O amor ao ser está constantemente atraindo Platão da caverna para a realização na morte além do tempo e do mundo, mas o amor à existência o traz de volta para lançar uma luz indireta sobre os problemas encontrados na *metaxy*, ou na Mistura da vida humana. Se lêssemos apenas as passagens que evocam o amor ao ser, Platão soaria como um gnóstico, odiando o corpo como um "túmulo" e desejando apenas escapar dele. Porém, Platão sabia que não existia nenhum caminho para a vida do espírito que não passasse pelo corpo e, portanto, a existência no orgulho da vida era algo para ser segurado e saboreado, pois elevando-se acima dos ritmos da duração e da passagem ergueu-se essa coisa chamada homem.

Embora com dezessete anos de separação, o volume IV de *Ordem e história* (*A era ecumênica*) guarda total continuidade com a apresentação de Platão no volume III e oferece-nos uma descrição das principais percepções de Platão sobre a existência na Mistura, uma descrição que podemos ler tendo em vista o volume III, de forma a melhor interpretar o seu significado. Acima de tudo, compreenderemos melhor o "realismo" de Platão em sua relação com os problemas da política cotidiana.

Platão e Aristóteles não eram "moralistas", Voegelin nos diz, que tentavam impor as virtudes do filósofo (ou do *spoudaios*, ou homem maduro, na expressão de Aristóteles) ao restante da população. Eles tinham, antes, perfeita consciência de que a sociedade é "uma multiplicidade de 'pessoas'" de diferentes graus de realização das virtudes. Assim, eles foram capazes de resistir ao "apocalipse moralista" dos sonhadores gnósticos, que ficam ansiosos para assumir o controle da realidade depois que descobrem "que o *plethos* [ou todo o campo social] não consegue corresponder" aos padrões mais elevados[17].

---

[16] Ibid., 66.
[17] *Ordem e história IV: A era ecumênica* [1974], São Paulo, Loyola, 2009, 263. Ver Dante GERMINO, Eric Voegelin on the Gnostic Roots of Violence, *Occasional Papers* 7, Eric-Voegelin-Archiv, Universidade de München, fevereiro de 1998, para uma discussão do tratamento do gnosticismo na obra de Voegelin.

Platão e Aristóteles estavam "plenamente conscientes dos seguintes fatores que estão além do controle humano":
1. "A realidade não é uma ordem de coisas estática dada a um observador humano de uma vez por todas; ela se move [...] na direção da verdade emergente. A existência do homem [...] no movimento [...] não é uma questão de escolha."[18]
2. "Alguns contextos étnicos e culturais parecem ser mais favoráveis ao surgimento da consciência noética do que outros."[19]
3. "Uma aldeia tribal primitiva é materialmente restrita demais para deixar espaço para o *bios theoretikos*."[20]
4. "A participação no movimento noético não é um projeto de ação autônomo, mas a resposta a um evento teofânico. [...] O evento teofânico não está sob [nosso] comando. Ninguém sabe por que ele acontece num determinado momento da história, por que não antes ou depois."[21]
5. "A resposta ao evento teofânico é pessoal, não coletiva. [...] Pode-se subir da caverna para a luz, mas a subida não cancela a realidade da caverna. [...] O que se torna manifesto não é uma verdade na qual se possa repousar para sempre, mas a tensão da luz e do escuro no processo da realidade."[22]
6. "Platão e Aristóteles estavam preocupados em fazer da vida da razão uma força ordenadora na sociedade de sua origem. Eles criaram os paradigmas [...] para esse fim." Porém, seu realismo era "impecável". Seus paradigmas não devem ser vistos como "estados ideais" no abstrato, mas como afirmações que proporcionam orientação para a cultura específica da qual a filosofia surgiu: a helênica. Infelizmente, nós que os lemos hoje vivemos no meio de um "clima de opinião em que os paradigmas são interpretados como 'ideais' ou 'utopias'"[23].

Platão, declarou dramaticamente Voegelin no volume IV, estava tão longe de ser um "utópico" ou um "idealista" que pôde observar com "equanimidade" a "supressão" de sua visão de realidade política paradigmática "pelo mesmo processo que a havia deixado surgir", porque sabia que "a verdade da realidade não é afetada em sua validade pelo esquecimento"[24].

---

[18] *Ordem e história* IV, 284.
[19] Ibid.
[20] Ibid.
[21] Ibid., 285.
[22] Ibid.
[23] Ibid., 285-286.
[24] Ibid., 291.

"Vivendo no presente, com uma alma jovem", como participante do "drama contínuo da teofania", Platão não se sentia "tentado a elevar um evento particular, como, por exemplo, sua própria diferenciação de consciência noética, à posição de uma meta em direção à qual toda a humanidade vinha se movendo desde o princípio"[25]. Ele não impunha uma finalidade apocalíptica aos significados que irrompem na consciência do homem.

No volume V (*Em busca da ordem*), Voegelin teve muito a dizer sobre Platão, incluindo um exame adicional do *Timeu*. Mais importante, ele resumiu a "obra de uma vida" de Platão como sua "exploração da experiência da busca [pela realidade], de seus movimentos e contramovimentos humano-divinos, da subida à altura do Além e descida à profundeza cósmica da alma, às meditações anamnésicas, à análise da existência nas tensões entre vida e morte, entre *nous* e paixões, entre verdade e sonhos obstinados, à Visão (nas *Leis*) da força formativa divina". Platão nos deixou com um "drama intensamente consciente da busca" e com a "realidade da consciência e de sua simbolização luminosa na existência de um filósofo"[26].

Embora as citações imediatamente precedentes tenham sido de uma obra escrita muito depois de *Platão e Aristóteles* ter chegado às livrarias, em 1957 — na verdade, essas citações provavelmente foram escritas não muito antes de sua morte, em 1985 —, podemos pressupor que elas estivessem "permanentemente presentes" na consciência de Voegelin quando ele escreveu o volume III. Elas devem nos ajudar a entrar no espírito da obra de Platão: o grande ateniense não ofereceu um sistema fechado de verdade ideológica, e transcendeu em muito as paixões mesquinhas da política concebidas como "quem ganha o que, quando e como". Em Platão, segundo Voegelin o revela para nós, há uma combinação de um visionário e de um homem prático que respeitava a vida de ação, porém respondia à realidade da presença divina como uma ação de importância transcendente. Ele não estava interessado em nada tão fútil quanto a conquista apocalíptica ecumênica; em vez disso, buscava o êxodo da Caverna do que hoje chamamos de fixação ideológica, tanto para si mesmo quanto para os outros.

---

[25] Ibid., 292.
[26] *Ordem e história* V: *Em busca da ordem*, São Paulo, Loyola, 2009, 82.

2 Platão em *Platão e Aristóteles*

O centro da análise de Platão feita por Voegelin no volume III foi, claro, a *República*, e ela se destaca como uma análise magistral de um clássico bastante mal compreendido. Ao interpretar Platão, Voegelin fez uso de toda a habilidade que havia demonstrado em sua interpretação das escrituras hebraicas em *Israel e a revelação*. Desse modo, uma de suas percepções foi que "os grandes problemas de Platão [...] não são blocos de significado trancados nas subdivisões de seu esquema, mas linhas de significado que percorrem o seu caminho intricado ao longo de toda a obra"[27].

A linha de significado primária é a da subida e descida. Talvez a interpretação de Voegelin para a seção inicial começada por *kateben* (eu desci) jamais venha a ser superada[28]. Sócrates desceu para o porto de Atenas e havia presenciado o festival que ocorria ali, e achou que os artistas daquele lugar bastante sujo, que não era conhecido por suas realizações culturais, haviam feito um trabalho tão bom no festival quanto os moradores atenienses cujos ancestrais tinham construído o Partenon lá em cima. Ele está prestes a subir novamente, mas é retido na profundeza por seus amigos, que também tinham descido para ver o festival e lhe pedem que fique para conversar; e, assim, tendo se tornado impossível o retorno ao Partenon da era de Maratona, ali começa, nas profundezas físicas do Pireu, a subida espiritual pela construção em palavras da *politeia* erigida no céu que deve se tornar o modelo para as almas daqueles dispostos a responder ao chamado divino, a realizar com a ajuda divina a *periagoge*, ou conversão interior — literalmente, virada — da filosofia. Toda a história da *República* — uma forma simbólica da vida boa — está prefigurada nessa abertura magistral.

A filosofia, ou o amor à sabedoria, não é apresentada na *República* como uma "doutrina da ordem reta", mas como "a luz da sabedoria que incide sobre a luta" da alma com as forças existenciais que a puxariam para baixo na direção do polo da morte espiritual. A filosofia, portanto, "não é uma informação sobre a verdade, mas o esforço árduo para localizar as forças do mal e identificar a sua natureza". O filósofo "não existe num vazio social, mas em oposição ao sofista". A filosofia não é abstrata, mas concreta: "A justiça não é definida no abstrato, mas em oposição às formas concretas que a injustiça assume. A

---
[27] *Ordem e história* III, 112.
[28] Ibid., 113 ss.

ordem reta da pólis não é apresentada como um 'estado ideal', mas os elementos da ordem reta são desenvolvidos em oposição concreta aos elementos de desordem na sociedade circundante"[29].

Voegelin explica uma razão pouco examinada pela qual os conceitos fundamentais de Platão tendem a parecer "estranhos" para o leitor moderno: é porque a nossa linguagem perdeu o membro oposto dos pares platônicos de sua terminologia. Assim, hoje, ainda temos a palavra platônica "filósofos", mas perdemos o seu parceiro platônico oposto: "filódoxos" (amantes da *doxa*, opinião). Como hoje temos "uma abundância de filódoxos" e como os chamamos equivocadamente de filósofos, "a concepção platônica do rei-filósofo [...] [parecerá] totalmente estranha". Precisamos retreinar a nossa imaginação para pensar concretamente no contexto platônico[30]. Similarmente, como modernos nós esquecemos do significado da ciência política da forma como Platão, o seu fundador, a compreendia. O cientista político é o filósofo em forma existencial. Ele é "o homem que resiste ao sofista" e que "pode evocar um paradigma de ordem social reta à imagem de sua alma bem-ordenada, em oposição à desordem da sociedade que reflete a desordem da alma do sofista". Apenas com isso em mente podemos compreender o "sentido mais estrito" em que o teórico-filósofo-cientista político "apresenta proposições [provisórias] referentes à ordem reta na alma e na sociedade, afirmando para elas a objetividade da *episteme*, da ciência — uma afirmação que é duramente contestada pelo sofista cuja alma está sintonizada com a opinião da sociedade"[31].

Assim, ao avaliar o papel do paradigma na teoria política de Platão, deve-se ter em mente que "o bem de uma pólis tem a sua fonte não no paradigma das instituições, mas na psique do fundador ou governante que imprimirá o padrão de sua alma nas instituições. Não é a excelência do corpo que torna a alma boa [...] mas a alma boa [...] fará que o corpo se torne o melhor possível. [...] O caráter essencial de uma *politeia* não deriva de seu paradigma, mas da *politeia* na alma de seus governantes". Esse fato explicará por que Platão não está interessado em elaborar um conjunto detalhado de instituições na *República*, mas "parará quando for alcançado um ponto de retornos decrescentes". Os elementos paradigmáticos são de interesse "ape-

---
[29] Ibid., 123-124.
[30] Ibid., 126.
[31] Ibid., 130. As "proposições" são provisórias no sentido de que elas são secundárias à experiência espiritual da realidade na alma do filósofo. Independentemente disso, elas não têm força.

nas na medida em que eles tenham uma influência inteligível sobre a saúde ou doença da alma"[32].

Teria sido de fato surpreendente se Platão tivesse produzido uma ciência política válida em todos os seus aspectos para todos os tempos, dado que ele estava cerceado pelas limitações de seu ambiente e de sua época (além de ser o beneficiário de seus extraordinários avanços em relação ao caráter compacto do pensamento cosmológico mítico). Voegelin usa o termo "a hipoteca da pólis" para indicar as limitações dentro das quais ele tinha de trabalhar. Desse modo, Platão

> concebeu a sua autoridade espiritual como a autoridade de um estadista para restaurar a ordem da pólis. A existência humana significava [para ele] existência política; e a restauração da ordem na alma envolvia a criação de uma ordem política em que a alma restaurada pudesse existir como um cidadão ativo. Como consequência, ele teve de acrescentar à sua investigação sobre o paradigma da boa ordem o problema de sua realização numa pólis. Não temos meios de voltar até esse motivo. A concepção por Platão de sua autoridade espiritual como política é algo que deve ser aceito como o mistério impenetrável do modo como a sua personalidade respondeu à situação[33].

Ao usar as palavras "mistério impenetrável", Voegelin pretendia indicar que alguns dos problemas no entendimento da *República* jamais serão completamente superados. É nessa linha que ele discute o seu "jogo da fundação" da melhor pólis e, em particular, o conhecido problema do "comunismo" da propriedade e da família para os guardiões.

As características essenciais do paradigma são estas:

> A pólis mais bem governada terá uma comunidade de esposas e filhos; todos terão a mesma educação; os objetivos de homens e mulheres devem ser os mesmos na paz e na guerra; os governantes serão aqueles entre eles que tenham se mostrado melhores na filosofia e na guerra. Os governantes proporcionarão alojamentos simples, semelhantes a acampamentos, para seus cidadãos-soldados, de forma que não haverá nada privado para ninguém; e eles não terão propriedade privada. Como eles são atletas da guerra e guardiões filosóficos da pólis, devem receber dos cidadãos-trabalhadores pagamentos anuais para o seu sustento e devem devotar toda a sua atenção a manter a si mesmos e à pólis em boas condições[34].

---

[32] Ibid., 147.
[33] Ibid., 150.
[34] Ibid., 154. Note-se que, aqui, Voegelin parece concordar com Aristóteles que Platão, paradigmaticamente, pretendia o comunismo para toda a população e não só para os governantes.

Toda a construção, porém, é transformada perto do final da *República* por um "milagre artístico", quando Sócrates leva Glauco a concordar que "não faz diferença se ela [a sociedade paradigmática] existe concretamente agora ou em qualquer tempo", mas que, de qualquer forma, ela servirá como um "paradigma estabelecido no céu para aquele que desejar contemplá-lo e, contemplando-o, estabelecer-se nele"[35].

Claro que essa visão de Platão chega perto de transcender as limitações da perspectiva da pólis e de antecipar a distinção entre o espiritual e o temporal que viria a estar no centro do cristianismo medieval. Porém, embora ele chegue perto, a ordem da *República* não contempla tal diferenciação. "Os filósofos da boa pólis, uma vez tendo recebido a sua educação, estão sob um decreto rígido: 'Deveis descer'."[36]

A *República* de Platão move-se dentro do campo tensional de uma vida do espírito que foi diferenciada da ordem do poder mas não desvinculada da necessidade de uma organização de poder com a qual ela deve, se possível, se unir. No entanto, se nos concentrarmos na fundação da boa pólis, sem levar em conta o fato de que a *República* como um todo é um *zetema*, ou investigação, da subida da alma para o *Agathon*, ou o Bem, os particulares da construção assumirão uma importância e uma literalidade estranhas à intenção de Platão. Não podemos dizer nem que eles eram meramente metafóricos — o comunismo dos governantes etc. — nem que eram receitas para a prática, mas devemos vê-los dentro da perspectiva de um Platão que tanto se beneficiava como se sentia sobrecarregado pelo seu vínculo com a pólis.

Nessa linha, argumenta Voegelin com grande cuidado e sutileza, devemos entender as famigeradas passagens da "eugenia" (que, para Platão, na verdade significava "eunomia"), as quais não devem ser mal compreendidas como precursoras das ideias biológicas de raças. A sua explicação do *eidos*, ou Forma, platônico como "um princípio limitador, uma Medida, um *metron*, no cosmos" e como um "traço especificamente helênico" é magistral. A especulação de Platão nesse caso é cosmológica, não biológica, e a Forma "era experimentada como a Medida de objetos finitos, visíveis, claramente delimitados no mundo. Assim, o 'corpo' tinha importância suprema como o meio em que a Medida era visivelmente realizada"[37].

---

[35] Ibid., 151-152.
[36] Ibid., 177.
[37] Ibid., 180-181. A passagem de Voegelin na p. 179, que descreve o endosso de Platão à "seleção eugênica de corpos certos" como estando "incorporada no mito compacto da nature-

Voegelin observa que "a obra de Platão está exposta em nosso tempo a generosas doses de interpretações equivocadas e a aviltamentos diretos"[38]. Ele explica criteriosamente como, na *República*, Platão escreveu um diálogo dramático sobre a existência humana na sociedade e na história e não um ensaio político em prol da reforma ou um panfleto ideológico conclamando a uma revolução apocalíptica. Não temos condições aqui de entrar nos detalhes de sua explicação, escrita de forma simples e clara; podemos apenas recomendar fortemente que o leitor se remeta ao próprio livro. Como diz Voegelin, o simbolismo cosmológico de Platão na *República* é "fácil de compreender, uma vez reconhecido", mas "é preciso que ele seja reconhecido [...] para evitar os grosseiros equívocos de interpretação que com tanta frequência são cometidos"[39].

Por fim, Voegelin chega ao cerne da *República*, a visão do *Agathon*. A visão do Bem conforme apresentada na parábola (erroneamente chamada de alegoria) da caverna é uma das passagens mais extraordinárias de toda a literatura, em parte, sem dúvida, porque transmite vividamente a experiência mística da *periagoge* do próprio Platão e a contemplação extática da presença divina num momento de percepção mística. No entanto, a visão não pode ser entendida como meramente privada — "a visão de um homem sobre a realidade" —, mas deve ser percebida como publicamente replicável e como a fundação de toda a educação (*paideia*) dos guardiões; e essa educa-

---

za", é interpretada de maneira terrivelmente equivocada como se fosse uma proposta do próprio Voegelin na resenha de Moses Hadas, discutida na seção abaixo. O próprio Voegelin era um crítico vigoroso da teoria racial de base biológica, como pode ser visto na publicação em tradução para o inglês de dois de seus livros, *Race and State* e *History of the Race Idea*, em 1997, como os volumes 2 e 3 de suas *Collected Works*. Esses livros foram originalmente publicados em alemão em 1933 e foram corretamente entendidos pelos nacional-socialistas como um ataque à sua ideologia racial. Ivan HANNAFORD, a quem devo a palavra *eunomia*, em *Race: the History of an Idea in the West*, Washington, D.C., Woodrow Wilson Center Press, 1996, 30-60, mostra em detalhes meticulosos como nem Platão, nem Aristóteles podem ser adequadamente considerados teóricos "racistas", e que a ideia de raça é uma invenção moderna. Assim, as alegações em contrário de (*inter alia*) K. R. POPPER em *The Open Society and its Enemies*, London, Routledge, 1950, 1974, 51–53, v. I, e Richard CROSSMAN, *Plato Today* [1935], London, Unwin, ²1963, 144–55, são anacrônicas e incorretas (apud. HANNAFORD, *Race*, 405, notas 10 e 11). Hannaford cita Voegelin com aprovação em seis ocasiões em seu livro.

[38] HANNAFORD, *Race*, 100, nota. Embora Voegelin não identifique os "aviltadores", pode-se supor que ele tivesse em mente Popper, Crossman e Bertrand Russell, conforme discutido em HANNAFORD, ibid., 31. Também é bastante possível que ele tivesse em mente Hans Kelsen, seu antigo professor, com quem rompeu por diferenças filosóficas.

[39] *Ordem e história* III, 157.

ção está ela própria vinculada à visão da *politeia* — uma palavra intraduzível que tem a ver com todo o *ethos* e estrutura da sociedade — paradigmática. "O realismo requer a incorporação da Paideia socrática na boa Politeia, porque os critérios da ordem reta da existência humana não podem ser encontrados em nenhum outro lugar senão na alma do filósofo." O paradigma é necessário e, no entanto, Platão recusa-se a afirmar que ele certamente será realizado ou que existe algum plano possível de ação humana conjunta para alcançá-lo. Para Platão, porém, "o paradigma [...] é um padrão pelo qual as coisas podem ser medidas; e a confiabilidade da medida não será diminuída se as coisas não estiverem à altura dela, ou se não tivermos meios de fazê-las chegar mais perto dele"[40].

Nós, modernos, Voegelin parece estar nos dizendo, somos tão consumidos por uma tendência ativista e imanentista que temos dificuldade para entrar no universo do discurso platônico, com a sua quietude no centro e o seu senso de sintonia contemplativa com a estrutura da ordem cósmica. Por isso, queremos pensar no paradigma como um programa idealista a ser realizado por alguma rede de comitês de ação. O paradigma, porém, não é um "ideal", mas "um fato histórico", porque reflete tanto a existência de Platão como a ordem em sua alma[41].

Voegelin insiste com especial ênfase que é anacrônico e, de fato, aviltante interpretar a chamada "Nobre Mentira" de Platão, ou, mais precisamente traduzido, "inverdade gigantesca" ou "balela" (que, ironicamente, expressa a verdade de que todos os homens são irmãos), como uma propaganda nazista, ou ver seu "comunismo" como um plano quadrienal anunciado por Stalin ou Castro. O paradigma, de acordo com o princípio macroantropológico anteriormente discutido, é o análogo da ordem num cosmos que não está fechado em ritmos automáticos, mas aberto às profundezas da alma do filósofo. É um novo análogo para o cosmos que incorpora e mantém similaridade e diferença (como no mito dos três metais misturados pelos deuses em diferentes proporções na alma de cada cidadão) e permite que aqueles capazes de fazê-lo esforcem-se ao máximo para responder ao chamado do espírito, ser arrastados da caverna para a luz, mesmo sem esperar muito em termos de ascensão para a maioria de nós. Não precisamos ter ascendido nós mesmos, mas temos uma obrigação moral de admirar

---

[40] Ibid., 163.
[41] Ibid., 163 s.

aqueles que o fizeram e de vê-los como atletas espirituais — de fato, atletas da alma. Aqui está a essência da sociedade aberta de Platão — a de Henri Bergson, não a de Karl Popper —, e é uma doença de nossos tempos confundi-la com a sociedade fechada e mesmo com totalitarismo. Essa é a mensagem de Voegelin.

"Retornar é um dever apenas na pólis [paradigmática] da *República*, não na sociedade corrupta circundante."[42] Isso porque, neste último caso, aquele que resolver levar uma vida de amor à sabedoria terá chegado a essa decisão não só sem a ajuda mas mesmo em oposição à dita comunidade corrupta. Não há dívida a pagar como acontece na pólis do filósofo. "Estamos [...] tocando a possibilidade [...] de um afastamento definitivo da pólis e da participação na politeia da alma", abrindo assim a perspectiva de uma comunidade espiritual universal "para além da organização temporal de governo". De qualquer modo, devido à hipoteca da pólis, na parábola da caverna Platão não pode fazer mais do que apenas tocar essa possibilidade[43].

O drama poleogônico referente à fundação da pólis paradigmática conclui com uma análise dos regimes corruptos, que não seguem uma sequência temporal conforme observada na história grega, mas um padrão espiritual, quando uma após outra das partes inferiores da psique usurpa o lugar da sabedoria, e a isso se seguem as políticas teocrática, oligárquica, democrática e tirânica, que são todas extrapolações de seus respectivos tipos de caráter.

Poder-se-ia afirmar que Platão não era de modo algum totalmente antipático à democracia e que o que surge dessa seção da *República* é um ataque abrangente e devastador à tirania, ou ao governo de um só homem cuja alma seja dominada por uma avidez luciferista, que Platão declarou "729 vezes mais injusto" que a pólis do filósofo. Mas isso também seria ler a *República* de forma equívoca, como um panfleto sobre os méritos das formas existentes de governo e não como um novo análogo cósmico. Existem, sem dúvida, comentários de relevância contemporânea aludindo à morte de Sócrates e ao declínio de Atenas entrelaçados na peça dramática que é a *República*, como seria de esperar, dada a insistência de Platão em que a desordem política é um reflexo da desordem espiritual. Porém, pela última vez, quero reiterar com Eric Voegelin que esta, a maior obra de Platão, não era um chamado à ação

---

[42] Ibid., 176.
[43] Ibid., 177.

direta, mas um exercício de contemplação da realidade da existência humana na sociedade e na história[44].

Voegelin volta-se em seguida para o *Fedro*, no qual entende que Platão tenha iniciado uma tentativa, por assim dizer, de reduzir o montante de sua hipoteca da pólis. "Os prisioneiros revelaram-se um grupo incorrigível; agora, ele deixou a caverna de uma vez por todas. Pelo seu retorno [da caverna], porém, Platão não se condenou à solidão e ao silêncio. Ele entrou no mundo superior, o reino da ideia em comunhão com outras almas que viram o *Agathon*." A relação entre o paradigma da alma e da pólis não é abandonada, mas passa para o segundo plano, enquanto ele se concentra na relação entre a ideia e a alma. No entanto, a "alma", ou psique,

> não é a alma humana individual, mas uma substância cósmica. A "alma" é a ideia ou forma do próprio cosmos, articulada em almas mais e menos nobres que, de acordo com a sua posição, animam partes do próprio cosmos ou meramente corpos humanos. As posições [...] não são imutáveis, pois as almas migram de uma existência para outra e podem se aperfeiçoar. O cosmos como um todo é, assim [...] um movimento pulsante de perfeição e declínio por toda a sua articulação psíquica[45].

A Ideia agora adquire o "caráter de um princípio dinâmico que determina um movimento pulsante do cosmos em expansão e contração psíquicas. A posição das almas-membro [...] não é mais determinada pela visão do *Agathon*, mas por sua tensão ou tom psíquico, a intensidade mais alta ou mais baixa de sua animação pela força fundamental cósmica". As almas com a intensidade mais forte dessa força cósmica pulsante são descritas como "maníacas" no mesmo sentido em que se fala da "loucura erótica, a *mania* do amante". Aqui, a prosa de Voegelin, como a de Platão, torna-se musical, quase lírica:

> No estado da *mania* erótica, o homem vive na substância dinâmica do cosmos e a substância vive nele; *e como essa substância é a "ordem", a própria Ideia*, nós nos imergimos em *mania* no *Agathon* e, inversamente, em *mania* o *Agathon* preenche a alma. [...] A relação maníaca entre o amante e o amado, assim, é eminentemente

---

[44] Seria tedioso citar aqui passagens da literatura interpretativa que sugerem que Platão tinha em mente uma operação do tipo Khmer Vermelho envolvendo o esvaziamento literal da cidade de todas as pessoas com mais de dez anos de idade. É suficiente dizer que Voegelin mostra que a motivação de Platão ao incluir o que Voegelin chama de "jogo da fundação" teria sido de uma ordem inteiramente diferente. Ver ibid., 195.

[45] Ibid., 196-197.

o *locus* em que a Ideia ganha a sua máxima intensidade de realidade. Na comunhão das almas maníacas, a Ideia é incorporada na realidade, *qualquer que seja o seu estado de incorporação na pólis*. Na comunidade dos companheiros eroticamente filosofantes, Platão encontrou o reino da Ideia; *e, na medida em que, na Academia, ele é o fundador desse grupo, ele de fato incorporou a Ideia na realidade de uma comunidade*[46].

Aqui se começa a compreender a caracterização de Platão como um "filósofo-místico" feita por Voegelin — para escândalo certo dos intérpretes que leem os diálogos como discursos formais apoiados em fria lógica e tentam pegar "Platão" em "contradições" proposicionais. Só que o misticismo de Platão é de um caráter intensamente erótico, de fato sensual, em harmonia com a sua própria suposta experiência erótica corporal, em que, como no *Banquete* 211, a escada do *eros* começa pelo amor sensual de um belo jovem.

Voegelin interpreta toda a obra do Platão tardio como baseada na ampliação "da pólis para o domínio da alma". O domínio da alma aqui é entendido como "idêntico ao Universo, desde seu *anima mundi* que tudo abrange até as subalmas mais inferiores na hierarquia". Platão prossegue traçando "uma grande linha divisória" através desse domínio. "De um lado dessa linha está a natureza; do outro [...] o homem na sociedade e na história". É essa linha divisória que "determina a organização" do grande "poema da Ideia" que é o *Timeu*[47].

A especulação de Platão não deve ser confundida com a de Agostinho. Não pode haver uma *civitas Dei* universal em Platão, mas apenas uma *civitas naturae*. "A Ideia renasce, e a posição do filósofo é autenticada, pela comunhão com uma natureza que é *psique*. Essa é a base ontológica para a teoria política tardia de Platão; e a comunhão é a fonte da 'verdade' dos poemas míticos em que o Platão tardio simboliza a vida da Ideia."[48]

Platão, claro, teve de lidar com a objeção com a qual se depararam também todos os teóricos políticos subsequentes: "Essa é apenas a sua opinião pessoal". Sempre resistindo a qualquer tentativa totalitária de expandir o poder de uma elite "filosoficamente rude" ou do *demos* além do alcance de sua competência, Platão respondeu à objeção com "uma nova ontologia. Ele removeu a realidade das mãos dos políticos, negando o *status* de realidade definitiva ao corpo político coletivo por princípio. A Ideia, quando deixa a pólis, não deixa o ho-

---

[46] Ibid., 197, ênfase acrescentada.
[47] Ibid.
[48] Ibid, 200, ênfase acrescentada.

mem. Ela continua vivendo, em indivíduos e pequenos grupos, na mania da alma erótica"[49].

É nesse contexto que se deve interpretar a "semidivinização" do filósofo, que se tornou o *philokalos*, a alma lírica e maniacamente erótica. Essa semidivinização só pode parecer "absurda no domínio da experiência cristã", mas é "inerente à lógica do mito da natureza. [...] O obstáculo a tal reconhecimento, que na órbita cristã deriva da experiência da igualdade da criação diante de um Deus transcendente, não existe na experiência platônica". Ainda assim, devemos nos lembrar de que "Platão jamais abandona a *imitatio Socratis*; nem por si mesmo, nem pela [...] Academia ele rejeita o dever de morrer em obediência à lei de Atenas". Ele também não abandona a "raiva fria" por ser obrigado "a viver em obediência a um governo da besta, que faz os melhores morrerem pela besta e para a besta". Há, desta forma, especialmente no *Teeteto* e no *Político*, "uma forte atmosfera de violência" — referindo-se à consciência de Platão de como a ordem ateniense havia se tornado tão corrupta que se apoiava no assassinato do único homem (Sócrates) que poderia ter mostrado uma saída[50].

Talvez de forma mais provocativa, Voegelin entende que o *Político* substitui o rei-filósofo, governante da pólis da Ideia que nunca tomaria o poder pela força, pelo "salvador com a espada, que restaurará a ordem na sociedade em seu momento de tribulação". A "evocação do restaurador régio da ordem" por Platão, porém, não deve ser confundida com o *dux* de Joaquim de Fiore, que encontrou a sua plena realização em Comte, Marx, Lênin e Hitler, mas deve ser vista como algo que alcançou sua realização plena na "crescente ordenação espiritual de um mundo em desordem" por meio de Alexandre o Grande, "da monarquia soteriológica do período helenístico, da ordem imperial romana e de Cristo"[51].

Já no *Político*, encontra-se o princípio realista em Platão — *realismo* aqui usado em seu sentido convencional de uma consciência do inevitável hiato entre o paradigma e sua realização — da necessidade de "diluição do paradigma". Aqui, temos a classificação sêxtupla de regimes de acordo com o princípio do governo que respeita a lei ou que não sofre a limitação da lei. A democracia aparece na posição média, como o pior dos regimes com lei e o melhor dos regimes sem lei. A tirania mantém a sua posição como a pior das "não-constitui-

---

[49] Ibid., 200.
[50] Ibid., 201-203.
[51] Ibid., 210, 216-217. Aqui está um ponto, sentimo-nos tentados a sugerir, em que "até Homero concorda". A ordem imperial romana parece um pouco distante da "ordem" cósmica em que a alma maníaca do amante imerge a si mesmo, e ela nele.

ções", e a única "verdadeira" constituição continua a ser aquela governada pelo místico-filósofo, chamado aqui de "governante régio" ou estadista. No entanto, observa Voegelin, Platão não elogia o governo da lei das constituições não-verdadeiras, e a melhor coisa que se pode dizer sobre a maioria delas é que seus crimes são "superados em maldade pelos crimes de um tirano ávido"[52].

Platão conclui o *Político* com um discurso formal sobre a arte régia de "tecer" os elementos contraditórios da psique num equilíbrio temperado. O governante régio é o "mediador entre a realidade divina da Ideia e as pessoas", ele é o rejuvenescedor da ordem que envelheceu, e "proporciona à pólis uma nova substância comunitária [*homonoia*] espiritual". Embora haja similaridades entre a "evocação platônica e a concepção paulina da comunidade cristã, unida num só corpo místico [...] [e] que deriva a sua coerência da harmonia [*homonoia*] de seus membros [...] é necessário enfatizar a diferença fundamental de que o renascimento platônico da comunidade não é a salvação da humanidade, mas um retorno à juventude do cosmos que será seguido [necessariamente] [...] por um novo declínio"[53]. O "centro" da filosofia da ordem platônica, declara Voegelin, é "a filosofia do mito", e o *Timeu* deve ser considerado a marca de "uma época na história da humanidade na medida em que nessa obra a psique atingiu a consciência crítica dos métodos pelos quais ela simboliza as suas próprias experiências. *Como consequência, nenhuma filosofia da ordem [...] pode ser adequada a menos que a filosofia platônica do mito tenha sido [...] absorvida em seus próprios princípios*"[54].

Continuando, ele enfatiza que "antes que um filósofo possa sequer começar a desenvolver uma teoria do mito, *ele deve ter aceitado a realidade do inconsciente, assim como da relação de cada consciência com a sua própria base inconsciente*; e ele não pode aceitá-la em outros termos que não os seus próprios, ou seja, nos termos do mito. Daí, uma filosofia do mito *precisa ela mesma ser um mito da alma*"[55]. Hoje, temos dificuldade para compreender, quanto mais aceitar, essa constatação devido à nossa "obsessão antropomórfica", que "destruiu a realidade do homem". A filosofia do mito de Platão está livre de qualquer tentação gnóstica de "abrir Deus como um livro", provavelmente porque Platão "compartilhava [...] a convicção grega comum de que as coisas divinas não são para o conhecimento dos mortais". Em Platão, o "véu" que esconde o mito do

---

[52] Ibid., 224.
[53] Ibid., 227-228.
[54] Ibid., 242, ênfase acrescentada.
[55] Ibid., 251, ênfase acrescentada.

olhar insaciável da consciência jamais é rasgado. "O mito de Platão sempre preserva o seu caráter de flor transparente do inconsciente." Assim, Platão sempre fez uma distinção fundamental entre "o conhecimento que é constituído de atos da consciência visando aos seus objetos" e o mito da alma[56].

Numa comparação fascinante, Voegelin sugere que a distinção cristã entre *fides* e *ratio* corresponde à distinção platônica entre mito e conhecimento. Como ele expressa em um dos capítulos sobre Aristóteles, "o *cognitio Dei* pela fé não é um ato cognitivo em que é dado um objeto, mas uma paixão espiritual, cognitiva, da alma. Na paixão da fé é experimentada a base do ser"[57].

É impossível fazer justiça aqui à longa e importante análise do *Timeu*, que certamente posiciona-se como uma das contribuições mais importantes feitas por Voegelin neste volume. É suficiente dizer que ele deve ter enterrado permanentemente a noção de que, nesse diálogo, Platão estava, de alguma maneira, escrevendo um manual sobre física. Mais importante é a realização positiva: mostrar que a "razão" não é uma força independente, mas depende para a sua direção de uma abertura pré-intelectual que Platão chamou de mito e o cristianismo chama de fé, no sentido de Hebreus 11,1-3. O "eu creio para compreender" de santo Anselmo é prefigurado em Platão, com o seu discernimento de que "apenas no abrigo do mito podem os setores da personalidade que estão mais próximos da consciência vígil desenvolver a sua potencialidade; e sem a ordenação da personalidade como um todo pela verdade do mito os poderes intelectuais e morais secundários perderiam a sua direção"[58].

Voegelin distingue a "liberdade em relação ao mito" da "liberdade do mito" em Platão. A primeira é essencial para que se exista em abertura filosófica e sem ser restringido pelos limites arcaicos da sociedade fechada. A segunda leva à desculturação e à terra arrasada do positivismo ao estilo de Comte. "A aceitação do mito (ou, no plano cristão, do *cognitio fidei*) é a condição para um entendimento realista da alma." O mito permite que o homem mantenha "o equilíbrio de abertura e separação" em relação à "base cósmica". Perdido o equilíbrio, o homem se torna "antropomórfico" e "a existência individual [...] sofre um inchamento ilusório"[59]. Mais tarde, Voegelin viria a usar o termo "egofania" para descrever a condição do ser humano "escla-

---

[56] Ibid., 251-252.
[57] Ibid., 252, 331-332.
[58] Ibid., 245.
[59] Ibid., 246.

recido" e sem mito que, na escuridão de sua ignorância sobre os aspectos fundamentais de sua existência, tenta assumir o papel de Deus e criar um paraíso na terra, mesmo que apenas para conseguir, em sua forma extrema, fazer dela um inferno.

Não se pode deixar o capítulo sobre o *Timeu* sem considerar a passagem a seguir. De acordo com Voegelin, "o cosmos não é um dado da experiência imanente" e o filósofo "não pode apresentar proposições verificáveis sobre a sua ordem". Platão resolve essa dificuldade recorrendo ao mito. A "verdade" do mito surge do inconsciente, que tem as seguintes camadas: (1) "o inconsciente coletivo das pessoas"; (2) "o inconsciente genérico da humanidade"; e (3) "o nível mais profundo em que ele está em comunicação com as forças primordiais do cosmos". A alma possui um *omphalos*, ou "umbigo", "pelo qual as forças cósmicas fluem para a alma".

O *omphalos* é tanto "a *fonte* das forças [...] que se elevam das profundezas [do inconsciente]" como o "tema" do mito, que é "dividido pela finitude da existência humana no espectro de nascimento e morte, de retorno às origens e renascimento, de individualização e despersonalização, de união ou re-união com a realidade transcendente, [...] de sofrimento [...] pela separação do solo e de redenção pelo retorno" à "comunhão eterna com o solo. *O próprio mito autentica a sua verdade, porque as forças que animam as suas imagens são, ao mesmo tempo, o seu tema. Um mito jamais pode ser 'inverídico', porque ele não existiria se não tivesse a sua base experiencial nos movimentos da alma que ele simboliza*"[60].

O capítulo final sobre Platão em *Ordem e história* III, sobre as *Leis*, poderia a princípio parecer decepcionante. Ele é relativamente curto e, considerando que este foi, de longe, o mais longo dos diálogos platônicos, além de ter sido o último, poder-se-ia esperar uma discussão mais completa em consonância com o extenso comentário sobre o *Timeu*. Em retrospecto, porém, pode-se perceber que Voegelin consegue ser breve na análise das *Leis* porque já apresentou por completo a abordagem do mito do cosmos do filósofo e não precisa percorrer novamente o mesmo terreno.

---

[60] Ibid., 243, ênfase acrescentada. Voegelin prossegue explicando que "embora um mito não possa ser 'inverídico' em si, ele pode se tornar 'inverídico' historicamente" (ibid.). Além disso, ele obviamente não está falando aqui dos pseudomitos antifilosóficos gerados pelos movimentos de credo gnósticos em revolta contra o cosmos e a ordem do ser. No ideólogo gnóstico, a *libido dominandi* procura impor a sua própria ordem a um cosmos declarado indigno de ser habitado. Em Platão, acontece exatamente o oposto: a alma, em silêncio, escuta a música das esferas.

O capítulo sobre as *Leis* é valioso ao varrer de cena várias noções equivocadas a respeito da obra: que ela é um rompimento e, talvez, até mesmo um repúdio ao chamado "utopismo" da *República*, que é mal escrita e mal organizada, que é "reacionária" e mesmo "totalitária", que adota uma teoria constitucionalista do "Estado de direito", ou que é um tratado sobre "jurisprudência"[61]. Em vez disso, as *Leis* devem ser compreendidas como um "poema religioso" e como uma "*Summa* da vida grega [que] inclui em sua amplitude as consequências da guerra de Troia e da invasão dórica, [...] [e que] analisa o fracasso do reinado militar dórico e os horrores da teatrocracia ateniense, [...] os efeitos da educação de harém sobre os reis persas e sobre a preservação dos estilos de arte no Egito, [...] as consequências do iluminismo [na verdade desculturação] e a imposição inquisitorial de um credo, [...] o *ethos* das escalas musicais, assim como [...] a não desejabilidade da pesca como esporte"[62].

Acima de tudo, as *Leis* são "uma obra de arte e, especificamente, um poema religioso". Se a obra fosse apenas um código legal,

> nosso interesse por ela não se estenderia além do valor pragmático limitado das disposições legais; como o poema em que a arte platônica de deixar a forma interpenetrar o conteúdo alcançou novas alturas, ela tem sua suprema importância como manifestação do espírito. *Como artista religioso, Platão atingiu o nível universal que como teocrata ele não alcançou.* [...] [C]omo criador do poema, ele entrou [...] *na comunidade universal do Espírito em que a sua orientação conserva tanta autoridade hoje quanto teve no passado*[63].

A referência de Voegelin a Platão aqui como em parte "teocrata" expressa um reconhecimento de que a hipoteca da pólis importunou-o até o fim:

> A teocracia é o limite da concepção de ordem de Platão, porque ele não avança para a distinção entre ordem espiritual e temporal. A experiência platônica da vida do espírito como uma sintonia da alma com a Medida divina é essencialmente universal, e, nas *Leis*, sentimos a ideia de uma comunidade universal da humanidade no espírito que se encontra logo além do horizonte; porém, o último passo jamais é dado — *e não era para ser dado sem a revelação*. Para Platão, o espírito deve manifestar-se na forma visível e finita de uma sociedade organizada; e dessa tensão entre a universalidade do espírito e a adequação de sua incorporação seguem-se, como características da política de Platão, o uso

---

[61] Ibid., 273-277.
[62] Ibid., 274.
[63] Ibid., 285-286, ênfase acrescentada.

suplementar da violência e o toque puritano de uma comunidade dos eleitos. *A tendência é para o universalismo eclesiástico; o resultado continua a ser o sectarismo teocrático*[64].

Assim, apesar de ser com frequência amplamente elogioso a Platão, Voegelin não pode ser acusado com justiça de escrever hagiograficamente sobre ele, pois não oculta o fato de que, para Platão, o rei-filósofo ou governante régio ou primeiro-ministro de um regime baseado nas leis do filósofo não hesitaria em agir com violência contra aqueles considerados oponentes incorrigíveis do novo sistema. Ele também não esconde as características em Platão que não só não combinam com o constitucionalismo moderno mas também ameaçam a vida do espírito que deveriam proteger. Simplesmente insiste que Platão seja visto como Platão, e não como um ideólogo no espectro esquerda–direita da opinião política contemporânea.

Que tipo de teocracia Platão constrói nas *Leis*? Uma em que o reformador religioso Platão, representado pelo Estrangeiro Ateniense (e é significativo que Sócrates tenha desaparecido como personagem nesse último diálogo de Platão), estabelece uma teologia civil mínima baseada em três proposições: os deuses existem, eles se preocupam com os homens e eles não podem ser corrompidos por subornos. Qualquer um que negue esses princípios deve ser internado numa casa de correção por cinco anos, depois dos quais, se persistir em sua negação, será condenado à morte. Aqui não encontramos um governo de leis que emanam do consenso popular, mas um governo das leis específicas instituídas pelo rei-filósofo, neste caso o próprio Platão. "O 'governo constitucional', sem consideração para com o espírito das leis, não é realidade para Platão, mas a corrupção da realidade."[65]

A relação entre a *República* e as *Leis* não deve ser mal compreendida: definitivamente não ocorre uma transição do governo supostamente "ditatorial" do rei-filósofo para o governo da lei que emana do povo. Platão não entende aqui, mais do que no *Político*, a democracia ou qualquer das outras "não-constituições" como parte de uma filosofia da ordem. Ele, na verdade, "chegou a um acordo" com a realidade ao passar da *República* para as *Leis* — e declara explicitamente que o paradigma esboçado na obra posterior é uma "segunda alternativa" de constituição política quando comparado àquele encontrado na obra anterior. Platão desistiu de encontrar um rei-filósofo que

---

[64] Ibid., 285, ênfase acrescentada.
[65] Ibid., 277.

pudesse governar e, assim, transfere tanto quanto possível da sua sabedoria para uma série de códigos de leis que abordam todos os temas concebíveis. O "espírito", porém, não deve matar a letra e, numa tentativa de evitar essa ocorrência, cada um dos códigos tem um preâmbulo, que é mais importante que o próprio código, em que o mito do cosmos é aplicado aos problemas da legislação. O Livro XII final — e a significância cosmológica da divisão das *Leis* em doze livros é enfatizada por Voegelin — apresenta o Conselho Noturno, responsável pelo controle da obediência à teologia civil e por modificar algumas das outras leis caso ligeiras alterações se mostrassem necessárias, e talvez mesmo direcionar certas questões de volta para a linha da *República* — coisas que levaram Aristóteles a exclamar que "Platão continua Platão até o fim".

Aristóteles estava certo, e Voegelin tem algumas passagens pungentes sobre a "pressuposição gratuita", tão prevalecente entre muitos historiadores de teoria política, de que "entre duas ideias" propostas por um teórico "deva existir uma evolução no tempo se as datas de suas publicações estiverem separadas por um bom número de anos". Ele mostra como tanto a ideia do rei-filósofo quanto a do "domínio da lei" estavam presentes em Platão mesmo antes de a *República* ser escrita — de fato, elas estavam "entretecidas" na *Carta Sétima*, em que Dion foi descrito como "o homem que poderia ter unido em sua pessoa 'filosofia e poder'" e como um líder que poderia ter governado "usando 'todos os meios para colocar os cidadãos sob a disciplina das leis melhores e mais apropriadas'"[66]. Mesmo a ideia de que as leis deveriam ter "preâmbulos" foi sugerida na *Carta Sétima*.

Assim, a convenção de acordo com a qual houve uma transição notável de um Platão jovem, "utópico", "idealista" e "revolucionário" para um Platão velho, "realista", "pragmático" e moderadamente "conservador" ou "centrista" quando nos movemos da *República* para as *Leis* explode diante de nossos olhos ao lermos o capítulo final de Voegelin sobre Platão. "A pólis da *República* não é uma pólis 'sem leis'", observa ele, e o livro das *Leis* contém uma passagem importante que deixa claro que Platão não havia abandonado o *soi-disant* "comunismo" da *República*[67].

O Platão que se revela nas *Leis* talvez possa ser mais bem resumido com uma expressão que Voegelin usou em seu livro de publicação póstuma *História*

---

[66] Ibid., 278.
[67] Ibid., 279.

das ideias políticas: ele foi um "realista espiritual"[68]. Platão deve ser entendido, no que se refere ao seu pensamento político, como tendo feito uma tentativa de combinar "política do poder e reforma espiritual". Para Platão, "poder e espírito podem de fato não estar separados. A solução violenta e tirânica, que à primeira vista poderia parecer uma solução apenas de poder, envolve, na verdade, a corrupção do espírito, pois a alma do tirano teria de se fechar demoniacamente contra a lei do espírito de que fazer o mal é pior do que sofrer o mal. Um Platão se sentirá tentado, mas não cairá". Ele também não adotará a posição purista do afastamento, embora também se sinta tentado a fazer isso. "*Platão não é um santo cristão*. Na verdade, ele quer persuadir, mas também quer incorporar a Ideia à comunidade de uma pólis. E, para dar a forma visível de instituições ao fluxo invisível do espírito [...] ele está disposto a temperar a persuasão com uma certa medida de coerção... *Ele não poderia saber que lutava com um problema que teria de ser resolvido por intermédio da Igreja*"[69].

O diálogo das *Leis* é mais do que um código; ele é, acima de tudo, "um poema religioso". Como *nomothetes*, ou legislador, Platão foi um fracasso, mas como "criador do poema ele entrou [...] na comunidade universal do Espírito em que a sua orientação conserva tanta autoridade hoje quanto teve no passado"[70].

3 Voegelin na "posição platônica"

Boa parte do volume III é autobiográfica — tanto com respeito a Platão como ao próprio Voegelin. Há um sentido claro em que Voegelin identifica-se com Platão e vê-se na "posição platônica": "A situação é fascinante para aqueles entre nós que se veem na posição platônica e que reconhecem nos homens com quem nos associamos hoje os adeptos da prostituição intelectual pelo poder que serão coniventes com o nosso assassinato amanhã"[71].

---

[68] Ver Athanasios MOULAKIS, Introdução a VOEGELIN, *History of Political Ideas* I: Hellenism, Rome, and Early Christianity, Columbia, University of Missouri Press, 1997, 41.

[69] *Ordem e história* III, 282-284, ênfase acrescentada.

[70] Ibid., 286.

[71] Ibid., 98. Para que não se pense que Voegelin está sendo melodramático aqui, é preciso lembrar de sua difícil fuga da Áustria em 1938, com a SS em seu encalço, das denúncias contra ele como "não ariano" feitas por colegas do corpo docente e assim por diante. A "situação" a que Voegelin se refere é o confronto do niilismo de um Cálicles ou de um Trasímaco com a humanidade de Sócrates, que, "como um homem que não tem medo de morrer", está imune aos sarcasmos e insinuações de seus adversários.

À parte o compartilhamento dos aspectos negativos de estar na "posição platônica", incluindo a indignidade de ver os gostos dos teoricamente iletrados, tanto dentro como fora da universidade, prevalecerem no estabelecimento do "clima de opinião" em que se tem de trabalhar[72], Voegelin está primariamente interessado em seguir em frente hoje como Platão teria feito em seu tempo. Para começar, boa parte do trabalho filosófico permanece por ser feito; caso contrário, não se teria mais nada a fazer senão reimprimir as páginas dos diálogos de Platão. Estar na posição platônica não é a mesma coisa que ser um "platônico". Por outro lado, sem dúvida significa apropriar-se de certas noções fundamentais de Platão quando se tenta explicar a sua própria experiência contemporânea de ordem na alma e na sociedade. O que Voegelin chama de "historicidade da verdade" — e deve-se ter cuidado para não cometer o enorme erro de chamá-lo de "historicista" — significa que "a realidade transcendental, precisamente por não ser um objeto de conhecimento imanente ao mundo, tem uma história de experiência e simbolização". Como diz Voegelin mais para o final do volume III, "A Verdade não é um conjunto de proposições sobre um objeto imanente ao mundo; ela é o *summum bonum* transcendente ao mundo, experimentado como uma força orientadora na alma, a respeito da qual só podemos falar na forma de símbolos analógicos"[73].

A ordem da história segue em frente, avolumando-se nas almas dos verdadeiros representantes da humanidade, os filósofos-místicos e profetas desarmados. Assim como a perspectiva de Platão era limitada pela hipoteca da pólis e pela tendência a soluções teocráticas, também hoje nós que tentamos seguir as pegadas de Platão e Voegelin conhecemos a nós mesmos apenas dentro do "grau de diferenciação que as [nossas] experiências e a sua simbolização tiverem alcançado"[74].

Para nos sairmos bem — o desejo de Platão para nós no final da *República* —, precisamos absorver uma forte dose da paciência de Platão com respeito à eficácia social de nosso trabalho. Hoje, "temos boas razões para duvidar que um projeto do tipo [teocrático] platônico pudesse resolver os problemas da época no plano pragmático da história; mas também perdemos nossa ilusão

---

[72] "As tentativas contemporâneas de controle totalitário da esfera cultural não são mais do que o aperfeiçoamento sistemático da tirania oclocrática [da multidão] que se desenvolve nas sociedades 'livres' em sua última fase de desintegração" (ibid., 318).
[73] Ibid., 420.
[74] Ibid.

de que a 'liberdade' conduzirá sem erro a um estado de sociedade que mereceria o nome de ordem"[75].

Este ponto precisa ser enfatizado, porque, para Voegelin, estar na "posição platônica" enfaticamente *não* implica tomar o caminho do "ativismo elitista". De fato, se examinarmos com atenção a longa nota de rodapé em que Voegelin cita o uso desse termo por Karl Jaspers, é precisamente para *condenar* tal experimento. Isso porque, como o próprio Jaspers diz num livro publicado em alemão em 1931 e referindo-se a possíveis movimentos sociais "elitistas", "mesmo que em suas origens [...] a nobreza do homem possa ter tido um papel importante, e mesmo que essa força continue a ser importante nos indivíduos decisivos, *o grupo como um todo logo se revela uma minoria com todas as características de uma nova massa, de forma alguma aristocrática. Numa época que é determinada pelas massas, continua não havendo esperança de representar a nobreza do homem por meio de uma minoria governante*"[76].

A essa pequena minoria de intérpretes que afirmavam identificar em Voegelin um projeto ativista oculto para dar apoio a uma tomada de poder por uma elite deve ser dito que eles não leram nem o que ele disse repetidamente sobre a conclusão de Platão a respeito desse tema, nem suas próprias declarações sobre a futilidade dessa ideia. Isso não significa, porém, que Voegelin esteja pronto a jogar a toalha e tornar-se um apólogo da democracia de massa gnóstica: um teórico "na posição platônica" deve continuar a chamar as coisas pelo seu verdadeiro nome para ser fiel à sua missão[77]. E ele concorda claramente com a conclusão de Aristóteles, o maior aluno de Platão, e acha que esta sua observação é de relevância contemporânea: "A época é democrática, e Aristóteles resigna-se à perspectiva de que apenas constituições democráticas podem ser estabelecidas com alguma chance de estabilidade. *Tal resignação, porém, não implica o abandono de padrões críticos; ainda que a democracia urbana de seu tempo possa ser [...] inevitável, ela ainda é o que é. Aristóteles é um filósofo; ele não é um lacaio intelectual do historicamente inevitável*"[78].

---

[75] Ibid., 322.

[76] Voegelin, citando Karl Jaspers, ibid., 203-204, nota, ênfase acrescentada. Voegelin prossegue na mesma nota referindo-se ao tempo presente como "esta situação politicamente sem esperança — em que a ordem pública tornou-se não representativa e a nobreza da alma não pode encontrar representação pública". No entanto, note-se a observação de C. J. Friedrich no apêndice abaixo sobre o "pessimismo de superfície" de Voegelin que escondia uma "fé profunda".

[77] Ibid., 264 s.

[78] Ibid., 410, ênfase acrescentada.

Numa referência inequívoca aos líderes do fascismo e do nacional-socialismo, Voegelin fala de um tipo de caráter mais bem descrito como um "agnóstico [...] [com] ambição, [...] que é sutil, inteligente e persuasivo; pois essa é a classe de homens que abastece os profetas e fanáticos, os homens que são meio sinceros e meio insinceros, os ditadores, demagogos e generais ambiciosos, os fundadores de novas associações de iniciados e os sofistas ardilosos"[79]. Voegelin concorda com Platão que tais homens são consumidos por uma categoria especial de doença [*nosos*], "uma doença da alma".

Por fim, Voegelin deixa claro que ele vê um filósofo "na posição platônica" como a antítese do construtor de sistemas. Ele é, antes, um investigador de problemas — problemas de ordem humana na sociedade e na história que não foram investigados por inteiro desde Platão e Aristóteles. "Apenas em nosso tempo", conclui Voegelin, com óbvia referência à sua própria iniciativa em *Ordem e história*, "a abrangência da ciência política [platônica-aristotélica] aparece novamente em sua plena extensão, porque, sob a tensão de nossa própria crise, estamos recuperando o entendimento experiencial dos problemas envolvidos"[80].

Nota sobre os capítulos referentes a Aristóteles

Poder-se-ia afirmar que Voegelin provavelmente não faz plena justiça a Aristóteles neste volume, o que, se verdadeiro, é um defeito que ele mais tarde retificou em inúmeras publicações, como em sua coleção de ensaios em alemão intitulada *Anamnesis: Zur Theorie der Geschichte und Politik* (München, R. Piper Verlag, 1966). Embora no presente volume o Estagirita seja louvado por seu "inventário" abrangente dos *topoi* da ciência política e por seu bom senso que lhe permite escapar a qualquer tendência a formar um sistema, ele aparece, no geral, como tendo nos dado essencialmente uma versão "diluída" de Platão. A concentração de Aristóteles na forma imanente levou-o a comprimir a articulação de experiências de transcendência e, em Aristóteles, a "hipoteca da pólis" foi ainda mais pronunciada do que em Platão, e com menos razão, pois Alexandre, de quem ele havia sido tutor na juventude, estava ativamente empenhado em construir um império unindo os gregos e os persas

---

[79] Ibid., 321.
[80] Ibid., 413.

numa parceria de governo que ia além da compreensão de seu antigo professor. Ainda assim, como deixa claro no capítulo sobre a *Ética a Nicômaco*, Voegelin atribui a Aristóteles o crédito de ter deixado um legado brilhante em sua teoria do *spoudaios*, ou homem maduro, como a medida da ação certa.

4 Apêndice de resenhas selecionadas: "Um livro escrito com sangue"

Antes de concluir, eu gostaria de acrescentar a seguinte "resenha de resenhas" sobre *Platão e Aristóteles* de Voegelin.

As resenhas de *Platão e Aristóteles* que pude consultar são dignas de nota em vários aspectos, entre os quais estão a unanimidade do elogio às habilidades linguísticas e interpretativas de Voegelin, as amplas divergências no entendimento de sua abordagem filosófica e o desejo de alguns de seus críticos de colar um rótulo convencionalmente reconhecível em Voegelin apesar de seu esforço determinado para não ser julgado de acordo com os critérios do que ele repudiava como "posicionismo". Apenas uma minoria de intérpretes — entre eles Sandoz, Engel-Janosi, Niemeyer, Friedrich e Shinn, todos discutidos abaixo — demonstrou suficiente familiaridade com o conjunto da obra de Voegelin para dar uma ideia de sua radical originalidade e de sua importância como uma contribuição pioneira para a teoria política no século XX. O fato de mais intérpretes não terem percebido essa significância para a época, ou de terem-na percebido apenas vagamente — apesar de terem expresso óbvia admiração por aspectos dela — pode ser atribuído em parte à circunstância de o livro ser, afinal, parte de uma obra maior e precisar ser avaliado em relação a essa iniciativa mais ampla. Outros fatores que inibem uma percepção de que estamos em presença de uma obra que marcou época são: confusão quanto ao problema da relação entre razão e fé, uma propensão a julgar Voegelin como algum tipo de De Maistre ou Donoso Cortés *redivivus* (ver a descrição de Julian Franklin para Voegelin como um filósofo "antirracionalista" em *Political Science Quarterly* 68 [primavera 1953] 157-58) e o efeito perturbador de alguns dos apartes de Voegelin sobre a situação contemporânea. Assim, uma minoria de intérpretes fez uma avaliação equivocada de Voegelin como um católico romano tradicionalista, submetido ao *magisterium* da Igreja, quando na verdade ele não era de forma alguma católico, mas um pensador independente debatendo os problemas filosóficos genuínos da relação entre fé, entendida não como um dogma da Igreja, mas como uma paixão pré-intelectual da alma que a leva a aquiescer àquilo sobre o que não temos e não podemos ter total conhecimento, e razão. Um intérprete (Rosen) acusou-o de "piedade extrema", porém não existe nada extremo ou piedoso em Voegelin, mas apenas a recusa a ignorar séculos de especulação de Anselmo e outros sobre a relação entre fé e razão na própria filosofia. "Como um cientista crítico", Eric Voegelin escreveu para Thomas I. Cook em 24 de novembro de 1953, "tenho de aceitar esses fatos da ordem (isto é, experiências humanas de transcendência) qualquer que possa ser a minha opinião pessoal sobre eles".

E há também a imagem inexata de Voegelin como um reacionário político, herdada de algumas reações a *A nova ciência da política*, publicado em 1952, quando na verdade há muito de radical nele, assim como havia em Platão[81]. Qualquer tentativa de "posicionar" Eric Voegelin na escala ideológica de "esquerda a direita" com certeza será falha. Tendo dito isso, é preciso reconhecer que a sua inclinação a ocasionalmente se expressar de forma impulsiva e usar uma linguagem provocativa condenando alguns movimentos contemporâneos considerados progressistas pode contribuir, em parte, para a percepção equivocada de alguns intérpretes de que ele fosse um conservador ou um homem de direita. (Numa palestra na Universidade de München, em 11 de julho de 1967, da qual uma cópia datilografada pode ser encontrada nos Arquivos da Hoover Institution na Stanford University, Voegelin condenou "as idiotices tanto da esquerda apocalíptica como da direita tradicional".)

Mas voltemos às interpretações em si, das quais ofereço aqui uma amostra representativa que pode ser útil para o melhor entendimento tanto das realizações de Voegelin como de algumas das dificuldades encontradas ainda hoje em sua recepção.

A análise de Moses Hadas, no *Journal of the History of Ideas* 19 (junho 1958) 442-444, já foi mencionada na nota 37. Hadas começa como se pretendesse escrever favoravelmente sobre o livro: "Há muito nessa obra ambiciosa que é correto e atraente". "Ao contrário de Toynbee, o professor Voegelin lida com textos geralmente acessíveis e é conhecedor da maior parte dos estudos recentes." Porém, "as coisas certas no livro são um andaime especioso para uma doutrina [...] [à] qual, exposta sem disfarces, muitos leitores reflexivos devem objetar fortemente". De acordo com o professor Hadas, Voegelin emu-

---

[81] Tradução brasileira de J. Viegas Filho, apresentação de J. P. Galvão de Souza, Brasília, Editora UnB, ²1982. (N. do E.)

la "o obscuro Heráclito" em seu estilo, numa suposta tentativa de ocultar a mensagem extremista de direita. "Há, evidentemente, [...] acontecimentos do século XX que ele tem em mente." "Reduzida a termos simples, a 'ordem' do professor Voegelin apoia-se num embuste, que é justificado pela atribuição de inspiração divina à elite que tem o poder de realizá-la". Na conclusão de seu ataque, Hadas é levado a lembrar "um comentário atribuído a um notável patrono [Huey Long] da instituição a que serve o professor Voegelin [Louisiana State University, onde Voegelin era "Professor Boyd"]: 'Claro que teremos fascismo neste país, mas claro que o chamaremos de alguma outra coisa'. Salto no ser?" (444). Note-se o uso depreciativo do verbo "servir" — Voegelin, para Hadas, não "leciona" na LSU, mas "serve" a ela.

Stanley Rosen, na *Review of Metaphysics* 12 (dezembro 1958) 257-276, acusa Voegelin de ter cometido o pecado capital de transformar a filosofia em teologia e de não estar interessado nos gregos, "exceto na medida em que eles pudessem ser usados para ajudar em sua marcha toynbeeana ao longo da história em direção a Deus" (258). Em reconhecimento ao "prejuízo aos propósitos da filosofia grega" que Voegelin teria cometido, Rosen declara que os volumes II e III de *Ordem e história* merecem "uma detalhada rejeição". No curso da dita rejeição — e, como vamos ver, a palavra *rejeição* estava muito presente na mente de Rosen —, somos informados de que, para Voegelin, "o estudo da história torna-se uma peça de propaganda religiosa, iluminada do alto" (261). Como "um antídoto para o pietismo extremo de Voegelin", somos direcionados a *Persecution and the Art of Writing* (267, nota), de Leo Strauss. Rosen insiste que devemos pensar os pensamentos dos gregos "como se eles fossem tanto verdadeiros como nossos próprios" (258). Rosen acha que Voegelin "espiritualizou a filosofia grega e a rejeitou" (270). Essa "rejeição" seria supostamente devida ao fato de que "Voegelin está convencido da solidez do historicismo moderno" (258).

O professor William F. Albright, em *Theological Studies* 22 (junho 1961) 270-279, é da opinião de que Voegelin tem uma "filosofia eclética" que consiste de "três vertentes principais: um hegelianismo modificado, um agostinianismo [aparentemente modificado] e um existencialismo de um tipo bastante indefinido" (270). Albright conclui que Voegelin é "basicamente hegeliano" (270), embora reconheça em seu crédito que a sua "forte adoção de uma abordagem agostiniana em relação à história ajude em grande medida a salvá-lo de cair na armadilha do historicismo" (271). Mais adiante em seu ensaio, Albright volta-se para uma explicação de parte de suas próprias conceituadas pesquisas sobre estudos bíblicos (275-278), durante a qual elogia Voegelin por seu hebraico em *Israel e a revelação* (275, 278).

Uma das relativamente poucas resenhas de estudiosos clássicos (e pode-se especular se isso se deveria a muitos especialistas em grego terem pouca simpatia pelos interesses filosóficos de *Ordem e história* e, dessa forma, acharem mais fácil ignorá-lo do que resenhá-lo) foi a de G. B. Kerferd em *Classical Review* 9 (dezembro 1959) 251-252. Embora Kerferd ache ser "a concepção geral do livro de grande interesse", ele desaprova Voegelin por "como [Werner] Jaeger [...] examinar o curso do pensamento grego a partir de um ponto de vista específico" (251). O problema com o ponto de vista "específico" de Voegelin, porém, acaba sendo o fato de ele ser muito geral — de fato, "tão geral que quase tudo pode ser classificado como uma busca pela ordem e, no entanto, depois de termos feito isso, com frequência foi muito pouco o que dissemos". Voegelin é criticado por "esconder o trivial sob uma linguagem portentosa". Ele também teria interpretado a *República* "de um modo muito simbólico" — o que, para o autor, aparentemente é um erro evidente (272).

Um classicista francês (B. Weil) também expressa interesse como ser humano pelos dois volumes de Voegelin sobre os gregos — "mas não tanto como helenista", embora "indiretamente algum lucro possa ser obtido deles" mesmo para os helenistas, apesar de "muitos detalhes discutíveis" (*Revue des Études grecques* 73 [julho-dezembro 1960] 546-548, citação, 547.) "Claro que esses são meros detalhes para o autor", dado o escopo grandioso de seu projeto: oferecer uma "interpretação total da história". Um "detalhe discutível" representativo é o seguinte: Voegelin disse numa passagem que Platão morreu em 347 a.C. e, em outra, em 348, quando deveria ter escrito 347/348 em ambas. Voegelin também é criticado por se mostrar excessivamente interessado na relevância contemporânea de seu estudo e por ser "apaixonado" demais e por demais "convencido da verdade" de sua interpretação.

Passando para um grupo de autores amplamente favoráveis a *Platão e Aristóteles* de Voegelin, encontramos a escritora Flannery O'Connor, que comenta sucintamente que "os inimigos de Platão eram os sofistas, e os argumentos de Sócrates contra eles são ainda hoje os argumentos clássicos contra aquela filosofia sofista da existência que caracteriza o positivismo e a época do iluminismo. Esses são também os inimigos de Voegelin: ele deixa claro neste livro que o assassinato de Sócrates é equivalente aos assassinatos de nosso tempo" (*The Presence of Grace and Other Book Reviews*, Athens [Ga], University of Georgia Press, 1983, 70-71).

As três resenhas mais informativas (entre aquelas que eu pude localizar e ler) sobre a intenção e o método de Voegelin são as de Ellis Sandoz, Friedrich Engel-Janosi e Gerhart Niemeyer. Sandoz oferece ao leitor "uma formulação concisa de alguns dos motivos centrais dessa mais profunda e original reconstrução do pensamento político desde Hegel" — um veredicto compartilhado por muitos, inclusive este autor (*Social Research* 28 [verão 1961] 229-234, citação, 229). A capacidade de Sandoz de apresentar um resumo dos três primeiros volumes de Voegelin em um pequeno espaço é notável e, além disso, apoia-se primariamente em deixar Voegelin falar por si mesmo. Sandoz também mostra como Hadas cita de maneira equivocada uma frase fundamental de Voegelin à qual ele (Hadas) havia imputado uma significância sinistra. Sandoz indica que Voegelin não tomou o termo "salto no ser" de Heidegger (o ex-nacional-socialista), como Hadas alega, mas de Kierkegaard. Ele também discorda de algumas das afirmações de Stanley Rosen (234).

A resenha de Friedrich Engel-Janosi sobre os três primeiros volumes de *Ordem e história* ("Eine Symbolik der Weltgeschichte", *Wort und Wahrheit* 13 [agosto-setembro 1958] 538-544, com as duas últimas dessas densamente preenchidas páginas dedicadas exclusivamente a *Platão e Aristóteles*) é crítica no melhor sentido e demonstra um profundo entendimento da intenção, do método e do modo de argumentação de Voegelin. Em contraste com os intérpretes que percebem "ecletismo" em Voegelin e tentam encaixá-lo no leito ou leitos de Procusto que já lhes são conhecidos, sejam estes "hegelianos", "agostinianos", "existencialistas", "católicos romanos" [ele era, na verdade, de confissão luterana], junguianos, "toynbeeanos" ou mesmo "platônicos", Engel-Janosi interpreta Voegelin como Voegelin e declara categoricamente que "o perigo de um sincretismo como se encontra [...] em Toynbee não existe" na obra de Voegelin (539). São de especial interesse passagens de uma carta escrita para ele pelo próprio Voegelin, que enfatiza que a sua insistência em seguir dos símbolos para as experiências de participação na realidade que os engendram — e que o fez abandonar o seu vasto e quase concluído projeto, a *História das ideias políticas* — teve, entre as suas consequências, a descoberta de que "não há uma filosofia de 'formas simbólicas' (conforme concebida por Ernst Cassirer) como tal, mas apenas uma filosofia das experiências" que eram a fonte dos símbolos da ordem (540). Engel-Janosi conclui enfaticamente que "quando [*Ordem e história*] estiver concluído, um novo capítulo se abrirá na escrita ocidental da história" (544).

A resenha de Niemeyer ("The depth and height of political order", *Review of Politics* 21 [julho 1959] 588-596) é de excelência equivalente às de Sandoz e Engel-Janosi, no sentido de que nela se pode entender o que *Ordem e história* de Voegelin e os volumes II e III, em particular, de fato pretendiam dizer na perspectiva do próprio autor. Praticamente solitário entre as resenhas que examinei, o ensaio de Niemeyer indica o lugar central do capítulo de Voegelin sobre o *Timeu* em *Platão e Aristóteles*. De fato, ele argumenta que esse capítulo "esclarece o próprio conceito de ordem política de Voegelin em maior profundidade do que qualquer outra parte do estudo" (591). A resenha de Niemeyer não é hagiográfica, e fica claro que ele considera legítimo que os intérpretes tenham reservas quanto ao estilo de escrita por vezes idiossincrático de Voegelin, quanto a detalhes da argumentação e quanto à interpretação de alguns dos textos. Mas isso não afeta a sua avaliação do "resultado geral", nem deve, em última instância, importar, em sua opinião, se foram cometidos equívocos neste ou naquele detalhe, porque "o método de Voegelin não é de reunir fatos na esperança de encontrar neles uma ordem da qual ele nada sabia antes de começar o exame". Vale a pena apresentar toda a citação do professor Niemeyer sobre o método de Voegelin:

> Voegelin [...] está interessado nas coisas do espírito, e sua investigação é portanto um empreendimento de autodescoberta. [...] O que ele descreve nesses dois volumes é um "salto no ser", uma abertura da consciência humana para uma verdade mais elevada. Se essa abertura não passasse de um fato do passado remoto, ele não seria capaz de descrevê-la. Ele *pode* esclarecer o processo na medida em que a evocação do passado é um autoesclarecimento, porque os vislumbres assim alcançados tornaram-se ganhos de verdade permanentes, parte da consciência coletiva pela qual hoje vivemos. As grandes obras de seu estudo são examinadas não só com a ideia de melhorar a confiabilidade de dados históricos mas, acima de tudo, de desempenhar o papel para o qual Platão planejou a *República*: oferecer um paradigma do pensamento certo. (593; ênfase do original)

Outras resenhas examinadas

Russell Kirk, em "Philosophers and philodoxers", *Sewanee Review* 66 (julho-setembro 1958) 494-507, escreveu uma resenha em geral favorável, partindo da reclamação de que Voegelin não mencionou Paul Elmer More, cujos dois livros sobre Platão Kirk recomenda que leiamos primeiro, porque More foi "um autor muito mais lúcido" do que Voegelin (494). Ele chega ao ponto de prever que "Voegelin pôs um fim, provavelmente para sempre, na tentativa dos positivistas e racionalistas de reivindicar Sócrates para si" (503).

O professor C. A. Robinson Jr. (*American Historical Review* 63 [julho 1958] 939-941) declara que "Voegelin nos deu uma grande obra intelectual", embora "não, receio, a síntese maior e mais ambiciosa" que ele buscava realizar (939). Robinson conclui que existe "uma força verdadeira nesses volumes, e é uma força realmente muito grande e notável", que tem a ver com a "análise penetrante e significativa dos autores gregos antigos" (940).

Truesdell S. Brown (*Annals of the American Academy of Political and Social Science* 309 [setembro 1958] 187-188) conclui que, embora ocasionalmente "vítima de seu próprio dogmatismo" (187) e introdutor de apartes irrelevantes e "questionáveis" sobre a política contemporânea, Voegelin estabeleceu "um padrão muito elevado" para os volumes finais de *Ordem e história*, que serão "aguardados com impaciência" (188).

Pierre Hassner, na *Revue française de Science politique* 10 (setembro 1960) 713-715, abre seu ensaio com um resumo lúcido do argumento dos três volumes de *Ordem e história*. Ele caracteriza a "originalidade" de Voegelin como constituída, acima de tudo, de sua "tentativa de construir uma filosofia e, ao mesmo tempo, preservar o mistério e a imprevisibilidade da história" (713). Hassner, de maneira interessante, traduz "salto no ser" como "*saut ontologique*", sugerindo assim "salto ontológico" como um termo mais feliz do que "salto no ser" (714). Ele elogia a análise "brilhante e minuciosa" de Voegelin para a "aventura" tanto de Israel como da Grécia para alcançar os seus respectivos e paralelos saltos ontológicos para além da natureza compacta do mito cosmológico. Em seu parágrafo final, Hassner muda um pouco o tom, acusando Voegelin de "dogmatismo retrospectivo" em sua leitura da história e caracterizando a sua interpretação da *República* como "autoritária"; ainda assim, Hassner conclui que essas e outras interpretações de Voegelin são contribuições "da mais alta ordem" (715).

Robert Ammerman (*Philosophy and Phenomenological Research* 19 [junho 1959] 539-540) declara que "muitos filósofos (o comentador incluído) sem dúvida se sentirão repelidos pela maneira pretensiosa de Voegelin de apresentar a sua tese principal, usualmente sem argumentação ou defesa. Além disso, ele faz uso persistente de um vocabulário técnico que não é claro em si mesmo nem adequadamente elucidado pelo autor... É difícil perdoá-lo por sua aparente falta de preocupação com a precisão terminológica e com a clareza" (540).

Há várias páginas dedicadas a *Platão e Aristóteles* de Voegelin em Ernst Moritz Manasse, *Bücher über Platon* (Tübingen, JCB Mohr, 1957, 220-229). Manasse conclui que para Voegelin "não pode haver evasivas: a ordem é senhora do mundo e assim deve ser" (221).

Whitney J. Oates, no *Classical Journal* 56 (novembro 1960) 90-92, percebe em Voegelin traços de uma "abordagem junguiana" na interpretação dos diálogos de Platão, mas afirma que, "em sua maior parte, os resultados dão a impressão de ser projetados das vísceras de Voegelin sem um traço de evidência para corroborá-los". Apesar dessa condenação da abordagem supostamente "visceral" de Voegelin, Oates considera que suas discussões do *Timeu* e das *Leis* são "esclarecedoras". Porém, Voegelin é acusado de escrever "em uma linguagem que, para dizer o mínimo, é difícil de entender".

Helmut Kuhn, em *Historische Zeitschrift* 2 (outubro 1960) 361-364, dá a Voegelin o crédito de ter apresentado uma filosofia da história "com ousada e refletida seriedade" (361), mas que deixa perguntas sem resposta, como para onde irá a história depois de seu declínio atual no gnosticismo (363-364). Kuhn não se mostra convencido, de maneira geral, por algumas das interpretações de Voegelin para a *República*, mas parece gostar mais da parte sobre Aristóteles (362).

Parece apropriado encerrar este apêndice com duas citações, a primeira de uma resenha do maior professor de teoria política de Harvard, Carl Joachim Friedrich, sobre os três primeiros volumes de *Ordem e história*: "Este é um livro de enorme importância, [...] um livro escrito com sangue. O autor é profundamente sério. Ele está convencido de que aquilo sobre o que escreve é vital para o homem e seu futuro, e que da resposta certa depende a vida boa. Nesse sentido, o seu discurso é teoria política no sentido mais elevado. Ele destila significado do esforço espiritual do homem e, apesar de seu pessimismo superficial, é animado por uma fé profunda" (*Jewish Frontier* [dezembro de 1958] 8-11, citação, 11).

A citação final é de "Rethinking History", de Roger L. Shinn: "*Ordem e história*, de Voegelin, é um dos monumentos da erudição do século. [...] Lembra-nos que Tomás de Aquino deixou deliberadamente de lado a sua *Summa Theologiae*, sentindo que sua conclusão [e o Volume V apareceu postumamente num estado incompleto] seria uma caricatura grotesca contra o mistério insondável de Deus. É melhor lembrar de Voegelin como alguém que terminou sua vida ainda procurando" (*Christianity and Crisis* 49 [8 de maio de 1989] 149-150)

Conclusão

Numa passagem famosa perto do final da introdução a seu *Philosophie des Rechts*, Hegel comparou a filosofia à coruja de Minerva, a deusa da sabedoria, que voa apenas ao cair da noite. Essa também parece uma metáfora adequada tanto para Platão como para Eric Voegelin. Como cidadãos da "modernidade tardia", nós hoje temos o consolo de ter sido os beneficiários de um filósofo de peso, que nos proporcionou um bem-vindo antídoto para o espírito da época — uma época que, como o próprio Voegelin disse certa vez, poderia ser mais precisamente descrita como "a Era Gnóstica"[82]. A sugestão de Voegelin de uma mudança terminológica parece ser, para este autor, bastante defensável, na medida em que a era chamada "moderna" não parece ter sabido que o seu conhecimento foi com muita frequência baseado na ignorância dos problemas mais importantes — problemas que, como Voegelin mostrou tão magistralmente neste livro, foram identificados há muito tempo por Platão.

Dante Germino

---

[82] Eric Voegelin, em *Philosophische Rundschau I* (1953), citado em Hans Blumenberg, *The Legitimacy of the Modern Age*, Cambridge, MIT Press, 1985, 606, nota 1. Deve-se acrescentar que Blumenberg faz um grande esforço para defender a "legitimidade" da era moderna, a qual, que eu saiba, nunca foi questionada por Voegelin.

Platão e Aristóteles

coniugi dilectissimae

In consideratione creaturatum non est vana et peritura curiositas exercenda; sed gradus ad immortalia et semper manentia faciendus.
[No estudo da criatura, não se deve exercer uma curiosidade vã e perecedoura, mas ascender rumo àquilo que é imortal e permanente.]

Santo Agostinho, *De vera religione*

Prefácio

O *rdem e história* é uma investigação filosófica concernente aos principais tipos de ordem da existência humana na sociedade e na história, assim como às correspondentes formas simbólicas.

As mais antigas sociedades civilizacionais foram os impérios do Oriente Médio antigo na forma do mito cosmológico. E desse estrato mais antigo da ordem emergiu, por meio das revelações mosaica e sinaítica, o Povo Eleito com sua forma histórica no presente sob o governo de Deus. Os dois tipos de ordem, junto com suas formas simbólicas, foram o assunto do volume I, *Israel e a revelação*.

Na área egeia surgiram, do estrato da ordem na forma cosmológica, a pólis helênica com a forma simbólica da filosofia. O estudo da pólis e da filosofia concatena-se, na organização de *Ordem e história*, ao estudo precedente sobre Israel e a revelação. Devido à sua dimensão, este segundo estudo teve de ser dividido nos volumes II, *O mundo da pólis*, e III, *Platão e Aristóteles*. Os dois volumes, embora cada um deles seja completo em si no tratamento de seu respectivo tema, formam uma unidade de estudo.

Breves seções dos dois volumes foram previamente publicadas como "The World of Homer" (*Review of Politics* 15 [1953] 491-523), "The Philosophy of Existence: Plato's *Gorgias*" (*Review of Politics* 11, 477-498) e "Plato's Egyptian Myth" (*Journal of Politics* 9, 307-324).

Como no volume anterior, quero manifestar minha gratidão, pelo auxílio material que facilitou a elaboração final deste estudo, à instituição que não deseja ter seu nome mencionado.

Eric Voegelin
1957

Sumário analítico

Parte 1: Platão
1. Platão e Sócrates
   "O esforço quase miraculoso"
   §1. Sócrates
      1. A *Apologia*. A ordem de sabedoria délfica. Os julgamentos de Sócrates e Atenas.
      2. Drama e mito da alma socrática. Tragédia esquiliana e diálogo platônico. Diálogo e retórica. Tânatos, Eros e Dike.
   §2. Eros e o mundo
      1. Platão e a Sicília. A *Carta Sétima*. Dion. Comunidade erótica. Dionísio II. Palavra escrita e palavra-ideia.
      2. A carta a Hérmias de Atarneus.
2. O *Górgias*
   1. A questão existencial. "Guerra e combate". Honestidade existencial. Argumentação e retórica. A *camaraderie* da *canaille*.
   2. *Pathos* e comunicação.
   3. A filosofia invertida da existência. *Physis* e *nomos*. As admoestações de Cálicles. Os contra-argumentos socráticos.
   4. A transferência de autoridade. O assassino encara a vítima.
   5. O julgamento dos mortos. A vida do filósofo em direção à morte. As almas dos mortos. A presença do julgamento.

3. A *República*
   §1. A organização da *República*
   O esquema. Conteúdos e interpretações.
   §2. O caminho para cima e o caminho para baixo
   Descida. Pireu e Hades. Panfilia. Profundidade da existência. Paradigma e *Daimon*. Liberdade e substância. O Salvador. Discurso e vida. Subida da noite para a luz. O "Lá". Experiências motivadoras. A alma dionisíaca.
   §3. A resistência à sociedade corrupta
   1. Os pares de conceitos. Justiça e injustiça. *Philosophos* e *philodoxos*. Verdade e mentira. Filósofo e sofista.
   2. A *doxa* sofística de justiça. A justiça de Trasímaco. Resistência dos jovens. As *doxai*: (1) Origem contratual da justiça; (2) O sonho do homem invisível; (3) A verdade da aparência. A sociedade como o grande sofista.
   §4. A criação da ordem
   1. O *zetema*. Ideal e realidade. Experiências motivadoras: profundeza e direção. A profundeza luminosa. Natureza do *zetema*. Ampliação do logos. O princípio antropológico. *Arete*; Paradigma; Politeia.
   2. O jogo da fundação. O filósofo-estadista. A politeia da alma.
   3. A investigação cognitiva. O paradigma da boa pólis. *Eidos*; Ideia; *Physis*; *Episteme*. O paradigma divino. A alma do filósofo como a fonte de conhecimento.
   4. A poligenia. Deslocamento da especulação teogônica. As quatro ordens da poligenia: (1) A pólis saudável; (2) A pólis luxuriosa; (3) A pólis purificada; (4) A pólis dos filósofos.
   5. O conto fenício. A Grande Mentira e a Grande Verdade. A irmandade dos homens. Lembrança de Hesíodo e Heráclito.
   6. Os modelos de alma e sociedade. Igualdade e desigualdade. Diversificação da natureza humana.
   7. O *Agathon*. Constituição transcendental da alma. O símile do sol. A parábola da caverna. Paideia, *Periagoge, Agathon, katabasis*.
   §5. A desintegração da ordem
   1. A unidade somática da pólis. A comunidade de mulheres e filhos. Motivação. As limitações do tribalismo helênico. A medida.
   2. O fracasso mítico da encarnação.

3. A sequência de formas políticas. Declínio da boa pólis. Natureza taxonômica da sequência. A desintegração da psique. O sonho de tirania. O *Eros tyrannos*. O ciclo na história política.

§6. O Epílogo

Vida na perspectiva da morte. A velha discórdia entre filosofia e poesia. O ataque a Homero. A nova arte.

4. Fedro e *Político*

§1. O *Fedro*

A realização social da Ideia. O domínio da alma. Ideia e psique. Mania. A nova hierarquia das almas. Emigração do espírito da pólis. A psique semidivina.

§2. O *Político*

1. A trilogia de diálogos. Mediação. A atmosfera de violência.
2. A digressão do *Teeteto*. O filósofo e o *homo politicus*. Os dois paradigmas. A relação com a parábola da caverna. O poder do mal.
3. Os artifícios obscurecedores do *Político*.
4. O mito dos ciclos cósmicos. A história. A hierarquia dos deuses. A trindade. A evolução da consciência. A era do homem autônomo. O mundo em envelhecimento e o salvador régio.
5. O governante régio e a realidade política. As formas políticas não-verdadeiras. O *logos basilikos* e o Estado de direito. A realidade mimética da política. A injeção da substância verdadeira. Persuasão. O ataque ao governo da lei. O governante régio e a arte régia.

5. Timeu e *Crítias*

1. O mito egípcio. Continuação da *República*. A história egípcia de Sólon. O *status* da Ideia. O inconsciente e a anamnese. A verdade do mito. O drama na alma de Platão. A nova arte do mito.
2. O plano dos diálogos.
3. A filosofia do mito. A projeção da psique no cosmos. O ônfalo cósmico na alma. O tema do mito. A inverdade histórica e a evolução do mito. O jogo com o mito. Liberdade em relação ao/e do mito. O homem antropomórfico. A função do mito platônico. Rigidez protetora e tolerância. A natureza da simbolização: realidade não objetiva em formas objetivas. O mito do mito.
4. O mito do mito no *Timeu*. O mito do cosmos. Ser e Vir-a-Ser. O cosmos como *Eikon* e o *eikos mythos*. O mito como a verdade da encarnação.

5. O mito da encarnação no *Timeu*. O tempo do cosmos: o *eikon* da eternidade. O tempo da narrativa: o símbolo do processo atemporal da psique. Criação. Demiurgo, *nous, Ananke*. O Demiurgo e o Político. Peithó e Eros. O pano de fundo esquiliano.
6. O *Crítias*. O éon mítico. A coeternidade do Ser (Atenas) e do Vir-a-Ser (Atlântida). A influência dos *persas* de Ésquilo. Atlântida e Utopia. Descrição de Atenas e Atlântida. Virtude e sabedoria *versus* luxúria e razão. O renascimento do homem caído.

6. As *Leis*
    1. Ideias equivocadas sobre as *Leis*. Estilo e organização. O viés do secularismo. A segunda alternativa de pólis. Platão sobre a melhor pólis e a segunda melhor pólis.
    2. A teocracia platônica. A visão do império helênico. Estratégia de unificação. Poder e espírito. A concepção teocrática. Do apelo heroico às instituições eclesiásticas. O poema religioso.
    3. Os símbolos dominantes. O fim e o começo. Deus. Solstício. *Omphalos*. O manipulador e as marionetes. Os símbolos contraídos da atemporalidade. A psicologia tardia: sentimentos, apreensões, julgamento. A corda de ouro. O joguete do deus. Do *nomos* ao dogma. Do rei-filósofo ao Estrangeiro. O jogo sério. "Deus ou algum homem." A divisão das *Leis*. O homem como legislador. As condições do sucesso. *Nomos* e *nous*.
    4. Forma política. Uma digressão sobre bebida. Zeus, Apolo, Dioniso. O ciclo. Crescimento: governo dos anciãos, reis, as cidades das planícies, a nação. Clímax: a federação dórica. Declínio: a maior insensatez, Lacedemônia, Atenas, Pérsia. Forma solsticial. Forma e espírito. A forma mista e as não-constituições. As *materes* monárquica e democrática. *Philia*. A média e a medida. Igualdade proporcional e mecânica. *Philia* entre elementos heterogêneos. O jogo com números cósmicos. Instituições. A forma como número. O número-chave doze e sua aplicação. Os números da *tetractis* pitagórica. Harmonia cósmica.
    5. Revelação ao meio-dia. Deus, a medida. Persuasão. Os proêmios.
    6. O drama da pólis. Teoria do jogo. J. Huizinga. *Paidia e Paideia*. Jogo, educação, lazer. O crescimento da *Paideia* a partir da *Paidia*. Prazeres bons e ruins. Paideia córica. Os encantamentos. O mais nobre dos dramas. O jogo sério da pólis.

7. O credo. O dogma mínimo. Comparação com Spinoza. Os três dogmas. Agnosticismo e ambição. A doença da alma. O Conselho Noturno. O último *nomos*.

Parte 2: Aristóteles
7. Aristóteles e Platão
    1. A evolução do pensamento aristotélico. Entrada na Academia. Obra exotérica e esotérica. A filosofia como modo de vida, como debate sobre os resultados. O problema da Ideia. A diluição intelectual. O descarrilamento da filosofia.
    2. A estrutura literária da *Política*. Obra não sistemática. Equívocos modernos. A pólis como a incorporação da Ideia transcendente e como uma entidade imanente ao mundo.
    3. A consciência da época. A criação platônica e o conhecimento aristotélico da época. Platão e as épocas do mito iraniano: *Elegia do Altar, Leis, Alcibíades I*. Especulação sobre o ciclo histórico. O ciclo abstrato em *Problemata*. O cisma entre o ciclo da política pragmática e a nova vida do espírito. O ciclo de percepções intelectuais e espirituais, em *Meteorologia, Metafísica e Política*. Teoria do ciclo e teoria do conhecimento. O amante de mitos.
8. Ciência e contemplação
    1. O alcance da ciência política. A decomposição da política teocrática pela atitude contemplativa. Hesitações conservadoras. A ciência política como ciência da ação humana. De ideias a padrões. Ética e política. A antropologia e a teoria das excelências. Redefinições da ciência política. A epistemologia da ciência política. A validade de proposições e a revolta contra a excelência. A ciência das instituições compulsórias. A autoridade do *spoudaios*.
    2. O *bios theoretikos*. O afastamento da vida da política. A felicidade suprema. A vida do *nous*. *Bios theoretikos* e a visão do *Agathon*. A religião estelar. Reforma religiosa. Vida teórica e política. Soluções rejeitadas. O problema da monarquia do mundo. A pólis *Eudaimon*. As analogias da existência autônoma.
9. A ciência da pólis
    1. A natureza da pólis. Comunidade. As categorias de natureza, potencialidade e realização concreta. Suas vantagens e desvantagens. Um tipo alternativo de análise. *Política* II. Unidade e diversificação. *Poli-*

tike philia. Homonoia. Comunidade de mulheres, crianças e propriedade. O realismo aristotélico.
2. A ordem da pólis. A pólis do filósofo e do legislador. A distinção entre natureza e ordem. A realização da ordem. Constituição como forma. Cidadãos como matéria. O homem bom e o bom cidadão. A tensão entre a natureza e a forma da pólis. A melhor pólis e as realizações deficientes. Os homens maduros e os escravos por natureza. Igualdade e desigualdade. Ética múltipla. O governo como a representação da excelência. O descarrilamento da análise aristotélica. A transferência de categorias da *Física* e da *Metafísica*. O problema da essência da sociedade. A *physis* e o *eidos* aristotélicos da pólis. A história e a fatalidade da ordem cósmica.
3. Tipos de ordem. Constituições verdadeiras e pervertidas. O rico, o pobre e o virtuoso. Uma constituição conciliatória. As constituições como fases do curso histórico. A multiplicidade aberta de constituições.
4. A multiplicidade da realidade política. A atenção ao detalhe empírico. O princípio da inventariação. As partes necessárias da pólis; suas variações e combinações. A melhor constituição como padrão e o campo das formas deficientes. Tipos principais e subtipos. O governo constitucional da classe média. As causas de revolução.
5. A melhor constituição. A plena realização da natureza humana. A *choregia*. Organização social. Impossibilidade de realização pragmática. Educação, negócios e ócio.
6. Conclusão. Do mito da alma para a ciência da nomotética. Os principais complexos teóricos.

10. Sobre tipos de caracteres e ceticismo

Tipos de caráter e tipos de ética. A tensão entre o homem real e o homem potencial. A aceitação das formas deficientes de ordem.
1. A *Retórica* de Aristóteles. A prática da persuasão. O caráter do estadista. Apelo à utilidade das virtudes. O caráter da audiência.
2. O fracasso da metafísica imanentista. A essência dos caracteres: tipos. A historicidade da Verdade transcendente. A existência humana em direção à transcendência. A natureza aristotélica do homem como essência imanente. As aporias da construção.
3. Os *Caracteres* de Teofrasto.
4. Pirro. A felicidade como um objetivo imanente ao mundo. As filosofias da conduta. O afastamento de Pirro da filosofia. O ceticismo como um modo de existência. *Epoche* e *ataraxia*.

Parte 1
Platão

Capítulo 1
Platão e Sócrates

Arístocles, o filho de Áriston, nasceu em 428/427 a.C. numa família nobre de Atenas. Do lado materno, sua linhagem incluía Sólon. O nome Platão, de acordo com as várias tradições, ele recebeu ou de seu professor de luta, devido à sua constituição física robusta, ou de seus amigos, por causa da largura de sua testa; houve também, inevitavelmente, sugestões menos cordiais, que associavam seu nome à amplitude de seu estilo e a brincadeiras com as palavras Platão e platitudes. Sua juventude foi vivida no período da Guerra do Peloponeso (431–404); tinha vinte e poucos anos quando testemunhou o regime dos Trinta Tiranos e a sua destituição pelo partido democrático. Os anos de sua maturidade foram repletos de guerras intestinas das pólis helênicas e suas ligas; e em seus últimos anos ele ainda pôde observar a ascensão da Macedônia sob o comando de Filipe II. Morreu aos 81 anos, em 347. No ano seguinte à sua morte, a Terceira Guerra Sagrada foi concluída com a Paz de Filócrates e Filipe II tornou-se o líder da Liga Anfictiônica. Em 338, a batalha de Queroneia foi seguida pela convenção de Corinto e a fundação de uma Liga Helênica que incluía todas as pólis, exceto Esparta, sob o comando militar da Macedônia. Em 337, dez anos depois da morte de Platão, a Liga declarou guerra à Pérsia. A era de Alexandre e o Império haviam começado.

Os motivos que levaram o jovem de família bem relacionada a não seguir a sua carreira natural na política de Atenas mas, em vez disso, tornar-se um filósofo, o fundador de uma escola e um homem de letras são revelados pelo próprio Platão numa passagem autobiográfica da *Carta Sétima* (324B–

326B), escrita por volta de 353, quando ele já havia passado dos setenta anos de idade:

> Quando eu era jovem, sentia-me como tantos outros: logo que me tornasse dono de minha própria vida, eu pensava, iria entrar imediatamente na vida pública. Porém, meu caminho foi cruzado por certos acontecimentos nos assuntos da pólis.

A primeira oportunidade parece ter surgido com a revolução que levou ao governo dos Trinta. Alguns dos governantes autocráticos eram parentes de Platão e eles o convidaram para participar da administração. Em vista de sua inexperiente juventude, não surpreende que ele esperasse que os novos governantes pudessem conduzir a pólis de uma vida injusta para uma vida justa; e ele lhes deu a sua diligente atenção, para ver o que fariam. (Não está claro se essa frase significa uma participação efetiva no regime, talvez numa função secundária.) A desilusão não tardou. O governo anterior parecia uma idade de ouro em comparação com o atual. Em particular, chocou-o a política dos Tiranos, bem conhecida em nossos tempos, de consolidar o seu regime por meio da estratégia de envolver os cidadãos, entre eles Sócrates, em ações criminosas, levando-os a se tornar apoiadores confiáveis, uma vez que uma mudança de regime os exporia à vingança das vítimas. Sócrates, "que eu não hesitaria em chamar de o homem mais justo da época", resistiu a tal envolvimento mesmo com o risco de consequências desagradáveis; e Platão afastou-se desgostoso do regime oligárquico. Quando a revolução democrática aboliu os Tiranos, Platão, embora menos entusiasmado com a política ateniense, estaria novamente disposto a participar. Os democratas de volta ao poder, embora manchando a sua vitória com muitas vinganças pessoais, eram, de modo geral, notavelmente moderados. Ainda assim, acusaram Sócrates, justo ele entre todas as pessoas, de impiedade (*asebeia*), julgaram-no, consideraram-no culpado e o mataram, o mesmo homem que havia resistido a ações criminosas contra um partidário da democracia na época dos Tiranos.

Conforme Platão refletia sobre tudo isso, e observava os homens que eram ativos na política, com suas leis e seus costumes, e conforme ficava mais velho, parecia-lhe cada vez mais difícil administrar adequadamente as questões públicas. Pois, sem amigos e companheiros de confiança, não se podia fazer absolutamente nada; e não era possível encontrá-los entre os velhos conhecidos, porque a pólis não era mais administrada de acordo com os princípios e costumes dos antepassados. Fazer novos amigos, no entanto, era impossível sem grandes dificuldades. Embora ele, a princípio, tivesse sentido o desejo urgente de participar da política, viu-se aturdido com o espetáculo de um colapso geral. Não deixou de imaginar meios para melhorar a situação, mas quanto à ação continuava a esperar pelo momento certo. Por fim, chegou à conclusão de que apenas um esforço deliberado de caráter quase miraculoso poderia consertar o péssimo estado em que todas as pólis da época se encontravam e, mesmo assim, apenas sob circunstâncias favoráveis. Desse modo, louvando a filosofia correta, sentiu-se compelido a declarar que apenas ela permitia que se discernisse o que é certo na pólis, assim como na vida do indivíduo. E as raças dos homens não encontrariam fim para os males até que a raça do filosofar correto e verdadeiro ganhasse o poder político, ou a raça de governantes das pólis, por alguma graça divina, começasse a filosofar verdadeiramente. "Com essa convicção, fui para a Itália e a Sicília, quando lá estive pela primeira vez."

A passagem autobiográfica relata uma evolução na vida de Platão que começou quando ele tinha cerca de 23 anos e atingiu o seu clímax por volta dos 38 anos. Algo como uma crise deve ter ocorrido por volta de 390 a.C., pois nessa ocasião se situa a violenta explosão do *Górgias*, talvez em resposta ao ataque de Polícrates a Sócrates, com a sua transferência de autoridade dos políticos de Atenas para o novo político Platão. Seguiu-se então a longa viagem à Itália e à Sicília em 389/8 e, logo após seu retorno, talvez por volta de 385, a fundação da Academia. Ele havia compreendido que a participação na política de Atenas era sem sentido se o propósito da política fosse o estabelecimento da ordem justa; havia, além disso, percebido que a situação nas outras pólis helênicas era tão ruim quanto em Atenas, se não pior; acima de tudo, entendera (o que os reformistas e revolucionários modernos parecem incapazes de entender) que uma reforma não pode ser alcançada por um líder bem-intencionado que recrute os seus seguidores entre as próprias pessoas cuja confusão moral é a fonte da desordem. Tendo adquirido esses vislumbres ao longo de quinze anos, ele não caiu, porém, em desespero ou em soturna resignação, mas decidiu-se por aquele "esforço de caráter quase miraculoso" para renovar a ordem da civilização helênica a partir dos recursos de seu próprio amor pela sabedoria, fortificado pela vida e pela morte paradigmáticas do mais justo dos homens, Sócrates.

A declaração autobiográfica será nosso guia no estudo do "esforço quase miraculoso". Não estamos preocupados com uma "filosofia" ou "doutrina platônica", mas com a resistência de Platão à desordem da sociedade circundante e seu esforço para restaurar a ordem da civilização helênica por meio do amor à sabedoria. O seu esforço foi um fracasso na medida em que seu sonho de um império helênico, na forma de uma federação sob a liderança de uma pólis hegemônica, infundida do espírito da Academia, não pôde se realizar. A unificação da Hélade deu-se pelo poder da Macedônia. Ainda assim, foi um sucesso, provavelmente além de qualquer expectativa mantida por Platão na época em que fundou a Academia, na medida em que, em seus diálogos, ele criou os símbolos da nova ordem de sabedoria, não apenas para a Hélade, mas para toda a humanidade. Nos capítulos a seguir, vamos acompanhar esse esforço desde o *Górgias*, em que Platão transferiu a autoridade da ordem ateniense para si próprio, até o seu clímax nas *Leis*, em que a ordem da sabedoria tornou-se o análogo da ordem cósmica.

O presente capítulo tem a natureza de um prefácio ao estudo do esforço propriamente dito. Sua primeira seção tratará da origem do esforço platônico na vida e na morte paradigmáticas de Sócrates. A segunda seção tratará da participação de Platão na política de seu tempo, até onde o caráter dessa participação pode ser discernido nas *Cartas*[1].

§1 Sócrates

Sócrates, filho de Sofronisco, nasceu em 469 a.C. e morreu pela cicuta em 399 a.C. Sobre a sua vida, a única fonte primária sobrevivente parece

---

[1] Da vasta literatura sobre Platão, vou citar apenas as obras que acredito terem afetado substancialmente a minha própria interpretação: Richard S. H. BLUCK, *Plato's Life and Thought*, London, 1949; Francis M. CORNFORD, *Plato's Cosmology*: the *Timaeus* of Plato translated with a running commentary, London, 1937; *Plato and Parmenides*, London, 1939; *Principium Sapientiae*, Cambridge, 1952; Paul FRIEDLÄNDER, *Platon*, Berlin, 1928-1930, 2 v.; Victor GOLDSCHMIDT, *Les dialogues de Platon*: structure et méthode dialectique, Paris, 1947 (trad. bras. *Os diálogos de Platão*, Loyola, 2002); *Le paradigme dans la dialectique platonicienne*, Paris, 1947; David GRENE, *Man in his Pride*: a study in the political philosophy of Thucydides and Plato, Chicago, 1950; Kurt HILDEBRANDT, *Platon: Der Kampf des Geistes um die Macht*, Berlin, 1933; Werner JAEGER, *Paideia*: the Ideals of Greek Culture, New York, 1943-1944, v. 2/3; Gerhard KRUEGER, *Einsicht und Leidenschaft*: Das Wesen des Platonischen Denkens, Frankfurt, ²1948; Paul SHOREY, *What Plato said*, Chicago, 1933; A. E. TAYLOR, *Plato: the Man and his Work*, London, ⁶1949; *A Commentary on Plato's Timaeus*, Oxford, 1928. Foram importantes para o entendimento dos detalhes: Harold F. CHERNISS, *Aristotle's Criticism of Plato and the Academy*, Baltimore, 1944; *The Riddle of the Early Academy*, Berkeley, 1945; e Simone PÉTREMENT, *Le dualisme chez Platon, les gnostiques, et les manichéens*, Paris, 1947. Para a análise mais antiga da política platônica, ver Sir Ernest BARKER, *Greek Political Theory*: Plato and his predecessors, London, 1918; também as seções sobre Platão em histórias de ideias políticas padrão como George H. SABINE, *A History of Political Theory*, ed. rev., New York, 1950, e Alfred VERDROSS-DROSSBERG, *Grundlinien der Antiken Rechts-und Staatsphilosophie*, Wien, ²1948. A crise de nosso tempo produziu uma quantidade considerável de literatura antiplatônica, refletindo diversas posições ideológicas. Para um levantamento e uma crítica dessa classe de literatura, ver as obras recentes de Ronald B. LEVINSON, *In Defense of Plato*, Cambridge, 1953, e John WILD, *Plato's Modern Enemies and the Theory of Natural Law*, Chicago, 1953.

ser o depoimento jurado por seu acusador Meleto, conforme relatado por Diógenes Laércio II, 40: "Sócrates é culpado por não reconhecer os deuses reconhecidos pela pólis e por introduzir outras novas divindades [*daimona*]; ele também é culpado de corromper a juventude. Pena de morte". A reconstrução de um Sócrates "histórico" parece ser tarefa impossível, considerando a falta de fontes. O Sócrates que formou Platão foi o Sócrates conforme visto por Platão[2].

Vamos, primeiro, circunscrever o tema central do julgamento socrático, conforme visto por Platão na *Apologia*; e, segundo, caracterizar o mito da alma socrática que se desenvolve na obra de Platão.

1 A *Apologia*

A força divina, regeneradora da ordem, transmitida por Sócrates para Platão, tinha vindo para Sócrates do *omphalos* da Hélade, de Delfos.

Um amigo de Sócrates, Querefonte, havia perguntado ao oráculo se algum homem era mais sábio do que Sócrates e a Pítia respondera que ninguém era mais sábio do que ele. A resposta foi intrigante para Sócrates, que sabia não ter nenhuma sabedoria. No entanto, o deus não poderia mentir, pois isso era contra a sua natureza. Por isso, Sócrates começou a testar a resposta engajando em conversas homens renomados por sua sabedoria, a fim de encontrar algum mais sábio do que ele. Depois ele iria procurar o deus, com a refutação nas mãos. A primeira vítima da investigação socrática de sabedoria foi um conhecido político. Ele não se revelou muito sábio, embora fosse considerado sábio por muitos e ainda mais por si mesmo, e Sócrates tentou convencê-lo de que estava errado quando se julgava sábio. É compreensível que tenha despertado a fúria do político e de vários outros entre os presentes. Ainda assim, ele descobriu na ocasião que de fato era mais sábio do que a sua vítima, pois, embora nenhum deles soubesse "alguma coisa realmente bela e boa", ele pelo menos tinha consciência de sua ignorância e, assim, ganhava uma ligeira vantagem

---

[2] A melhor introdução ao problema socrático é o capítulo "The memory of Socrates", de Werner JAEGER, *Paideia*, v. 2. O leitor encontrará um retrato esplêndido do Sócrates histórico em A. E. TAYLOR, *Socrates*, New York, 1932. As razões pelas quais um retrato do Sócrates histórico não pode ser reconstruído foram apresentadas em Olof GIGON, *Sokrates*: Sein Bild in Dichtung und Geschichte, Bern, 1947. Um importante estudo recente sobre Sócrates como visto por Platão é Romano GUARDINI, *Der Tod des Sokrates*, Dusseldorf, [4]1952.

sobre o homem supostamente sábio. Exames adicionais de natureza similar tiveram o mesmo resultado e aumentaram o número de seus inimigos.

A questão é entre o orgulho da sabedoria humana que leva à desordem na vida do indivíduo, assim como da sociedade, e a existência em obediência ao deus. Pois, "na verdade, apenas o deus é sábio, e pela sua resposta ele pretendeu mostrar que a sabedoria humana vale pouco ou nada". Sócrates realiza a sua tarefa em obediência ao deus. Ele tenta sacudir os atenienses individualmente, e os mais presunçosos entre eles em primeiro lugar, para conduzi-los de volta à ordem verdadeira. Ele é o dom do deus para Atenas, oferecido como um moscardo para a pólis a fim de instigá-la de volta à vida. Lembrando uma fase de Heráclito, ele adverte seus juízes a não se mostrar irritados, como um homem de repente acordado do sono; devem poupá-lo, pois não encontrarão facilmente um sucessor para ele que possa estimulá-los e persuadi-los e reprová-los. O homem que se encontra diante deles acusado de *asebeia* é o verdadeiro servo da ordem divina, enviado pelo deus délfico para salvar os ímpios acusadores.

Nos discursos da defesa, três ações ocorrem ao mesmo tempo: o julgamento de Sócrates, que termina com sua condenação; o julgamento de Atenas, que termina com a rejeição do salvador; e a separação entre Sócrates e a pólis, que termina com a solidão de sua morte.

O primeiro discurso é a defesa propriamente dita. Sócrates prova que a acusação de *asebeia* é infundada, pois não pode ser ímpio quem tenta reformar a pólis por ordem do deus de Delfos. Além disso, ele se refere a seu Daimonion, bem conhecido de todos, aquela voz divina que se fazia ouvir cada vez que desejava impedi-lo de realizar alguma ação. Ele assegura aos juízes que o Daimonion nunca o havia aconselhado a desistir de sua investigação referente à sabedoria dos outros homens. Alguém poderia argumentar que a maneira adequada para ele salvar a comunidade teria sido ocupar um cargo público e usar o seu poder para o bem da pólis. Essa forma, no entanto, ele teve de rejeitar como fútil, porque os detentores de cargos públicos eram tão corruptos que não permitiriam que ninguém se abstivesse de participar de seus crimes. Ele teria encontrado a morte há muito tempo se tivesse ocupado um cargo de importância e tentado ser honesto. E, uma vez mais, teve a sua atitude confirmada pelo Daimonion, pois este levantava sua voz admoestadora distintamente toda vez que ele cogitava essa possibilidade.

A podridão da pólis, descrita por Tucídides, havia se tornado o obstáculo decisivo a uma reforma dentro das formas constitucionais; tornara-se necessário recorrer diretamente ao cidadão individual; e o *pathos* da Oração

Fúnebre de Péricles tornara-se a vontade reformadora do cidadão devotado. Poder e espírito haviam se separado tanto na pólis que uma reunião pelos meios comuns da ação política tornara-se impossível. Sócrates fala como o representante do poder divino da Hélade; e enfatiza a ironia de que ele, o único ateniense que acredita nos deuses a ponto de seguir suas ordens e arriscar a própria vida, é acusado de impiedade pelos mesmos homens cuja descrença nas coisas divinas é a razão da decadência.

A atmosfera deve ter sido tensa. Mais de uma vez Sócrates teve de advertir o grande tribunal para que evitasse demonstrações ruidosas que pudessem perturbar a sua defesa. Pode-se imaginar como um considerável número dos Quinhentos deveria estar inflamado pela conduta de Sócrates e sua garantia de que levaria adiante a sua tarefa ordenada pelo deus, mesmo que eles o deixassem escapar sem punição. Ainda assim, havia outros que deviam ter sentido a hora fatal, pois o tribunal dividiu-se quase pela metade: apenas 281 dos 500 o consideraram culpado.

O primeiro discurso havia sido tecnicamente a defesa, na devida forma legal, contra a acusação. Depois do veredicto, o julgamento de Atenas encobriu o julgamento de Sócrates. A manifestação do deus délfico em Sócrates havia sido revelada, assim como a sua missão para a pólis. Agora, o povo havia julgado Sócrates e os deuses tinham condenado o povo.

Com o segundo discurso, começa a separação entre Sócrates e a pólis. De acordo com a lei dos procedimentos, o queixoso devia propor uma pena e o réu, quando julgado culpado, teria de fazer uma contraproposta. O acusador havia pedido a pena de morte. No plano do drama espiritual, porém, o salvador havia sido rejeitado e o homem Sócrates estava agora livre. Assim, o segundo discurso é um ato da alma livre no momento de suspense entre a decisão da fortuna e a sua realização. Ele reconsidera o seu serviço para a cidade. Qual seria a recompensa adequada para o homem que é o benfeitor da pólis e precisa de todo o seu tempo para desempenhar a sua missão de boa vontade? Pareceria mais apropriado que ele fosse compensado com a honraria mais elevada concedida a um cidadão ateniense, um lugar na mesa pública no Pritaneu. Essa honra seria muito mais adequada para ele do que para os vitoriosos em Olímpia. A sua linguagem é quase literalmente a de Xenófanes um século antes. De qualquer modo, a situação mudou do primeiro discernimento da ordem da sabedoria e de uma admoestação por parte do filósofo-místico para o chamado inexorável ao dever pelo salvador que, diante da morte, age como o instrumento de Deus. A exigência, no entanto, não é rude. O encanto de

Sócrates, como sempre, está em sua superioridade à situação. Sua alma é tranquila e em suas reflexões ele é o observador irônico enquanto forças divinas e humanas escolheram a sua pessoa terrena como o campo para seu embate. A sua solicitação de um lugar no Pritaneu é séria, pois ele o deveria receber como o homem da mais elevada posição na ordem espiritual da pólis; e não é séria, pois ele sabe que não irá recebê-la na ordem real de Atenas. Ela serve como um ponto de partida irônico para uma reflexão sobre as alternativas práticas. Sócrates recusa-se a fazer uma contraproposta séria, pois isso seria uma admissão de culpa. O medo da morte não o induziria a fazer isso, pois a morte não é um mal, enquanto o outro curso seria um mal. E o que ele deveria sugerir? Prisão? Mas o que ele faria na prisão? Ou exílio? Isso só daria continuidade aos seus problemas, pois como se poderia esperar que estrangeiros o tolerassem se nem mesmo os seus concidadãos suportaram a sua ação? Desse modo, em obediência à lei, que exige que ele faça uma proposta, Sócrates propõe uma multa insignificante. Depois dessa proposta, o tribunal o sentencia à morte.

O terceiro discurso é dirigido aos juízes, àqueles que o condenaram e àqueles que o absolveram. Primeiro, ele lembra aos juízes que votaram pela sua morte a triste fama que agora é deles, de ser os homens que mataram Sócrates. E ele os alerta de que não escaparão do destino que tentaram evitar condenando-o à morte, pois outros surgirão e exigirão deles a conta de suas vidas que eles lhe recusaram. Depois, ele se dirige aos juízes que o consideraram inocente e lhes revela a ordem secreta que governou os acontecimentos do dia: em nenhum ponto de todo o procedimento o seu Daimonion o havia alertado; portanto, o rumo adotado por ele foi aprovado pelos deuses.

A *Apologia* conclui com o grande tema que percorrerá toda a obra de Platão: "E agora é hora de irmos, eu morrer, e vós viver". A vida do filósofo em direção à morte e ao julgamento na eternidade separa-se da vida das almas mortas. E, assim, o *pathos* do momento é aliviado pela última ironia da ignorância socrática: "Quem de nós toma o melhor caminho é algo que está escondido de todos, exceto de Deus".

2 Drama e mito da alma socrática

O drama de Sócrates é uma forma simbólica criada por Platão como meio para comunicar, e expandir, a ordem da sabedoria fundada pelo seu herói. Temos portanto de abordar a espinhosa questão de por que o diálogo deveria se tornar a forma simbólica da nova ordem. Nenhuma resposta final, porém, pode ser pretendida com referência a uma questão de tal infinita complexidade. Não faremos mais do que modestamente listar uma série de pontos que, sob todas as circunstâncias, devem ser levados em consideração[3].

Platão foi fortemente influenciado por Ésquilo. Estamos familiarizados com o problema esquiliano da *peitho*, a imposição persuasiva da ordem reta sobre a paixão desgovernada. No *Prometeu*, as forças personificadas da alma estavam envolvidas numa luta pela ordem da Dike, com a solução, sugerida perto do final, de redenção pelo sofrimento representativo de Héracles. O drama da alma revelou-se, além disso, a substância do processo da história na *Oresteia*, assim como o procedimento constitucional em *As suplicantes*. A tragédia no sentido esquiliano era uma liturgia da Dike e, em particular, era um culto da Dike política. A tragédia como um culto político, porém, perderá o seu significado quando as pessoas para as quais ela é escrita e representada não forem mais capazes de sentir o drama da Dike como paradigmático da ordem em sua própria alma. A tensão de ordem e paixão que havia sido dominada pelo culto da tragédia irrompera no conflito aberto entre Sócrates e Atenas. O culto tornara-se sem sentido porque, de agora em diante, a tragédia tinha apenas um tema, o destino de Sócrates. Na medida em que o diálogo platônico era animado pela tensão entre Sócrates e Atenas, ele foi, na história das formas simbólicas helênicas, o sucessor da tragédia esquiliana sob as novas condições políticas.

Mas por que, afinal, deveriam existir a tragédia e, em sua sucessão, o diálogo platônico? A resposta deve ser buscada no entendimento esquiliano e platônico da sociedade como uma ordem da alma, assim como no entendimento da alma como uma ordem social de forças. A ordem da alma como a fonte da ordem na sociedade e a construção paralela das duas ordens nos ocuparão longamente na análise da *República*. No momento, devemos apenas enfatizar a concepção da ordem como um agone de forças que não permitirá uma concepção não dramática até que a vitória da sabedoria e da justiça seja alcançada. Apenas quando a tensão do conflito tiver se acalmado e a nova ordem for estabelecida poderá a sua expressão assumir a forma de um dogma estático ou de uma proposição metafísica. Tendências nessa direção podem ser observadas na obra posterior de Platão; e a forma não dramática irrompe na obra esotérica de Aristóteles. Essa vitória da nova ordem tem, porém, a consequência

---

[3] O estudo mais penetrante sobre a questão é o capítulo "Dialog", em FRIEDLÄNDER, *Platon*, v. 1.

insatisfatória de que o "homem ruim" do jogo dramático se perde. Teremos de lidar com essa questão novamente na análise da *República* com os seus pares de conceitos agonísticos.

Se o diálogo for compreendido como o sucessor do culto público da tragédia, surgirá a questão de a quem a nova forma simbólica é direcionada, se o público decisivo, o povo de Atenas, não quer ouvir. Uma resposta para essa questão é dada por Platão na Digressão do *Teeteto*. Mesmo o político ou sofista mais teimoso, que, em público, não quer ouvir o filósofo, ainda é homem, e pode ser instigado em particular. A dura concha de sua corrupção pode ser perfurada e a ansiedade da existência pode ser tocada. O diálogo é uma obra literária exotérica, acessível individualmente a todos que a desejem ler. A conversa pessoal entre Sócrates e o cidadão ateniense individual é levada adiante pelo instrumento do diálogo.

O diálogo, porém, só pode ser realizado se não degenera numa troca de arengas retóricas sem comunicação existencial entre os falantes. São decisivas para esse ponto as cenas do *Protágoras* e do *Górgias* em que Sócrates ameaça ir embora se o seu interlocutor sofista não parar com os seus discursos e passar à argumentação. O diálogo é a forma simbólica da ordem da sabedoria, em oposição ao discurso pomposo como a forma simbólica da sociedade desordenada. Ele restaura a ordem comum do espírito que foi destruída pela privatização da retórica.

Na situação concreta, entre os vivos, porém, a lei do diálogo não pode ser aplicada pela força. O oponente não ouvirá, ou responderá com retórica, e, portanto, romperá a possibilidade de comunicação, ou entrará na argumentação, mas não será afetado existencialmente mesmo que seja vencido intelectualmente. A ordem de Atenas não foi regenerada nem por Sócrates nem por Platão. Sócrates teve de morrer nessa tentativa. E a Dike não obteve nenhuma vitória. O diálogo é, afinal, um gesto fútil?

Em resposta a essa questão, Platão deixa fluir no diálogo a força de Tânatos, da morte socrática. No *Fédon*, Tânatos torna-se o poder catártico que cura a alma da doença da terra. A vida é comparável a uma existência submarina apenas com um vislumbre do mundo acima. A morte é a força libertadora. Ela possibilita que a alma viva livre da densidade da atmosfera inferior e, quando o fim chega, ela traz a reconvalescença da doença da vida. As últimas palavras do Sócrates moribundo para seu amigo são: "Críton, eu devo um galo a Asclépio". Tânatos é a força que ordena a alma dos vivos, pois as torna desejosas de se despir de tudo o que não seja nobre e justo. A alma é imortal; e a morte é a incisão em sua existência que permite o reajuste de posição depois de o período terreno ter dado à alma a sua oportunidade de desenvolvimento. Assim, a situação do diálogo não termina com a vida. Ela continua para o além; e o interlocutor do diálogo no além é um juiz eterno que tem sanções à sua disposição. A situação inconclusiva entre os vivos é tornada conclusiva pelo mito do julgamento no *Górgias* e na *República*. Além disso, o mito do julgamento desenvolvido como um conteúdo do diálogo afeta a substância do próprio diálogo. Na *Apologia*, vimos os múltiplos níveis de ação. No nível político, Sócrates é condenado por Atenas; no nível mítico, Atenas foi condenada pelos deuses. O diálogo é ele próprio um julgamento mítico. O Sócrates da *Apologia* não deixa dúvida em seus juízes de que outros lhes farão as perguntas de que eles tentaram escapar sentenciando-o à morte. Os "outros" chegaram. E o diálogo é a continuação do julgamento.

A situação é bem diferente quando o diálogo é conduzido com sucesso no círculo de Sócrates, Platão e seus amigos. Então, a força positiva da alma socrática, o seu Eros, entra em cena. Criar uma comunidade existencial por meio do desenvolvimento da verdadeira humanidade do outro homem à imagem da sua própria é o trabalho do Eros socrático. Essa é uma força estreitamente relacionada a Tânatos. Ao desejo de morte e de sua catarse corresponde o *enthousiasmos* erótico. Tânatos orienta a alma em direção ao Bem ao aliviá-la da doença da aparência; Eros é o desejo positivo do Bem. O homem tem de morrer e, em seu desejo de fazer do melhor em si uma força perpetuamente viva, tenta rejuvenescer-se pela procriação. Ele recebeu a vida pelo seu nascimento e deseja continuá-la pelo renascimento em seus filhos. Aqueles em que o desejo é apenas corporal têm filhos físicos. Aqueles em que o desejo é espiritual rejuvenescem a si mesmos pela procriação na alma dos jovens, ou seja, amando, nutrindo e desenvolvendo o que há de melhor neles. Essa é a força que anima o mundo do diálogo platônico. O homem mais velho, Sócrates, fala para o homem mais jovem e, pelo poder de sua alma, desperta nele o desejo ecoante do Bem. A Ideia do Bem, evocada na comunhão do diálogo, preenche a alma daqueles que participam do ato evocativo. E, assim, torna-se o vínculo sacramental entre eles e cria o núcleo da nova sociedade.

Morte e Amor estão intimamente relacionados como forças orientadoras na alma de Sócrates. No *Fédon*, a filosofia é a prática de morrer; no *Banquete* e no *Fedro*, ela é o erotismo da alma pela Ideia que cria a comunidade procriadora entre os homens. Eros domina a sua vida porque ela é uma vida em direção à morte; e o seu Eros é poderoso porque a existência na expectativa da catarse por intermédio da morte proporciona a distância adequada dos incidentes da vida terrena. A nobreza da alma, que se manifesta na busca do bem e na evitação do ignóbil na conduta pessoal, dota-o de poder sobre outros homens que estejam dispostos a abrir sua alma para a influência do nobre. Eros, assim, torna-se uma força ordenadora nas relações sociais. Apenas as almas nobres são atraídas para a comunhão erótica, evocativa; as almas inferiores permanecem indiferentes ou resistem. A atração e a indiferença eróticas, o poder e a resposta na relação erótica criam as diferentes posições da hierarquia espiritual. A força de Eros imerge na força de Dike, assim como o fez a força de Tânatos.

§2 Eros e o mundo

Falamos da crise na vida de Platão que ocorreu por volta de 390 a.C. Se o *Górgias* puder ser interpretado como a expressão de seu estado de espírito na época, a situação em Atenas deve de fato ter parecido insuportável para ele. Em 389, ele iniciou a longa viagem que o levou à Itália e à Sicília. Em Siracusa, fez amizade com Dion, cunhado de Dionísio I. Depois da morte do tirano, em 367, Dion julgou o momento propício para usar a sua influência com seu sobrinho, Dionísio II, para uma reforma do governo. Ele pediu a Platão que viesse a Siracusa e apoiasse a iniciativa com a sua presença. Platão, que na época tinha sessenta anos de idade, atendeu ao pedido com muitas hesitações. Esse foi o começo de sua participação nos assuntos sicilianos, que se prolongou até além do assassinato de Dion em 354[4].

1 Platão e a Sicília

Enquanto no século XIX foi hábito entre os acadêmicos subestimar a importância da intervenção de Platão na política siciliana, e mesmo duvidar da autenticidade de suas cartas, vimo-nos mais recentemente diante do perigo do exagero na direção oposta. A mera enumeração das viagens sicilianas como primeira (389/8), segunda (366/5) e terceira (361/60) pode dar a impressão

---

[4] As fontes antigas mais importantes sobre as questões sicilianas em que Platão esteve envolvido são os ensaios de Plutarco sobre *Dion* e *Timoleon*. A melhor análise moderna é Renate von Scheliha, *Dion: Die Platonische Staatsgruendung in Sizilien*, Leipzig, 1934.

de uma continuidade de atividade política ao longo de um período de, talvez, quarenta anos. Na verdade, após a primeira viagem não aconteceu absolutamente nada por mais de vinte anos. Os esforços de Platão foram dedicados à fundação e administração da Academia e, para todos os fins práticos, ele considerava que esse fosse o último campo de ação de sua vida. O ressurgimento de um interesse ativo pela Sicília foi induzido por circunstâncias externas e a necessidade foi aceita com relutância. Esse ressurgimento aconteceu, além disso, depois que a *República* tinha sido concluída, num momento em que, no campo literário, Platão estava ocupado com a grande trilogia *Teeteto–Sofista–Político*. Assim, os problemas da Sicília não têm nenhuma interferência direta sobre a formação das ideias de Platão antes das *Leis*. E, mesmo com respeito às *Leis*, precisamos ter alguma cautela ao pesar a influência da situação siciliana. Claro que é tentador ver nas *Leis* um código para a reforma siciliana, e a *Carta Sétima* não deixa dúvidas sobre a estreita conexão das *Leis* com a tarefa de rascunhar um código-modelo para a reforma pretendida pelo partido de Dion. Ainda assim, devemos perceber que as *Leis* são definitivamente mais do que um *livre de circonstance* político, mesmo que os problemas sicilianos tenham oferecido a ocasião.

Feitas todas essas ressalvas, ainda permanece, no entanto, o fato de que a participação na política siciliana deixou traços profundos na formação das ideias de Platão. A *Carta Sétima*, que avalia, em razão dos problemas sicilianos, a relação entre as ideias de Platão e a realidade de seu tempo, iguala-se em importância à *República* e às *Leis* para o entendimento da política platônica. Ela não é uma correspondência particular; tem o caráter de uma carta aberta. Sua motivação foi a solicitação, por amigos de Dion, de conselhos sobre questões constitucionais, e ela é, de fato, endereçada aos "companheiros e amigos de Dion". O conselho em si, no entanto, ocupa apenas uma parte comparativamente pequena do documento (330C–337E); a maior parte é constituída de um relato das relações de Platão com os governantes de Siracusa. Essa parte maior tem o caráter de uma apologia a Dion e ao próprio Platão. Intrinsecamente, ela é dirigida ao público em geral e a sua conexão com o conselho é bastante frouxa. Além disso, é bastante possível que a parte apologética tenha sido escrita nos anos que precederam a publicação das próprias *Leis*. A necessidade da publicação das várias partes na forma da *Carta* surgiu devido ao final infeliz da tentativa de Dion de reformar a constituição de Siracusa. Dion foi assassinado pela oposição, e em sua morte estiveram envolvidos dois homens que, embora não pertencessem à Academia, eram suficientemente próximos do círculo platônico para que, para o público em geral, a Academia fosse associada de uma maneira desagradável à trama de assassinato. Afastar um pouco a sombra que havia caído sobre a Academia foi provavelmente a principal razão para a publicação da *Carta* em sua forma definitiva em 353.

Em Siracusa, na corte de Dionísio I, Platão conheceu Dion. Na época em que Platão tinha quarenta anos, Dion provavelmente contava cerca de vinte. Da relação entre Platão e Dion sabemos pouco além de alusões ocasionais. O domínio de Eros não é aberto ao público. A *Carta Sétima* revela apenas que Dion reagiu ao discurso de Platão com mais intensidade e entusiasmo do que qualquer outro jovem que Platão tenha conhecido (327A-B). De qualquer forma, esse encontro foi "o início de tudo" (327A). Sob a influência de Platão, Dion entrou na nova vida, "preferindo a *arete* ao prazer e à luxúria"; e persistiu nela, para desaprovação da corte. Depois da morte do tirano em 367, pareceu possível ao grupo de amigos de Dion em Siracusa convencer o jovem sucessor a adotar o modo de vida platônico. Dion solicitou a presença de Platão porque o momento parecia certo para despertar a esperança de fazer o governante de uma grande pólis tornar-se um filósofo (328A). Platão finalmente aceitou o convite, embora com grandes dúvidas, pois um homem jovem como o tirano poderia ter um impulso num dia e outro impulso contraditório no dia seguinte — uma apreensão que se mostrou amplamente justificada pelos acontecimentos (328B). A relação com Dionísio II, porém, discutiremos adiante.

Das *Cartas*, podemos concluir que o vínculo que unia Platão e Dion era uma união muito íntima de coração e mente. No parágrafo inicial da *Carta Sétima*, Platão lembra aos destinatários a garantia dada por eles de que as suas convicções (*dianoia*) eram as mesmas de Dion; apenas se isso for verdade Platão irá ajudá-los com conselhos. E quais eram as convicções de Dion? Nenhuma conjectura é necessária, porque eram as convicções que haviam sido formadas pelas conversas com Platão. A política de Dion era a de Platão; este pode falar em nome do amigo morto porque a união entre eles era tão íntima que não deixava espaço para diferenças (323E-324B). Na fórmula que precede o conselho da *Oitava Carta*, Platão designa expressamente o que ele tem a dizer como a "opinião conjunta" dele e de Dion. "Interpretarei" este conselho como o próprio Dion o pronunciaria se estivesse vivo (355A).

Na *Carta Sétima*, Platão desenvolve de maneira mais geral as condições que o paciente tem de atender se estiver desejoso do conselho platônico (330D-331D). Se um médico tiver de aconselhar um homem doente que vive de modo prejudicial à sua saúde, ele primeiro lhe pedirá "que mude de vida". Se o paciente concordar, então o conselho poderá se estender a outros pontos; se ele não concordar, um médico de respeito não dará continuidade ao tratamento. O mesmo princípio é válido para conselhos políticos. Se a pólis não quiser conselhos, ou se claramente não for segui-los, Platão não se autoconvidará a oferecê-los; e certamente não usará constrangimentos. Com relação a Atenas, em particular, ele esclarece a sua atitude afirmando que consideraria iníquo usar constrangimento contra "pai ou mãe". Também não criaria hostilidade com eles por meio de advertências inúteis, nem se faria adulador e os aconselharia a satisfazer desejos que ele próprio "preferiria morrer a sucumbir a eles". Se um homem considera a constituição de seu país imperfeita, ele deve falar, desde que a advertência não seja evidentemente inútil ou possa levar à sua própria morte, como no caso de Sócrates. Sob nenhuma circunstância, porém, ele deve fomentar a violência e a revolução em sua pátria. Tudo o que pode fazer é rezar pelo melhor para si mesmo e para a sua pólis.

A condição para o conselho é uma comunidade existencial nos termos de Platão. Sob essa condição, ele está disposto a aconselhar os amigos de Dion, como havia aconselhado o próprio Dion e, depois, Dionísio II; e talvez o Deus conceda que a terceira salvação resulte do conselho (334D). Não deve existir nenhuma dúvida, porém, sobre o significado dos termos. Platão lembra os destinatários da *Carta* que é válido para eles o mesmo conselho que antes havia sido estendido por Dion e Platão ao tirano. Eles o haviam aconselhado a levar uma vida de disciplina diária que resultaria em autocontrole. Dessa forma, seria construída uma personalidade que atrairia amigos e companheiros leais (331D–E). A formação de um grupo seria a etapa seguinte; o vínculo desse grupo teria de consistir em *philia* e harmonia com relação à *arete* (332D). Mas um grupo desses não poderia ser formado para ação subsequente a menos que ele tivesse primeiro produzido em si mesmo um caráter inteligente e equilibrado (*emphron, sophron*) (332E). Se traduzirmos essas condições numa terminologia moderna, poderemos dizer que Platão exigiu, como condições para o seu conselho, uma conversão ao platonismo e a formação de algo como uma ordem. Essa ordem seria o núcleo para a regeneração da pólis.

As advertências para os destinatários da *Carta Sétima* revelam em parte a natureza da união entre Platão e Dion — embora não mais do que poderia entrar numa formulação geral. É muito possível, porém, que encontremos um reflexo mais claro dela na descrição da experiência erótica no *Fedro* (particularmente 252–256). Na preexistência, as almas dos amantes seguem na trilha de um deus. Depois de terem caído na terra, cada uma sai em busca do companheiro amado que traz em sua alma a natureza do deus que elas haviam anteriormente seguido. Os seguidores de Zeus desejam que a alma do amado tenha a natureza de Zeus; e eles investigam, portanto, se esse tem a natureza de um filósofo e governante. Quando o encontram e se apaixonam por ele, fazem o que podem para fortalecer nele essa natureza. Eles perscrutam a própria alma; e encontram a sua própria natureza divina em seu olhar fascinado para a natureza do deus no amado. Assim, tornam-se possuídos dele e moldam o seu próprio caráter, na medida em que isso é possível para o homem, numa participação no deus. E, como acreditam que o amado é a causa dessa transformação, eles o amam ainda mais; e o que recebem de Zeus, como as bacantes, fazem fluir de volta ao amado de modo a torná-lo o mais parecido possível com o seu deus.

A união erótica tem um caráter sacramental, pois a natureza do deus encarna-se na comunidade das almas eróticas assim como em seu corpo místico. Nem todas as almas, porém, seguiram o mesmo deus em sua preexistência. E apenas aquelas que seguiram Zeus são os instrumentos escolhidos para incorporar o deus da ordem política na sociedade. O símbolo dos "Filhos de Zeus" tem a sua base experiencial no erotismo dos governantes-filósofos. Pode-se, talvez, ir um passo além, como Hildebrandt faz em seu *Platon*, em que sugere que a passagem do *Fedro* parece evitar deliberadamente o nominativo Zeus; o nome do deus aparece sempre no genitivo *Dios*. Em particular a construção *Dios dion* em 252E, porém, torna provável que essas peculiaridades estilísticas visem a sugerir que Dion seja o parceiro da relação que Platão celebra no ditirambo do *Fedro*. A sugestão ganha em probabilidade se consideramos o epitáfio que Platão escreveu para seu amigo, com a linha final: "Dion, tu, que fizeste meu coração enraivecer-se com Eros".

A intimidade da relação erótica, embora não esteja além das palavras, está além da palavra escrita. A sabedoria da alma que é engendrada por meio de Eros não pode e não deve ser expressa em papel como uma doutrina ensinável. No *Fedro*, Sócrates-Platão diz que seria ingenuidade deixar ou receber uma arte (*téchne*) por escrito, sob a crença de que a palavra escrita pudesse ser confiável e clara. Escrever é como pintar; a criação do pintor tem a semelhança da vida, mas quando se lhe faz uma pergunta ela permanece em silêncio. As palavras, quando são escritas, caem nas mãos daqueles que não as podem entender; e, quando sofrem maus-tratos, não podem se defender (275C–E). Há uma outra palavra, porém, a palavra entalhada com entendimento na alma do aprendiz, que pode se defender e sabe quando falar e quando permanecer em silêncio. E Fedro responde: "É à palavra-ideia que te referes, viva e com alma, da qual a palavra escrita com justiça é chamada de não mais do que uma imagem" (276A). A palavra-ideia (*tou eidotos logos*) é o meio em que a ternura e a força do entusiasmo erótico expressam-se; é o veículo de comunicação por meio do qual as almas eróticas sintonizam-se uma à outra com a harmonia do cosmos; e é o frágil recipiente em que o deus torna-se encarnado na comunidade.

A tentativa de formular a intimidade da comunidade erótica como uma doutrina é pior do que fútil: ela é a profanação de um mistério. Esse foi o insulto pessoal que Platão teve de sofrer nas mãos de Dionísio II. Vimos que Platão tinha suas dúvidas quanto à seriedade do desejo do tirano de tornar-se um convertido à filosofia. Assim que chegou a Siracusa e viu que as suas apreensões eram justificadas, ele submeteu a seriedade do tirano ao teste infalível (*peira*). Descreveu-lhe a rota de estudo que um homem, se estiver verdadeiramente desejoso, seguirá com zelo apesar das dificuldades; ao passo que o homem que estiver apenas tentado por alguma vaidade logo achará a rota impossível, porque ela envolve uma mudança em seu modo de vida. Dionísio não passou nesse teste. Ele foi suficientemente vaidoso, no entanto, para considerar-se um filósofo e colocar por escrito, e fazer circular, o que havia aprendido na conversa com Platão e com fontes secundárias. Essa quebra de confiança deu a Platão o motivo para se expressar, na *Carta Sétima*, de forma mais clara sobre o problema da publicação escrita de sua doutrina.

Aqueles que publicam o que aprenderam, seja por instrução direta, por outras informações ou por sua própria descoberta, certamente não compreenderam nada. Ele próprio nunca escreveu diretamente sobre o núcleo de sua filosofia, e nunca o fará, pois ela não pode ser posta em palavras como outros conhecimentos. O entendimento só pode ocorrer depois de um longo período preparatório de estudos e disciplina. E, então, ele será gerado na alma como uma chama por uma fagulha; depois que esse fogo do entendimento tiver sido aceso, ele nunca se extinguirá. Além disso, se achasse que a doutrina pudesse ser escrita, ele mesmo a escreveria. Porém, mesmo que isso fosse possível, dificilmente seria recomendável. Pois aqueles que são capazes de compreender, os muito poucos, inferirão a verdade de uma forma ou de outra e a descobrirão à menor sugestão. Os outros que não podem entendê-la desdenhariam da revelação e a exporiam ao desprezo; enquanto outros ainda, porque nada neles é tocado existencialmente, se encheriam de vaidade e de altas esperanças como se agora estivessem de posse de algum conhecimento sagrado (341B-342). Assim, nenhum homem sério escreverá sobre as coisas realmente sérias para o povo em geral. Portanto, "quando algo se mostra diante de seus olhos, por exemplo, de um legislador sobre leis, não pode ter sido a questão mais séria para ele, se ele próprio for uma pessoa séria, pois esta ainda estará no lugar mais belo e nobre de sua mente" (344C). A essas explicações devem ser acrescentadas as advertências ao próprio Dionísio, na *Segunda Carta*, escrita talvez dez anos antes da *Sétima*. A melhor salvaguarda contra entendimentos equivocados é aprender de cor e não escrever nada. "Portanto, eu nunca escrevi nada sobre isso [isto é, sobre a essência da filosofia] e essa é a razão pela qual não há e nunca haverá nenhum escrito do próprio Platão, pois aqueles que levam o seu nome são de Sócrates, que se tornou belo e jovem". A advertência é seguida pela solicitação de que a carta seja lida várias vezes e depois queimada (314C). A publicação é um insulto imperdoável para o "líder e senhor" (*hegemon kai kyrios*) nessas questões (345C).

As iniciativas dos platônicos não foram mais do que um breve episódio na desastrosa história siciliana. O espírito da reforma platônica foi revivido na reorganização da ilha por Timoleon, a partir de 344, mas a guerra civil deflagrou-se novamente em 323 e essa área antes promissora de colonização helênica caiu, no final, para os cartagineses e para os seus sucessores, os romanos.

2 A carta a Hérmias de Atarneus

De importância histórica bem diferente foi a expansão do platonismo no Oriente. Pela Paz de Antálcidas, em 387/6, as cidades gregas da Anatólia haviam passado para a administração persa. Dentro dessa administração, porém, era possível para um líder habilidoso obter uma situação de semiautonomia para o seu território. Um certo Hérmias, um homem de origem humilde, conseguiu o controle de alguns locais montanhosos na Trôade. Ele estendeu o seu domínio pelas cidades costeiras, pelo menos até Assos; recebeu reconhecimento público do sátrapa persa e foi-lhe concedido o título de príncipe. A capital de seu reino era Atarneus.

Na expansão de Hérmias, dois platônicos, Erasto e Corisco de Skepsis, tiveram influência decisiva. Tendo completado o seu curso na Academia, eles haviam retornado a Skepsis. Parecem ter aconselhado Hérmias a amenizar um pouco a forma de sua tirania, com o resultado de que as cidades costeiras uniram-se voluntariamente ao domínio de Hérmias. O que Platão havia planejado para a Sicília, ou seja, uma reforma do governo em Siracusa que induziria as outras cidades a se unir numa federação hegemônica, aconteceu em menor escala na Anatólia. A organização do governo sob Hérmias e os platônicos não é conhecida em detalhes. Sabemos apenas que Hérmias atribuiu a Erasto e Corisco a cidade de Assos como seu domínio especial e que um tratado com a cidade de Eritra foi concluído em nome de "Hérmias e companheiros". Em torno de Erasto e Corisco, provavelmente existia um círculo platônico, pois, em 347, quando Aristóteles e Xenócrates deixaram a Academia, eles foram para Assos; durante os anos seguintes, algo como uma Academia-filha desenvolveu-se na cidade. Entre os alunos de Aristóteles na época estava Calístenes, seu sobrinho, o historiógrafo de campanhas da comitiva de Alexandre. Para a relação estreita entre os membros do grupo governante de platônicos há mais evidências no fato de que Aristóteles casou-se com a sobrinha de Hérmias.

O governo de Hérmias teve um final infeliz como consequência de sua política helênica. Ele considerava o seu reino uma cabeça de ponte para a iminente guerra da Macedônia contra a Pérsia. Suas negociações com Filipe foram reveladas à traição para os persas; e o sátrapa que conduziu a campanha subsequente contra Atarneus aprisionou Hérmias. Sob tortura, ele não traiu os planos de Filipe e, por fim, foi crucificado. Quando lhe perguntaram qual seria o seu último desejo, ele respondeu: "Digam aos meus amigos e companheiros que eu não fiz nada indigno da filosofia, ou fraco". A mensagem foi entregue a Aristóteles e aos amigos em Assos. Em seu hino comemorativo ao amigo morto, Aristóteles louvou a *arete*, pela qual, na Hélade, é um destino invejado morrer: Hérmias foi para o Hades por honra dela, como Aquiles.

O motivo de Aquiles, o protagonista dos helenos contra a Ásia, é mais do que um ornamento poético. Hérmias morreu em 341. A aliança militar com Filipe em preparação para a guerra com os persas deve ser datada, provavelmente, de 342. Esse é o ano em que Aristóteles foi para Pela para se tornar o educador de Alexandre. O quadro romântico do rei da Macedônia procurando na Hélade o maior filósofo (que, na época, não era a figura pública eminente) para o seu grande filho (que, na época, não era o Grande) deve ser um pouco amenizado pela realidade da ligação política entre Atarneus e a Macedônia e a probabilidade de que a missão de Aristóteles em Pela fosse em parte diplomática. O tutor de Alexandre não era apenas o grande filósofo, mas também o genro de Hérmias, envolvido em negociações políticas que levariam à conquista helênica da Ásia. Essa era a atmosfera em que Alexandre cresceu e foi educado. E vemos, de fato, o motivo de Aquiles reaparecer nos primeiros anos das campanhas de Alexandre, que foram conduzidas na *imitatio Achillis*[5].

A cadeia de relações humanas, que termina com o segundo Aquiles partindo para a conquista da Ásia, começa com a *Sexta Carta* de Platão, o documento inaugurador da união entre os três homens que organizaram o reino de Atarneus. Ela deve ser datada de algum momento dos últimos anos da vida de Platão, ou seja, entre 350 e 347. A *Carta* é endereçada aos três homens em comum, ou seja, a "Hérmias e Erasto e Corisco", e tem o caráter de uma constituição sagrada. Um deus parecia ter boa sorte reservada a eles quando os uniu; pois a associação será de mútuo benefício para todos. Nada poderia acrescentar mais à força de Hérmias do que a obtenção de amigos leais e não corruptos; e nada é mais necessário para Erasto e Corisco do que acrescentar a sabedoria mundana de um governante experiente à sua sabedoria da Ideia. "O que, então, tenho eu a dizer?" Para Hérmias, que ele pode lhe garantir a confiabilidade dos dois platônicos e aconselhá-lo a se agarrar a essa amizade de qualquer maneira. Para Corisco e Erasto, que eles devem se unir a Hérmias e ficar ligados a ele num único vínculo de *philia*. Tal vínculo, por mais bem tecido que seja, pode esgarçar. Nesse caso, eles devem apresentar sua dificuldade a Platão; o seu conselho, oferecido com justiça e reverente contenção, curará a amizade e a comunidade com mais certeza do que qualquer encantamento. Tendo assim recomendado os amigos uns aos outros, e tendo feito de si próprio o parceiro da comunidade como seu guardião e árbitro, Platão reflete sobre a *Carta* em si: "Esta Carta vós três deveis ler; o melhor seria que os três lessem juntos, caso contrário ao menos dois; tão em comunhão [*koine*] quanto possível, e com tanta frequência quanto possível. Deveis reconhecê-la como um contrato e uma lei obrigatória, pois ela é justa. E deveis jurá-la com uma seriedade não desprovida de música, assim como com uma alegria que é irmã da sobriedade. Deveis jurá-la pelo Deus que é o guia em todas as coisas, presentes e futuras, e pelo nobre pai do guia e autor; o qual devemos ver em sua clareza, se formos verdadeiramente filósofos, na medida em que é possível para homens que são abençoados".

O documento é tão claro que requer pouca interpretação. Os filósofos e o rei entraram, de fato, na comunhão existencial da *philia*. Seu vínculo é a fé que

---

[5] Para uma análise mais circunstancial e fontes, ver Werner Jaeger, *Aristotle*, Oxford, ²1948, cap. 5, "Aristotle in Assos and Macedonia".

foi estimulada por Platão. Em seu nome, eles devem se ligar uns aos outros; e ao seu poder curador eles devem encaminhar qualquer problema que afete o vínculo. Vemos surgindo em esboço a concepção de um império teocrático helênico de comunidades federadas de platônicos com o seu centro na Academia. O símbolo sagrado da união entre os companheiros é a *Carta*, a ser lida e relida em comunhão. O rito de lê-la e jurá-la deve ser celebrado no clima de suspense entre seriedade e jogo, que é o clima apropriado em relação a um mito. E eles devem jurar pelo deus orientador, assim como pelo pai do guia e autor — um simbolismo teológico que, nesse período da vida de Platão, provavelmente significa as forças divinas do *Timeu*, ou seja, *nous*-em-psique e o demiurgo.

Capítulo 2
O *Górgias*

"Na guerra e no combate" são as palavras iniciais do *Górgias*, e a declaração de guerra contra a sociedade corrupta é o seu conteúdo. Górgias, o famoso professor de retórica, está em Atenas como convidado de Cálicles, um político esclarecido. É dia de audiência. Górgias recebe visitantes e está pronto para responder a todas as perguntas que lhe forem feitas. Sócrates, com o seu aluno Querefonte, vai à casa de Cálicles para ver o grande homem. O motivo principal do combate não é declarado explicitamente, mas indicado, como acontece tão frequentemente em Platão, pela forma do diálogo. Górgias está um pouco esgotado pelo fluxo de visitantes e as horas de conversa e deixa o seu seguidor Polo abrir a discussão; Sócrates deixa o jogo inicial para Querefonte. O combate é disputado como uma luta pela alma da geração mais jovem. Quem formará os futuros líderes da sociedade: o orador que ensina os truques do sucesso político ou o filósofo que cria a substância na alma e na sociedade?

1 A questão existencial

A substância do homem está em jogo, não um problema filosófico no sentido moderno. Sócrates sugere a Querefonte a primeira pergunta: indague-lhe "Quem ele é" (447D). Essa é, em todos os tempos, a pergunta decisiva, que atravessa a rede de opiniões, ideias sociais e ideologias. É a pergunta que se dirige à nobreza da alma; e é a única pergunta que o intelectual ignóbil não pode enfrentar. A partir dessa pergunta inicial, desenvolvem-se os tópicos do diálogo: a função da retórica, o problema da justiça, a questão de ser melhor cometer injustiça ou sofrer injustiça e o destino da alma injusta.

Por meio de suas atitudes em relação aos tópicos enumerados, Platão caracteriza seus contemporâneos. Górgias safa-se com comparativa facilidade. Sócrates o envolve no problema de caber ou não ao professor de retórica também a transmissão a seus alunos do conhecimento da justiça, para que eles não façam mau uso de sua arte. Górgias, no melhor estilo de propaganda, louva a sua arte e admite que o orador deve ensinar a justiça; ele condena o mau uso da retórica, mas exime-se de responsabilidade pelos alunos que usam mal os seus ensinamentos. Nesse ponto, a situação do diálogo entra na argumentação. Sócrates também se exime de responsabilidade pelos malfeitos de um jovem que tenha ouvido seus ensinamentos, mas sua condenação assumiria a forma tangível de banir o jovem de sua presença e lavar as mãos em relação a ele; a quebra de respeito não poderia ser sanada. Górgias recolhe-se num silêncio constrangido, porque o seu belo discurso de propaganda revela-se mentiroso pela presença do inescrupuloso e vulgar Polo, seu seguidor e participante do diálogo, numa flagrante lição objetiva das consequências daninhas de sua atividade corruptora. E o seu constrangimento não é menor quando o jovem Polo se apressa em defender o mestre e começa a repreender Sócrates.

A cena seguinte com Polo é uma obra-prima da arte da comédia platônica. O subtom de desgosto, porém, assim como as nossas experiências contemporâneas, lembra-nos constantemente que, numa sociedade decadente, o intelectual ridículo é o inimigo do espírito e que ele é suficientemente poderoso para assassinar fisicamente os representantes desse espírito. Polo está indignado. Como não consegue entender a diferença entre honestidade existencial e argumentação intelectual, não compreendeu que ele é a causa de constrangimento para o seu mestre; ele acha que a causa é Sócrates com a sua mania de definições. Sócrates não deveria ter levantado a questão de o retórico poder e dever ensinar a justiça. Como ninguém jamais negará que ele sabe o que é justiça e que pode ensiná-la, a pergunta é injusta e não deve ser feita. Envolver um homem em contradição forçando-o a admitir um ponto que ele tem vergonha de negar revela grande rusticidade (*agroikia*) por parte de Sócrates (461B–C).

Esta é a deixa para Sócrates voltar-se para o desafortunado mestre de etiqueta com o seu "Meu digníssimo Polo!"

Primeiro sugere sutilmente a questão existencial. Ele agradece a Polo por ter vindo em resgate da discussão. Pois os homens se cercam de amigos e filhos para que, quando ficarem velhos e tropeçarem, a geração mais nova venha ajudá-los novamente em palavras e ações (461C). Depois dessa bofetada no produto da instrução de Górgias, ele formula a condição sob a qual discutirá com Polo. A condição elabora a questão existencial: Polo terá de conter a prolixidade do discurso (*makrologia*) a que se entregou anteriormente, porque o suave e interminável fluxo de clichês em seu discurso torna a discussão impossível. A condição de Sócrates toca um problema conhecido de todos nós que já tivemos experiências com intelectuais de direita ou de esquerda. A discussão é de fato impossível com um homem que seja intelectualmente desonesto, que faça mau uso das regras do jogo, que, pela verborragia irrelevante, procure evitar ser encurralado em algum ponto e que obtenha a aparência de vitória por esgotar o tempo que define um limite inevitável para uma discussão. A única defesa possível contra tais práticas é a recusa a continuar a discussão; e essa recusa é socialmente difícil, porque parece violar as regras de cortesia e a liberdade de discurso. Polo se revolta imediatamente com esse argumento e opõe-se indignado a que não lhe seja permitido falar o quanto quiser. Mas a guerra está em andamento. Sócrates finge se horrorizar com a ideia de que em Atenas, a cidade da Hélade em que há mais liberdade da palavra, Polo, entre todos os homens, seja impedido de falar quanto lhe aprouver — e então lembra-o de que a sua liberdade de ser prolixo destruiria a liberdade de seu interlocutor, se a este último não fosse permitido simplesmente ir embora quando estivesse cansado da oratória. Depois dessa ameaça de encerrar a conversa, Polo aceita a condição de Sócrates.

A revelação crítica do caráter de Polo acontece quando Sócrates extrai dele o reconhecimento de que um homem que faz o mal não faz o que realmente deseja. Pois um homem pode desejar verdadeiramente apenas o que é bom; se comete atos que sejam injustos, ele age contra o seu verdadeiro interesse. Se ele se permite atos maus na crença equivocada de que estes servirão ao seu interesse, revela dessa forma que não tem o poder de fazer o que verdadeiramente deseja. Assim, o tirano é impotente. Quando se chega a esse absurdo, Polo não consegue mais se conter. Ele interrompe a argumentação e começa a desdenhar: como se tu, Sócrates, não quisesses ter poder para fazer na pólis o que te parecesse bom; como se não tivesses inveja quando vês alguém matando ou saqueando ou prendendo pessoas a seu bel-prazer! (468E). Por meio de seu escárnio, Polo declara o seu próprio nível de existência. Ele é o tipo de homem que louvará piamente o Estado de direito e condenará o tirano e que inveja fervorosamente o tirano e a quem nada agradaria mais do que ser ele mesmo um tirano. Numa sociedade decadente, ele é o representante do grande reservatório de homens comuns que paralisam todos os esforços de ordem e proporcionam conivência popular na ascensão do tirano. Além disso, Polo fornece a razão sutil para a paralisia política no estágio avançado de decomposição social. Seu escárnio de Sócrates implica que a sua vilania pessoal é a medida da humanidade. Ele é firme na convicção de que todo homem cederá a atos vis se tiver uma chance de não ser punido. Sua explosão contra Sócrates é motivada por honesta indignação contra um homem que rompe a *camaraderie* da *canaille* e finge ser superior. E não há como dissuadi-lo; ele insiste. Apresenta um rápido esboço de Arquelau, um indivíduo detestável que obteve recentemente o governo da Macedônia por meio de uma série impressionante de crimes. De acordo com Sócrates, o bem-sucedido tirano teria de ser infeliz. O absurdo é flagrante. Polo provoca Sócrates, dizendo que ele não vai lhe dizer que preferiria ser qualquer outro macedônio a ser Arquelau (471A–D). E ele pode ser persistente, porque sabe que todas as melhores pessoas estão do seu lado. Ainda se afasta da argumentação porque sinceramente não acredita que qualquer pessoa possa, de boa-fé, defender afirmações tão absurdas quanto as socráticas. Com algo próximo do desespero, ele acusa Sócrates de não querer concordar com ele por astúcia, "pois certamente deves pensar como eu" (471E). As linhas de batalha agora estão traçadas com mais clareza. Sócrates assegura a Polo que este, de fato, verá a maioria se posicionando ao seu lado, e oferece uma lista de nomes das melhores famílias atenienses, incluindo a de Péricles, que concordarão com Polo. Sócrates ficará sozinho; mas se recusará a ser privado por falsas testemunhas do seu patrimônio, que é a verdade (472A–B).

Seja como for, ainda não chegamos no ponto do assassinato. Essa é uma discussão em que Polo aceitou as condições de Sócrates. Sua tentativa de encerrar a conversa e vencer Sócrates recorrendo ao que todo mundo pensa falhou. Os dois grandes bastões usados pela vulgaridade para silenciar o espírito, o argumento da "Superioridade Moral" e o "Isso é o que Você Pensa", mostraram-se ineficazes. Agora, Sócrates força Polo a admitir que cometer injustiça é pior do que sofrer injustiça, e que cometer injustiça sem sofrer punição é o pior de tudo, portanto o infame Arquelau é mais infeliz do que suas vítimas, e ainda mais infeliz porque escapa da punição devida por seus malfeitos (479D–E). Depois que isso é admitido, o valor da retórica torna-se duvidoso. De que serve defender-se contra uma acusação justificada e ser absolvido se o que o culpado deve fazer é acusar-se e procurar punição? Se a retórica fosse usada para esse fim, e só então, ela seria de valor (480B-D). Na verdade, porém, ela é usada com o fim de defender o criminoso e de assegurar os ganhos da injustiça. Para tais propósitos ela pode ser útil, mas não para o homem que não pretende cometer injustiça (480E-481B).

Polo é forçado a admitir, mas com má vontade. Ele não pode negar que as conclusões decorrem das premissas, porém os resultados são absurdos (*atopa*) (480E). Ele fica constrangido, como Górgias, mas com uma diferença. Pois Górgias ainda tem algum senso de decência; ele está consciente do conflito existencial que subjaz ao confronto intelectual, e a sua consciência o preocupa. Polo está por demais endurecido para se preocupar com uma consciência; ele está intelectualmente derrotado, mas sua derrota não consegue provocar sequer uma fagulha de decência nele. Ainda assim, ele se mantém dentro das regras do jogo.

A reação violenta vem do ativista, de Cálicles, o político esclarecido. Ele acompanhou o debate com crescente espanto e raiva e, agora, pergunta a Querefonte se Sócrates fala sério sobre essas coisas ou se está brincando. Ao lhe ser assegurado de que ele fala sério, Cálicles volta-se contra Sócrates: se isso fosse verdade, toda a vida humana não seria virada de cabeça para baixo, e não estaríamos fazendo em tudo o exato oposto do que deveríamos estar fazendo? (481C). Cálicles percebeu corretamente a revolução nas palavras de Sócrates. Esse não é um mero jogo intelectual. Se Sócrates está certo, então a sociedade conforme representada pelo político Cálicles está errada. E, como o errado atinge o núcleo espiritual da existência humana, a sociedade estaria corrompida a ponto de não poder mais afirmar a lealdade do homem. A existência da sociedade na história está em jogo. A batalha agora alcançou o inimigo real, o representante público da ordem corrupta. E Cálicles não hesita em entrar na batalha.

2 *Pathos* e comunicação

A cena com Cálicles é aberta por Sócrates, novamente com uma determinação da questão existencial. Ele sabe o que tem de esperar; adverte Cálicles de que a verdade ainda é a linha orientadora do debate e que nenhuma pressão de opinião terá a menor valia. As diferenças existenciais entre os falantes são agora mais precisamente definidas pelas variantes de Eros. Sócrates está apaixonado pela filosofia, Cálicles pelo demo de Atenas[1]. Quando Cálicles fala, ele não ousa contradizer o seu amor; ele é um político do tipo "Esses são meus sentimentos e, se você não gostar deles, eu posso mudá-los" (481D-E). Em poucas frases, ricas em sugestões, Platão predeterminou o curso inevitável do debate. Nos dois Eros de Sócrates e Cálicles está implícito o desenvolvimento posterior da *República* com a sua distinção entre o Eros bom e o Eros ruim. Aqui, no *Górgias*, é revelada a situação em que se origina a concepção de uma metamorfose de Eros. A questão em jogo é a da comunicação e da inteligibilidade numa sociedade decadente. Seriam as diferenças existenciais entre Sócrates e Cálicles tão profundas que a ponte de uma humanidade comum entre eles teria sido rompida? No *Teeteto*, em que Platão chega perto de caracterizar os inimigos como bestas, ele ainda assim restaura a comunidade observando que, em conversas particulares, é possível pelo menos arranhar a espessa crosta da pessoa vulgar e tocar nela uma fagulha de sua humanidade renunciada. A ponte, assim, não está rompida; mas onde estão os seus pontos de apoio em ambos os lados? Eles não podem ser encontrados no plano dos princípios de conduta, pois esse é precisamente o plano em que os protagonistas se encontram em "guerra e combate". No plano da política, nenhum acordo é possível; a forma política da *città corrotta* é a guerra civil. O caso de Polo mostrou que a concordância intelectual não é seguida necessariamente por entendimento existencial. O plano da comunicação, se houver algum a ser encontrado, é mais profundo. E a esse plano mais profundo Platão deve agora recorrer, caso contrário o debate com Cálicles seria apenas uma repetição da contenda existencialmente inconclusiva com Polo. Esse plano mais profundo Platão designa pelo termo *pathos* (481C).

Pathos é o que os homens têm em comum, por mais variável que possa ser em seus aspectos e intensidades. O *pathos* designa uma experiência passiva, não uma ação; é o que acontece ao homem, o que ele sofre, o que recai sobre ele por obra do destino e o que o toca em seu núcleo existencial — como, por exemplo, as experiências de Eros (481C-D). Em sua exposição ao *pathos*, todos os homens são iguais, embora possam diferir amplamente na maneira como o enfrentam e em como incorporam as experiências em sua vida. Existe o toque esquiliano mesmo nessa obra da primeira fase de Platão, com a sua sugestão de que o *pathema* experimentado por todos pode resultar numa

---

[1] Uma análise mais detalhada dessa cena teria de entrar em implicações homoeróticas; Sócrates refere-se à *philosophia* como *ta ema paidika* (482A).

mathema diferente para cada homem. A comunidade de *pathos* é a base da comunicação. Por trás das atitudes endurecidas e intelectualmente embasadas que separam os homens estão as *pathemata* que os unem. Por mais falsa e grotesca que possa ser a posição intelectual, o *pathos* no núcleo tem a verdade de uma experiência imediata. Se for possível penetrar nesse núcleo e redespertar num homem a consciência de sua *conditio humana*, a comunicação no sentido existencial tornar-se-á possível.

A possibilidade de comunicação no plano do *pathos* é a condição sob a qual o debate do *Górgias* faz sentido. Este lembrete é necessário neste ponto, como havíamos dito, pois caso contrário a argumentação seguinte com Cálicles ficaria sem sentido. A possibilidade de, pelo menos, abrir caminho até o *pathos* deve estar aberta. Isso não significa, porém, que a operação de fato terá sucesso. Cálicles não será convencido mais do que Polo. No plano da política, a tragédia seguirá seu curso até o assassinato de Sócrates. Mas, se a tentativa permanece ineficaz, que significado pode ter a comunidade potencial do *pathos*? Temos de entender a seriedade do impasse se queremos compreender a conclusão do *Górgias*. O impasse significa que, histórica e politicamente, o vínculo de humanidade está rompido; Polo e Cálicles estão fora do território da civilidade humana. Significaria isso, como parece ser a consequência inevitável, que eles devem ser mortos imediatamente como animais perigosos? A resposta do *Górgias* é um definitivo não. Na *Apologia*, Sócrates havia alertado seus juízes de que outros viriam atrás dele e com renovada insistência fariam as perguntas pelas quais ele teve de morrer. A previsão é cumprida; agora é Platão quem faz as perguntas e quem está em perigo, como vamos ver, de sofrer o destino de Sócrates. Mas a repetição seria um sacrifício sem sentido; e existe alguma alternativa à organização de uma revolta com o propósito de exterminar a choldra ateniense? A conclusão do *Górgias* formula as condições sob as quais a comunidade humana pode ser mantida mesmo quando, no plano da sociedade concreta, ela já se rompeu. A condição é a fé na comunidade transcendental do homem. A incrustação do malfeitor que permanece impenetrável ao chamado humano se desfará na morte e deixará a alma nua diante do juiz eterno. A ordem que foi rompida na vida será restaurada depois dela. Na *logique du coeur*, o Julgamento dos Mortos é a resposta para o fracasso da comunicação em vida. Vamos voltar a este ponto mais adiante. Por enquanto, devemos estar conscientes de que Platão nos lembra da comunidade de *pathos* no início da cena de Cálicles para preparar o Julgamento dos Mortos como a continuação transcendental de um diálogo que não alcança a comunicação existencial entre os vivos.

3 A filosofia invertida da existência

O Eros de Sócrates é quem governa a cena. Cálicles terá de refutar não a Sócrates, mas a seu amor, a verdade da filosofia; e se ele não refutar Eros uma discórdia soará por toda a sua vida e Cálicles nunca estará em acordo consigo mesmo (482B). Cálicles zomba do chamado a entrar em acordo com o *pathos* de Eros. A primeira frase de sua longa resposta (482C–486D) define a questão existencial no que se refere à sua própria pessoa. Cálicles rejeita o chamado de Sócrates invertendo-o; e ele o inverte transpondo-o para o nível do vulgo. Platão obtém um efeito dramático brilhante revelando o duplo sentido que um argumento tem quando os interlocutores não estão em comunicação existencial. Sócrates conteve a prolixidade retórica de Polo e focou a questão alertando Cálicles de que recorrer à opinião da massa não terá nenhuma serventia contra a lei da harmonia com o Eros da verdade. Agora, Cálicles inverte essas advertências e chama Sócrates de um *demegoros* comum, um orador popular que obtém seu sucesso servindo aos preconceitos das massas. Além disso, ele ridiculariza o tema socrático do *pathos* quando acusa Sócrates de arengar de maneira demagógica porque conseguiu fazer Polo sofrer (*pathein*) o mesmo infortúnio (*pathos*) que Górgias havia sofrido (*pathein*) antes dele, quando Sócrates o induziu a admitir que o retórico devia ensinar justiça (482C). Sócrates ganhou essa vantagem pelo truque de jogar com o conflito entre natureza (*physis*) e convenção (*nomos*). Convencionalmente, diz-se que fazer o mal é pior do que sofrer o mal; por natureza, sofrer o mal é pior. Górgias e Polo tiveram medo de violar a convenção e isso os envolveu em suas contradições (482C–483A).

Obviamente, Cálicles não é um adversário medíocre. Ele não vai cair, como seus predecessores, nas armadilhas das contradições de uma posição defendida sem convicção. Ele responde ao chamado existencial socrático com uma filosofia da existência própria. O *pathos*, que Sócrates havia entendido como a exposição do homem a experiências que tocam o núcleo de sua existência, tornou-se, nas mãos de Cálicles, um acaso infeliz na discussão. Essa mudança de significado para um contratempo na corrida competitiva indica a direção da interpretação da existência para Cálicles. A existência não deve ser interpretada nos termos do Eros em relação ao Agathon, mas em termos da *physis* mais fraca ou mais forte. A natureza é a realidade fundamental, e a afirmação vitoriosa da *physis* é o significado da vida. A ordem da alma, que, para Sócrates, se origina no erotismo do místico, é descartada como uma convenção inventada pelas naturezas mais fracas para refrear as mais fortes. Ninguém prefere de fato sofrer a injustiça a causá-la; aqueles que dizem isso são de uma natureza submissa; nenhum homem de natureza superior concordaria (483A–C). Essa não é a atitude de um calhorda de segunda categoria como Polo, que tem consciência de ser *canaille*; é a transvaloração deliberada de valores de uma contraposição existencial. Cálicles sabe que só pode mantê-la se conseguir invalidar a posição socrática. Com a sua distinção de *physis* e *nomos*, ele atinge o coração do erotismo socrático: "Tu finges apenas estar perseguindo a verdade! Na realidade, estás propagando aquilo que tem um apelo vulgar para as massas!" (482E). Polo ainda estava em desespero: como podia um homem defender tais proposições fantásticas como fazia Sócrates? Cálicles sabe o motivo: Sócrates está no jogo como todos os demais; ele é um demagogo que busca aprovação sob a falsa aparência de respeitabilidade. Cálicles conhece ideologias; ele entra atrás do outro homem e revela o motivo dúbio que está por trás da fachada das ideias. O ataque teórico à posição existencial socrática torna-se um ataque político ao demagogo.

Mas por que Cálicles, o político, estaria tão exaltado em relação ao pregador de uma moralidade que manterá os sujeitos submissos satisfeitos, ao mesmo tempo em que não prejudicará o homem superior que enxerga o engodo? A situação é complicada. O argumento de Sócrates, na verdade, está cheio de perigo para o político. A caracterização da convenção como uma invenção implica que o próprio inventor está ciente, em algum nível de sua consciência, do caráter artificial dos princípios morais. Polo foi claro o suficiente sobre o ponto de que *ninguém* ficaria do lado de Sócrates, de que *todos* invejam o tirano. A restrição da convenção, portanto, é temperada pela conivência das vítimas da tirania. Quando uma sociedade atinge esse nível de corrupção, que do ponto de vista de Cálicles é bastante desejável, a conivência harmoniosa com a criminalidade pode, de fato, ser seriamente perturbada por um homem que tente persuadir o povo de que convenções não são convenções, de que sua verdade pode ser confirmada recorrendo-se às experiências existenciais em que elas se originaram, e de que elas devem ser levadas a sério. Se um setor apreciável do povo fosse convencido pela pregação socrática, a situação poderia se tornar desagradável para Cálicles e símiles.

Há mais, porém, na resistência de Cálicles do que o medo do sucesso popular de Sócrates. A situação do diálogo não é a de uma assembleia do povo. Todos ali são membros da classe dominante. Em tal companhia, as proposições de Sócrates são de mau gosto. É a mesma reclamação que fez Polo. Porém, enquanto Polo mostrou-se indignado porque Sócrates não se conduziu *en canaille*, Cálicles protesta que Sócrates não se conduz como um cavalheiro do tipo superior. Os comentários subsequentes de Cálicles têm, portanto, apesar de seu tom ameaçador, o caráter de uma admoestação não de todo hostil a Sócrates para que ele corrija os seus modos. Eles são de especial interesse na medida em que são um tanto improváveis como comentários de um homem mais jovem para o Sócrates histórico, além de conterem alguns detalhes que não combinam muito bem com as circunstâncias da vida de Sócrates. Essas admoestações têm um toque autobiográfico. Cálicles fala longamente, da maneira como um amigo da família poderia ocasionalmente oferecer as suas opiniões a Platão.

Cálicles inicia suas admoestações com um esclarecimento dos termos "justiça" e "injustiça". Os legisladores convencionais definem justiça de maneira a aterrorizar o homem mais forte que, caso contrário, poderia levar a melhor sobre eles, ao mesmo tempo em que declaram que é vergonhoso e injusto um homem desejar ter mais do que os outros (*pleonektein*) (483C). Justiça e injustiça no sentido convencional são distinguidas como desejo de igualdade e de pleonexia. Pela natureza, no entanto, a pleonexia é justa; e a ordem justa, no reino animal como entre os humanos, entre cidades assim como entre povos, é o governo do mais forte sobre o mais fraco (483C–D)[2]. Os homens que fazem história seguem essa lei da natureza; pois em que outra base poderia ser justificada a invasão da Hélade por Xerxes? Certamente não pelas convenções que ensinamos a nossos homens melhores e mais fortes desde a sua juventude para domá-los como jovens leões. Se um homem tivesse força suficiente, ele romperia todos esses encantamentos; o escravo erguer-se-ia em rebelião e se tornaria o nosso senhor; e a luz da justiça brilharia. Sócrates compreenderia tudo isso se deixasse de lado a filosofia e se voltasse para coisas mais importantes. A filosofia é um saber elegante, se seguido com moderação nos anos da juventude, mas se um homem se dedica a ela e leva-a adiante em períodos posteriores de sua vida ele será ignorante das coisas que um cavalheiro deveria saber. Será inexperiente em política; não conseguirá manter sua posição num debate; não conhecerá o caráter humano e suas motivações por meio de praze-

---

[2] O problema de pleonexia está estreitamente relacionado com a filosofia da existência "invertida". Quando a nova filosofia da existência reaparece, no século XVII d.C., o problema da pleonexia ressurge também. Locke faz a curiosa tentativa de propagar a pleonexia como justiça convencional; ele institucionaliza o "desejo de ter mais do que o outro homem", transformando o governo numa instituição protetora dos ganhos de pleonexia.

res e paixões³. Quando tais homens se envolvem em negócios ou em política, eles fazem papel ridículo, da mesma forma como um homem de negócios faria um papel ridículo num debate filosófico⁴. É preciso combinar os dois conhecimentos e equilibrá-los adequadamente. Assim, não é uma desgraça que um jovem esteja interessado em filosofia; ao contrário, o seu estudo é apropriado para um homem livre e quem o negligencia nunca será um homem superior com aspirações nobres. Porém, a persistência nisso torna o homem efeminado; ele ficará pelas esquinas com mais três ou quatro admirando os jovens, mas nunca falará como um homem livre. Cálicles assegura a Sócrates sua boa vontade e seu afeto; ele lhe pergunta se não se envergonha de estar na posição nitidamente indefesa de filósofo. Pois o que ele faria se alguém o mandasse para a prisão por um crime que não cometeu? Ficaria confuso e não saberia o que dizer; e, diante de um tribunal, poderia não ser sequer capaz de se defender de uma pena de morte. E qual é o valor de um homem que não pode se defender de seus inimigos, de um homem a quem, por assim dizer, é possível atacar com impunidade?⁵

A posição de Cálicles apoia-se na identificação do bom e justo com a expressão autoassertiva da natureza mais forte. O debate entre Cálicles e Sócrates que se segue à admoestação prova que essa posição é insustentável. Não precisamos acompanhar esse longo debate em detalhe (486D–522), mas devemos destacar os principais argumentos de Sócrates, porque eles se mantêm até hoje como o catálogo clássico de argumentos contra a filosofia da existência "invertida" que caracteriza o período de iluminismo e positivismo de uma civilização. Vamos encontrar a mesma situação teórica repetindo-se nos séculos XVIII e XIX d.C.

A posição de Cálicles tem uma fraqueza fundamental, característica desse tipo de existencialismo. Cálicles não nega seriamente a posição relativa das virtudes. Ele não está preparado para negar que a coragem se encontra em posição superior à covardia, ou que a sabedoria é superior à parvoíce. Quando identifica o bom com o forte, ele age de acordo com a premissa não expressa de que existe uma harmonia preestabelecida entre a avidez representada por ele e o sucesso

---

³ Ver o ataque de Bentham ao tipo "ascético".
⁴ Nessa parte da admoestação, provavelmente temos de perceber a origem da digressão do *Teeteto*.
⁵ Essa seção da fala de Cálicles é distintamente autobiográfica. É preciso ter em mente a situação de Platão em Atenas e o efeito que um conselho desse tipo deve ter tido sobre um homem orgulhoso, que estava consciente de suas qualidades.

social das virtudes, que ele não discerne com muita clareza, mas à qual dá anuência convencional. Sócrates, em sua argumentação, usa a técnica de apontar fatos que refutam a harmonia preestabelecida e envolve Cálicles em contradições entre as suas valorações e as consequências de seu existencialismo.

O primeiro e mais óbvio ataque é dirigido contra a harmonia entre força e bem. Cálicles havia afirmado que a regra do mais forte é justiça. Agora, Sócrates indaga se pessoas inferiores, se forem suficientemente numerosas, não podem ser mais fortes do que as melhores. E, caso possam, não seriam então os fracos mais numerosos, que impõem as convenções desprezadas, não os mais fortes; e, em consequência, não se desfaria o argumento da justiça por natureza contra a justiça por convenção? Cálicles inflama-se com a ideia de que uma choldra de escravos pudesse estabelecer a lei para ele por serem, por acaso, fisicamente mais fortes. Ele recua imediatamente e insiste que, quando disse "os mais fortes", referiu-se, claro, aos "mais excelentes". Assim, a primeira defesa do princípio de que a sobrevivência dos fisicamente mais aptos tem como consequência lógica a sobrevivência dos melhores cai por terra.

Os "excelentes" são finalmente definidos por Cálicles como os homens que são mais sábios e corajosos nos assuntos de Estado. Eles devem ser os governantes, e seria justo que tivessem mais do que os seus súditos (491D–E). Sócrates replica com a pergunta: eles devem ter mais do que eles mesmos? Essa pergunta produz uma nova explosão em Cálicles. Um homem não deve governar a si próprio. Ao contrário, o bem e a justiça consistem na satisfação de desejos. "Luxo, licenciosidade e liberdade" (*tryphe, akolasia, eleutheria*), se tiverem os meios para se manter, são virtudes e felicidade (*arete, eudaimonia*); o que quer que seja dito em contrário é a conversa ornamental de homens sem valor (492C). Não é difícil para Sócrates sugerir desejos tão abjetos que até mesmo Cálicles se abala. Mas ele é teimoso e insiste na identificação da felicidade com a satisfação dos desejos; e recusa-se a fazer a distinção entre prazeres bons e maus (495B).

A resistência de Cálicles dá a Sócrates a oportunidade de indagar se os homens que Cálicles admite serem bons (como os sábios e corajosos) sentem mais prazer do que aqueles que ele admite serem inferiores (como os covardes). O resultado da inquirição é a conclusão de que um covarde pode ter, possivelmente, mais prazer do que um sábio e corajoso. Pelo raciocínio de Cálicles, portanto, os covardes teriam de ser considerados homens melhores, porque experimentam mais felicidade no sentido hedonista. Essa contradição, por fim, força Cálicles a admitir a distinção entre prazeres bons e maus (499C).

Com essa admissão, a causa de Cálicles está perdida. Sócrates consegue, passo a passo, forçar a anuência relutante do adversário à filosofia positiva da existência, da qual a posição mais tardia da *República* é derivada. No presente contexto, temos de nos concentrar na inimizade existencial entre Cálicles e Sócrates-Platão e na análise crítica da corrupção política. Acima de tudo, Sócrates agora retoma a questão da comunicação de uma maneira mais radical. Apenas se a alma estiver bem ordenada ela poderá ser chamada de legítima (*nomimos*) (504D); e apenas se ela tiver a ordem (*nomos*) certa será capaz de entrar em comunhão (*koinonia*) (507E). O *pathos* não é mais do que uma precondição para a comunidade; para realizá-la, o Eros deve ser orientado em direção ao Bem (*agathon*) e as paixões perturbadoras devem ser contidas pela *Sophrosyne*. Se os apetites não forem contidos, o homem levará a vida de um ladrão (*lestes*). Tal homem não pode ser amigo (*prosphiles*) de Deus ou de outros homens, pois ele é incapaz de comunhão, e quem é incapaz de comunhão é incapaz de amizade (*philia*) (507E). Amizade, *philia*, é o termo de Platão para o estado de comunidade existencial. A *philia* é o vínculo existencial entre os homens; e é o vínculo também entre Céu e Terra, homem e Deus. Como a *philia* e a ordem permeiam tudo, o Universo é chamado de *kosmos* (ordem) e não de desordem ou licenciosidade (*akosmia, akolasia*) (508A).

4 A transferência de autoridade

O significado da ordem na existência é redefinido. A questão existencial entre Sócrates e Cálicles pode agora ser abordada a sério. Sócrates retoma a ordem de males: (1) é ruim sofrer injustiça; (2) é pior cometer injustiça; (3) é pior ainda permanecer na desordem da alma que é criada por cometer injustiça e não experimentar a restauração da ordem por meio da punição. O desdém de Cálicles — de que o filósofo está exposto a tratamento desonroso — pode agora ser respondido no plano da filosofia da ordem. Cálicles havia assumido a posição de que era de suprema importância proteger-se eficazmente contra injustiças. Sócrates afirma que o preço da segurança contra a injustiça pode ser alto demais. O risco de sofrer injustiça poderá ser evitado com mais eficácia se um homem adquirir uma posição de poder, ou se ele for amigo das autoridades estabelecidas. O tirano é a posição ideal de segurança contra a injustiça. Sobre a natureza do tirano, não há dúvidas, e o amigo do tirano só será aceitável para ele se tiver natureza similar, ou seja, se for conivente com a injustiça do poder governante. O amigo do tirano pode escapar do sofrimento da injustiça, mas a sua corrupção envolverá inevitavelmente que ele cometa injustiça. Cálicles concorda entusiasticamente e lembra novamente a Sócrates que o amigo do tirano atacará e matará aquele que não imitar o tirano. A argumentação aproxima-se de seu clímax. Os comentários desdenhosos de Cálicles só podem ser eficazes contra homens de sua própria classe. Eles não atingem um homem que está pronto para morrer. Você acha, é a resposta de Sócrates, que todas as preocupações devem ser voltadas para o prolongamento da vida? (511B–C). O "homem verdadeiro" não é tão apegado à vida, e pode haver situações em que ele não se importe mais em viver (512E). O argumento ainda não está direcionado pessoalmente contra Cálicles, mas sentimos a tensão aumentando em direção do ponto em que Cálicles é corresponsável, por meio de sua conduta conivente, pelo assassinato de Sócrates e, talvez, do próprio Platão. As convenções sociais, que Cálicles despreza, estão se desgastando; e o defensor da natureza é levado a constatar que ele é um assassino frente a frente com a sua vítima. A situação é fascinante para aqueles entre nós que se veem na posição platônica e que reconhecem nos homens com quem nos associamos hoje os adeptos da prostituição intelectual pelo poder que serão coniventes com o nosso assassinato amanhã.

Seria uma honra excessiva, no entanto, atribuir a Cálicles pessoalmente a culpa por assassinato. Toda a sociedade é corrupta e o processo de corrupção não começou ontem. Cálicles não é mais do que um entre muitos; e pode até acabar ele mesmo se vendo preso no atoleiro que cava. Sócrates levanta a questão do bom estadista por princípio. O bem e o mal são agora definidos como promover ou decompor a ordem da existência. Um estadista é bom se sob o seu governo os cidadãos se tornam melhores; ele é ruim se sob o seu governo os cidadãos se tornam piores, em relação à ordem existencial. Sócrates relembra os homens que são o orgulho da história ateniense: Temístocles, Péricles, Cimon, Miltíades; e, aplicando o seu critério, descobre que foram estadistas ruins. Eles abarrotaram a cidade de docas e portos e muros e receitas, e não deixaram nenhum espaço para justiça e a temperança. A prova conclusiva do caráter ruim de seu governo é a feroz injustiça cometida contra eles pelos próprios cidadãos que eles teriam como tarefa melhorar. A geração atual é a herdeira do mal que se acumulou ao longo de sucessivos governos de tais "grandes" estadistas. E homens como Cálicles e Alcibíades, que servem às paixões ruins das massas, poderiam muito bem vir a se tornar suas vítimas. Portanto, o que Cálicles quer com suas admoestações no sentido de adequar-se aos hábitos dos políticos e tornar-se um bajulador do demos? Estaria Cálicles sugerindo seriamente que Sócrates se una às fileiras daqueles que corrompem a sociedade ainda mais? Não seria sua tarefa, em vez disso, pronunciar a verdade que restauraria alguma ordem? Mas Cálicles não consegue se dissociar do círculo de seu mal. Ele só pode repetir que as consequências para Sócrates serão desagradáveis.

A resposta socrática fixa a posição de Platão: sem dúvida, as consequências podem ser desagradáveis; quem não sabe que, em Atenas, qualquer homem pode sofrer qualquer coisa; e também não seria surpresa se ele fosse condenado à morte; pelo contrário, ele até espera um destino desse tipo. E por que ele prevê a sua morte? Porque é um dos poucos atenienses que se preocupa com a verdadeira arte da política e o único em sua época que age como um estadista (521D).

Esta última formulação, pela qual Platão se proclama o verdadeiro estadista de seu tempo, é importante em vários aspectos. Na construção do *Górgias*, essa afirmação destrói a autoridade de Cálicles para dar conselhos a quem quer que seja com respeito à conduta política. O homem que é culpado de ser cúmplice de assassinos tirânicos e de ser um corruptor de seu país não representa a ordem espiritual, e ninguém é obrigado a mostrar respeito pela sua palavra. A autoridade da ordem pública está com Sócrates. Com respeito à relação de Platão com Atenas, a afirmação estigmatiza os políticos que são obcecados pelo "amor do povo" (*demou Eros*, 513C) como os "adversários" (*antistasiotes*, 513C) da ordem existencial representada por Sócrates-Platão; a ordem da autoridade é transferida do povo de Atenas e de seus líderes para um só homem, Platão. Por mais surpreendente que esse movimento possa parecer para muitos, a afirmação de Platão mostrou-se historicamente bastante sensata. A ordem representada por Cálicles afundou em ignomínia; a ordem representada por Platão sobreviveu a Atenas e ainda é um dos ingredientes mais importantes da ordem da alma dos homens que não renunciaram às tradições da civilização ocidental.

5 O julgamento dos mortos

A transferência de autoridade de Atenas para Platão é o clímax do *Górgias*. O significado da transferência e a fonte da nova autoridade, porém, ainda precisam de algum esclarecimento. Vamos lembrar o que está em jogo. A transferência de autoridade significa que a autoridade de Atenas, como a organização pública de um povo na história, é invalidada e substituída por uma nova autoridade pública manifestada na pessoa de Platão. Isso é revolução. E é ainda mais do que uma revolução comum em que novas forças políticas entram na luta por poder em competição com as mais antigas. A revolução de Platão é um chamado radical à regeneração espiritual. O povo de Atenas perdeu sua alma. O representante da democracia ateniense, Cálicles, está existencialmente desordenado; os grandes homens da história ateniense são os corruptores de seu país; os tribunais de Atenas podem matar um homem fisicamente, porém sua sentença não tem nenhuma autoridade moral de punição. A *raison d'être* fundamental de um povo, que é percorrer o seu caminho pela história em parceria com Deus, desapareceu; não há razão para Atenas existir, considerando o que a cidade se tornou. O *Górgias* é a sentença de morte para Atenas.

Mas qual é a natureza da autoridade que faz esse julgamento? Platão a revela por meio do Mito do Julgamento dos Mortos, no final do *Górgias*. Cálicles lembrou Sócrates repetidamente do destino que o aguarda nas mãos de um tribunal ateniense. Numa resposta final, Sócrates diz que preferiria morrer com uma alma justa a ir para o além com a alma cheia de injustiça. Pois esse seria o último e pior de todos os males (522E). A razão para a sua decisão ele apresenta no mito.

Da era de Cronos tem origem uma lei referente ao destino do homem, que ainda está em vigor entre os deuses: que os homens que levaram vidas justas e piedosas irão, após a morte, para as Ilhas dos Bem-aventurados, enquanto aqueles que tiveram vidas injustas e ímpias irão para o Tártaro como castigo. Na era de Cronos, e mesmo até muito recentemente na era de Zeus, os julgamentos eram realizados no dia em que os homens iriam morrer; os homens, assim como os juízes, estavam vivos. Como resultado, ocorriam frequentes falhas da justiça. Pois os homens "estavam vestidos", e as vestimentas do corpo cobriam o verdadeiro caráter das almas; e os próprios juízes eram atrapalhados "por suas roupas" na tarefa de perceber corretamente o estado da alma que se encontrava diante deles. As reclamações sobre os julgamentos errados chegaram até Zeus e ele mudou o procedimento. Agora, os julgamentos das almas são feitos depois da morte; e na posição de juízes sentam-se Minos, Radamante e Éaco, os filhos mortos de Zeus (523–524A). Despidas de seus corpos, as almas revelam sua beleza ou sua deformidade; os juízes podem inspecioná-las imparcialmente, porque nada indica a sua posição terrena, e podem enviá-las corretamente para as Ilhas dos Bem-aventurados ou para o Tártaro. A finalidade do castigo é dupla. Pelo sofrimento temporário, as almas serão purificadas, a menos que sejam muito más; algumas delas, porém, são incuráveis e o seu sofrimento eterno encherá de medo as almas que podem ser melhoradas e, dessa maneira, contribuirá para a sua purificação. As almas extremamente más que sofrem o castigo eterno parecem ser sempre (se pudermos confiar na autoridade de Homero) as almas de homens que, em sua existência corpórea, foram governantes e potentados; pois os maiores crimes são sempre cometidos por aqueles que têm poder. Se, no entanto, uma alma boa aparece diante dos juízes, o mais provável é que seja a alma de um homem que foi um filósofo e que se absteve em sua vida de interferir nos assuntos de outros homens (526C).

O mito do *Górgias* é o mais antigo dos poemas platônicos que se refere a uma filosofia da ordem e da história. Ele é muito simples em sua construção. Mesmo assim, contém de forma rudimentar os significados expressos, por um simbolismo mais diferenciado, nos poemas posteriores da *República*, do *Político* e do *Timeu*. O presente mito deve o seu valor à sua concisão essencial e à sua proximidade das experiências nele expressas.

Sócrates inicia sua história com a advertência de que está de fato dizendo a "verdade", embora Cálicles possa considerar o mito não mais do que uma bela fábula (523A). Numa forma abreviada, Platão levanta a questão da verdade do mito, que se torna o objeto de uma discussão elaborada no *Timeu*. Assim, devemos seguir o mesmo procedimento que na análise dos outros mitos, ou seja, não devemos procurar a "verdade" no plano da "bela fábula", mas traduzir os símbolos nas experiências da alma que eles articulam. Os primeiros símbolos que se oferecem para tal tradução são as eras de Cronos e de Zeus. Eles significam a sequência histórica da era do mito e da era da personalidade diferenciada e autônoma. Platão os introduz no *Górgias* com a finalidade de datar a mudança de procedimento no julgamento dos mortos. Na era de Cronos, e "até muito recentemente na era de Zeus", as almas eram julgadas enquanto ainda estavam "vivas"; ou seja, o julgamento era tendencioso, influenciado pela posição da alma no mundo. Agora, as almas são julgadas quando estão "mortas", ou seja, em sua nudez, sem levar em conta a sua posição no mundo. Essa mudança no modo de julgamento é bastante "recente"; ou seja, no tempo histórico, Platão está falando da nova ordem da alma inaugurada por Sócrates. De acordo com os novos procedimentos, as almas nuas são julgadas pelos "Filhos de Zeus". Os Filhos de Zeus são os homens da nova era, os filósofos em geral e, primariamente, o próprio Platão. Esses Filhos de Zeus estão "mortos". Temos de elucidar, portanto, o significado dos símbolos "vida" e "morte" no mito.

O significado da morte no mito foi cuidadosamente preparado por comentários casuais no próprio diálogo. Quando Cálicles louvou a vida de felicidade hedonística, Sócrates sugeriu que, nesse caso, a vida seria algo terrível (*deinos*). Eurípides poderia até estar certo ao dizer que vida é morte e morte é vida. Muito provavelmente, neste momento teríamos de ser considerados mortos; pois seria verdadeiro o que um sábio disse: que nosso corpo (*soma*) é o nosso túmulo (*sema*) (493A)[6]. A verdadeira vida da alma, assim, seria a sua existência livre da prisão do corpo, numa vida anterior ou posterior ao seu sepultamento terreno. Quanto ao significado de preexistência e pós-existência, Platão expressou-se longamente em outros diálogos. A grande simbolização da preexistência é dada no mito do *Fedro*. Vamos recordar apenas uma passagem que esclarece o significado dos "Filhos de Zeus". No *Fedro* (250B), Platão fala da existência feliz "quando nós [*sc.*, os filósofos] seguíamos atrás de Zeus", vendo as formas de ser eterno que agora podem ser relembradas por anamnese. Quanto à ideia de pós-existência, em particular com respeito à purificação da alma na vida após a morte, há uma passagem importante no *Crátilo* (403–404B). Nessa passagem, Platão rejeita como infundado o medo que os homens têm do governante do mundo inferior. Seus nomes, Plutão e Hades, indicam que ele é rico e, consequentemente, não quer nada de nós, e que ele tem o conhecimento de todas as coisas nobres. Se as almas que moram em sua presença tivessem realmente razão para temê-lo, pelo menos de vez em quando alguma escaparia dele. Porém, na verdade, elas gostam de viver com ele; elas estão ligadas a ele por seu desejo ativo; pois ele tem o conhecimento da virtude e indica às almas o caminho para a perfeição. Na vida, porém, as almas não desenvolveram plenamente o seu desejo de perfeição. Essa é a razão pela qual Plutão as quer apenas depois de elas terem se libertado das paixões do corpo. Apenas depois da morte elas estarão livres para seguir imperturbadas o seu desejo de virtude (*peri areten epithymia*). Por esse desejo, Plutão une as almas a si, pois, na relação com ele, elas por fim alcançarão uma purificação de que eram incapazes enquanto se encontravam obcecadas pelo "medo e desvario do corpo". Nenhuma compulsão, portanto, é necessária para fazer as almas passarem por seu sofrimento catártico no mundo inferior; ao contrário, aqui finalmente a alma está livre para passar pela catarse desejada que foi impedida na existência terrena pelo obstáculo do corpo.

---

[6] A imagem da vida como um sepultamento da alma no corpo ocorre também em outros contextos. Em *Fedro* 250C, por exemplo, Platão fala das almas no estado em que eram ainda "puras e não sepultadas" no corpo.

As várias passagens lançam alguma luz sobre o jogo mítico com os símbolos da vida e da morte no *Górgias*. A morte pode significar o sepultamento da alma em seu corpo terreno ou a eliminação do corpo. A vida pode significar a existência terrena ou a libertação da alma do desvario do corpo. A alternância entre esses vários significados é a fonte da riqueza do *Górgias*.

Vamos começar pelo significado dos símbolos no plano da história. No processo histórico-político, aqueles que vivem com cupidez como Cálicles são os "mortos", sepultados na paixão e no desvario de seu corpo; eles são julgados pelos "vivos", ou seja, pelos filósofos que deixaram sua alma ser penetrada pela experiência da morte e, assim, alcançaram a vida *sub specie mortis* na liberdade da paixão somática. A transferência de autoridade significa a vitória da vida da alma sobre o estado de morte das paixões terrenas. Essa tensão entre a vida da alma e o túmulo do corpo, porém, desenvolve-se apenas "recentemente" na história. Antes, na era do mito, a distinção entre vida e morte não era tão clara; naquela época, a existência terrena podia facilmente ser confundida com a vida da alma. A alma teve primeiro de ser separada do corpo pela experiência da morte. Apenas depois de Tânatos ter entrado na alma ela pôde ser distinguida claramente do *sema* do corpo; apenas então a sua natureza não-somática, a coeternidade de sua existência com o cosmos e a autonomia de sua ordem tornam-se inteligíveis. A vida e morte de Sócrates foram os acontecimentos decisivos na descoberta e libertação da alma. A alma de Sócrates estava orientada para o Agathon por meio de seu erotismo; e o Agathon invadiu a alma com a sua substância eterna, criando assim a ordem autônoma da alma para além das paixões do corpo. Por essa catarse, a alma em sua existência terrena recebeu os estigmas de sua pós-existência eterna. A vida de Sócrates foi o grande modelo da libertação da alma pela invasão da existência terrena pela morte; e a *imitatio Socratis* havia se tornado a ordem da vida para seus seguidores e, acima de tudo, para Platão. Apenas agora, quando os Filhos de Zeus morreram, quando a morte abraça-os em vida, a catarse da alma é revelada como o verdadeiro significado da vida; e apenas as almas que morreram têm a clareza de visão que lhes possibilita julgar os "vivos". A autoridade dos juízes, assim, é a autoridade da morte sobre a vida.

Mas qual é a situação daqueles que não têm a experiência da morte na existência e, por meio dessa experiência, ganham a vida da alma? Dessa pergunta depende o problema da história como uma ordem significativa, isto é, como o processo de revelação. A revelação da divindade na história é ontologicamente real. O mito do povo e dos poetas é realmente substituído pelo mito da alma. O velho mito está em plena decadência; ele é corroído por pleonexia e razão, como é evidenciado por Górgias, Polo e Cálicles. A ordem da alma conforme revelada por intermédio de Sócrates tornou-se, de fato, a nova ordem de relações entre Deus e o homem. E a autoridade dessa nova ordem é inescapável. Enterrar-se no túmulo da existência corpórea (a saída de Cálicles) não adianta nada; o caminho que sai do velho mito não leva à escuridão da natureza, mas para a vida da alma; e a alma deve morrer e, despida de seu corpo, postar-se diante de seu juiz. A nova ordem é entendida secretamente mesmo por aqueles que a enfrentam com má vontade e recalcitrância, pois esse entendimento secreto une os parceiros do diálogo pelo menos enquanto ele dura. Lembramos a passagem do *Crátilo*. O "desejo de virtude" está presente mesmo que seja obscurecido pela *mania* do corpo; e reinará livremente quando o obstáculo do corpo for removido. Na medida em que o diálogo é uma tentativa de comunicação existencial, ele é uma tentativa de libertar a alma de suas paixões, de desnudá-la de seu corpo. Sócrates fala a seus interlocutores como se eles fossem almas "mortas", ou pelo menos como se eles fossem almas com capacidade para a morte. Da parte de Sócrates, o diálogo é uma tentativa de submeter os outros, ao menos provisoriamente, à catarse da morte. O julgamento dos mortos, assim, é realizado em parte no próprio diálogo, concretamente, na tentativa de Sócrates de penetrar o "corpo" de seus interlocutores até a sua alma nua. Ele tenta fazer morrer e, dessa maneira, fazer viver aqueles que o ameaçam com a morte. Assim, depois de ter terminado a história do mito, Sócrates volta-se para Cálicles pela última vez e oferece-lhe a sua própria exortação em retribuição às admoestações amistosas anteriores daquele. Ele assegura a Cálicles que está persuadido da verdade do julgamento e que deseja apresentar a sua alma impoluta diante do juiz; e que, ao máximo que lhe é possível, exorta todos os homens a ser igualmente persuadidos. Ele agora exorta Cálicles, portanto, a participar desse combate (*agon*), que é o agone da vida e maior do que qualquer outro. Caso contrário, ele sofrerá diante dos juízes eternos o destino que previu para Sócrates diante dos juízes terrenos. "Siga a minha persuasão" — e ele conduzirá Cálicles à *eudaimonia* nesta vida e depois da morte (527C). A exortação existencial é agora apoiada pela autoridade máxima da exigência de submeter-se livremente ao julgamento inevitável aqui e agora: entrar na comunidade daqueles cujas almas foram libertadas pela morte e que vivem na presença do julgamento.

As barreiras entre a existência terrena da alma e a sua pós-existência foram rompidas. A catarse é o significado da existência para a alma de ambos os lados da linha divisória da separação do corpo. A catarse que a alma não alcança na existência terrena terá de ser alcançada na pós-existência. Daí o castigo, a *timoria*, pelo qual a alma terá de passar na vida posterior não diferir do castigo pelo qual ela tem de passar nesta vida para fins de purificação. Essa *timoria* purificadora é um processo social; pode ser aplicada pelos deuses ou pelos homens. Os que se permitem ser tocados por ela são aqueles cujos atos ruins (*hamartemata*) são curáveis; eles são capazes de experimentar a purificação por meio de dor e sofrimento. E não existe nenhuma outra maneira de a alma ser libertada do mal (*adikia*) "neste mundo ou no próximo" (525C). Nessa ideia da catarse pelo sofrimento "neste mundo ou no próximo" pode ser novamente sentido o toque esquiliano da sabedoria pelo sofrimento como a grande lei da psique para deuses e homens.

A alma curável, portanto, está permanentemente no estado de julgamento; sentir-se permanentemente na presença do julgamento, poderíamos dizer, é o critério da alma curável; "apenas as almas boas estão no inferno", como Berdiaev, certa vez, formulou o problema. Essa concepção, porém, teria uma consequência inesperada se fosse entendida não existencialmente, mas dogmaticamente. Se o símbolo da punição na vida após a morte fosse mal compreendido como uma hipótese dogmática, as almas não-tão-boas poderiam chegar à conclusão de que irão esperar pelo além e ver o que acontecerá então; se o sofrimento é o quinhão da alma sob todas as circunstâncias, elas podem esperar por sua cota de sofrimento (que não é mais do que uma afirmação dogmática) na pós-existência e, enquanto isso, desfrutar de alguma criminalidade prazerosa. Esse é um problema na psicologia do descarrilamento dogmático semelhante ao que surgiu em alguns casos no calvinismo: se a fortuna da alma é predestinada, alguns podem chegar à conclusão de que não importa o que fizerem. Esse descarrilamento psicológico, pelo mal-entendido dogmático da verdade existencial do mito, é evitado por Platão pela ameaça de condenação eterna para as almas incuráveis. No simbolismo do mito, a condenação eterna é o correlato da recusa de comunicação no plano do mito da alma; condenação eterna significa, em termos existenciais, autoexcomunhão. A revelação da divindade na história segue em frente; a autoridade encontra-se nos homens que vivem em amizade com Deus; o criminoso não pode alcançar nada além da perdição de sua alma.

Capítulo 3
A *República*

§1 A organização da *República*

A *República* é um diálogo de considerável extensão, articulado por cenas dramáticas, assim como pelos principais tópicos de discussão. Essa organização, à qual a análise deve se referir constantemente, não é no entanto marcada por subdivisões externas. Só é possível fazer referência a passagens da *República* de acordo com os livros, capítulos e as páginas estabelecidas por Stephanus na tradição manuscrita e impressa da obra. É necessário portanto oferecer ao leitor o esquema a seguir:

Organização da República

Prólogo
(1) I.1   327A–328B   Descida ao Pireu.
(2) I.2–I.5   328B–331D   Céfalo. Justiça da geração mais velha.
(3) I.6–I.9   331E–336A   Polemarco. Justiça da geração do meio.
(4) I.10–I.24   336B–354C   Trasímaco. Justiça do sofista.

Introdução
(1) II.1–II.10 357A–369B   A pergunta: A justiça é melhor que a injustiça?

Parte I: Gênese e ordem da pólis
(1) II.11–II.16   369B–376E   Gênese da pólis.
(2) II.17–III.18 376E–412B   Educação dos guardiões.
(3) III.19–IV.5   412B–427C   Constituição da pólis.
(4) IV.6–IV.19   427C–445E   Justiça na pólis.

Parte II: Incorporação da Ideia
(1) V.1–V.16   449A–471C   Unidade somática da pólis e dos helenos.
(2) V.17–VI.14   471C–502C   Governo dos filósofos.
(3) VI.15–VII.5   502C–521C   A Ideia do *Agathon*.
(4) VII.6–VII.18   521C–541B   Educação dos filósofos.

Parte III: Declínio da pólis
(1) VIII.1–VIII.5   543A–550C   Timocracia.
(2) VIII.6–VIII.9   550C–555B   Oligarquia.
(3) VIII.10–VIII.13   555B–562A   Democracia.
(4) VIII.14–IX.3   562A–576B   Tirania.

Conclusão
(1) IX.4–IX.13   576B–592B   A resposta: A justiça é melhor que a injustiça.

Epílogo
(1) X.1–X.8   595A–608B   Rejeição da arte mimética.
(2) X.9–X.11   608C–612A   Imortalidade da alma.
(3) X.12   612A–613E   Recompensas da justiça na vida.
(4) X.13–X.16   613E–631D   Julgamento dos mortos.

O leitor poderá se localizar melhor pelo esquema se começar não pelo início, mas pelo meio:

(1) A ordem reta do homem e da sociedade é, para Platão, uma incorporação na realidade histórica da ideia do Bem, do *Agathon*. A incorporação precisa ser realizada pelo homem que viu o *Agathon* e deixou a sua alma ser ordenada por meio da visão, pelo filósofo. Assim, no centro da *República*, Parte II, 2-3, Platão trata do governo do filósofo e da visão do Bem.

(2) Esse trecho central é precedido e seguido pela discussão dos meios que assegurarão a substância fisiológica e espiritual adequada para uma pólis bem ordenada. A Parte II, 1 trata do casamento, da comunidade de mulheres e crianças e das restrições à guerra entre os helenos irmãos. A Parte II, 4 trata da educação filosófica dos governantes que preservarão a ordem na existência.

(3) A Parte II central, a Incorporação da Ideia, é precedida pela construção genética da ordem reta para a pólis na Parte I; e é seguida por uma análise, na Parte III, das fases de declínio pelas quais a ordem reta, uma vez estabelecida, terá de passar. As três partes, juntas, formam o corpo principal do diálogo, com a sua discussão da ordem reta, de sua incorporação, sua gênese e seu declínio.

(4) O corpo principal, então, é posicionado entre uma Introdução e uma Conclusão. A discussão da ordem reta foi ocasionada por um debate sobre a questão de ser ou não a justiça melhor que a injustiça, ou se o homem injusto

não se sairá melhor do que o homem justo. A apresentação introdutória dessa pergunta é equilibrada, depois de uma longa discussão da ordem reta, pela resposta conclusiva de que a justiça é preferível à injustiça.

(5) O corpo principal do diálogo, em conjunto com sua Introdução e sua Conclusão, situa-se, por fim, entre o Prólogo do Livro I e o Epílogo do Livro X.

Um cotejo do breve resumo com o esquema mostra que a organização contém elementos de significado que vão além da disposição simétrica de subdivisões a partir de um centro. As três partes do corpo principal estão interligadas, na verdade, em mais de um nível de significado. As Partes I e III, por exemplo, não só equilibram, mas também complementam uma à outra, no sentido de que a Parte I descreve a pólis da ideia com a sua forma de governo aristocrática, enquanto a Parte III descreve as quatro formas de governo decadentes. Ambas as partes, juntas, oferecem uma teoria completa de cinco formas de governo. E esta, de fato, é a intenção de Platão, pois, no final da Parte I, Sócrates inicia a descrição das quatro formas decadentes, mas é interrompido por seus amigos, que querem ouvi-lo falar primeiro sobre a possibilidade de realizar a pólis da ideia. A Parte II, a parte central da *República*, é, assim, introduzida como uma digressão e, depois que ela termina, o tópico prefigurado no final da Parte I é retomado. De qualquer forma, I e III, sobre as formas de governo, não estão separadas por II com a finalidade de proporcionar simetria e equilíbrio, mas elas de fato se equilibram por seu tema, na medida em que a Parte I trata da justiça e da ordem reta, enquanto a Parte III trata da injustiça e da desordem. A Parte II central, além disso, embora seja introduzida como uma digressão, está interligada por seu tema com as Partes I e III. Pois, tendo em vista que contém uma teoria da substância em que uma ordem justa pode ser manifestada, ela combina com a Parte I, que descreve a estrutura da ordem justa; e, na medida em que a Parte II trata da incorporação da ideia, ela combina com a Parte III, que trata de sua desincorporação. As Partes I e II, sobre a forma e a substância da ordem justa, são contrastadas com a Parte III, sobre o declínio da ordem justa tanto em forma como em substância. As Partes II e III, sobre a incorporação e a desincorporação da ideia, são contrastadas com a Parte I, sobre a estrutura da ordem reta.

Além disso, o esquema articulou apenas as partes principais da organização e as divisões principais imediatamente abaixo delas. Ele não entrou na rica subestrutura, que com muita frequência também influi na organização da obra como um todo:

(1) A subdivisão da Parte I, 1, a seção sobre a gênese da pólis, servirá como exemplo. A seção desenvolve primeiro a ideia de uma comunidade simples de camponeses como o modelo da ordem reta (Livro II, 11-12). Quando Glauco não se mostra satisfeito com uma vida simples, Sócrates dispõe-se a enriquecer a ideia, e faz que a primeira comunidade "saudável" (II, 11-12) seja seguida por uma comunidade suntuosa e "febril" (II, 13-16). Nesse ponto, claro, as coisas não podem parar. A escala maior da comunidade, com uma civilização mais diferenciada, que inclui equipamento bélico, requer um remédio salvador na forma de guardiões adequadamente educados. A dialética do debate na Parte I, 1 leva à análise da Parte I, 2, de forma que toda a estrutura da Parte I surge, em última instância, do conflito na primeira seção da parte.

(2) A construção é de especial interesse, porque Platão repete-a na Parte II. Uma vez mais, a Parte II, 1 é subdividida pelas famosas "ondas" de oposição que Sócrates espera receber às suas propostas. A primeira onda ele teme quando sugere tratamento igual para homens e mulheres na pólis bem ordenada, incluindo exercícios de ginástica em comum com o corpo nu; a segunda e maior onda, quando sugere a comunidade de mulheres e crianças. A construção continua na seção 2 seguinte, quando ele espera que a terceira e maior de todas as ondas o engula por causa de sua proposta de que os filósofos governem. A sequência das ondas não está tão estreitamente relacionada nem às pessoas do diálogo, nem ao tema de sua discussão como o está a divisão da Parte I, 1, nas pólis saudável e febril. Mas, precisamente porque na Parte II o mecanismo é artificial, ele revela a deliberação da construção. Platão queria deixar claro sem qualquer resquício de dúvida que as instituições do casamento e o governo dos reis-filósofos estavam juntos como os meios de proporcionar uma substância social em que a ideia poderia encontrar a sua manifestação na história.

(3) E, por fim, encontramos a construção repetida na Parte III, 1. Pois a primeira seção da parte intitulada Declínio da Pólis trata não só da timocracia, mas primeiro da aristocracia, ou seja, a ordem reta da pólis, e explica por que a ordem da ideia, uma vez incorporada na substância adequada, iniciará inevitavelmente o declínio. As causas do declínio da aristocracia para a timocracia, depois que entram em operação, não podem ser detidas. A transição da primeira para a segunda forma na Parte III, 1 traz em seu rastro as transições posteriores para as formas tratadas nas seções restantes da Parte III.

A construção da primeira seção de cada uma das partes principais não só influi na organização interna da parte respectiva, como também o paralelismo prova, em nossa opinião, que as três partes distinguidas em nosso esquema foram de fato pretendidas como tais por Platão.

Os exemplos dados nos dois parágrafos precedentes são suficientes para mostrar a complexidade da organização. Além disso, a lista nem precisa ser continuada. Pois os exemplos mostram também que um esquema da *República* não é meramente um sumário, mas uma construção cuja validade depende de uma interpretação correta das intenções de Platão. Embora fosse preciso apresentar o esquema como base para a análise subsequente, ele agora se revela o primeiro passo da própria análise. Isso ficará claro assim que compararmos nosso esquema com outros. O professor Cornford, por exemplo, trata a nossa Parte II, 1, a Unidade Somática da Pólis, como um apêndice da Parte I precedente, e considera que a parte central comece com o Governo dos Filósofos. O procedimento pode ser justificado, caso se interprete a seção sobre casamento e mulheres como uma elaboração de uma sugestão anterior (424A) referente ao tema e desconte-se a construção platônica das três "ondas" como uma formalidade irrelevante[1]. Porém, a fim de adotar a interpretação, precisa-se desconsiderar mais do que uma formalidade: precisa-se desconsiderar a concepção platônica de uma substância social que seja receptiva para a incorporação da ideia em virtude de suas qualidades tanto de dotação hereditária como de psique. Estamos, para além de questões de organização literária, no meio da filosofia da ordem de Platão. É compreensível que prefiramos seguir a sugestão de Platão das três "ondas" em nossa interpretação, em vez de adotarmos a pressuposição do professor Cornford de que Platão fosse um artista pouco hábil[2].

Nosso próprio esquema tem a afinidade mais próxima com o de Kurt Hildebrandt[3]. Ainda assim, há uma ou duas ligeiras diferenças que revelam as dificuldades de interpretação mesmo no plano da organização literária. Hildebrandt encontra no Epílogo não quatro, mas apenas três seções. São elas: (1) Rejeição da poesia mimética; (2) Justiça eterna e terrena; (3) A nova poesia do cosmos eterno. Sua seção 2 reúne em uma só as nossas seções Imortalidade da alma e Recompensas da justiça na vida. O procedimento é intrigante, porque essas duas seções não contêm nada sobre justiça eterna. O problema da justiça

---

[1] Francis M. CORNFORD, *The Republic of Plato*, New York, 1945. O esquema, xi–xiii; a justificativa do ponto em questão, 144.

[2] Há outras diferenças entre o esquema do professor Cornford e o nosso. A mais importante é o tratamento dado por Cornford ao Epílogo I, sobre a Rejeição da arte mimética, como mais um "apêndice", o que não se encaixa no contexto do Livro X.

[3] Kurt HILDEBRANDT, *Platon*. O esquema está na p. 397.

eterna aparece apenas na última seção, no Mito do Julgamento dos Mortos. Como Hildebrandt não explica esse ponto, podemos apenas suspeitar que ele tenha comprimido as quatro seções claras em três, com uma pequena violência de título, porque só conseguiu encontrar três seções no Prólogo e queria ter no Prólogo e no Epílogo o mesmo número de três subdivisões. A seção que ele deixou inarticulada no Prólogo foi a nossa 1, a Descida ao Pireu. Aparentemente, Hildebrandt não se deu conta de todo o peso do breve capítulo de abertura da *República*, que deliberadamente equilibra a descida ao mundo inferior no final do Epílogo. Bem escolhido, entretanto, é seu título "A nova poesia do cosmos eterno" para o Julgamento dos mortos, porque enfatiza a "Rejeição da poesia mimética" (que se mostrou um obstáculo para Cornford) como uma seção essencial do Epílogo.

A construção do esquema, portanto, é ela própria parte da interpretação. Ainda assim, ela organiza apenas como uma aproximação tosca os problemas que Platão aborda na *República*. Não se pode usar o esquema como um sumário e fazer da análise um relato do que Platão tinha a dizer sobre cada um dos tópicos das partes principais, da Introdução e da Conclusão, do Prólogo e do Epílogo. As últimas reflexões sobre o bem escolhido título de Hildebrandt para o Julgamento dos Mortos indicam a natureza da dificuldade. O título é adequado porque conecta o mito de Platão à sua rejeição da poesia mimética. O Mito do Julgamento dos Mortos será apropriadamente tratado, portanto, numa discussão de formas poéticas, da conexão entre experiências e sua forma de expressão na arte, e da necessidade de abandonar formas antigas e criar formas novas quando as experiências a ser expressas tiverem mudado. Ao mesmo tempo, porém, o Julgamento dos Mortos é uma descida ao mundo inferior, em equilíbrio com a descida ao Pireu; e a análise deve explorar o simbolismo da descida. Sob outro aspecto ainda, o Julgamento dos Mortos contém uma descrição mítica da Necessidade entronizada no centro do cosmos. O mito da ordem cósmica completa o estudo da ordem reta na psique individual do filósofo, assim como na pólis da ideia. A ordem do homem e da sociedade é parte da abrangente ordem cósmica. Os grandes problemas de Platão, portanto, não são blocos de significado trancados nas subdivisões de seu esquema, mas linhas de significado que percorrem o seu caminho intricado ao longo de toda a obra. Além disso, em alguns casos, o esquema é apenas articulado o bastante para indicar um problema que não aparece na organização da obra. O Prólogo, por exemplo, tem seções sobre a justiça da geração "mais velha" e da geração "do meio", seguidas por uma seção chamada de

"Justiça do sofista". Pode-se indagar o que teria sido feito da geração mais nova. Na verdade, a geração mais nova não está perdida, e, representada por Glauco e Adimanto, desenvolve o diálogo junto com Sócrates. A *República* ganha o seu significado específico na situação história de Atenas a partir do fato de que existe uma geração mais nova em busca da ordem reta, que ela não consegue encontrar na sociedade circundante.

Na análise a seguir, portanto, não relataremos o conteúdo do diálogo na ordem do esquema, mas, antes, acompanharemos os problemas dominantes ao longo da obra, seguindo a ordem de seu aparecimento na cadeia de experiências motivadoras. Vamos começar pelo começo, com a descida de Sócrates ao Pireu.

§2 O caminho para cima e o caminho para baixo

A *República* é construída na forma de um relato, feito por Sócrates a um grupo de amigos, de uma discussão que ele havia tido na véspera na casa de Polemarco, no Pireu. Sócrates começa o seu relato com uma descrição da ocasião:

> Desci ontem ao Pireu com Glauco, o filho de Aríston, para oferecer minhas preces à deusa, e querendo também ver a festa, de que maneira eles a celebrariam, já que estava sendo realizada pela primeira vez.
> Achei esplêndida a procissão dos cidadãos, porém não menos bela me pareceu a organizada pelos trácios.
> Havíamos orado e apreciado; e, então, voltávamos para a cidade.

Nesse momento, porém, eles foram vistos por Polemarco e seus amigos, que também haviam estado na procissão. Sócrates cede ao convite insistente de Polemarco. Todos seguem para a casa, a fim de jantar; e, depois, assistirão à corrida com archotes dos cavaleiros trácios e às festividades noturnas. Na casa estão reunidos, além de Sócrates e Polemarco, os dois irmãos do anfitrião, o orador Lísias e Eutidemo; o sofista calcedônio Trasímaco; duas figuras menos importantes, Carmântidas e Clitofonte; Glauco e Adimanto, os dois irmãos mais velhos de Platão; e, por fim, o pai do anfitrião, Céfalo. A conversa inicial entre Sócrates e o velho Céfalo leva a questões de uma vida justa, e o diálogo propriamente dito toma seu rumo.

O primeiro capítulo da *República* coloca o diálogo em movimento. Sua passagem de abertura, citada acima, reúne símbolos que se repetem ao longo da obra. E a primeira palavra, *kateben* (eu desci), faz surgir o grande tema que a percorre até o final.

Sócrates desceu os oito quilômetros da cidade até o porto. Para baixo seguia, no espaço, o caminho de Atenas até o mar; e para baixo seguia, no tempo, o caminho de Atenas desde Maratona até o desastre do poderio marítimo. Sócrates era um homem de seu povo e participava de seu destino. Com o povo, descendo por ocasião da festa, ele foi ao Pireu com a sua população misturada de cidadãos e estrangeiros. Pois com o desenvolvimento do poderio marítimo ateniense na época de Péricles o Pireu crescera pela afluência de comerciantes e trabalhadores estrangeiros. Os negociantes, marinheiros e trabalhadores portuários trácios haviam trazido consigo o seu culto de Bêndis. Este fora reconhecido por Atenas como um culto público, pelo menos desde 429/8, e encontrara adeptos entre os cidadãos. Fraternidades de culto de trácios e de cidadãos haviam se formado e, agora, eles tinham organizado uma grande festa pública em honra de Bêndis, com procissões rivais[4]. Sócrates foi assistir ao espetáculo, e embora tenha considerado excelente o trabalho de seus concidadãos os estrangeiros mostraram-se equivalentes na organização de uma apresentação pública louvável. Atenas e Trácia haviam encontrado o seu nível comum no Pireu. Como cidadão, com o devido respeito pelos cultos reconhecidos, ele ofereceu suas orações à deusa estrangeira que viera para a pólis por sobre o mar — mas depois queria voltar a Atenas. Nesse ponto, porém, foi retido. Havia descido e, agora, a profundeza o segurava como se ele fosse um deles, amistosamente, sem dúvida, mas com uma ameaça jocosa de força por parte de uma superioridade numérica, e uma recusa a ouvir a sua persuasão para que o deixasse ir (327C). Na profundeza que o segurava, ele iniciou sua investigação; e usou seus poderes persuasivos sobre seus amigos, não para que o deixassem livre para voltar a Atenas, mas para fazer que eles o seguissem para a pólis da Ideia. Das profundezas do Pireu o caminho avançou, não de volta para a Atenas de Maratona, mas para frente e para cima, para a pólis construída por Sócrates com seus amigos em suas almas.

O *kateben* abre a vista para o simbolismo da profundeza e da descida. Ele lembra a profundeza heraclítea da alma, que não pode ser medida por nenhuma caminhada, assim como a descida dramática esquiliana, que traz a decisão para Dike. Mas, acima de tudo, lembra o Homero que faz seu Odisseu

---

[4] Sobre o culto de Bêndis, assim como a sua introdução em Atenas e o generoso apoio estatal no século IV, ver Martin P. Nilsson, *Geschichte der Griechischen Religion*, München, 1941, 784 s., v. I; também o artigo "Bendis" em Pauly-Wissowa. Uma data provável para a inauguração da festividade pública a que o Sócrates do diálogo compareceu é *ca.* 411 a.C.

contar a Penélope do dia em que "desci [*kateben*] ao Hades para indagar sobre o meu retorno e o de meus amigos" (*Od.* 23.252-3) e lá ficou sabendo das tribulações sem medida que ainda o aguardavam e tinham de ser cumpridas até o fim (23.249-50).

Todas as associações têm sua função na *República*, como vamos ver, mas o *kateben* homérico é a mais imediatamente pretendida na construção do Prólogo. Pois o Pireu, para onde Sócrates desce, é um símbolo do Hades. A deusa a quem ele se dirige com sua oração é a Ártemis-Bêndis, entendida pelos atenienses como a Hécate ctônica que cuida das almas em seu caminho para o mundo inferior[5]. E a cena que vem imediatamente a seguir confirma e esclarece o significado do símbolo na medida em que o velho Céfalo é levado a suas reflexões sobre a justiça por causa de sua descida iminente ao Hades. Pois "lá", como dizem as histórias (*mythoi*), os homens devem pagar o que é certo em compensação pelos males que fizeram "aqui" (330D-E). Na verdade, o interesse de Céfalo pela justiça, embora sincero, não é menos superficial do que a sua motivação pelas histórias sobre a punição no Hades; e o velho, quando o debate torna-se mais árduo, retira-se para sacrificar e dormir. Ainda assim, a pequena cena deixa claro o interesse mais profundo de Sócrates, assim como a função do Pireu como o Hades que motiva a sua investigação sobre a natureza da justiça e da ordem reta.

A descida de Sócrates ao Hades-Pireu na cena de abertura do Prólogo faz o equilíbrio com a descida de Er, filho de Armênio, o panfílio, para o mundo inferior na cena de encerramento do Epílogo. Além disso, Platão sublinha o paralelo entre os mundos inferiores de Sócrates e de Er por meio de um jogo com os símbolos. Pois a festa no Pireu em honra de Bêndis é caracterizada pela igualdade dos participantes. Sócrates não vê diferença na qualidade das procissões; um nível comum de humanidade foi alcançado pela sociedade da qual Sócrates é membro. No Hades, na morte, uma vez mais todos os homens são iguais diante de seu juiz, e Er, o narrador da história, é um panfílio, um homem "de todas as tribos", uma pessoa como todas as outras. Na organização do diálogo, portanto, o elemento simbólico do panfilismo tanto no Pireu como no Hades confirma e reforça o paralelo. Ao mesmo tempo, porém, leva de volta ao grande tema que põe o diálogo em movimento. Pois é o panfilismo do Pireu que faz dele um Hades. A igualdade do porto é a morte de Ate-

---

[5] K. Kerenyi em C. G. Jung, K. Kerenyi, *Einführung in das Wesen der Mythologie*, Zurich, 1951, 164, e passim no estudo de "Das Goettliche Mädchen".

nas; e é preciso pelo menos fazer uma tentativa de encontrar o caminho de subida para a vida.

A Descida formula um problema e o julgamento oferece uma solução. Na Descida, a condição humana aparece como existência no Hades, e surge a questão: O homem deve permanecer no mundo inferior ou tem ele o poder de subir da morte para a vida? No Julgamento, Platão expressa a sua convicção da realidade do poder e descreve o seu *modus operandi*[6]. O mito panfiliano fala das almas mortas que, após a morte, recebem recompensa ou punição de acordo com a sua conduta em vida. As almas más irão para seu sofrimento sob a terra, as almas boas para a sua existência abençoada no céu. Depois de mil anos elas sobem, ou descem, de sua morada para o assento de Láquesis no centro do cosmos, para lá tirar a sua sorte e escolher o seu destino para o próximo período de vida. Quando todas estão reunidas, o arauto de Láquesis sobe numa plataforma e anuncia a elas as regras que governam os procedimentos (617D–E):

> Esta é a palavra da filha de Ananke, a virgem Láquesis:
> Almas efêmeras! Início de um novo ciclo para a raça mortal, que terminará em morte!
> O *daimon* não será determinado para vós; caberá a vós selecionar o *daimon*.
> O primeiro por sorteio seja o primeiro a escolher a vida a que estará preso por necessidade [Ananke].
> A Arete não tem dono; e conforme um homem a honrar ou desonrar, mais ou menos terá dela.
> A culpa [*aitia*] é daquele que escolhe; Deus é isento de culpa [*anaitios*].

A lei cósmica é concisa, mas o seu significado é claro. Platão reformula o problema da liberdade e da culpa, com ligeiras variações dos símbolos homéricos e heraclíteos. Com Homero, ele compartilha a preocupação etiológica. Mais radicalmente do que o poeta, ele declara que Deus, o único Deus, é isento de culpa [*anaitios*]. A substância divina encontrou o seu símbolo, na *República*, na ideia do *Agathon*. E o Bem só pode causar o bem, não o mal. A posição é um empobrecimento do problema da teodiceia se comparado a Homero e Ésquilo, que reconheciam, ambos, um mal que não era causado nem pelos deuses da ordem reta nem pelo homem. E, apressemo-nos a dizer, essa também não é a palavra final de Platão sobre o tema, como vamos ver na análise do *Político* e das *Leis*. Ainda assim, na *República*, ele insiste firmemente que as

---

[6] No presente contexto, estamos tratando de apenas um dos vários problemas do mito panfílio.

almas levam as vidas que escolheram para si próprias. Lembrando o heraclíteo B 119, "Caráter — para o homem — destino [*daimon*]", Platão declara que o *daimon*, a que o homem está ligado na vida por necessidade, é o resultado de sua livre escolha. Pois a *arete* da alma não tem dono; e quando o homem lamenta as consequências de seu desprezo pela *arete* ele não pode culpar ninguém além de si mesmo.

A escolha é livre. E o homem tem de arcar com a responsabilidade pela necessidade *daimônica* de sua vida. Mas a escolha não pode ser mais sábia ou melhor do que o caráter que a faz. A especulação etiológica sobre as fontes do bem e do mal eliminou radicalmente os deuses, mas a dialética da liberdade e da necessidade cai agora, com todo o seu peso, sobre o homem e seu caráter. A escolha pelo homem do seu *daimon* no outro mundo é guiada pelo caráter que ele adquiriu durante a sua vida anterior neste mundo. E as almas no Hades fazem escolhas estranhas. Aqueles que antes levaram uma vida discutível e, como consequência, não só sofreram punição eles próprios como também viram o sofrimento de outros são, em geral, cautelosos. Aqueles que antes levaram uma vida boa numa pólis bem ordenada e participaram da *arete* por hábito mais do que por amor à sabedoria (*philosophia*) tendem a fazer escolhas tolas. Eles se apressarão, por exemplo, a escolher uma cintilante tirania e a descobrir tarde demais o mal da alma que há nela (619B–620D). Este é o grande perigo na hora terrível da escolha. E para reduzir, se não evitar, o perigo o homem nesta vida deve concentrar todo o seu esforço em uma só coisa: encontrar o homem que lhe permitirá distinguir uma vida digna de outra indigna, para que ele possa fazer uma escolha sensata, com os olhos fixos na natureza da alma, e não distraídos por circunstâncias e acontecimentos, agradáveis ou desagradáveis, de uma vida. Ele estará capacitado a fazer a escolha certa quando puder reconhecer como ruim um modo de vida que puxe a alma para baixo e torne-a mais injusta, e como bom um modo de vida que leve a alma para cima na direção de um estado de justiça mais elevado. Quando um homem desce ao Hades, ele precisa carregar consigo uma convicção (*doxa*) ferrenha de que a qualidade de uma vida deve ser julgada por sua adequação para desenvolver a *arete* da justiça na alma (618B–619A).

As almas dos mortos escolhem uma vida e, com a vida, o *daimon* que por necessidade vem com ela. Em sua escolha elas não podem usar mais sabedoria do que aquela que adquiriram. E nessa ocasião é revelado, como vimos, o valor de certos tipos de vida. Aqueles que sofreram castigo pelo mal que praticaram, e que ganharam sabedoria por meio do sofrimento (no sentido esquiliano), tendem a fazer uma escolha melhor do que outros que levaram uma vida correta e foram recompensados com a bênção celestial. A relação entre *arete* e o curso de uma vida é complicada. No diálogo, Sócrates precisa enfrentar alguns personagens sem culpa que despertarão simpatia. Há o velho Céfalo, que proporciona um caso do homem que leva uma vida razoavelmente correta e está disposto a compensar os pequenos erros que cometeu por meio de sua riqueza. Ele representa a "geração mais velha" num tempo de crise, os homens que ainda impressionam por seu caráter e sua conduta, moldados numa época melhor. A força da tradição e do hábito os mantém no caminho estreito, mas eles não são corretos por "amor à sabedoria" e, numa crise, não têm nada a oferecer à geração mais nova, que já está exposta a influências mais corruptoras. O venerável ancião que desperta a nossa simpatia será contrabalançado por um toque de condescendência, se não menosprezo, pela sua fraqueza. Pois os homens de seu tipo são a causa do súbito vazio que aparece num período crítico com a ruptura entre gerações. De repente, parece que a geração mais velha negligenciou sua tarefa de construir a substância da ordem nos homens mais jovens, e uma amena tepidez e confusão se transforma em poucos anos nos horrores da catástrofe social. Na geração seguinte, com Polemarco, o entendimento da justiça já está reduzido a uma honestidade de homem de negócios. E é quase um alívio quando, no sofista Trasímaco, aparece um homem real que defende a causa da injustiça com uma paixão luciferina. Ele pelo menos é articulado, argumenta e permite que se argumente com ele, e Sócrates pode discutir um problema que permanece evasivo quando representado pela respeitabilidade e pela tradição venerável sem substância. Um padrão, um paradigma de vida, portanto, não é fácil de escolher, pois os padrões convencionais de desejabilidade não se aplicam à substância divina da ordem na alma, ao *daimon*. Assim, Platão não oferece receitas para a conduta moral; e, com relação a um paradigma de vida reto, ele não vai além de uma indicação de que, nessas questões, o meio (*to meson*) é preferível (619A). Este ponto precisa receber alguma ênfase, porque reaparecerá na interpretação da construção platônica de uma ordem reta para a pólis, que com muita frequência é mal compreendida como uma receita para uma boa constituição.

As almas escolhem seu *daimon* no Hades, no ponto da morte, entre uma vida passada que já se foi e uma vida futura sobre a qual ainda têm de decidir. Na linguagem do mito, Platão expressou a situação existencial de cada homem no ponto crítico da decisão entre seu passado e seu futuro, ou seja, a situação de seu presente em que, misteriosamente, irrompe a liberdade da *arete*. E o próprio Platão explica o significado das imagens míticas quando interrompe a história da escolha a fim de ressaltar a lição (618B–619A). A liberdade do presente não é muito útil se a *arete* da sabedoria não tiver sido honrada, de modo que uma decisão certa possa ser tomada, honrando-a ainda mais no futuro. E tal sabedoria não tem muita chance de crescer sem que haja uma viva preocupação com ela. Na solidão de sua morte entre o passado e o futuro, a alma pode vir a descobrir que a sua vida anterior não a equipou com a sabedoria para escolher corretamente o paradigma da próxima. Quando a escolha é feita, a alma a lamentará e porá a culpa por seus infortúnios "no acaso, nos *daimons* e em tudo o mais, exceto em si mesma" (619B). E de tal desventura na profundeza de uma liberdade vazia de substância crescerá o discernimento de que o primeiro passo no caminho para cima deve ser uma busca por um auxiliador. Do Hades do mito, somos transpostos de volta para o Hades do Pireu com a sua igualdade das almas solitárias e sua liberdade sem substância. Sócrates é o homem que pode ajudar os outros, que lhes possibilitará identificar os paradigmas de vida certos e errados, que fará crescer neles a sabedoria e, assim, acrescentará substância à *arete* da qual eles têm apenas a liberdade.

Quando o auxiliador é reconhecido, a liberdade da existência sem ordem substantiva é superada por meio da comunidade livre com Sócrates. Mas, ao mesmo tempo, a igualdade das almas mortas no Hades é abolida. A nova comunidade tem substância porque tem seu centro hierárquico em Sócrates. A ordem de Sócrates supera a ordem igualitária do Pireu. Sócrates queria voltar para Atenas, mas cedeu à amistosa insistência da maioria de iguais. Concordaram que iriam jantar na casa de Polemarco e, depois, unir-se à multidão para ver a festa. Mas a comunidade que puxou Sócrates para seu meio não chegará a ver a corrida de archotes dos trácios ou as festividades noturnas. Depois que o "encantador de serpentes" (357B) os envolveu na praga de seu discurso, eles subiram do reino dos mortos e vivem na presença de seu encanto. No final do Prólogo, as bendídes ainda são mencionadas por Trasímaco, que conclui seu debate com Sócrates formalmente, cumprimentando-o pelo entretenimento proporcionado, agora completo, na festa de Bêndis (354A). Os outros, porém, não desistirão, e a discussão continua com Trasímaco presente até o final. É uma discussão longa e difícil, que faz lembrar os "trabalhos sem conta" de Odisseu. Quando a pólis da Ideia é construída (no final do Livro IV), Sócrates quer levá-la a uma conclusão passando para as formas ruins de governo. Porém, uma vez mais, os amigos não querem parar. Insistem que ele explique suas sugestões sobre a posição das mulheres e a instituição do casamento, e mesmo Trasímaco (aqui falando pela última vez) pede energicamente uma continuação. À advertência de Sócrates de que deve haver uma medida para se ouvir discursos, Glauco dá a resposta definitiva: "A medida para ouvir discursos deste tipo é a vida inteira para os homens sábios" (450B). O encantamento do discurso socrático é a ressurreição da alma da morte para a vida com o salvador.

O tema é desenvolvido por Sócrates na passagem final da *República* (621B-D). Quando o mito do panfílio, trazido por ele do Hades, é contado, Sócrates reflete que o mito foi salvo e não esquecido. "E vai nos salvar se nos deixarmos persuadir por ele." Então, Platão transforma suavemente o Sócrates que contou o mito de Er no Er que podia contá-lo por ter descido ao Hades, substituindo o "ele" na frase citada acima por Sócrates. "Se nos deixarmos persuadir por mim", acreditaremos que a alma é imortal e capaz de suportar o que quer que aconteça de bom ou de mau. Sempre nos mantendo no "caminho para cima", devemos buscar a justiça (*dikaiosyne*) e a sabedoria (*phrónesis*), para que possamos ser amigos de nós mesmos e dos deuses neste mundo e no próximo. Assim, tanto aqui como na viagem de mil anos, "nos sairemos bem" (*eu prattomen*).

Sócrates é o salvador porque ele é o filósofo que viajou para cima, da noite do Hades para a luz da Verdade. Esse componente parmenidiano na obra de Platão domina o centro da *República* na parábola da caverna, com sua subida para a visão do *Agathon*. Vamos tratar disso mais adiante neste capítulo. No contexto atual, devemos apenas mencionar o simbolismo que liga a subida para a Ideia à descida ao Hades no Prólogo e no Epílogo. Quando Platão, por meio da parábola, esclarece a natureza do filósofo, de sua verdade e de sua função ordenadora numa comunidade, surge a questão prática de como tais homens podem ser produzidos: "Como eles podem ser levados para cima na direção da luz, como se conta que alguns homens subiram do Hades para os deuses?" (521C). Tendo estabelecido a relação simbólica com o Hades a que o filósofo deve descer antes de poder subir à luz, Platão fala do *epanodos*, a subida da alma do dia que é noite (*nykterine*) para o dia verdadeiro (*alethine*), e usa o termo quase tecnicamente como uma definição da "verdadeira filosofia" (521C). E, então, quando o significado técnico de *epanodos* é estabelecido, ele o leva de volta ao mito da caverna e fala do "*epanodos* da caverna subterrânea (*katageios*) para o sol" (532B). O jogo dos símbolos esclarece as relações entre os episódios e os problemas da *República*: o Pireu do Prólogo torna-se o Hades do Epílogo, e ambos fundem-se na caverna subterrânea da parábola. A liberdade vazia do Pireu, com sua celebração da divindade ctônica, torna-se a liberdade vazia da *arete* no Hades, e ambas fundem-se no jogo das sombras na caverna. As festividades noturnas (*pannychis*) fundem-se com a noite do Hades, e ambas com o dia noturno (*nykterine*) da existência humana na parte central da *República*. Por fim, o Sócrates que prende seus amigos no discurso sobre a justiça funde-se com o Er que é enviado de volta do Hades pelos juízes como o "mensageiro (*angelos*) para a humanidade" (614D), e ambos fundem-se no filósofo que precisa retornar da visão do *Agathon* para ajudar seus colegas prisioneiros.

Quando acompanhamos o jogo dos símbolos, como acabamos de fazer, tomamos consciência de um problema que surge da construção da *República*, mas não é desenvolvido no próprio diálogo. A construção claramente coloca o *epanodos* para a luz no centro da obra e equilibra-o simetricamente com as descidas ao Pireu e ao Hades. Isso em si não revelaria mais do que a habilidade de Platão, o artista. É inquietante, porém, que a verdade da existência humana possa ser encontrada tanto pela descida como pela subida. A verdade trazida do Pireu para cima por Sócrates em seu discurso e a verdade trazida do Hades para cima pelo mensageiro Er são a mesma verdade que é levada para baixo pelo filósofo que viu o *Agathon*. Somos lembrados do paradoxo heraclíteo (B60): "O caminho que sobe e o caminho que desce é o mesmo". Além disso, a igualdade da subida e da descida é enfatizada por Platão pelo seu uso da palavra *ekei* (lá). Além de seu significado básico como advérbio de espaço, o termo podia ser usado eufemisticamente como uma referência ao mundo inferior e aos mortos. Céfalo o utiliza nesse sentido quando reflete que "lá" se tem de pagar pelo que se tiver feito "aqui" (330D); também o mensageiro Er foi enviado de "lá" para contar à humanidade o que havia visto (614D): e, por fim, no contexto da Caverna, Platão fala dos "moradores de lá" (520C), usando a mesma expressão que usa em 427B quando se refere aos moradores do Hades. Porém, depois ele fala do paradigma divino da ordem, que o filósofo viu "lá" e, agora, deve imprimir na sociedade (500D–E). A identificação do Lá superior com o inferior como a fonte da Verdade cria dúvidas formidáveis quanto ao *status* ontológico de um padrão que é estabelecido no céu, porém também pode ser encontrado pela descida à profundeza. Na *República*, como foi dito anteriormente, tais questões não são articuladas nem respondidas. Mas elas se tornam o problema central para Platão no *Timeu*.

Embora o problema não seja examinado, a experiência da qual ele surge está presente na *República*. Dos símbolos que organizam o diálogo como uma obra de arte, devemos descer agora para a experiência que motiva os símbolos:

(1) O sujeito da experiência não é nenhum dos *dramatis personae*, mas o próprio Platão. O mito contado por Er é recontado por Sócrates num diálogo escrito por Platão. O mensageiro do Hades é absorvido por Sócrates, o salvador, e o salvador Sócrates pelo filósofo-poeta que criou o diálogo. A mensagem do Hades para a humanidade é transformada no discurso socrático concreto com os amigos, e o discurso com seu pequeno público é transformado, e novamente expandido, na mensagem para a humanidade por meio da *República*.

(2) A experiência platônica em si é circunscrita pelos símbolos e suas transformações. Platão desce ao Pireu com Sócrates como todo mundo faz, para o Hades com Er como todo homem, e está preso na caverna assim como estão os seus colegas prisioneiros. Mas nem todos são retidos pela profundeza. O Sócrates do Prólogo rompe sutilmente as amarras amistosas, e aqueles que queriam segurá-lo são atraídos para a vida encantada de seu discurso. Um dos prisioneiros da caverna é forçado a se virar e é arrastado para a luz. E o Er do Epílogo é enviado de volta pelos juízes como o mensageiro para a humanidade.

(3) Assim, há o Platão que resiste à morte espiritual e à desordem de Atenas, simbolizadas pelo Pireu, e traz para a vida a nova ordem da alma — e podemos indagar: de onde vem a nova vida e a sua força de resistência à morte? E há o Platão que é forçado e arrastado para a luz — e podemos indagar: que poder o força e arrasta? E, por fim, há o Platão que é enviado pelos juízes como o mensageiro para a humanidade — e podemos indagar: quem são os juízes que o enviam?

A multiplicidade de símbolos, lançando sua luz ora sobre esta, ora sobre aquela faceta da experiência, sugere uma riqueza que não se esgota pelo diálogo, além de uma dimensão em profundidade que não pode ser medida. Os símbolos platônicos estão estreitamente relacionados com os símbolos heraclíteos e esquilianos, porque expressam a mesma experiência da alma, de sua profundidade e suas forças, de sua vida e resistência à morte, com uma intensidade e uma clareza que são do próprio Platão. E essa experiência da psique motiva a ambivalência direcional dos símbolos. Da profundeza da psique surgem a vida e a ordem depois que, historicamente, na sociedade circundante, as almas afundaram na profundeza da morte e da desordem. Da profundeza vem a força que arrasta a alma do filósofo para cima, para a luz, de forma que é difícil dizer se o Lá superior é a fonte de sua verdade ou se foi o Lá inferior que o forçou para cima. E o filósofo que desce da entrada da caverna leva a mesma mensagem que Er quando sobe do Hades: a situação aparentemente desesperada da alma no ponto de sua morte — em que ela tem a liberdade da *arete*, mas não a sabedoria para usá-la — não é desesperada; forças de vida estão lá para ajudar. Mas a fonte da ajuda está escondida; só podemos dizer que está Lá.

Há mais a ser dito sobre a experiência platônica da psique. Mas isto será suficiente no presente estágio da análise. E será suficiente, em particular, para advertir-nos a não ler em Platão nem uma união mística com Deus nem qualquer outro desenvolvimento neoplatônico ou cristão. A filosofia de Platão permanece ligada pela natureza compacta da alma dionisíaca.

§3 A resistência à sociedade corrupta

Na profundeza, a alma experimenta a sua morte; da profundeza, ela subirá para a vida outra vez, com a ajuda de Deus e de seu mensageiro. A profundeza da existência, a ansiedade da queda da condição de ser, é o Hades, onde a alma deve se virar para a vida ou para a morte. É uma terrível hora de decisão, pois na noite, quando vida e morte são postas uma diante da outra, é difícil discernir. A *arete* é livre, mas a sabedoria é fraca. Em sua liberdade, a alma resiste à morte. Mas as forças da existência, passada e presente, são tão fortes quanto enganadoras; persuasivamente, elas levam a alma a aceitar sua morte como vida. Em sua liberdade, a alma está disposta a seguir seu auxiliador. Porém, para seguir sua orientação, ela precisa reconhecê-lo como o guia para a vida; e a vida parece estranhamente com a morte quando arrasta a alma para cima, para morrer para a profundeza em que ela vive. Mesmo assim, a própria luta torna-se uma fonte de conhecimento. Ao sofrer e resistir, a alma discerne as direções de onde vêm os puxões. A escuridão engendra a luz em que ela pode distinguir vida de morte, o auxiliador do inimigo. E a crescente luz da sabedoria ilumina o caminho para a viagem da alma.

Platão estava supremamente consciente da luta e de sua polaridade. A filosofia não é uma doutrina da ordem reta, mas a luz da sabedoria que incide sobre a luta; e a ajuda não é uma informação sobre a verdade, mas o esforço árduo para localizar as forças do mal e identificar a sua natureza. Pois metade da batalha é vencida quando a alma consegue reconhecer a forma do inimigo e, consequentemente, sabe que o caminho que deve seguir leva na direção oposta. Platão trabalha na *República*, portanto, com pares de conceitos que indicam o caminho lançando sua luz tanto sobre o bem como sobre o mal. Seu filósofo não existe num vazio social, mas em oposição ao sofista. A justiça não é definida no abstrato, mas em oposição às formas concretas que a injustiça assume. A ordem reta da pólis não é apresentada como um "estado ideal", mas os elementos da ordem reta são desenvolvidos em oposição concreta aos elementos de desordem na sociedade circundante. E a forma, o *eîdos*, da *arete* na alma cresce em oposição aos muitos *eide* de desordem na alma.

Ao desenvolver esses pares de conceitos, que iluminam a verdade por opô-la à inverdade, Platão dá continuidade à tradição dos filósofos-místicos, assim como dos poetas desde Hesíodo, que experimentavam a verdade em sua resistência às convenções da sociedade. Sua continuidade, porém, precisa ser, em certa medida, uma restauração sob as novas condições agravadas. Pois entre a época de Xenófanes, Parmênides e Heráclito e a época de Platão encontra-se o século de destruição sofística. Seus pares de conceitos carregam portanto o peso de uma situação histórica complicada. No ambiente imediato de Platão, o sofista é o inimigo e o filósofo surge em oposição a ele; no âmbito mais amplo da história helênica, o filósofo vem primeiro e o sofista segue-o como o destruidor de sua obra por meio da imanentização dos símbolos da transcendência. Os pares de conceitos platônicos, portanto, escutam novamente os filósofos-místicos e, ao mesmo tempo, têm um peso e uma precisão novos a fim de equilibrar o peso e a precisão que a inverdade ganhou por intermédio dos sofistas. O componente de resistência na obra de Platão, assim como sua expressão pelos pares de conceitos, é, assim, um tanto complexo. Para apresentar os seus vários aspectos adequadamente, vamos analisar primeiro os pares principais, com a devida consideração às suas afinidades históricas; depois, a descrição de Platão para o ideal sofístico de justiça, ou seja, do inimigo do qual o diálogo posterior deve se afastar.

1 Os pares de conceitos

Um primeiro par de conceitos refere-se à natureza da justiça e da injustiça.

Justiça e injustiça são na alma o que saúde e doença são no corpo (444C). A saúde é definida como o estabelecimento pela natureza de uma ordem entre as partes do corpo; a doença, como uma perturbação da ordem natural de domínio e subordinação entre as partes (444D). O estabelecimento de uma ordem na alma pela natureza de tal maneira que, das várias partes da alma, cada uma desempenhe a sua própria função e não interfira na função das outras partes é chamado justiça (*dikaiosyne*) (444D). E de modo mais geral: "*Arete* é saúde, beleza e bem-estar da alma; o vício (*kakia*), sua doença, feiúra e fragilidade" (444D-E).

Como o conceito de justiça é desenvolvido com a finalidade de criticar a desordem sofística, seu significado deve ser entendido em relação ao seu oposto. Para a designação da desordem sofística, Platão usa o termo *polypragmosyne*, a disposição a dedicar-se a atividades diversas que não são assunto adequado para o homem; e, às vezes, usa os termos *metabole* (mudança de ocupação) e *allotriopragmosyne* (intromissão, interferência não solicitada) (434B-C; 444B). "Um homem não pode praticar com sucesso muitas artes" (374A) — este é o princípio com o qual os participantes do diálogo concordaram. *Polypragmosyne* inclui as várias violações do princípio, como as tentativas de praticar mais do que a arte na qual um homem é especialmente talentoso e o desejo do incapaz de governar a pólis em detrimento desta. Quando aplicado à alma, refere-se à inclinação de apetites e desejos a direcionar o curso da ação humana e reclamar o governo da alma, que pertence apropriadamente à sabedoria. *Dikaiosyne*, por outro lado, inclui a ordem reta em todos os níveis em oposição a *polypragmosyne* — com a ressalva, porém, de que Platão inclina-se a estreitar o significado de justiça à ordem reta da alma e da pólis, ao passo que a divisão do trabalho no plano das artes é apenas uma representação figurada da justiça propriamente dita, uma "sombra da justiça" (*eidolon tes dikaiosynes*) (443C-D).

Se examinamos toda a faixa de significado dos dois conceitos, assim como sua motivação experiencial, podemos reconhecer sua afinidade com a oposição heraclítea de *polymathie* e entendimento verdadeiro. O "muito-saber" de Heráclito tornou-se o "muito-fazer" de Platão. A desordem que, na geração de Heráclito, se manifestou no obscurecimento da sabedoria pelo conhecimento superficial difuso atingiu agora o nível da ação por meio da intromissão diletante. Além disso, podemos agora sentir o pleno sentido da história de Hípias discutida anteriormente como a simbolização do sofista que sabe e faz demais, cuja omniversalidade polipragmática expressa o afundamento de uma sociedade em desordem e injustiça. Por fim, nesse contexto, devemos mencionar o Fragmento B 80 de Demócrito: "É vergonhoso se intrometer [*polypragmoneonta*] nos assuntos dos outros, e não conhecer os seus próprios [*oikeia*]". A *oikeopragia* (o cuidar dos seus próprios negócios) de 434C, assim como outras passagens da *República*, em especial 433E, lembram fortemente o dito de Demócrito.

A análise do primeiro par de conceitos revela um obstáculo peculiar à interpretação adequada da intenção de Platão em qualquer idioma moderno. A dificuldade não só se repetirá na análise de outros pares, como também é de interesse geral para a história da linguagem filosófica na civilização ocidental. Platão criou seus pares em sua resistência à sociedade corrupta que o cercava. Ambos os membros do par adquiriram significado técnico no decurso do diálogo. Da luta concreta contra a corrupção circundante, porém, Platão surgiu como o vitorioso com uma eficácia histórica. Como consequência, a metade positiva de seus pares tornou-se a "linguagem filosófica" da civilização ocidental, enquanto a metade negativa perdeu seu *status* como vocabulário técnico. Podemos traduzir a *dikaiosyne* de Platão como justiça, mas não temos um termo técnico para traduzir seu *polypragmosyne* como o oposto de justiça. A perda da metade negativa do par destituiu o lado positivo de seu tom de resistência e oposição, e deixou-o com uma qualidade de abstração que é totalmente estranha à concretude do pensamento de Platão. Não podemos recapturar essa concretude militante de *dikaiosyne* que permitiu a Platão usar *oikeopragia* (outro termo intraduzível) como um sinônimo. Os membros negativos dos pares em geral estão perdidos; o único que sobreviveu foi o próprio termo "sofista".

A perda faz-se sentir da maneira mais incômoda no segundo par que temos agora de considerar, *philosophos* e *philodoxos*. Temos filósofos na linguagem atual, mas não filódoxos. A perda é, neste caso, particularmente incômoda, porque possuímos, na realidade, uma abundância de filódoxos; e, como o termo platônico para a sua designação foi perdido, referimo-nos a eles como filósofos. No uso moderno, portanto, chamamos de filósofos precisamente as pessoas a quem Platão, como filósofo, estava em oposição. E um entendimento da metade positiva do par platônico é hoje praticamente impossível, exceto por uns poucos especialistas, porque pensamos em filódoxos quando falamos em filósofos. A concepção platônica do rei-filósofo, além disso, é tão totalmente estranha a nós porque a nossa imaginação substitui o filósofo pretendido por Platão por um filódoxo. Precisamos ter em mente essa dificuldade ao abordarmos, agora, o segundo par (480).

Sócrates determina que numa sociedade saudável os filósofos devem ser governantes. A determinação torna necessário explicar o que é um filósofo, pois, obviamente, ele não se refere a algumas das pessoas que, mesmo na Atenas de seu tempo, eram designadas pelo termo. Sócrates apressa-se em assegurar a seus companheiros de diálogo que ele se refere ao verdadeiro (*alethinos*) filósofo; e o verdadeiro filósofo é o homem que ama olhar com admiração (*philotheamones*) para a verdade. A verdade das coisas, porém, é aquilo que elas são em si próprias (*auto*). Alguns homens só conseguem ver a beleza como ela aparece nas muitas coisas belas, mas são incapazes de ver a beleza "em si". Aqueles que conseguem ver o "um" nas "muitas" coisas são os verdadeiros filósofos, que devem ser distinguidos como tais dos *connoisseurs*, dos amantes da arte e dos homens práticos. E o que foi dito para o caso da "beleza" também é válido para o "justo" e o "injusto", o "bom" e o "mau" (475E–476B).

Depois dos esclarecimentos iniciais, Sócrates apresenta os termos técnicos. Apenas o conhecimento do ser "em si mesmo" pode realmente se pretender o título de conhecimento (*episteme*); o conhecimento do ser na multiplicidade das coisas é opinião (*doxa*). O objeto do conhecimento (*episteme*) é, assim, identificado pelo termo parmenidiano "ser" (*to on*). Qual, porém, é o objeto da opinião? Não pode ser o não-ser (*to me on*), pois do não-ser (ainda segundo Parmênides) não temos absolutamente nenhum conhecimento. Assim, a Doxa é uma faculdade (*dynamis*) da alma que se posiciona entre o conhecimento e a ignorância, e, correspondentemente, o seu objeto deve ser um domínio entre (*metaxy*) o ser e o não-ser. Para esse domínio intermediário, Platão cria o termo *to planeton*, aquilo que está vagando ou errando entre o ser e o não-ser[7] (479D).

O *modus procedendi* de Platão é fascinante para o filósofo, porque aqui podemos observar a continuidade em que o símbolo parmenidiano Ser vem a absorver todo o ser "em si", no qual chegamos avançando das "muitas" coisas para a realidade "única" que aparece em toda uma classe (*genos*). Na medida em que Platão usa para o ser "em si" o termo "ideia", o Ser parmenidiano passa a abranger o reino das ideias, enquanto o seu mundo de ilusão (*doxa*) torna-se o reino das muitas coisas em que as ideias são encarnadas. Além disso, Platão não negligencia a oportunidade de trazer outros símbolos dos filósofos-místicos para a sua exposição. Os sonâmbulos heraclíteos, por exemplo, aparecem na questão quanto a serem ou não os homens que não têm nenhum senso do ser "em si" como "sonhadores, andando no sono", na medida em que colocam imagens no lugar da realidade (476C). Por fim, quando ele fala do *philodoxos*

---

[7] Desconfio que Platão, ao formar a série *on*, *me on*, *planeton*, estava fazendo um jogo de palavras. Seguindo essa intenção, ter-se-ia de interpretar o *planeton* como um "ser" que está em movimento errante entre o ser verdadeiro e o não-ser.

como o homem que não pode suportar a ideia de que "o belo, ou o justo, ou qualquer outra coisa, seja uno" (479A), lembramos do "o Um é o Deus" de Xenófanes. "O um" (*hen*) torna-se agora o sujeito do qual não só "deus" pode ser predicado, mas também o "justo" e o "belo". Passo a passo, podemos acompanhar o processo em que o "um" jônico, o "ser" parmenidiano e o "deus" xenofânico fundem-se no ser das ideias platônico.

Um terceiro par de conceitos faz uso da tradição de Xenófanes. É o par *aletheia* (verdade) e *pseudos* (falsidade ou mentira). O par refere-se à apresentação dos deuses verdadeira e falsa, ou apropriada e imprópria. Podemos ser sucintos sobre o problema, porque os aspectos essenciais da posição platônica já foram discutidos por ocasião da noção de "propriedade" de Xenófanes[8].

O par de conceitos tem uma longa história. Ele foi desenvolvido pela primeira vez por Hesíodo, quando este opôs a sua história verdadeira dos deuses às falsas histórias correntes. Xenófanes, então, especificou a questão em relação aos critérios de "propriedade" na simbolização dos deuses e rejeitou os símbolos antropomórficos. Além disso, a experiência motivadora tornou-se clara, ou seja, a descoberta de uma humanidade universal que pode ser reconhecida como tal apenas em relação a um *realissimum* transcendental universal. O deus uno, invisível e supremo, que é o mesmo para todos os homens, é correlato à igualdade dos homens que é agora encontrada na igualdade de suas experiências transcendentais. Platão, finalmente, introduziu os "tipos de teologia" como o instrumento conceitual para o esclarecimento da questão.

A humanidade verdadeira requer uma teologia verdadeira; o homem com uma teologia falsa é um homem não verdadeiro. "Estar enganado ou desinformado na alma sobre o ser [*peri ta onta*] verdadeiro" significa que "a própria mentira" (*hos alethos pseudos*) tomou posse da "parte mais elevada da pessoa" e a mergulhou na "ignorância da alma" (382A-B). Com relação ao conteúdo da teologia "verdadeira", Platão destaca duas regras como as mais importantes: (1) Deus não é o autor de todas as coisas, mas apenas das coisas boas (380C), e (2) os deuses não enganam os homens em palavras ou atos (383A). As regras do tipo verdadeiro apontam criticamente contra um complexo de falsidade que é promulgado não só por Homero e Hesíodo (os alvos de Xenófanes), mas também pelos poetas trágicos e pelos sofistas. Lembramos que, no *Protágoras*, Platão fez o grande sofista insistir nos poetas, hierofantes e profetas como

---

[8] *Ordem e história* II, São Paulo, Loyola, 2009, cap. 6, §2, 1.

os precursores de sua arte. Os poetas são agrupados com os sofistas como a fonte de desordem na alma e na sociedade. Para que a ordem seja restaurada, a restauração deve começar no ponto estratégico da "ignorância da alma", corrigindo-se a relação entre homem e Deus. Este é o problema que domina a *República* como um todo, e domina em particular a crítica social. O ataque à sociedade corrupta não é direcionado contra este ou aquele abuso político, mas contra uma doença da alma. Na medida em que a apresentação dos deuses pelos poetas perturba a ordem reta da alma, os poetas devem ser condenados junto com os sofistas. A restauração exige uma reviravolta (*periagoge*) de "toda a alma" (518D–E): da ignorância para a verdade de Deus, da opinião sobre as coisas incertamente errantes para o conhecimento do ser, e da atividade variada para a justiça de se ocupar de sua esfera de ação apropriada.

Dispusemos os pares de conceitos numa linha que leva da periferia praxeológica de cuidar dos próprios negócios, passando pela capacidade do filósofo de discernir o ser "em si" na multiplicidade da aparência, até o centro da alma onde a sua verdade se origina na verdade de Deus. Os pares devem ser compreendidos em seu conjunto como a expressão da resistência de um homem à corrupção social que é tão profunda que afeta a verdade da existência sob Deus. A filosofia, assim, tem a sua origem na resistência da alma à sua destruição pela sociedade. A filosofia nesse sentido, como um ato de resistência iluminado pelo entendimento conceitual, tem duas funções para Platão. Ela é, primeiro, e acima de tudo, um ato de salvação para si mesmo e para os outros, no sentido de que a evocação da ordem reta e sua reconstituição na própria alma torna-se o centro substantivo de uma nova comunidade que, por sua existência, alivia a pressão da sociedade corrupta circundante. Sob esse aspecto, Platão é o fundador da comunidade de filósofos que percorre os séculos. A filosofia é, em segundo lugar, um ato de julgamento — lembramos do mensageiro para a humanidade enviado do Hades pelos juízes. Como a ordem da alma é recuperada pela resistência à desordem circundante, os pares de conceitos que iluminam o ato de resistência desenvolvem-se nos critérios (no rico sentido de instrumentos ou padrões de julgamento) de ordem e desordem social. Sob esse segundo aspecto, Platão é o fundador da ciência política.
As várias funções, assim como os problemas que elas implicam, são unidas por Platão no ponto de sua origem na experiência de resistência por meio de um par de conceitos abrangente, o par "filósofo" e "sofista". O filósofo é, compactamente, o homem que resiste ao sofista; o homem que tenta desenvolver

a ordem reta em sua alma pela resistência à alma doente do sofista; o homem que pode evocar um paradigma de ordem social reta à imagem de sua alma bem-ordenada, em oposição à desordem da sociedade que reflete a desordem da alma do sofista; o homem que desenvolve os instrumentos conceituais para o diagnóstico da saúde e da doença na alma; o homem que desenvolve os critérios da ordem reta, apoiando-se na medida divina com que a alma está sintonizada; o homem que, como consequência, se torna o filósofo no sentido mais estrito do pensador que apresenta proposições referentes à ordem reta na alma e na sociedade, afirmando para elas a objetividade da *episteme*, da ciência — uma afirmação que é duramente contestada pelo sofista cuja alma está sintonizada com a opinião da sociedade.

O significado do termo "filósofo" em seu sentido compacto, no ponto de seu surgimento a partir do ato de resistência, deve ser bem entendido caso se pretenda compreender a ciência da ordem de Platão. Pois na resistência do filósofo a uma sociedade que lhe destrói a alma origina-se o discernimento de que a substância da sociedade é a psique. A sociedade pode destruir a alma de um homem porque a desordem da sociedade é uma doença na psique de seus membros. Os problemas que o filósofo experimenta em sua própria alma são os problemas da psique da sociedade circundante, que pesam sobre ele. E o diagnóstico de saúde e doença da alma é ao mesmo tempo, portanto, um diagnóstico da ordem e desordem da sociedade. No nível dos símbolos conceituais, Platão expressa seu discernimento por meio do princípio de que a sociedade é o homem escrito em letras grandes (368D–E). A justiça é às vezes referida como a virtude de um único homem, às vezes de uma pólis (368E). A *República*, embora comece como um diálogo sobre a vida justa do indivíduo, pode se tornar uma investigação da ordem e desordem na sociedade, porque o estado da psique individual, em saúde ou doença, expressa-se no estado correspondente da sociedade. Uma pólis está em ordem quando é governada por homens com almas bem ordenadas; ela está em desordem quando as almas dos governantes estão desordenadas. "Não devemos concordar que em cada um de nós há as mesmas formas [*eide*] e hábitos [*ethe*] que na pólis? E que de nenhum outro lugar elas poderiam chegar lá?" (435E). Platão responde às perguntas na afirmativa: "As formas [ou disposições, *eide*] dos homens têm tantas variedades quanto as formas de governo [*politeia*] [...] pois as formas de governo derivam dos hábitos [*ethe*] humanos que estão nelas" (544D–E). Não só a boa pólis é o homem escrito em letras grandes, como cada pólis escreve em letras grandes o tipo de homem que é socialmente dominante nela.

Acompanhamos a noção platônica até o ponto em que ela resulta numa proposição geral que pode ser destacada de sua experiência motivadora. A validade do princípio em sua forma geral vai nos ocupar nas seções subsequentes deste capítulo. Por enquanto, precisamos retornar à experiência motivadora, ou seja, à oposição ao sofista. Dois tipos de homem e sociedade, o filosófico e o sofístico, são opostos um ao outro. A boa pólis de Platão é o filósofo escrito em letras grandes, enquanto a sociedade corrupta circundante é "o maior de todos os sofistas" (492B). As implicações da noção, no ponto em que a resistência é inicialmente iluminada pelos conceitos, são todas praticamente perdidas em nossas interpretações modernas da obra de Platão. Hoje, Platão tornou-se um filósofo entre outros; e o nosso termo moderno inclui até mesmo os filódoxos a quem ele se opunha. Para Platão, o filósofo é literalmente o homem que ama a sabedoria, porque a sabedoria dá substância à liberdade de sua *arete* e possibilita que a alma viaje pela estrada que leva à salvação. No filósofo que resiste ao sofista vive uma alma que resiste à destruição da *arete*. O filósofo é o homem na ansiedade de sua queda do ser; e a filosofia é a subida para a salvação para o homem comum, conforme sugerem os componentes panfílicos do mito. A filosofia de Platão, portanto, não é *uma* filosofia, mas *a* forma simbólica em que uma alma dionisíaca expressa a sua ascensão para Deus. Se a evocação de um paradigma da ordem reta por Platão for interpretada como a opinião de um filósofo sobre política, o resultado será um absurdo irremediável, que não merece uma palavra sequer de consideração.

2 A *doxa* sofística de justiça

A resistência depende para seu sucesso de um entendimento preciso do inimigo, e Platão de fato analisa os vários aspectos da corrupção sofística com atenção. Como a *República*, no entanto, é o drama da resistência, a apresentação do mal sofístico é entremeada num sutil contraponto com o ato de resistência socrático que culmina na evocação do paradigma da ordem reta. O Prólogo tem seu clímax na cena com Trasímaco em que um sofista truculento professa em termos inequívocos a sua concepção de justiça. A rispidez de suas maneiras, sua demonstração de descortesia e mesmo os pedidos de dinheiro são calculados para desencadear a gentil ação persuasiva do filósofo, sua *peitho*. No final da cena, ele está domado e torna-se um colega educado ao longo do resto do diálogo. A vitória dramática da persuasão sobre a violência prefigura as reflexões sobre a *peitho* do filósofo em *República* VI. O próprio Trasímaco é precedido no Prólogo por Céfalo e Polemarco, as gerações mais velhas e do meio da sociedade corrupta. Já sugerimos anteriormente a sua função na peça. Eles representam as gerações que ainda são respeitáveis em sua forma de vida, mas causam, por seu vazio de substância, o vácuo em que figuras perigosas como Trasímaco podem exercer sua influência sem contestações. A sequência de Céfalo, Polemarco e Trasímaco dramatiza a etiologia do declínio até o ponto em que a crise se torna articulada no sofista que proclama a sua doença como a medida da ordem humana e social.

As noções de Trasímaco sobre a justiça podem ser resumidas brevemente. Elas concentram-se na proposição de que "o justo é o interesse do mais forte" (338C). O significado da proposição é ilustrado pelos vários tipos de governo que fazem leis de acordo com o interesse do grupo politicamente mais forte. As democracias fazem leis democráticas; as tiranias, leis tirânicas; e assim por diante. Tais leis, feitas no interesse do governante, são impostas aos governados como "justas", e quem quer que as transgrida é considerado "injusto" (338A–339A). Além disso, "o justo e sua justiça são o bem de algum outro homem", seja numa associação da qual o homem injusto tirará o maior lucro, seja no pagamento do imposto em que o sonegador lucrará à custa do contribuinte honesto, seja no uso de um cargo público para lucro pessoal. O fato de que o injusto é o mais feliz e o justo o mais desgraçado torna-se especialmente evidente, porém, no caso da tirania, em que a injustiça é cometida em grande escala. Pois a sociedade tem palavras de reprovação apenas quando a criminalidade é cometida em pequena escala. O grande criminoso político é admirado por todos. Os homens só desaprovam a injustiça porque têm medo de se tornar vítimas dela, não por hesitarem em cometê-la. Uma vez mais, portanto, "a justiça serve ao interesse do mais forte, enquanto a injustiça é o lucro e o interesse de um homem em particular" (343B–344C). Como consequência, a linguagem da virtude e do vício deve ser abandonada como inadequada para o problema. Nem a justiça é uma virtude, nem a injustiça um vício. Os fenômenos que se encaixam nesses nomes seriam mais bem caracterizados como "ingenuidade nobre" e "sagacidade perspicaz", respectivamente (348C–D).

A cena de Trasímaco conclui o Prólogo, mas as linhas de construção têm continuidade na Introdução e na Parte I (do esquema). As gerações mais velha e do meio, que causaram o desastre por seu vazio e sua fraqueza, são seguidas agora pela geração mais jovem, Glauco e Adimanto, as vítimas da sociedade corrupta. Em seu papel de vítimas eles traçam um quadro geral da pressão que a sociedade circundante, por meio de suas várias instâncias, exerce sobre sua alma com tal intensidade que eles mal podem resistir. Na cena de Trasímaco, a alma do sofista individual é articulada; a cena seguinte com Glauco e Adimanto introduz a sociedade sofística no impacto maciço de sua existência. A Introdução, assim, é cuidadosamente ligada ao Prólogo, na medida em que a sequência das cenas dramatiza o princípio de que a sociedade é o homem escrito em letras grandes. O homem sofístico é seguido por sua ampliação na sociedade sofística. Glauco e Adimanto, porém, por se sentirem vítimas, não são cúmplices. Eles são os jovens que sentem a pressão de Trasímaco e de seus semelhantes como destrutiva e, portanto, voltam-se agora para Sócrates em busca de esclarecimento e ajuda. São saudáveis o bastante para não acreditar no que é martelado neles todos os dias sobre a justiça. Estão dispostos a resistir. O embaraço e o silêncio de Trasímaco não os satisfizeram. Agora, eles exporão diante de Sócrates, para sua inspeção e sua refutação, todo o conjunto de opiniões sobre o tópico da justiça mantido pelas massas e repetido insistentemente em seus ouvidos. Eles são os homens que, no fundo, reconhecem em Sócrates o salvador. E não é muito arriscado sugerir que nas pessoas de seus dois irmãos Platão representou a si mesmo como o jovem que encontrou a muito necessária ajuda de Sócrates. Em virtude de seu papel como vítimas que resistem à pressão do mal, a cena dos dois jovens fornece a ligação dramática entre a sociedade antiga de Céfalo, Polemarco e Trasímaco, que os mais jovens estão dispostos a abandonar, e a nova ordem, evocada por Sócrates na Parte I da *República*, na qual eles estão dispostos a entrar com o seu auxiliador. Além disso, as opiniões, as *doxai*, sobre a justiça que os jovens vão apresentar serão seguidas pela *episteme* socrática de justiça. A sequência dramática de *doxa* e *episteme* no ato de resistência prepara, assim, a discussão técnica posterior dos "termos filosóficos".

As opiniões, as *doxai*, referentes à justiça e à injustiça podem ser classificadas de acordo com seu conteúdo ou de acordo com sua fonte. Na apresentação das *doxai* por Glauco e Adimanto, os dois princípios de classificação se interpenetram, mas devem ser distinguidos porque, na construção do diálogo como uma dramatização, eles têm diferentes funções:

(1) De acordo com seu conteúdo, podem ser distinguidas três opiniões principais, que Glauco se propõe a apresentar: (a) a visão comum referente à natureza e à origem da justiça; (b) a opinião de que os homens que praticam a justiça o fazem com relutância e por necessidade, e não porque a justiça é um

bem; e (c) a opinião de que a vida do homem injusto é mais feliz do que a vida do homem justo (358C). As três opiniões são entendidas como *doxai* no sentido técnico desenvolvido posteriormente, já que não penetram na essência da justiça como o maior bem e da injustiça como o maior mal (366C). O fato de a *doxa* deixá-los no escuro quanto à essência da justiça é a queixa dos jovens; eles imploram que Sócrates lhes mostre por que a justiça é um bem em si mesmo e não apenas um bem em relação a reputação, honras e outras vantagens mundanas (367E). Na construção do diálogo, a exposição da *doxa* por conteúdo prepara, assim, a exposição da *episteme* socrática. Pois Sócrates, o salvador das almas, precisa responder ao apelo das jovens almas em perigo e confusão.

(2) As fontes de *doxa* podem ser distinguidas como: (a) panegiristas da injustiça em geral, e sofistas em particular; (b) pais; (c) poetas e escritores de prosa; e (d) mendicantes, profetas de mistérios órficos e de outros mistérios. A pergunta é: em que deve um jovem acreditar e o que deve fazer quando todas as autoridades da sociedade em que ele vive conspiram para confundi-lo e para impedir o seu verdadeiro conhecimento da justiça, por meio da insinuação diária da Doxa? (366B–367A). Na construção do diálogo, esta ilustração objetiva das vítimas de uma sociedade corrupta aponta para as reflexões sobre a sociedade concreta como "o maior de todos os sofistas" em *República* VI.

Glauco inicia o seu levantamento, como havia proposto, pela primeira *doxa*, a noção comum referente à questão de "o que é e de onde vem a justiça" (358E).

"Originalmente" (*pephykenai*), dizem os homens, fazer injustiça era bom, enquanto sofrer injustiça era ruim. Depois, o mal acabou se revelando maior do que o bem; após terem provado de ambos e se descoberto incapazes de fugir de um e praticar o outro, os homens mostraram-se prontos a concordar com leis e alianças mútuas; e chamaram de justo e legal o que era ordenado pelas leis. Essa é a origem e a natureza (*ousia*) da justiça, como uma média entre o melhor (fazer injustiça sem punição) e o pior (sofrer injustiça sem o poder de retaliação). A justiça, portanto, não é amada como um bem em si, mas é honrada devido à tendência viciosa do homem a agir injustamente. O homem real, forte, nunca entraria em tal acordo; ele seria demente se o fizesse. Essa é a noção comumente recebida sobre a origem e a natureza (*physis*) da justiça (358–359B).

A passagem exige um pequeno comentário, porque está exposta a interpretações equivocadas em mais de um aspecto. Na *doxa*, a justiça é explicada geneticamente como o resultado da pesagem de vantagens e desvantagens da ação não regulada; depois da devida consideração, a justiça será honrada pragmaticamente como o curso mais proveitoso. Para realizar o cálculo utilitário, no entanto, é preciso já "saber" o que é a justiça, no sentido em que a palavra "justiça" ocorre no ambiente do opinador que faz o cálculo e é aceita por ele num sentido convencional. A explicação de uma decisão calculada para a conduta justa não é uma investigação da natureza da justiça. Desse modo, não se pode encontrar na passagem uma teoria nem da natureza da lei nem da lei da natureza. Em particular, deve-se estar atento para não traduzir a palavra *pephykenai* como "por natureza", como às vezes é feito, pois no contexto ela não significa mais do que "originalmente", no sentido de "geneticamente primeiro". O termo *physis* (natureza) ocorre em toda a passagem apenas uma vez, com o significado de "essência" ou "caráter verdadeiro", como um sinônimo de *ousia*. Além disso, as palavras *physis* e *ousia* ocorrem na apresentação de uma *doxa* sofística referente à justiça. Assim, elas podem significar, no máximo, que a concepção de justiça desenvolvida na *doxa* é o que um sofista acredita ser a natureza da justiça. Se desconsiderarmos o contexto e aceitarmos a doxa referente à justiça como uma teoria referente à natureza da justiça, teremos aceitado o sofista e rejeitado o Platão que desenvolve na *República* a sua *episteme* sobre a natureza da justiça em oposição à *doxa* sofística. Esse seria o entendimento equivocado sobre o qual tivemos de refletir anteriormente, por ocasião dos conceitos de *philosophos* e *philodoxos*. Se usamos o termo "filósofo" no sentido moderno, que inclui o filódoxo, tornamos a obra de Platão sem sentido. Da mesma maneira, se usamos o termo "teoria" de forma que ele inclua a "opinião" a que Platão opõe a sua *episteme*, tornamos sem sentido todo o problema da *Doxa* e da corrupção sofística da sociedade.

As mesmas considerações aplicam-se à interpretação da passagem como um exemplo antigo, se não o primeiro, de uma "teoria do contrato". A palavra "contrato" (*syntheke*), é verdade, ocorre na passagem, e dentro de nossas convenções doxográficas é legítimo classificar dessa maneira o relato da *doxa* feito por Glauco. É duvidoso, porém, se nossas convenções historiográficas são teoricamente sustentáveis neste caso. No que se refere a Platão, a explicação contratual da lei e da justiça é um exemplo de *doxa*. O estado dóxico da alma é o tema sob discussão — não a justiça e sua natureza. Assim, uma vez mais, precisamos decidir se queremos seguir a intenção de Platão ou os modernos que tiram do contexto essa *doxa* particular, dignificam-na com o nome de teoria e falam de uma história da "teoria do contrato". Se seguimos Platão, a "teoria do contrato" não tem nenhuma história, mas é um tipo de *Doxa* que tende a aparecer e reaparecer sem continuidade com aparecimentos anteriores sempre que o estado dóxico da alma surge na história — como, por exemplo, nos séculos XVI e XVII d.C. Se seguirmos os modernos, estaremos, como historiadores, interpretando mal a intenção de Platão; e estaremos, como cientistas políticos, desfazendo a obra platônica de classificação dos fenômenos de desintegração social. A classificação da explicação contratual da lei como uma *doxa* no sentido técnico, em oposição a *episteme* (ciência, teoria), certamente é a noção mais valiosa. Não podemos nos deixar impressionar em excesso pelo fato de figuras famosas da história moderna do pensamento político, como Hobbes ou Locke, terem aceitado uma "teoria do contrato". Pois uma *doxa* não se torna uma teoria pelo fato de estar muito em voga entre pensadores modernos de renome. Se, por outro lado, seguimos Platão, temos em sua classificação um instrumento importante que nos permitirá diagnosticar o estado dóxico da alma e da sociedade quando seu sintoma, a "teoria do contrato", aparecer.

A validade da *doxa* referente à origem da lei apoia-se na pressuposição de que os homens cometeriam injustiça se fossem livres para fazê-lo, e que apenas o autointeresse esclarecido os induz a concordar com as leis. Essa pressuposição é a segunda *doxa* mantida pelo povo.

Glauco esclarece o significado da segunda *doxa* por meio do mito de Giges e seu anel. Primeiro, ele conta o mito como um paradigma de conduta, depois propõe um experimento mental. Vamos supor que existam dois desses anéis que tornem seus portadores invisíveis de acordo com a sua vontade, um de propriedade de um homem justo, o outro de um homem injusto. E façamos então a pergunta: poderia alguém imaginar o homem justo de natureza tão firme que se conservaria inflexível na justiça, manteria suas mãos longe da propriedade e das mulheres dos outros, não mataria como lhe aprouvesse e, de maneira geral, agiria "como um deus entre os homens"? (360B–C). A resposta é um vivo Não. Se o medo de castigo fosse removido, as ações do homem justo seriam como as do homem injusto. Ele seguiria seus desejos (*epithymia*), pois todos acreditam que a injustiça é mais proveitosa do que a justiça. E se um homem tivesse a oportunidade de pegar os bens de outro homem e não a usasse ele seria considerado um pobre demente — mesmo que todos o elogiassem com medo de se tornarem eles próprios vítimas de injustiça (360C–D).

A segunda *doxa* não só oferece prova para uma pressuposição da primeira, como também esclarece a natureza da *Doxa* em geral. O experimento mental aplica o mito paradigmático de Giges e de seu anel à conduta humana como um todo. O mito é o sonho de invisibilidade que libertará um homem das sanções sociais normais, de modo que ele possa agir de acordo com os seus desejos. Assim, o experimento mental, com o seu resultado com que "todos" concordariam, opera com uma antropologia dos sonhos: o que um homem faria se as sanções sociais fossem removidas e se não houvesse nenhum problema de ordem espiritual e moral? A hipótese formula um problema real, porque há, de fato, fases na história, os períodos de crise, em que os controles internos e externos rompem-se em tal extensão que um número apreciável de pessoas numa sociedade pode viver, com diversos graus de realização, como se fosse no sonho de seus desejos. A queda no sonho é uma potencialidade do homem. A tentação está permanentemente presente e a luta pela ordem requer um esforço igualmente incessante. Em *República* IX, o tema é novamente explorado na interpretação da tirania como a realização dos desejos dos sonhos. A *doxa* agora surge mais claramente à vista como o tipo de construção racional — o termo "teoria" deve ser evitado — que aparece quando a ordem é interpretada a partir da posição da existência onírica. A experiência de participação numa ordem universal (no *xynon* no sentido heraclíteo) está perdida; a realidade é reduzida à vida de paixões no ser humano individual; assim, a universalidade da ordem precisa ser reconstruída a partir dos únicos elementos que são experimentados como reais. Se a paixão é a única realidade, a ordem — que, de uma maneira ou de outra, existe mesmo numa sociedade corrupta — deve ser construída como resultado de um acordo entre os indivíduos movidos pela paixão.

A construção artificial de um mundo comum a partir dos "mundos particulares" no sentido heraclíteo foi empreendida de modo muito elaborado no século XVII d.C., numa situação similar, por Hobbes. No caso hobbesiano, tornou-se especialmente claro que o acordo contratual foi motivado por uma paixão da mesma classe das paixões que haviam causado o isolamento do indivíduo. Pois Hobbes fez do "medo da morte" a paixão insuperável que induzirá os homens a renunciar à plena satisfação de suas outras paixões. Esse *summum malum* do indivíduo motivou a criação da ordem artificial, em que o *summum bonum* universal não era mais experimentado como uma realidade aglutinadora e ordenadora. O desaparecimento do *summum bonum* (o equivalente ao *xynon* heraclíteo no mundo de pensamento cristão de Hobbes), ou seja, a perda do *realissimum* universal, deixou os mundos de sonhos dos indivíduos como a única realidade.

A reconstrução resultante de um mundo comum a partir dos mundos de sonhos é, por fim, uma estranha repetição da especulação teogônica hesiódica no palco mais estreito da alma individual. A vitória da Dike joviana sobre as forças ctônicas é repetida no acordo referente à lei sobre as paixões descontroladas. Com Hesíodo, a vida do homem é ainda parte da vida do cosmos, e o advento da Dike, como consequência, será um evento cósmico. O caminho da alma em crescimento leva da especulação teogônica no contexto do mito antigo para as experiências de transcendência dos filósofos-místicos e de Platão. O caminho da alma em desintegração leva da especulação teogônica para a caricatura dóxica dos sofistas. Estamos tocando aqui as razões mais sutis da atitude ambivalente de Platão em relação aos poetas: o mito antigo dos poetas pode tornar-se diáfano e dissolver-se no mito da alma de Sócrates-Platão, mas também pode tornar-se opaco e degenerar na caricatura individualista.

A terceira *doxa* afirma que a vida do homem injusto é mais feliz do que a vida do homem justo. Glauco, uma vez mais, usa o método do experimento mental. Para chegar a um entendimento adequado da questão, os dois tipos, o homem injusto e o homem justo, devem ser considerados em sua pureza extrema. Considera-se que o homem injusto seja um mestre de sua arte, um homem que cometerá seus atos injustos com tanta esperteza que não será pego e, ao contrário, ganhará a reputação (*doxa*) de justiça; e, caso se encontre numa situação delicada, considera-se que ele seja equipado com a falta de escrúpulos e com as conexões necessárias para safar-se dela, uma vez mais com a aparência (*doxa*) de perfeita justiça. Por outro lado, considera-se que o homem justo seja perseguido pela reputação de injustiça, porque, se ele fosse socialmente bem-sucedido como resultado de sua justiça, não saberíamos se a sua felicidade seria devida à sua justiça ou às honras e recompensas; até a sua morte, portanto, deve-se considerar que ele seja verdadeiramente justo, mas parecendo injusto (360E–361D). O destino dos dois tipos é inevitável. O homem justo enfrentará perseguições e acabará sendo morto sob tortura; o homem injusto levará uma vida feliz e bem-sucedida, rica em honras, e sua riqueza lhe permitirá dedicar oferendas aos deuses e fazer-se benquisto por eles (361D–362C). Quando tal destino se apresentar ao homem justo, ele, então, de acordo com a opinião da maioria, compreenderá por fim que deveria parecer, não ser, justo. Nas ações do homem injusto, por outro lado, pode-se encontrar verdade (*aletheia*) genuína, pois o homem injusto não sofre de uma divisão entre aparência e realidade; ele não vive pela aparência (*doxa*), ele não quer parecer, mas realmente ser, injusto (362A).

As reflexões precedentes talvez sejam a obra-prima de Platão em sua tentativa de penetrar a natureza da corrupção social. Sua concisão é quase impossível de desenredar. Ainda assim, vamos tentar articular os principais níveis do pensamento envolvido:

(1) O estrato de tradições. O homem dóxico aceita os padrões historicamente desenvolvidos de justiça e injustiça; ele não faz parecer que um seja o outro.

(2) A divisão entre aparência e realidade como uma possibilidade geral. Dike e Nomos podem estar em conflito no sentido de que a ação justa está em conflito com os padrões externos de lei, costumes e hábitos de uma sociedade — o problema dos poetas trágicos.

(3) A divisão entre aparência e realidade como uma tensão histórica. Os padrões de conduta justa numa sociedade não evoluem no mesmo passo que a consciência diferenciadora de justiça; a conduta justa por padrões sociais torna-se "aparência" em relação à "verdadeira" justiça da consciência diferenciada do filósofo-místico.

(4) O poder da sociedade sobre o indivíduo. Quer a conduta do indivíduo seja "verdadeiramente" justa ou injusta, o destino do indivíduo dependerá, no geral, de sua conformidade com os padrões que são socialmente reconhecidos.

(5) A divisão da consciência na sociedade corrupta. A divisão entre "aparência" e "realidade" de justiça é reconhecida pelos membros da sociedade corrupta, mas o poder da sociedade está do lado da "aparência". Assim, a busca da "realidade" é pouco proveitosa, até o ponto de ser letal.

(6) A absorção da realidade pela *doxa*. Embora a consciência da divisão não desapareça, a marca de realidade passa da verdade para a aparência socialmente dominante — o sonho tende a se tornar realidade.

(7) A *doxa* torna-se *aletheia*. A marca de realidade deslocou-se tanto que a "verdade", no sentido de conformidade de um homem consigo mesmo, é alcançada pela vontade de ser injusto a fim de harmonizar-se com a sociedade.

O discernimento do problema por Platão é de fato magistral, no sentido de que ele reconhece o ponto crucial da crise moral da sociedade. A fonte primária da crise não é um erro quanto à justiça, mas o deslocamento do que chamamos de "marca de realidade" sob pressão social. O homem é essencialmente social; viver na verdade contra a aparência quando o poder da sociedade é lançado para o lado da aparência é um peso para a alma que a maioria não consegue suportar e que uns poucos suportam com dificuldade. A pressão da conformidade externa penetra na alma e compele-a a dotar a *doxa* experimentalmente de *aletheia*. O último passo seria a cegueira completa da alma pelo bloqueio — por meio da administração psicológica organizada — do recurso restaurativo à experiência da transcendência como o encontramos nos movimentos políticos de massa modernos.

A descrição de Glauco para as três principais *doxai* é seguida pela descrição de Adimanto para as variadas *doxai* de diversas fontes. Todas elas têm em comum o fato de opinarem sobre a justiça sob o seu aspecto pragmático. Os pais advertem seus filhos a serem justos não porque a justiça é uma virtude em si, mas pela reputação e pelo sucesso social que serão obtidos pela conduta justa (362E-363A). Os pais vão ainda mais longe do que os sofistas em seu zelo pragmático; pois eles não só acenam com recompensas sociais para o menino justo, como também se apoiam em Homero, Hesíodo e Museu para prometer o favor dos deuses neste mundo e no próximo (363B-E). E depois há o grande número de diversos oradores, profetas de mistérios e adivinhos que insistem que a justiça é honrada mas penosa, enquanto a injustiça e a desonestidade são mais agradáveis e proveitosas; que os maus bem-sucedidos são mais felizes do que os pobres honestos; que os deuses enviam calamidades para os homens bons e alegrias para os maus; e que os homens ricos podem expiar seus pecados por meio de sacrifícios (363E-365A).

O resultado final dessa pressão concentrada das autoridades é a desmoralização da juventude. Se os sábios provarem que "a aparência [*to dokein*] é mais forte do que a realidade [*aletheia*] e senhora da felicidade", os jovens seguirão o caminho da injustiça e tomarão as medidas apropriadas para evitar consequências desagradáveis. A fim de esconder sua injustiça, eles se unirão em irmandades e clubes políticos; para manter afastadas as consequências em tribunais e assembleias, usarão a arte sofística da retórica; e, quanto à vida após a morte, todos os problemas são respondidos pela sequência discutida anteriormente — que provavelmente não há deuses; que, caso existam, eles não se ocupam dos assuntos dos homens; e, se por acaso se ocuparem, que eles podem ser pacificados por orações e sacrifícios (365A-366B)[9].

Nessas condições, um homem tem pouca chance de desenvolver com imparcialidade a sua plena estatura humana, ou seja, sua estatura filosófica; e suas

---

[9] *Ordem e história* II, cap. 11, §1.

chances até diminuirão na proporção da grandeza de seus talentos. Pois a natureza (*physis*) do verdadeiro filósofo (491E) é distinguida pelas virtudes de justiça, temperança, coragem, amor pela sabedoria, dedicação incansável na busca do verdadeiro ser, magnanimidade (*megaloprepeia*), capacidade de aprender (*eumatheia*) e boa memória. Tais naturezas são raras e, como outras plantas raras, degenerarão mais por completo quando colocadas no solo errado do que as plantas mais comuns. Grandes crimes e maldades refinadas não são cometidos por homens comuns, mas derivam de grandes naturezas arruinadas por influências ruins de seu ambiente (491D-E). O ambiente social geral em tribunais, assembleias e teatros é a principal influência formativa dos jovens, não o ensinamento deste ou daquele sofista individual. Os muitos que exercem a pressão contínua são "o grande sofista" (492A-B). Os sofistas individuais que ensinam por dinheiro não têm nenhuma doutrina própria, mas ecoam a opinião (*dogmata*) das massas; e é a isso que eles chamam de sua sabedoria. O sofista profissional poderia ser comparado a um homem encarregado de uma "grande fera"; ele estudará os hábitos do animal e descobrirá como lidar com ele. O bem será aquilo de que a fera gostar, e o mal será aquilo que a irritar (493A-C).

A crítica de Platão chegou finalmente ao seu alvo real, a sociedade corrupta, a própria grande fera. O estado dóxico da mente em pessoas individuais não é de importância decisiva. Apenas quando a sociedade em sua ampla massa for corrupta a situação será verdadeiramente crítica, porque o estado dóxico terá se tornado autoperpetuador por meio da pressão social sobre a geração mais jovem e, em particular, sobre os homens mais talentosos. A *arete* humana é de pouca utilidade sob tais circunstâncias; quando, em tal estado de sociedade (*katastasis politeion*), um homem não sofre danos, o que quer que ele salve terá sido salvo pela providência de um deus (*theou moira*) (492E-493A).

§4 A criação da ordem

O levantamento das *doxai* sofísticas por Glauco e Adimanto termina com um grito *de profundis* para Sócrates, o auxiliador. As autoridades sociais não lhes oferecem nada além de opiniões sobre as condutas justa e injusta, assim como sobre as recompensas e os castigos que as acompanham. Os jovens, no entanto, querem saber o que justiça e injustiça são "em si mesmas, por sua própria força inerente", e por que uma é o "maior bem" e a outra é o "maior mal" que um homem pode ter em sua alma (366E). Se um homem soubesse isso, ele seria o seu próprio "melhor guardião", pois teria medo de entrar "em comunhão com os maiores males por meio de atos injustos" (367A). Eles não querem ouvir mais histórias sobre a superioridade de uma sobre a outra sob o aspecto de suas consequências externas; eles querem saber o que elas causam à alma de um homem (367B). Sócrates reconheceu que a justiça é um desses "maiores bens", "cujo bem deriva de sua natureza, não da opinião", como a visão, a audição, a inteligência e a saúde (367D). Se isso é verdade, eles querem ouvi-la louvada por essa razão.

Esse é o apelo que Sócrates não pode ignorar. Ele precisa "vir em resgate", embora tenha dúvidas quanto à sua capacidade, pois seria uma "impiedade" não vir em defesa da justiça (368B-C). E, assim, a investigação (*to zetema*) começa (368C).

1 O *zetema*

Da formulação tanto do programa como de seu propósito deve estar claro que a investigação refere-se à realidade da ordem na alma e na sociedade, não a "ideais". Ainda assim, este ponto precisa ser enfatizado, porque é uma convenção firmemente estabelecida em nosso tempo falar do "Estado ideal" e da "justiça ideal" de Platão. Estamos diante da dificuldade, anteriormente discutida, de que os membros negativos dos pares de conceitos de Platão saíram do vocabulário filosófico e, como consequência, o entendimento sensível para a resistência de Platão à *Doxa* se perdeu. Na verdade, pode-se exercer cautela crítica e definir "Estado ideal" como um sinônimo da "boa pólis" de Platão. Mesmo assim, o sinônimo é, na melhor das hipóteses, enganoso. Pois a pólis, cuja natureza Platão explora, é uma espécie do gênero "Estado" e não o gênero em si — se admitirmos o termo "Estado" como um termo genérico adequado para organizações políticas. E traduzir a linguagem platônica de "bom", "melhor", "certo" ou "por natureza" por "ideal" é supérfluo. Além disso, a cautela crítica com frequência não é exercida, de forma que o termo "Estado ideal" carrega a conotação de um "ideal político" a que outros ideais podem ser opostos. Um "ideal" nesse sentido, porém, é precisamente o que Platão chama de *doxa*. E, uma vez que a conotação se insinua, Platão corre o risco de ser tratado não como um filósofo, mas como um dos muitos filódoxos, como de fato o é, em nosso tempo, na considerável literatura que trata da filosofia de Platão como se ela fosse uma ideologia política cujos motivos sinistros precisam ser trazidos à luz. No espaço de poucas gerações, o Platão do "Estado ideal" foi transformado num "ideólogo político". Essa surpreendente transformação tornar-se-á inteligível se a virmos à luz da análise da corrupção social feita pelo próprio Platão. A geração que atribuiu a Platão a criação de um "Estado ideal" não teve más intenções. Ideais eram bastante respeitáveis na época, e atribuí-los a Platão era um elogio. Porém, mesmo nessa época, o mal espreitava, pois, na linguagem comum, um idealista era uma pessoa pouco prática que cultivava suas avaliações subjetivas em oposição à realidade; e a conotação de subjetividade em "ideal" solapava a objetividade da investigação platônica sobre a natureza da realidade. O caminho da geração bem-intencionada, porém já não filosoficamente sensível, que traduziu a "boa pólis" como um "Estado ideal", para a geração que ataca Platão como um "ideólogo" é o caminho de Céfalo para Trasímaco.

A investigação, o *zetema*, é a iluminação conceitual do caminho da profundeza da existência para cima. Os materiais iniciais para a investigação são fornecidos pelas experiências motivadoras da profundeza e da direção; as ferramentas iniciais, pelos significados de palavras na linguagem comum, assim como no uso técnico pré-platônico. Da situação inicial, a investigação avança por meio de uma análise de experiências, que gradualmente traz à vista novos materiais experienciais e, ao mesmo tempo, refina os significados iniciais dando-lhes os significados técnicos de conceitos. Em ambos os aspectos, a investigação, realizada na *República* pela primeira vez na história, foi um empreendimento enorme, já que a fenomenologia das experiências estava prejudicada pelas deficiências da terminologia disponível, e o desenvolvimento da terminologia pelas dificuldades da análise das experiências. Apesar dos inevitáveis obstáculos, o esforço zetético foi tão bem-sucedido, com referência tanto à classificação de experiências como ao desenvolvimento de conceitos, que a primeira filosofia da ordem é ainda o trabalho clássico desse tipo ao qual devemos sempre recorrer em busca de informações sobre detalhes materiais, assim como sobre métodos.

Na experiência motivadora da investigação, podemos distinguir dois componentes: (1) a experiência da profundeza em si e (2) a experiência de uma direção da profundeza para cima. Na experiência da profundeza, podemos, além disso, distinguir duas linhas:

(1a) No mito do Panfílio, no final da *República*, as almas mortas são forçadas a escolher um padrão, um paradigma de vida. Com o padrão elas escolhem o *daimon*, a substância divina da alma. E da qualidade do *daimon* depende a qualidade da alma na escala de justiça e injustiça.

(1b) No Prólogo e na Introdução, a sociedade é experimentada como um agregado psíquico, que exerce uma pressão sobre a psique individual à qual é difícil para o homem resistir. A substância da sociedade é experimentada como psique. Essa experiência de profundeza, com as suas duas linhas, nos deixaria na liberdade de escolha vazia, exposta ao infortúnio da pressão social. É ansiedade sem esperança. Nenhuma investigação referente à ordem poderia originar-se na profundeza. A investigação é uma possibilidade porque também está presente a experiência de uma direção.

(2) A alma sente-se em supremo perigo (618B), porque poderia entrar em comunidade com o mal (367A). Ela tem medo (367A) desse destino; por isso, torna-se uma buscadora (*zetetes*) e discípula (*mathetes*) do homem que possa ajudá-la a desenvolver o poder (*dynamis*) e o conhecimento (*episteme*) que lhe permitam fazer a escolha certa (618C), de forma que, no fim, ela venha a se tornar a melhor guardiã (*aristos phylax*) de sua própria *arete*.

A profundeza da experiência não é uma noite sem alívio; uma luz brilha na escuridão. Pois a profundeza pode ser sentida como infortúnio, perigo e mal apenas porque também está presente, por mais que asfixiada e obscurecida, a sensação de uma outra alternativa. A investigação iluminadora, o *zetema*, não é realizada de fora da experiência inicial, como se ela fosse um tema inerte; ao contrário, o elemento de busca (*zetesis*) está presente na experiência e floresce na investigação. A luz que incide sobre o caminho não vem de uma fonte externa, mas é a luminosidade da profundeza que cresce e se expande. Por um lado, portanto, os conceitos da investigação não se referem a um objeto externo, mas são símbolos desenvolvidos pela alma quando ela se envolve na exegese de sua profundeza. A exegese não tem um objeto que preceda a investigação como um dado, mas apenas níveis de consciência, que se elevam mais alto quando o logos da experiência torna-se vitorioso sobre a sua escuridão. A investigação dá continuidade, em níveis cada vez mais elevados de penetração lógica, à batalha substantiva entre o bem e o mal que é travada na profundeza. Por outro lado, portanto, os conceitos e proposições não oferecem, primariamente, informações sobre um objeto, mas são os próprios blocos constitutivos da estatura substantiva a que a alma cresce por meio de sua investigação.

Tais problemas do filosofar podem parecer extraordinários para as convenções, menos filosóficas do que filodóxicas, de nosso tempo, mas não eram extraordinárias na época de Platão. Sua situação como filósofo, é verdade, havia se complicado pelo desenvolvimento sofístico a que ele resistia, mas ainda era essencialmente a situação da *zetesis* heraclítea. A posição sofística bem elaborada exigia uma atenção correspondentemente elaborada às minúcias dos problemas que tornava impossível a simplicidade grandiosa de expressão que caracterizava o pensador mais antigo. Mas ainda podemos ouvir por trás de Platão o Heráclito que pôde dizer simplesmente: "Eu explorei (*edizesamen*) a mim mesmo" (B 101); e que podia condensar o resultado de sua investigação, o crescimento da alma até a sua própria estatura, na frase: "À alma é peculiar um logos que amplia a si mesmo" (B 115). Uma simplicidade comparável foi recuperada apenas no início do cristianismo, na abertura magnífica do Evangelho de são João, em que o Logos de Deus é a luz do homem que brilha na escuridão e não é engolfada por ela.

Embora a resistência aos sofistas complique a investigação platônica, ela não altera a sua natureza de autoiluminação da alma pela ampliação de seu logos. Os conceitos desenvolvidos em seu curso devem ser tratados com constante consciência de seu lugar e sua função no *zetema*. Pois os símbolos zetéticos, como os chamaremos, têm estruturas diversas, correspondentes ao estágio de iluminação atingido pela investigação. Às vezes eles se aproximam da natureza de conceitos referentes a objetos do mundo exterior. Em sua maior parte, no entanto, eles tiram seu significado da experiência da qual eles são a luminosidade lógica. Removidos do contexto, eles perdem a luminosidade pretendida pelo investigador; tornam-se opacos e produzirão confusão por sua aparente falta de sentido e consistência. A interpretação, portanto, não deve, em nenhuma circunstância, tentar extrair da *República* uma "doutrina" platônica da ordem, mas estabelecer níveis de esclarecimento e explorar os símbolos desenvolvidos em cada um dos níveis.

Vamos começar pelos símbolos do nível mais baixo, no ponto em que a investigação surge do desespero da profundeza.

Nesse nível mais baixo, encontramos uma antropologia filosófica rudimentar, ao lado de algo como uma teoria referente à relação entre a ordem do homem e a ordem da sociedade. O homem é equipado com um padrão de vida, o paradigma de sua escolha no Hades, e associado a esse padrão há um *daimon* de compleição mais ou menos virtuosa. A mesma estrutura de paradigma e *daimon* pode ser encontrada na pólis. Ela tem um padrão de ordem institucional, a sua politeia; e tem um *daimon*, representado por sua parte governante. O padrão permite que Platão fale de uma pólis sofística ou filosófica, de acordo com a natureza do governante cuja psique determina a compleição de sua *arete*. Homem e pólis, além disso, têm estruturas paralelas, não por acidente, mas em virtude de um princípio do qual Platão fala apenas metaforicamente ou digressivamente, sem lhe dar um nome técnico: a pólis é o homem escrito em letras grandes. Para facilitar a análise, vamos chamá-lo de "princípio antropológico". Em resumo, encontramos, assim, um grupo de conceitos inter-relacionados, que podem ser dispostos nas seguintes colunas paralelas:

Homem	Pólis
Daimon	Governante
Paradigma da vida	Politeia

Esses são de fato os símbolos básicos que percorrem toda a investigação e determinam a organização da *República*.

A simplicidade ordeira dos conceitos é enganosa. Quando Platão os utiliza no curso da investigação, eles revelam uma amplitude de imprecisão que lhes permite representar componentes variados da experiência motivadora. Em primeiro lugar, descobre-se que não há uma relação de um-para-um entre um *daimon* e seu paradigma. A justiça não é privilégio de um determinado caminho de vida, mas, para todos os homens, a virtude de se dedicar às ocupações para as quais se tem talento. Uma infinidade de paradigmas, portanto, são compatíveis com a *arete*; e, ao limitar o espectro, Platão não vai além da sugestão de que a "média" é preferível aos extremos. Além disso, as mesmas observações aplicam-se ao paradigma da ordem numa pólis. A *arete*, certamente, é uma, porém há mais de um tipo de politeia em que ela pode viver. Nesse sentido, não precisamos sequer lembrar que Platão desenvolveu uma "segunda melhor pólis" nas *Leis*; pois na própria *República*, no curso de sua investigação, Sócrates desenvolve três paradigmas diferentes de uma boa pólis, deixando para os críticos modernos o debate sobre qual dos "Estados ideais" é mais ideal do que os outros.

Arete e paradigma na pólis, portanto, são móveis um em relação ao outro dentro de certos limites. Por um lado, é indiferente se a pólis dos filósofos tem o paradigma institucional de uma monarquia ou de uma aristocracia. Por outro lado, na transição da aristocracia filosófica para a timocracia, o paradigma institucional não muda quando a *arete* na alma dos governantes declina. Pela linguagem das orações precedentes, além disso, parece que o termo "politeia", usado por Platão de preferência a "paradigma" ao falar de uma pólis, não é estritamente sinônimo deste último termo. Pois a politeia é um paradigma visto sob o aspecto da alma que a anima. Platão não está interessado em formas de governo independentes da psique que as anima; e o paradigma no sentido estrito, portanto, faz sentir sua presença principalmente quando uma determinada característica paradigmática é enfatizada como uma questão de indiferença em comparação com a incorporação fundamental de uma alma bem ordenada.

Como Platão, embora ocupado em definir o "paradigma de uma boa pólis" (472A), está interessado em elementos paradigmáticos apenas na medida em que eles tenham uma influência inteligível sobre a saúde ou doença da alma, seu esboço, mesmo de um paradigma desejável, irá parar quando um ponto de retornos decrescentes for atingido. Sócrates, que é incansável na elaboração da *paideia*, a educação que formará as almas dos guardiões em sua boa pólis, recusa-se decididamente a entrar em detalhes não só de usos e costumes, mas até mesmo de direitos civil, comercial e criminal, porque essas questões legislativas cuidarão de si mesmas se as almas dos governantes que legislam estiverem em boa ordem (425A-D). Além disso, ele se contém deliberadamente nesse ponto para não dar a falsa impressão de que a boa ordem numa pólis possa ser criada por meio de instrumentos institucionais. Ele considera, ao contrário, um sintoma de doença numa pólis quando os cidadãos mostram-se febrilmente ativos em consertar esta ou aquela falha na lei, mas não ousam tocar a bem-conhecida fonte da multiplicidade de pequenos males. Eles agem como pacientes, permanentemente em busca de uma panaceia, mas relutantes em corrigir o modo de vida que causa a doença. Em tal pólis, a constituição (*katastasis*) geral da sociedade deve continuar intocada, e qualquer tentativa de reforma essencial será considerada traição e será ameaçada com a morte (426B-C). O bem de uma pólis tem a sua fonte não no paradigma das instituições, mas na psique do fundador ou governante que imprimirá o padrão de sua alma nas instituições. Não é a excelência do corpo que torna a alma boa, conforme insiste Sócrates em oposição a uma máxima de sabedoria atlética muito citada, mas a alma boa que, por sua virtude, fará que o corpo se torne o melhor possível (403D).

O paradigma agora aparece no papel de um corpo institucional sem uma virtude ordenadora própria. De seu imobilismo esqueletal, estamos de volta à vida da alma. O caráter essencial de uma politeia não deriva de seu paradigma, mas da politeia na alma de seus governantes. "Politeia" é, de fato, o termo favorito de Platão quando fala da ordem reta na alma dos filósofos. O termo, assim, move-se do lado da pólis, em nossas colunas de símbolos, para o lado do homem; e, dentro da coluna, move-se para cima do padrão externo de uma vida, seu paradigma, para a ordem da alma.

Com essa evolução do termo "politeia", atingimos, porém, um ponto em que todo o grupo de conceitos, juntamente com sua intenção zetética, torna-se questionável. Surge, em primeiro lugar, a questão prática de por que um paradigma para a ordem reta de uma pólis deveria, afinal, ser desenvolvido, se a boa politeia pode ser realizada na alma do filósofo sem que ele se engaje na tarefa impossível de reformar a sociedade corrupta. Surge, em segundo lugar, uma questão teórica referente à validade do princípio antropológico. Apoiando-se nele, Platão joga de um lado para o outro, na *República*, entre a ordem da pólis e a ordem da alma, iluminando uma pela outra. Agora, porém, parece que o princípio é, pelo menos, não reversível, ainda que seja válido em outros aspectos. Podemos aceitar a tese de que as características relevantes de uma ordem política derivam da psique de seus governantes, mas não podemos ignorar o fato de que, numa pólis, vivem muitas pessoas que não se conformam aos padrões estabelecidos pelos governantes. Bem no meio da sociedade corrupta de Platão existem os filósofos, engajados na investigação socrática, apresentando para a sociedade o paradigma da ordem reta como eles a encontram na politeia de suas almas. Por sua existência concreta como um filósofo politicamente ineficaz na Atenas do século IV a.C., Platão prova que a ordem da psique não é absorvida em sua inteireza pela ordem da pólis. Uma parte da ordem humana, talvez a sua parte mais importante, encontra seu paradigma institucional não na pólis, mas em comunidades de um tipo diferente, no caso de Platão na fundação da Academia. O fato histórico de uma ordem da psique fora da ordem da pólis, por fim, leva à terceira questão, ontológica, quanto a ser ou não possível que toda a ordem da psique entre na ordem política. Não se pode negligenciar a possibilidade de que Platão, com a sua busca por uma expressão adequada da psique na ordem de uma melhor politeia, tenha caminhado para um impasse ontológico. As questões desse tipo, longe de ser levantadas como críticas, são as próprias questões que agitavam Platão profundamente. Mas elas não se tornam de interesse no nível mais baixo da investigação; elas surgem do curso principal, para o qual vamos nos voltar agora.

2 O jogo da fundação

A investigação referente ao "paradigma da boa pólis" (472E) é organizada como uma ação dentro de uma ação. Platão coloca o Sócrates do diálogo no papel de um *oikistes* (378E–379A), do fundador de uma pólis que esboça uma constituição, como tão frequentemente na história da Hélade seus estadistas haviam esboçado constituições para uma nova colônia a ser estabelecida ou para a sua própria pólis a ser reformada. Tais esboços, porém, não eram realizados a menos que uma situação política concreta os exigisse; eles eram feitos com a intenção de ser colocados em vigor. Como a investigação referente ao paradigma podia ser muito bem conduzida sem o jogo da fundação, a simulação introduz deliberadamente um problema de realização que não é inerente ao estabelecimento de critérios para a qualidade de uma ordem política. Na verdade, quando um filósofo estabelecer critérios de boa ordem, ele terá um olhar atento ao ambiente político e verá se este está ou não de acordo com os critérios. Mas sua observação, como no caso de Aristóteles, não precisa ir além de um comentário desdenhoso ocasional de que nenhuma das pólis helênicas poderia reformar a sua politeia de tal maneira que ela se tornasse boa de acordo com os padrões dele. A simulação de Platão, que introduz um problema aparentemente desnecessário, afeta o curso do diálogo como um todo, assim como a abordagem dos detalhes na investigação. Suas motivações devem ser bem compreendidas, especialmente porque o recurso de um jogo da fundação é repetido nas *Leis*.

Uma exploração dos motivos de Platão deve ter cautela com especulações delirantes, em que os intérpretes com frequência escorregam, sobre suas intenções de desempenhar um papel político como o estadista reformador de Atenas. Se ele tinha ou não essas intenções é algo que não sabemos, porque não existe nenhuma fonte nesse sentido; na melhor das hipóteses, seria possível argumentar *ex silentio* que ele não tinha nenhuma. O motivo deve ser encontrado dentro do domínio de significado circunscrito pelos diálogos. E, dentro desse domínio, lembramos do *Górgias*, em que Platão faz o seu Sócrates reivindicar a verdadeira posição de estadista de Atenas em oposição às famosas figuras do século V que, por meio de suas políticas, haviam engendrado a ruína da pólis. Assim, não pode haver dúvida de que Platão estava em séria competição com os estadistas. Assim, em vista da importância paradigmática que ele atribuiu a Sólon em várias ocasiões[10], estamos justificados ao falar de um componente solônico em sua personalidade. No entanto, sua competição não era em relação à ação política, mas em relação à autoridade espiritual, que, durante a Guerra do Peloponeso e o período que se seguiu a ela, com a sua evidente ruptura do *ethos*, a pólis e seus líderes haviam perdido. A orientação revestida de autoridade para a ordem da existência havia passado, por uma questão de fato histórico, do *nomos* da pólis para homens como Sócrates e

---

[10] *República* 599E; *Fedro* 258B–C; *Timeu* 20E.

Platão, assim como para os fundadores das escolas do século IV; e havia passado tão completamente que a linguagem da competição talvez não seja adequada, uma vez que a pólis mantinha a sua condição de competidor por *momentum* histórico mais do que por sua substância viva. O elemento de competição política entrou, talvez, do lado de Platão, na medida em que ele concebeu a sua autoridade espiritual como a autoridade de um estadista para restaurar a ordem da pólis. A existência humana significava existência política; e a restauração da ordem na alma envolvia a criação de uma ordem política em que a alma restaurada pudesse existir como um cidadão ativo. Como consequência, ele teve de acrescentar à sua investigação sobre o paradigma da boa ordem o problema de sua realização numa pólis. Não temos meios de voltar até esse motivo. A concepção por Platão de sua autoridade espiritual como política é algo que deve ser aceito como o mistério impenetrável do modo como a sua personalidade respondeu à situação. Na história dos símbolos, o fato de sua resposta acrescentou à filosofia da ordem a "hipoteca" da pólis que discutimos num contexto anterior[11].

Embora Platão seja profundamente sério em sua posição competitiva como o estadista filosófico, ele não tem nenhuma ilusão quanto às possibilidades de sucesso político. O paradigma deve ser realizado concretamente numa pólis, mas ele não tem nenhuma esperança de encontrar seguidores políticos que possam levar a tarefa a cabo sob a sua orientação. Numa página famosa da *República*, ele faz Sócrates elaborar com atenção a posição do estadista-filósofo em sua época:

> Os discípulos de mérito da filosofia serão muito poucos. [...] Alguém que pertence a esse pequeno grupo e que provou a doce e abençoada posse da filosofia; que vê a loucura da multidão e sabe que não há sensatez na conduta da política, e em nenhum lugar um aliado junto a quem um campeão da justiça poderia escapar à destruição; mas que ele seria como um homem que caiu entre animais ferozes; e que estaria destinado a perecer caso se recusasse a participar de suas malfeitorias; que sozinho não pode conter a fúria de todos; que pereceria sem ajudar, portanto, a sua pólis, ou seus amigos, ou a si mesmo — alguém que pesou tudo isso preferirá ficar em paz e cuidar de seus próprios assuntos, como um viajante numa tempestade de pó e granizo que busca o abrigo de um muro. E quando ele vê a indisciplina espalhando-se por todos os lados, dá-se por satisfeito se puder se manter longe da iniquidade de atos ímpios enquanto a sua vida durar e, quando chegar o fim, partir com boas esperanças, em segurança e paz. (496)

---

[11] *Ordem e história* II, cap. 6, §1.

Adimanto concorda que, de fato, essa seria uma grande realização, e é corrigido por Sócrates: "Sim, mas não a maior, porque a fortuna lhe teria negado a politeia, à qual ele pertence; nessa politeia ele cresceria em sua plenitude e salvaria não só o seu próprio bem-estar, mas também o bem-estar público" (497E). A passagem não deixa dúvida quanto ao afastamento do filósofo da política e suas razões. A justiça da alma é mais preciosa do que a participação na política; e ela deve ser comprada, se as circunstâncias são infelizes, ao preço de uma diminuição da estatura humana. O afastamento da política é carregado de resignação, pois a plenitude do crescimento, o aumento máximo (497A) do homem, só pode ser alcançada pela participação na vida pública da pólis.

A postura do filósofo-estadista levou ao paradoxo de que a estatura humana diminuirá quando a justiça da alma aumentar. Platão tinha plena consciência disso; e, mais para o final da investigação, retornou aos problemas da função do estadista e da realização do paradigma a fim de aliviar, ou talvez mesmo dissolver, o paradoxo. Para esse fim, ele retomou o pedido inicial de Glauco e de Adimanto para que Sócrates os ajudasse, a fim de possibilitar que eles se tornassem os "melhores guardiões" de sua *arete*. A solicitação agora é reconhecida como a fórmula correta para a ordem reta da alma. As crianças devem ser educadas de modo a que "seja estabelecida dentro delas, como numa pólis, uma politeia" em que o melhor elemento será o guardião e governante (590E-591A). O estabelecimento da "politeia dentro de si mesmo" é o objetivo da educação em geral, assim como da investigação em particular que agora está se aproximando de seu final. Um homem assim formado, "um homem sábio" (591C), manterá os seus olhos fixos nessa politeia dentro de si (591E) e fará o possível para preservar a sua ordem intacta, conduzindo-se num curso médio entre os extremos de riqueza e pobreza, honras públicas e insignificância (591E-592A). Nesse ponto do diálogo, a expressão da "politeia dentro de si mesmo", que até então não parecia ser mais do que uma metáfora, recebe de repente um novo significado existencial. Pois, à sugestão de Glauco de que tal homem não participaria da política de bom grado, Sócrates surpreendentemente responde: "Pelo cão, claro que participará; em sua própria pólis ele certamente participará, embora não na cidade de seu nascimento, a menos que uma fortuna divina leve isso a acontecer" (592A). Glauco compreende: "Queres dizer na pólis que agora criamos como fundadores, e estabelecemos em palavras [*en logois*], pois eu acho que ela não existe em nenhum lugar na Terra" (592A-B). E Sócrates conclui: "Bem, talvez haja um paradigma dela estabelecido no céu [*en ourano*] para aquele que desejar contemplá-lo e, contemplando-o, estabelecer-se nele. Não faz diferença se ela existe concretamente [*pou*] agora ou em qualquer tempo; essa pólis e nenhuma outra é aquela que lhe interessa" (592B). Essa breve interlocução é um milagre artístico. Sem alteração de terminologia, por um sutil deslocamento de metáfora para realidade, a investigação do paradigma de uma boa pólis revela-se uma investigação da existência do homem numa comunidade que está não só além da pólis, mas além de qualquer ordem política da história. O salto no ser, em direção à fonte transcendente da ordem, é real em Platão; e épocas posteriores reconheceram corretamente na passagem uma prefiguração da concepção da *civitas Dei* de santo Agostinho.

De qualquer modo, uma prefiguração não é a figuração em si. Platão não é cristão; e o desenvolvimento surpreendente ocorre no final de uma investigação que começou na profundidade luminosa da alma dionisíaca. Devemos, agora, considerar as implicações da resposta ao paradoxo anterior.

Na verdade, o paradoxo é dissolvido. O estadista no filósofo, que sente a sua estatura diminuída quando o campo de ação adequado lhe é negado, desapareceu. Deslizando pela metáfora até a realidade, a participação na política agora significa o interesse pela politeia transpolítica que está estabelecida no céu e será realizada na alma dos que a contemplam. A alma é a pólis de um só homem e o homem é o "estadista" que supervisiona a sua constituição. A dissolução pelo deslocamento final para a alma e sua ordem transcendente não cancela, porém, a validade de toda a investigação anterior do paradigma da boa pólis. Pois Platão era um artista e, quando escreveu as partes anteriores da investigação, ele sabia, claro, onde iria terminar. A dissolução do paradoxo não deve, portanto, ser entendida como uma solução intelectual de um enigma, mas como o "aumento" espiritual da existência produzido por meio do processo de *zetema*. O paradoxo permanece intacto no seu próprio estágio da investigação. Viver numa época de corrupção social e ver negado o seu campo de ação pública adequado é de fato um infortúnio; e honrar a *arete* não é um substituto para a diminuição inevitável da estatura. No entanto, o preço precisa ser pago, porque na hierarquia dos bens a vida política está abaixo da vida eterna. A *techne metretike*, a arte da medida sob o aspecto da morte, não deixa dúvida sobre esse ponto. O paradoxo, assim, permanece tão intelectualmente não resolvido quanto antes, mas a amargura da renúncia é espiritualmente superada pelo crescimento da alma no sentido da politeia transcendente. E esse crescimento foi alcançado ao percorrer os estágios da investigação. Lembramos de como Glauco reconheceu rapidamente que Sócrates estava falando da politeia que eles haviam acabado de construir, como "fundadores", *en logois*. O *en logois* tem o duplo significado de "em palavras [ou discurso]" e "em pensamento", inseparáveis na cultura helênica do pensamento falado, não escrito. Mas não se pode pensar, no que concerne à articulação no discurso, pensamentos desse tipo sem afetar a própria psique. Embora o plural *en logois* não denote o logos heraclíteo que aumenta a si mesmo, a "criação" de uma pólis *en logois* definitivamente conota o logos da alma que é transformado na pólis que ela pensa. A pólis que é contemplada *en logois* torna-se, por meio da contemplação, a pólis da alma. É difícil não reconhecer que a investigação contém muito de uma autobiografia espiritual de Platão.

3 A investigação cognitiva

Para alcançar a meta de fundar uma boa pólis, os fundadores precisam saber o que ela é e precisam ter um método para descobrir isso. Por isso, dentro do jogo da fundação, é conduzida uma investigação sobre a natureza da boa pólis. Um entendimento dessa investigação secundária do sentido cognitivo, porém, apresenta certas dificuldades para a análise. Tanto os métodos como as ferramentas conceituais de investigação filosófica ainda estavam em formação; e Platão não era muito prolixo quanto à sua epistemologia ou sua metodologia. Desse modo, a natureza do objeto, assim como os métodos de sua exploração, precisa ser inferida do procedimento em si. Além disso, as questões são obscurecidas por uma riqueza de vocabulário que deve a sua variedade menos a razões artísticas do que a seu estado de imperfeição.

Vamos começar a análise dessa área da *República* com as formulações do objetivo feitas por Platão. O objeto a que Sócrates e seus amigos devotam sua atenção cognitiva é designado diversamente como uma "boa pólis", o "paradigma de uma boa pólis", a "melhor politeia", um "esquema da politeia". Como atributos qualificadores de pólis e de politeia aparecem as seguintes expressões: "boa" (434E; 449A; 472E; 543C), "boa no pleno sentido da palavra" (427E), "a melhor" (497C), "a melhor que podemos fazer" (434E), "a mais bem governada" (462D), "reta" (449A), "eudaimônica" (420B), "bem ordenada" (462E). As características essenciais do paradigma são reunidas pelo próprio Platão no final da investigação do sentido cognitivo: a pólis mais bem governada terá uma comunidade de esposas e filhos; todos terão a mesma educação; os objetivos de homens e mulheres devem ser os mesmos na paz e na guerra; os governantes serão aqueles entre eles que tenham se mostrado melhores na filosofia e na guerra. Os governantes proporcionarão alojamentos simples, semelhantes a acampamentos, para seus cidadãos-soldados, de forma que não haverá nada privado para ninguém; e eles não terão propriedade privada. Como eles são atletas da guerra e guardiões filosóficos da pólis, devem receber dos cidadãos-trabalhadores pagamentos anuais para o seu sustento e devem devotar toda a sua atenção a manter a si mesmos e à pólis em boas condições (543A–C).

Com relação aos métodos empregados na investigação, o uso por Platão dos termos *eidos* e *physis* sugere a literatura médica em sua base. A constituição de uma pólis, assim como o caráter de um homem, tem um *eidos*, uma forma típica; e há tantas *eide* de constituições quanto de caracteres humanos (544D–E). Não há razão para supor que o significado do termo no uso de Platão difira do significado que ele tem nos tratados hipocráticos, ou em Tucídides, ou muito provavelmente nas conversas atenienses da época em geral[12]. O *eidos*, ou *idea*, é a combinação de sintomas que caracteriza uma doença, a combinação que, mais tarde (Galeno, Areto), veio a ser chamada de síndrome, de quadro clínico. A terminologia foi originalmente desenvolvida pelos médicos jônios do século V a.C., que elevaram a medicina ao nível de uma arte essencial, uma *episteme*. Depois, essa terminologia mostrou-se igualmente útil para descrever a doença de uma sociedade e foi usada nesse sentido, como vimos, por Tucídides no estudo da grande Kinesis. E, como a penetração no quadro essencial, na "natureza" da coisa, na "coisa em si"[13], tem a mesma estrutura quando se refere não a uma doença do homem ou da sociedade, mas a um estado de ordem "normal", não é surpreendente que, por fim, Platão tenha adotado o útil vocabulário. Assim, o uso por Platão dos termos *eidos*, *idea* e *physis* sugere uma busca empírica por características, assim como por combinações de características, que derivem a sua qualidade de elementos essenciais da constância de sua ocorrência em coisas de uma classe comum sob observação.

---

[12] FRIEDLÄNDER, *Platon*, 16 ss., v. I. Ver a seção sobre Tucídides em *Ordem e história* II, cap. 12, §3, 2.

[13] Ver as passagens de "Medicina antiga" e "Natureza do homem", citadas em *Ordem e história* II, cap. 12, §3, 2.

O significado pretendido por Platão torna-se um pouco mais explícito quando ele fala da boa pólis como uma "pólis fundada de acordo com a natureza [*kata physin*]" (428E). A ocasião para usar a expressão é dada pela observação de que a pólis será "bem aconselhada" e "sábia" como um todo quando for governada pelo menor grupo entre seus cidadãos que possua um conhecimento (*episteme*) especial, ou seja, a *episteme* de "guardar" ou "governar". Como as pessoas que participam desse conhecimento "que, entre todas as artes [*ton allon epistemon*], é a única que merece o nome de sabedoria", são, "por natureza [*physei*], as que existem em menor número", uma pólis governada por elas será estabelecida "de acordo com a natureza" (428E–429A). Portanto, a expressão de que os governantes ou guardiões são a menor classe "por natureza" não implica mais do que a observação empírica de que a classe de homens distinguidos pela sabedoria, no sentido platônico, é constantemente menor do que a classe de trabalhadores agrícolas, ou de comerciantes, ou do que qualquer outra classe de profissionais competentes. Apenas na medida em que essa relação quantitativa possa ser observada com uma regularidade que não conheça exceções poderá ela ser elevada à situação de um traço "natural" na constituição do ser.

Na passagem 428E–429A, o termo *physis* é usado duas vezes. Ele ocorre primeiro na observação de que os guardiões filosóficos são a menor de todas as classes de profissionais, e depois na proposição de que uma pólis será estabelecida de acordo com a natureza quando a menor classe de fato estiver governando. Na primeira ocorrência, a intenção empírica da observação é clara, mesmo que alguém pudesse ser capaz de classificar as artes de tal maneira que surgisse uma classe ainda menor do que a arte dos guardiões no sentido platônico. Na segunda ocorrência, a ideia não é tão clara. Mesmo se admitíssemos que uma pólis deve ser sabiamente governada, estaríamos certos em perguntar o que tal postulado tem a ver com a natureza e com observações empíricas. Pois nossa experiência de senso comum mostra que uma pólis, ou qualquer organização política, raramente é governada com sabedoria. A resposta a tais dúvidas e perguntas será encontrada pelo reconhecimento de que a ordem da existência humana em sociedade não é um objeto do mundo exterior que poderia ser descoberto pela classificação de dados oferecidos à experiência dos sentidos. Platão, como vimos, estava apenas levemente interessado nos paradigmas como esqueletos mortos da ordem; ele mudou para o termo *politeia* porque o elemento essencial de ordem num paradigma é a psique que o anima. E a descoberta da ordem da psique é a tarefa do *zetema* do filósofo, que resulta na ampliação do logos em sua alma. Não há conhecimento da ordem na alma exceto pelo *zetema* em que a alma a descobre por meio de seu crescimento em direção a ela. Assim, Platão não vai além da observação empírica quando introduz a ordem da alma do filósofo como o critério para a "natureza" da ordem na pólis. Pelo contrário, ele usa o único conhecimento empírico de que dispomos. A pólis estará em um estado eudaimônico apenas se a sua ordem for traçada "por pintores que usem o paradigma divino [*theion paradeigma*]" (500E). E esse "pintor" é o amante da sabedoria (*philosophos*) que, por sua associação com a ordem divina (*theios kosmios*), se torna ele próprio ordenado e divino (*kosmios te kai theios*) na medida permitida ao homem (500C–D).

Embora a introdução do paradigma divino, na medida em que ele vive na alma do filósofo, não transcenda os limites da observação empírica, traz um formidável problema adicional, já que faz a existência de uma ordem por natureza depender da existência histórica do filósofo. Havia uma ordem na sociedade, expressa pela forma simbólica do mito, antes de haver filósofos. A descoberta da psique, por sua vez, com sua *zetesis* e *epanodos*, sua busca erótica do *kalon* e sua visão do *agathon*, seu entendimento da morte e da imortalidade, supera com sua nova autoridade a autoridade mais antiga do mito. E a autoridade do filósofo, por sua vez, será superada pela revelação de ordem espiritual por intermédio de Cristo. A ordem "por natureza", assim, é um estágio na história da ordem; e uma teoria da ordem no sentido platônico requer, para a sua completude sistemática, uma filosofia da história. Esse problema estava presente, como vimos, mesmo no *Górgias*; e irá ocupar Platão com uma intensidade cada vez maior nos diálogos posteriores, o *Político*, o *Timeu* e as *Leis*.

4 A poligenia

A investigação cognitiva em si não é conduzida em atenção direta ao seu objeto, mas por meio de uma forma simbólica adicional, que se assemelha fortemente à teogonia hesiódica. Como não existe nenhum termo para designar tal forma quando a pólis, não os deuses, é o seu tema, cunharemos o termo "poligenia". A série de formas dentro de formas, assim, tem continuidade — nunca chegamos ao ponto de repouso do discurso direto — e, como todas elas têm influência sobre a construção do *eidos*, vamos recapitulá-las:

(1) há primeiro o diálogo da *República* como a forma simbólica abrangente;

(2) dentro do diálogo, é conduzido o *zetema*, a investigação que conduz da escuridão da profundeza para a altura e a luz;

(3) dentro do *zetema*, é representado o jogo da fundação da boa pólis, com Sócrates no papel do *oikistes*;

(4) dentro do jogo da fundação, é conduzida a investigação cognitiva da natureza da boa pólis.

E agora encontramos que

(5) a investigação passa por "eras" da pólis, comparáveis às gerações dos deuses em Hesíodo, até a ordem final e completa ser alcançada. Porém, como a forma do diálogo não é abandonada, a poligenia não se torna um épico, mas retém a forma dramática;

(6) além disso, a forma dramática não é mantida apenas dentro das "eras" da poligenia, mas as próprias "eras" representam os personagens do *dramatis personae*. Assim, a forma poleogônica, longe de ser um capricho, está intimamente conectada à forma do próprio diálogo. A pólis tem uma gênese porque os participantes do diálogo deixam a substância da sua personalidade entrar sucessivamente na natureza dela. Os elementos do *eidos* completo, assim, em vez de ser introduzidos como tantos objetos de investigação, entram por meio da ação dramática. A série de formas conduz de volta ao seu início. A análise logo mostrará que o problema da poligenia em ação é menos complicado do que parece. Na verdade, o simbolismo é claramente desenvolvido e fácil de compreender, uma vez reconhecido. Mas é preciso que ele seja reconhecido para evitar os grosseiros equívocos de interpretação que com tanta frequência são cometidos.

A especulação teogônica é, entre outras coisas, uma tentativa de tornar inteligíveis as relações entre as forças da psique por meio de uma história de sua "gênese". Da mais inferior à mais elevada, elas seguem umas às outras como gerações de deuses; e, como as forças são experimentadas como conflitantes, sua sequência na história será uma sequência de lutas e vitórias, até que a mais elevada força ordenadora da alma surja como a vitoriosa. Esse é o elemento de especulação teogônica que pode ser transferido da organização do mito politeísta para especulações não míticas sobre a ordem. Dentro da própria *República*, observamos a *doxa* sofística referente à origem da ordem por meio do contrato; e, nessa ocasião, refletimos sobre a estreita relação entre a especulação sofística e a teogonia hesiódica. Agora, na poligenia, o próprio Platão usa a forma e organiza a constelação de forças experimentadas como uma sequência de ordens de crescente complexidade.

As quatro ordens da poligenia são as seguintes:

(1) A pólis saudável (369B-372C). A ordem da pólis apoia-se no provimento mútuo das necessidades por meio da divisão do trabalho. É caracterizada pelos atributos "verdadeira" (*alethine*) e "saudável" (*hygies*) (372E).

(2) A pólis luxuriosa (372C-376E). À base primitiva são acrescentados, *grosso modo*, os acessórios civilizacionais da Atenas contemporânea. Esta ordem é caracterizada pelos atributos "luxuriosa" (*tryphosa*) e "febril" (*phlegmainousa*) (372E).

(3) A pólis purificada (376E-445E). A pólis luxuriosa é insatisfatória. Ela precisa ser purificada pela redução dos extremos de pobreza e riqueza e por uma educação apropriada para a classe governante, os guardiões. À pólis assim purificada (399E) aplicam-se os atributos "boa" (*agathe*) e "reta" (*orthe*) (449A).

(4) A pólis dos filósofos (449A-541B). Esta é a pólis em que os governantes tiveram a sua educação como filósofos. Ela é chamada de *kallipolis* (527C), a pólis excelente ou bela. Pode haver um toque de ironia na referência, o que foi algumas vezes observado. Porém, a designação com certeza não é exatamente irônica, pois, num contexto posterior (543D-544A), sem nenhum toque de ironia, a última pólis é chamada de melhor (*kallion*) do que a pólis "boa" anterior. O termo *kallipolis* parece ser usado com a intenção de caracterizar a pólis que atingiu o ápice do governo (543A), da mesma maneira como os tipos de ordem anteriores tinham os seus atributos correspondentes.

A construção poleogônica começa no melhor estilo teogônico desde o início (*ex arches*), com uma constelação de forças elementais que devem ser harmonizadas pela ordem. As várias proposições envolvidas na construção apareceram aqui e ali em nossa análise, e vamos agora reuni-las num quadro coerente. O homem, ou seja, a primeira proposição, não é autossuficiente (*ouk autarkes*); ele tem muitas necessidades que só podem ser atendidas adequadamente pelos serviços de outros. Além disso, os homens são diferentemente dotados de talentos pela natureza, de modo que um homem é mais hábil para uma determinada tarefa do que outros homens. Pelo desenvolvimento dos respectivos talentos em habilidades, um grupo de homens pode obter um equipamento mais satisfatório para as necessidades (*anankaia*) da vida. Todos os talentos e habilidades que entram no composto satisfatório, porém, são talentos humanos, portanto a sociedade como um todo é o homem escrito em letras grandes. O princípio que conduz à ordem, presente desde o início e desenvolvido mais tarde na virtude da justiça, é a atenção às funções para as quais um homem é especialmente dotado. A negligência das funções que lhe cabem e a intromissão em coisas que são, por natureza, tarefa de outro homem reduzirão a eficácia da ordem e, em última instância, a perturbarão.

O resultado da construção é uma comunidade simples de camponeses, artesãos e pequenos comerciantes livres, nem ricos nem pobres, que utilizam controle de natalidade para evitar que um aumento da população os coloque diante do dilema da pobreza ou da expansão pela guerra. Essa é a comunidade que Sócrates chama de verdadeira e saudável. Temos a sensação de que Platão olha com certa nostalgia para esse idílio dos homens livres saudáveis, ativos, pacíficos e piedosos cujas necessidades de vida estão satisfeitas; e podemos até suspeitar que uma preferência por vezes expressa pelo próprio Sócrates mova-se no pano de fundo da carinhosamente descrita ordem primitiva. Porém, nessa questão, nada pode ser provado.

Embora a pólis primitiva seja uma ordem por natureza, e assim uma ordem saudável e verdadeira, ela não dá espaço para todas as forças da natureza humana. Ela seria a boa pólis se todos os homens estivessem satisfeitos com o atendimento às necessidades da vida e com os prazeres simples. Porém, é grande o número dos que não estão; e um deles está presente na pessoa de Glauco, que sente mais repulsa do que atração pela ordem saudável e verdadeira. Ele está, sem dúvida, em busca de *arete*; mas é também o descendente de uma família aristocrática. Ele não quer ter a sua vida confinada à existência de um chefe de família camponês que se senta em sua cadeira dura na hora do jantar, feliz com a sua refeição frugal e seus familiares e que, em ocasiões festivas, participa dos cantos de hinos piedosos e, na manhã seguinte, volta alegremente ao trabalho de lavrar o solo. Ele quer, entre outras coisas, passar uma noite ocasional numa casa mais elegante e confortavelmente equipada de um mercador do Pireu, na companhia de Sócrates, envolvido em conversas filosóficas. Descarta com desdém a ordem saudável como uma "pólis para porcos" (372D). O que Glauco e Adimanto desejam é uma pólis com os confortos da civilização a que eles estão acostumados, e em que possam desempenhar um papel social comparável ao que têm no presente.

Sócrates é rápido em reconhecer a nova força; os jovens devem ter a pólis em que possam encontrar o seu lugar. É a pólis luxuriosa, com todas as suas artes, atores, dançarinos, enfermeiras, camareiras e cozinheiras de luxo. Ela terá um território muito maior para acomodar a população ampliada, terá conflitos com pólis vizinhas de compleição e expansão similares, estará envolvida em guerras e precisará, portanto, de um exército. Um grupo de cidadãos, porém, que, em virtude de sua especialização na arte da guerra, são os guardiões (*phylakes*) de sua pólis, constitui uma fonte potencial de perigo. A menos que sejam adequadamente selecionados, treinados e educados, eles serão os senhores dos outros cidadãos, em vez de ser seus auxiliadores e guardiões. A suspeita mútua alimentará o ódio, e as tensões internas poderão destruir a pólis. A instabilidade inerente da pólis luxuriosa conduz ao exame de outras forças que possam restaurar a estabilidade da ordem sob investigação.

A transição da pólis primitiva para a luxuriosa foi motivada pelo tipo humano na pessoa de Glauco, cujos talentos são muito ricos para encontrar a sua plena satisfação na vida simples. A força foi reconhecida como legítima por Sócrates, mas a consequente ampliação da ordem levou a um impasse. Pois o jovem nobre tem os talentos, o caráter entusiasmado (*thymoeides*) e a natureza de um amante da sabedoria (*philosophos physis*) que o tornariam adequado para a carreira de guardião numa pólis maior, mas ele não tem as habilidades de um governante. Se as pessoas do tipo de Glauco fossem deixadas à vontade sem um melhor preparo, o resultado seria infeliz. Para evitar um desastre, os guardiões potenciais devem passar por treinamento e instrução rigorosos. E, em seu curso, revelar-se-á que nem todos eles podem ser desenvolvidos até a plena estatura de um governante. Os guardiões serão portanto subdivididos em dois grupos: um grupo maior de posição inferior, os auxiliadores (*epikuroi*), e um grupo menor de homens que podem ser educados até o ponto de se tornarem guardiões (*phylakes*) no sentido cogente. E os princípios dessa educação não podem ser fornecidos pelos esperançosos que têm os talentos mas não a habilidade; eles só podem ser proporcionados por um auxiliador de ordem superior, pelo próprio Sócrates. Assim, com o terceiro estágio da poligenia, a força de Sócrates entra na natureza da pólis como o médico que curará a pólis luxuriante, porém febril, e restaurará a sua saúde, ao mesmo tempo em que preserva a sua escala civilizacional[14].

---

[14] Uma vez que a obra de Platão está exposta, em nosso tempo, a generosas doses de interpretações equivocadas e a aviltamentos diretos, vale a pena observar que a transição do segundo para o terceiro estágio da poligenia explica, tão elaboradamente quanto qualquer cientista político poderia desejar, por que o governo por uma elite idealista e entusiasmada como uma alternativa à democracia numa época de crise é não só indesejável como desastroso. Platão rejeita explicitamente a alternativa de uma elite filosoficamente não ilustrada.

Uma vez que, com Adimanto e sua pólis luxuriosa, Sócrates aceita também a educação (*paideia*) tradicional do corpo pela ginástica, da alma pela música (376E), sua terapia assume a forma de uma expurgação crítica de tradições. Nessa seção da *República*, o grande conflito entre a ordem da filosofia e a ordem do mito chega a seu ápice. A cultura do mito é desintegradora, e sua desintegração bifurca-se da maneira que já mencionamos em ocasiões anteriores. Por um lado, a linguagem do mito torna-se inadequada (Xenófanes) quando a ordem da existência pode ser expressa de forma mais verdadeira na linguagem da alma do filósofo e de sua experiência de divindade transcendental. Por outro lado, a linguagem do mito torna-se opaca quando passa pela mente de fundamentalistas esclarecidos. Quando o mito não é mais experimentado como a simbolização imaginativa de forças divinas, mas como uma coleção realista de histórias sórdidas sobre os deuses, a influência educacional mesmo de Homero pode se tornar desastrosa. Em seu relato do mito de Giges e de seu anel, o jovem Glauco pressupõe com naturalidade que o seu homem invisível, quando cede às suas paixões, age "como um deus entre os homens". E lembramos os exemplos de destruição esclarecida na abordagem de Homero feita por Heródoto ou no Diálogo dos melos, de Tucídides. Assim, a guerra entre Platão e os grandes poetas é conduzida em duas frentes. Por um lado, as formas artísticas de poesia "mimética" são inadequadas para as experiências que Platão está tentando expressar artisticamente. Essa parte do conflito é articulada no Livro X da *República*. Por outro lado, o ataque é direcionado contra a influência que os grandes poetas exercem quando são lidos com uma obtusidade de entendimento, o que não é o caso de Platão. Essa parte do conflito é articulada na expurgação socrática dos poetas *ad usum Delphini*. O que está em jogo no conflito não é nem a excelência de Homero como poeta, nem mesmo a linguagem do mito, tão brilhantemente usada pelo próprio Platão, mas a ordem da alma.

Para expurgar os veículos da *paideia*, Sócrates desenvolve "tipos" de símbolos e ações simbólicas, classificados como prejudiciais ou úteis para a construção da ordem reta na alma dos guardiões. Ele começa com os tipos de teologia anteriormente analisados e continua com tipos de histórias sobre a vida após a morte no Hades e formas de conduta que poderiam ser consideradas como modelos pelos leitores das histórias. Do conteúdo das histórias, ele passa para tipos de representação poética (ditirambos puramente narrativos, drama puramente imitativo, a mistura de narrativa e drama do épico); depois para os gestos e ações simbólicos de canções, harmonias e ritmos e, por fim, para os tipos de ginástica e seus efeitos sobre a formação da alma[15]. Tal sistema expurgado de *paideia* é a verdadeira politeia; e, para preservá-la em existência, são necessárias instituições de aplicação da lei e supervisão, sucintamente designadas por Sócrates como o *epistates*, o supervisor (412A). Como a passagem sugere, Paideia e Politeia não podem ser separadas. Assim, o expurgo de tipos, que começou com tipos de teologia e passou pelos tipos de gestos musicais e de ginástica, continua com as instituições e o modo de vida dos guardiões. Pois não há nada na ordem de uma vida que não afete a ordem da alma. Como a vigília socrática não é definida pela posição externa de um homem, mas como uma "convicção interior de que, a qualquer momento, ele deve fazer o que, de acordo com a sua convicção, for o melhor para a pólis" (413C), a alma do guardião não deve ser exposta a tentações de interesse pessoal que possam vir a falsear as convicções. Esposas e filhos devem ser um bem comum dos guardiões, para que nenhum interesse familiar os tente (423E–424A); eles não devem ter nenhuma propriedade particular além das necessidades, nenhuma habitação que não seja acessível ao público a qualquer momento, e especialmente nenhum tesouro e ornamentos de ouro e prata; devem ter os assentamentos e as refeições em comum; e devem tirar o seu sustento dos pagamentos anuais feitos pelos cidadãos-trabalhadores.

Se o *eidos* da boa pólis não fosse mais do que um objeto de cognição, a poligenia poderia ser considerada completa com esse terceiro estágio. Há três estratos sociais agora na pólis: a população trabalhadora (*georgoi, demiourgoi*), os guardas (*phylakes*) e os governantes (*archontes*). Os trabalhadores foram introduzidos pela concordância quanto às necessidades que levavam à pólis saudável e verdadeira; os guardas, pelo protesto de Glauco e o reconhecimento de uma escala civilizacional que dá espaço a homens de seu tipo; e os governantes pela purificação e pela educação socráticas, que diferenciaram dos guardiões aqueles entre eles que poderiam receber o máximo de formação por meio de uma Paideia socrática. Todos os três estágios poleogônicos são portanto preservados no *eidos* final da boa pólis. Sócrates, de fato, faz parecer que o quadro está completo e mostra-se disposto a prosseguir para os *eide* das constituições ruins (449A–B).

A construção impecavelmente realista do *eidos* a partir das forças humanas presentes no drama resultou, porém, numa Politeia não existente. Somos

---

[15] Não entro nos detalhes do programa educacional porque eles são expostos admiravelmente por Werner Jaeger em seu *Paideia*, v. 2.

lançados de volta à situação de resistência à sociedade corrupta em que a investigação se originou. O realismo requer a incorporação da Paideia socrática na boa Politeia, porque os critérios da ordem reta da existência humana não podem ser encontrados em nenhum outro lugar senão na alma do filósofo. No entanto, a manutenção do realismo leva a um conflito com a realidade da sociedade circundante. O grande conflito entre a autoridade espiritual do filósofo e a autoridade factual da sociedade é expresso, mas não resolvido, pela construção do *eidos*. E o estado não solucionado do problema conduz ao quarto estágio da poligenia quando se indaga se seriam ao menos imagináveis circunstâncias sociais em que a ordem reconhecida como boa poderia se tornar a ordem de uma pólis concreta. O elemento de fundação entra em jogo novamente, no sentido de que o *eidos*, que, como objeto da investigação cognitiva, incorporou a ordem da alma socrática, é ao mesmo tempo um esboço para uma constituição originada na autoridade fundadora da alma do filósofo.

Antes de ceder à pressão dos jovens interlocutores para que revelasse a condição na qual a boa pólis poderia se tornar realidade, Sócrates enfatiza uma vez mais o caráter cognitivo da investigação. "Um paradigma era o que queríamos" quando procurávamos a natureza da justiça e da injustiça; "olhando para esse paradigma" podemos aplicá-lo a nós mesmos e reconhecer a parte dele com que nos assemelhamos; não somos obrigados a provar que a justiça possa ser transplantada para a realidade; criamos um "paradigma da boa pólis" em nosso discurso; e a sua validade não será prejudicada se não pudermos oferecer uma receita para a sua concretização (472C–E). O paradigma, assim, é um padrão pelo qual as coisas podem ser medidas; e a confiabilidade da medida não será diminuída se as coisas não estiverem à altura dele, ou se não tivermos meios de fazê-las chegar mais perto dele[16].

Tendo assim resguardado a natureza do paradigma como um padrão verdadeiro independente de sua realização concreta, Sócrates anuncia a famosa condição: "A menos que os filósofos tornem-se reis nas pólis ou que aqueles que hoje são chamados de reis e governantes tornem-se filósofos, genuína e adequadamente, para que poder político e filosofia sejam uma coisa só, e que as naturezas comuns que agora buscam os dois separadamente sejam energicamente excluídas, não haverá uma cessação do mal para as pólis, nem,

---

[16] Talvez não seja desnecessário enfatizar uma vez mais que um paradigma, no sentido de padrão, não é um "ideal". O padrão é verdadeiro porque expressa a realidade da ordem na alma do filósofo. E a existência de Platão, assim como da ordem em sua alma, não é um "ideal", mas um fato histórico.

acredito, para a raça humana. E, até que isso aconteça, essa nossa politeia não poderá crescer nem verá a luz do sol" (473C–D). Chegando, como o faz, no último estágio da poligenia, o postulado não deve ser surpreendente. A ordem verdadeira que é real na alma do filósofo poderá expandir-se para a ordem social apenas quando alguém com uma alma de filósofo a impuser à pólis. A Paideia socrática do terceiro estágio poleogônico continuará sendo a alma da Politeia apenas em discurso a menos que um governante com uma alma socrática empreenda o trabalho de educação. Assim, embora a condição para a realização da boa politeia seja clara e simples, as chances de que filósofos venham a se tornar reis são diminutas. Na parábola do piloto (488A–489D), Platão faz Sócrates explicar que as pessoas em geral, na democracia de seu tempo, não estão em posição de reconhecer um filósofo e sua utilidade por sua própria iniciativa. Além disso, os políticos em busca de poder cuidam de impedir tal reconhecimento e de assegurar o comando para si próprios. E o filósofo não tem como evitar isso, porque não pode se impor a eles. Pois, na ordem verdadeira das coisas, aqueles que necessitam de um governante devem vir à porta do homem que sabe como governar. O governante, se for realmente bom, não implorará que seus súditos naturais se deixem ser governados por ele (489B–C).

5 O conto fenício

A poligenia é uma forma simbólica fechada dentro de si mesma. Ainda assim, embutidas nela há inúmeras subseções pelas quais ela se liga ao diálogo em que ela própria está incorporada. A primeira dessas subseções a ser examinada é o conto fenício, perto do final do Livro III (414B–415D). Ele tem seu lugar no terceiro estágio da poligenia, no ponto em que a construção da pólis com seus três estratos de trabalhadores, auxiliadores e guardiões é completada. Nesse ponto, Sócrates sugere o seguinte procedimento:

Os fundadores da pólis contarão a seus cidadãos "uma espécie de conto fenício". Eles tentarão persuadir primeiro os governantes e soldados, depois o restante da pólis, de que o seu treinamento e a sua educação foram coisas que eles imaginaram como num sonho. Na verdade, durante esse tempo, eles haviam estado sob a terra, onde eles próprios, assim como suas armas e outros equipamentos, foram moldados e preparados. Depois de estarem terminados, a terra, como mãe de todos, deu-os à luz, de modo que agora eles tinham de cuidar do país e defendê-lo como sua mãe que os havia gerado. Além disso, tinham de ver os outros cidadãos como seus irmãos e filhos da mesma mãe-terra. Embora fossem todos irmãos, continua a história, o deus, quando os produziu, moldou alguns deles para serem governantes e, para tanto, misturou ouro em sua raça. Nos auxiliadores, ele misturou prata; e ferro e bronze nos agricultores e artesãos. Mesmo assim, todos continuavam a ser parentes próximos; e, embora as raças usualmente produzissem filhos do mesmo tipo, também poderia acontecer de pais de ouro gerarem filhos com prata ou bronze, e, de maneira semelhante, descendentes diferentes podiam ser gerados pelas outras raças. Por esse motivo, a primeira e mais importante ordem do deus para os governantes foi que eles separassem as crianças e as direcionassem para a função social que estivesse de acordo com a sua composição de metais. Pois um oráculo diz: A pólis perecerá quando ferro ou bronze for seu guardião.

O cenário circunstancial da história afeta e esclarece o seu significado. Os "fundadores" concordaram que mentiras são repreensíveis em sua pólis e que apenas os governantes têm permissão para usá-las ocasionalmente, como um tipo de remédio, pelo bem-estar da pólis (389B–C). Sócrates refere-se agora ao acordo anterior; ele quer construir uma mentira desse tipo, presumivelmente de uma natureza benéfica, embora a finalidade não seja expressa em nenhum momento (414B). Seu conteúdo, o conto fenício, não é novo. Tais coisas aconteceram antes em muitas partes do mundo, de acordo com os poetas em quem se acreditava; mas elas não aconteceram recentemente, e seria difícil fazer as pessoas acreditarem hoje que pudessem voltar a acontecer (414C). Sócrates, obviamente, se alonga em sua introdução, especialmente por ser a mentira tão abrangente e grande (*gennaion*)[17]. Quando, das advertências e cautelas introdutórias, voltamo-nos agora para o conteúdo da "mentira", a intenção satírica da história fica clara. Pois o que é esse evento que aconteceu em muitos lugares no passado, mas não aconteceu recentemente, essa história que antes podia ser contada e tida como verdadeira, mas na qual seria difícil acreditar se alguém a contasse hoje, o que é essa "Grande Mentira"? É a verdade simples de que todos os homens são irmãos. A boa ordem da pólis requer que todos cuidem de suas próprias tarefas de acordo com seus talentos naturais. Agora que as naturezas dos governantes, guardiões e trabalhadores estão distinguidas, e que a Paideia

---

[17] A tradução como uma "mentira nobre", encontrada com frequência, é equivocada. *Gennaios*, quando aplicado a coisas, significa "bom em seu gênero, excelente" (Liddell-Scott). Aplicada a uma mentira, significaria uma grande mentira, uma "cascata". A tradução de Jowett como "audaciosa" é correta, mas um pouco pomposa.

para os governantes foi elaborada, Sócrates precisa enfatizar que, apesar de suas diferenças, eles ainda são todos iguais como irmãos. Dentro da poligenia, há a mesma sequência de questões que em Romanos e 1Coríntios, em que são Paulo primeiro distingue os *charismata* e sua função na comunidade, depois lembra seriamente aos seus cristãos que, apesar de seus diferentes talentos, eles ainda são todos membros do único corpo de Cristo e que o serviço mais devoto não serve para nada se não é moldado por amor. Para Sócrates, o médico, as diferenças são, por assim dizer, imagens de sonho (*oneirata*), enquanto a realidade (*aletheia*) é a igualdade da irmandade (414D). A apresentação da verdade suprema como uma Grande Mentira incrível é uma das páginas mais ácidas numa obra que acumula tanto desdém ácido sobre Atenas.

A palavra traduzida como mentira, o grego *pseudos*, tem mais de um significado. O acordo entre os fundadores de que só aos governantes é permitido usar um *pseudos* ocasional para o benefício da pólis foi incluído na discussão de histórias (*mythoi*, ou *logoi*) como um instrumento de educação. Tais histórias podem ser verdadeiras (*alethes*) ou falsas (*pseudos*) (376E); e Platão aprecia o paradoxo de que a educação de crianças comece com histórias não verdadeiras, ou seja, com fábulas e mitos. Pois tal *mythos* contado a crianças é falso (*pseudos*) como um todo, mas, ainda assim, é também verdadeiro (*alethes*) (377A). O mito que tem a sua verdade é um *pseudos* no sentido desenvolvido por Hesíodo; é o mito no estilo antigo a ser superado pela verdade da alma e seus novos modos de expressão. O significado do conto fenício não se esgota com a sua função como uma sátira sobre a Atenas desirmanada, dividida por facções políticas; o *pseudos* deve ser avaliado como um mito em si e o seu significado, ou melhor, a multiplicidade de seus significados deve ser determinada:

(1) O mito lembra deliberadamente Hesíodo e suas idades dos metais por meio da história dos metais misturados nas raças dos cidadãos. Em seu contexto, no estágio em que o paradigma da boa pólis é completado, ele é uma advertência explícita para não se compreender equivocadamente os estágios da poligenia como fases de crescimento político no tempo histórico. Os elementos do *eidos*, distendidos no tempo da poligenia, devem ser entendidos como coexistentes na estrutura da politeia. As sucessivas idades dos metais da forma especulativa são simultâneas no *eidos*. Nesse aspecto, o conto fenício prepara a discussão sistemática da unidade do homem na diversificação de tipos, tanto no homem individual como no homem escrito em letras grandes, na seção que vem imediatamente a seguir na *República*.

(2) A insistência em apresentar o problema da igualdade por meio do mito chama a atenção para a questão metodológica de ser ou não possível que a verdade transmitida pelo *pseudos* seja transmitida por qualquer outro meio. Na verdade, o uso do mito dá suporte, em parte, à intenção satírica, na medida em que os atenienses tinham um mito quase idêntico de sua origem da terra-mãe e orgulhavam-se de ser todos uma descendência igualmente nobre por causa dessa *isogonia* (*Menex*. 237B ss.). A forte ênfase no caráter inacreditável da irmandade sublinha a desirmandade dos irmãos atenienses. Ainda assim, não devemos negligenciar o motivo filosófico primário para a introdução do mito, ou seja, a inefabilidade da igualdade dos homens. O entendimento de uma humanidade universal origina-se na experiência de transcendência; e o parentesco inefável dos homens sob Deus revelado na experiência só pode ser expresso imanentemente por meio de um mito de descendência de uma mãe ou pai comum. O mito, assim, é introduzido com correção metodológica no ponto em que o sentido de uma humanidade comum, superando as diferenças de talentos e posições sociais, precisava ser evocado.

(3) O mito, por fim, é explícito em sua própria função, assim como em sua relação com a construção do paradigma precedente. Todo o treinamento elaborado para a sua posição deve ser entendido por governantes e guardiões e, secundariamente, pelo resto dos cidadãos como um sonho (*oneirata*). A verdade e a realidade (*aletheia*) é a sua irmandade. A distinção entre sonho e realidade é direcionada contra o mal do orgulho que pode se apossar dos governantes na politeia. E esse orgulho não será facilmente controlado mesmo por um mito de irmandade. Por isso, a história traz as próprias diferenças, das quais os homens podem vir a se orgulhar, para o reino do mito, atribuindo-as não a talentos e educação pessoais, mas ao metal misturado na raça pelo deus. Como consequência, a construção da politeia como um todo adquire a característica de um *oneiron*, um sonho, enquanto a verdadeira realidade é o mistério inexplicável da existência humana em comunidade, com a sua igualdade e desigualdade, impenetrável à análise racional e comunicável apenas pela verdade do mito. O *pseudos* que começa como uma Grande Mentira é sutilmente transformado na Grande Verdade.

(4) Por trás desse jogo de sonho e verdade surge novamente, inequívoca, a sombra de Heráclito. Lembramos dos sonâmbulos que vivem em seus mundos particulares, tendo abandonado o mundo comum daqueles que estão despertos no *nous*. A diferenciação social da boa pólis está em risco de se tornar uma guerra entre os mundos particulares, a menos que o orgulho de talentos

e posição, assim como a indulgência de assegurar posições para descendentes não merecedores, sejam reconhecidos como a queda da verdade. Quando os governantes promovem seus filhos ao comando mesmo que eles não sejam do metal de seus pais, e desconsideram o ouro que surge das classes inferiores, a pólis perece, porque deixa de ser o cosmos da vida alerta, em que a sabedoria governa, e torna-se o caos de mundos particulares, em que os homens cedem aos sonhos de suas paixões. A boa pólis tornar-se-á um pesadelo quando os homens esquecerem que a sua existência só tem realidade na medida em que eles realizarem o jogo de sonho de Deus.

6 Os modelos de alma e sociedade

O conto fenício contrai a sucessão dos estágios poleogônicos na simultaneidade dos três estratos sociais na boa pólis e faz que a participação num estrato seja determinada por um caráter humano definido. A natureza humana é diversificada em vários tipos, com frequência chamados por Platão de "naturezas", e o problema da ordem é a harmonização dos tipos em super e subordenação social. O problema, implícito na poligenia e compactado na História, é então elaborado numa extensa classificação de forças na alma, tipos de caracteres e de virtudes e na classificação correspondente de estratos sociais, seus caracteres e suas virtudes, no Livro IV da *República*. O esquema desenvolvido é, sucintamente, o seguinte.

Na alma, podem ser distinguidas três forças: o elemento apetitivo, o elemento impetuoso e o elemento racional. As três forças posicionam-se entre si numa relação hierárquica em que o elemento racional é o elemento organizador mais elevado da alma, enquanto o elemento apetitivo é o de posição mais inferior. A estratificação das forças na alma é usada por Platão na construção de uma caracterologia quando ele distingue três tipos de caracteres de acordo com a predominância de um ou outro elemento na alma individual. A antropologia é completada por uma classificação de poderes ordenadores na alma, de virtudes (*aretai*), que trazem ordem para o campo das forças. Os poderes ordenadores são sabedoria (*sophia*), coragem (*andreia*), temperança (*sophrosyne*) e justiça (*dikaiosyne*). A sabedoria é o poder ordenador que é nutrido pelo elemento racional na alma; a coragem é o poder nutrido pelo elemento impetuoso, ou seja, por um afeto de indignação que se lança em defesa do discernimento racional. A temperança, porém, não está estritamente coordenada com o elemento apetitivo na alma; ela é antes concebida como um acordo, ou consentimento, das forças elementais quanto ao direito da força mais elevada de governar a alma. A justiça, o fundamento do sistema de poderes ordenadores, é a disposição da alma bem-ordenada em virtude da qual cada parte cumpre a sua função apropriada. A tabela a seguir mostrará melhor a construção do modelo da alma:

Estrato	Caráter	Poderes ordenadores		
Logistikon	Philomathes e Philosophon	Sophia		
Thymoeides	Philonikon e Philotimon	Andreia	Sophrosyne	Dikaiosyne
Epithymetikon	Philochrematon e Philokerdes			

O modelo da alma é, então, usado na construção do modelo da pólis correspondente:

Estrato	Caráter	Poderes ordenadores		
Archontes	Bouleutikon	Sophia		
Phylakes	Epikourikon	Andreia	Sophrosyne	Dikaiosyne
Georgoi	Chrematistikon			

O modelo é, por fim, usado numa psicologia de caracteres étnicos. Os helenos são caracterizados por seu amor pelo conhecimento (*philomathes*), os trácios e cítios por seu arrebatamento (*thymoeides*), os fenícios e egípcios por seu amor pelo dinheiro (*philochrematon*) (435E–436A)[18].

Os modelos, com a sua construção paralela dos tipos de alma, sociedade e etnias, levam a seu extremo o princípio antropológico de que a sociedade é o homem escrito em letras grandes. Deve-se, no entanto, ter cautela para não tratá-los como uma "doutrina" definitiva, pois eles são rígidos e defeituosos em mais de um aspecto. A classificação de tipos de caráter de acordo com os três metais foi abandonada por Platão nas *Leis* e substituída pelo simbolismo mais flexível das cordas de metal que, em cada alma, exercem a sua tensão,

---

[18] A disposição dos modelos em tabelas é de UEBERWEG-HEINZE, *Grundriss*, Basel, Praechter, [13]1953, 275, v. I.

com forças variáveis, em várias direções. E, no contexto mais imediato, Platão adverte o leitor de que seu problema tem aspectos que não se tornam tópicos no presente nível de discussão (435D). A elaboração formal dos modelos, longe de ser um sinal de solução final, reflete o enorme esforço que foi empenhado na construção de problemas reconhecidos pela primeira vez por Platão como os fundamentos de uma filosofia da ordem. O reconhecimento dos problemas é a grande realização que força repetidamente o retorno aos modelos platônicos, mesmo que suas soluções não possam mais ser aceitas. Um ou dois desses problemas precisam ser brevemente comentados.

Em primeiro lugar, Platão reconheceu como um traço da constituição do ser que os homens são tanto iguais como desiguais. Por meio de sua caracterologia, ele tentou, portanto, interpretar as diferenças entre as "naturezas" humanas como variantes das relações dinâmicas entre as partes componentes, iguais em todos os homens, da alma. A natureza humana é concebida como dispersa em variantes por uma infinidade de seres humanos, de forma que apenas um grupo como um todo incorporará a plenitude da natureza. A ordem na sociedade, portanto, significaria a harmonização dos tipos variantes em super e subordenação corretas. Claramente, a concepção extrapolará os limites da "boa pólis" quando se refletir atentamente sobre suas implicações, pois não há nenhuma garantia de que qualquer sociedade concreta jamais venha a conter os vários tipos em misturas tais que delas possa resultar uma "boa pólis". Lembramos da experiência do próprio Platão com sua Atenas e de sua consciência de que a alma tem problemas de ordem que vão além da ordem da pólis. Além disso, depois que o problema da diversificação da natureza humana é reconhecido, ele não pode ser artificialmente restringido aos limites de uma pólis. O próprio Platão faz um uso do modelo da alma que ultrapassa a interpretação da pólis, ou seja, do homem escrito em letras grandes, quando o aplica à classificação de caracteres étnicos. A humanidade como um todo, para além dos limites de uma sociedade concreta, é o campo no qual os tipos estão distribuídos; e talvez apenas a humanidade como um todo, com sua constelação das principais civilizações, revelará a plenitude da natureza humana, de forma que qualquer sociedade concreta alcançará apenas um grau relativamente "bom" dentro de suas limitações históricas. Quando reconhece o problema, o melhor que um filósofo pode fazer por sua própria civilização é atribuir a ela um grau de "boa pólis" mais alto que o de qualquer outro grupo que lhe for conhecido — como Platão faz quando atribui aos helenos a variante de sabedoria preponderante. O procedimento de Platão manteve-se como um modelo para a construção da história civilizacional ao longo dos tempos e ainda estava vivo na filosofia da história de Bodin.

As várias naturezas humanas podem ser interpretadas como variantes da natureza humana única apenas se a alma é reconhecida como um campo de forças que podem entrar em várias configurações, as *eide*, ou caracteres. Esse é o segundo problema, ou melhor, complexo de problemas, reconhecido por Platão. Embora o entendimento da psique tivesse avançado enormemente desde Homero, passando pelos filósofos-místicos e pelos trágicos, a teorização de seus problemas mal havia começado. O que, pela obra de Platão e Aristóteles, se tornou as faculdades, forças e disposições da psique era ainda, na concepção prevalente, faculdades e órgãos separados do homem, assim como no tempo de Homero. A própria formulação do princípio antropológico (435E), portanto, é seguida na *República* por uma investigação da unidade da alma que mantém unidas as várias forças, a começar pela reflexão reveladora de que a situação começa a ficar difícil "quando se pergunta se fazemos todas essas coisas com a mesma coisa ou se há três coisas e fazemos uma coisa com uma, e outra com outra — aprendemos com uma parte de nós, sentimos cólera com outra", e assim por diante (436B). A importância dos modelos de Platão talvez venha a ser mais bem compreendida se percebermos que ele começou praticamente do estado homérico do problema. Em seus primeiros anos, Platão ainda estava próximo da concepção socrática de que virtude é conhecimento, a qual, por sua vez, estava ainda próxima da noção homérica de ação certa por meio do ato de "ver". E agora, nos modelos, encontramos uma *sophia* que é nutrida pela parte racional da alma, o *logistikon*, presente em todos os homens em todos os tempos, mas ainda de nenhuma utilidade a menos que uma virtude mais elevada do que a sabedoria cuide para que essa sabedoria de fato prevaleça na alma sobre as paixões. Essa virtude mais elevada é a *Dikaiosyne*. Quando consideramos que, na ética de Aristóteles, a justiça como uma virtude ética é superada pelas virtudes dianoéticas, e especialmente pela *phronesis*; que, no sistema de juristas romanos do período clássico, ela é superada pela jurisprudência; e que, na ética cristã, é superada (como uma das quatro virtudes cardeais) pelas virtudes teológicas de fé, esperança e amor, compreendemos que Platão, por meio de sua *Dikaiosyne*, está lidando com a constituição transcendental da ordem na alma. A alma do modelo platônico não é mais um campo aberto de forças cuja ação pode ser atribuída pelo homem aos deuses, mas uma entidade fechada com um poder ordenador que não deriva a sua força de nenhuma das três forças localizadas, pelo modelo, dentro da alma. A *Dikaiosyne* que impõe a ordem reta às forças dentro da alma tem a sua origem fora da alma. O lugar da *Dikaiosyne* no modelo aponta para a realidade transcendente como a fonte da ordem.

7 O *Agathon*

Os modelos da boa ordem da alma e da sociedade apontam para uma constituição da alma que vai além das três forças e das quatro virtudes. Além disso, o realismo deliberado na construção do paradigma da boa pólis leva-nos a indagar por que o paradigma desenvolvido teria de ser dignificado com o atributo "bom". Não seria, talvez, o *eidos* dos modelos a forma de uma pólis muito ruim? Platão tem plena consciência de tais dúvidas. O Sócrates do diálogo evita cautelosamente a questão do bom enquanto desenvolve o paradigma que supostamente é bom, e insinua o problema oculto apenas pela advertência de que o tema em questão nunca será apreendido com precisão (*akribos*) pelos métodos usados. Há um "caminho mais longo e mais difícil" que leva ao objetivo (435D).

O caminho mais longo e mais difícil é finalmente tomado nos Livros VI e VII da *República*. Sócrates lembra seus amigos da advertência anterior (504A–B). Há uma coisa maior do que a justiça e as outras virtudes (504D), e essa coisa maior é a medida das menos perfeitas (504C). O desenvolvimento anterior dos modelos é agora reduzido à posição de um esboço ou delineamento (*hypographe*) a ser superado pela elaboração mais exata (504D). Os homens que serão os governantes da boa pólis devem passar pelos "maiores estudos" (*mathemata megista*) a fim de possuir a verdadeira medida da ordem reta (504A). A politeia será perfeitamente organizada apenas quando seus guardiões tiverem o conhecimento desses assuntos (506A–B). Esse conhecimento refere-se à ideia do bem (*tou agathou idea*) em relação à qual "as coisas justas e tudo o mais" tornam-se úteis e benéficos (505A). Quando tiverem fixado o "olhar de sua alma" no bem em si (*to agathon auto*), devem usá-lo como um paradigma para a ordenação (*kosmein*) reta da pólis, dos cidadãos e de si mesmos pelo resto de suas vidas (540A–B).

O que é a Ideia do *Agathon*? A resposta mais breve para a pergunta é a que melhor trará o ponto decisivo: quanto ao conteúdo do *Agathon*, nada pode ser dito. Isso é a percepção fundamental da ética platônica. A transcendência do *Agathon* faz que sejam impossíveis proposições imanentes com relação ao seu conteúdo.

A visão do *Agathon* não produz uma regra de conduta material, mas proporciona formação à alma por meio de uma experiência de transcendência. A natureza dessa experiência e o lugar do *Agathon* nela são descritos indiretamente por Sócrates pela função do "filho" do bem, o sol, em relação à visão (506E ss.). As coisas são visíveis ao olho quando a luz do sol entra na relação como um terceiro fator. O olho é o mais semelhante ao sol entre todos os instrumentos e recebe o seu poder de visão do sol, como se fosse por meio de um influxo. Além disso, o sol, que empresta ao olho o poder da visão, pode ser visto em virtude desse mesmo poder (508A–B). Essas são as proposições referentes ao sol que servem como o *analogon* (508C) para tornar inteligível o papel do *Agathon* no domínio noético (*noetos topos*). O *Agathon* não é nem intelecto (*nous*), nem seu objeto (*nooumenon*) (508C), mas aquilo que "dá aos objetos do conhecimento a sua verdade e ao conhecedor o poder de conhecer". A Ideia do *Agathon* é "a causa do conhecimento [*episteme*] e da verdade [*aletheia*] até onde se sabe" (508E). A elucidação analógica do *Agathon* por meio do que é mais semelhante a ele (*eikon*) é, então, levada um passo além. O Sol proporciona não só visibilidade, mas também geração, crescimento e nutrição para os visíveis, embora não seja ele próprio uma geração (*genesis*). E, da mesma maneira, o *Agathon* não só torna os objetos conhecíveis, como também lhes proporciona sua existência e sua essência, embora ele próprio esteja além (*epekeina*) da essência em dignidade e poder. O *epekeina* é o termo platônico para "além" ou "transcendente". A excelência criada pelo *Agathon* na alma não é idêntica a nenhuma das quatro virtudes do modelo (518D); o termo preferido de Platão para sua designação é *phronesis* (518E).

A ascensão para a visão do que está além (*epekeina*) do ser, assim como a experiência do caminho foram expressas por Platão mais de uma vez, especialmente no *Banquete* e no *Fedro*, em símbolos grandiosos. As expressões simbólicas diferem porque as forças que puxam e empurram no caminho têm uma ampla variedade, de Eros e Mania ao desejo de verdadeiro conhecimento. Na *República*, é o desejo da verdade que conduz o homem em seu caminho pelas várias formas de conhecimento, dos menos perfeitos aos mais perfeitos, até que ele veja a realidade transcendente, a qual, por sua vez, constitui os objetos da *noesis*, assim como a faculdade do *nous* ou *episteme*. Há várias formas de conhecimento porque há dois domínios de objetos dados ao entendimento humano, o domínio do vir-a-ser (*genesis*) e o domínio da essência (*ousia*). Cada um dos domínios, além disso, tem duas subdivisões de objetos. No domínio do vir-a-ser, as coisas são sombras e reflexos, ou objetos de percepção sensorial; no domínio da essência, elas são objetos matemáticos ou ideias propriamente ditas. Ao total de quatro classes de objetos correspondem as quatro faculdades do conhecimento: *eikasia*, *pistis*, *dianoia* e *noesis* ou *episteme* (509D–511E). A constituição transcendental da alma pode ser alcançada quando um homem percorre as formas de conhecimento, quando ele ascende do domínio das sombras (e da *eikasia* correspondente) para o domínio das ideias (e da *episteme* correspondente) e, por fim, para a visão do próprio *Agathon*. Para expressar esse caminho, Sócrates conta a seus amigos a parábola da caverna:

(1) Seres humanos estão acorrentados numa caverna, com o rosto voltado para a parede. Atrás deles, a caverna eleva-se até uma abertura, com um fogo faiscante a distância. Entre o fogo e os prisioneiros, há uma parede baixa, atrás da qual pessoas estão passando, segurando para cima recipientes, estátuas e figuras de animais, de forma que estes apareçam acima da parede. Os prisioneiros não veem nada além das sombras na parede da caverna diante deles, suas próprias sombras e as sombras dos objetos que se elevam acima da parede. Para os prisioneiros, a verdade não seria nada além das sombras de si mesmos e dos objetos (514–515).

(2) Na segunda parte da parábola, um dos prisioneiros é libertado dos grilhões e forçado repentinamente a ficar em pé, virar-se para andar e elevar seus olhos para a luz. A experiência é dolorosa. O brilho do fogo o atordoará. E, a princípio, ele se sentirá inclinado a considerar as sombras como a verdadeira realidade e os objetos reais como distorções (515).

(3) Na terceira parte, o prisioneiro é arrastado para a entrada da caverna e tem de encarar o mundo superior e a própria luz. Ele progride em seu poder de visão das sombras para os objetos reais e, mais ainda, para a luz propriamente dita. E, por fim, reconhece o sol como o senhor do mundo visível e, num certo sentido, como o criador supremo de todas as coisas que ele via em sua prisão (516). Depois de ter visto a luz, ele reluta em voltar para a caverna e para a companhia dos outros prisioneiros. Eles tinham uma prática de conferir honras àqueles que melhor observassem a sequência de sombras e que pudessem, com base em suas observações, adivinhar as que apareceriam em seguida. Ele não vê mais gosto nessa sabedoria e nessas honras; e prefere suportar qualquer outra coisa a voltar para aquela vida triste.

(4) Na quarta parte, porém, o prisioneiro é levado de volta para o seu lugar anterior entre os outros prisioneiros. Ele acha difícil ajustar-se nova-

mente à escuridão. É uma figura ridícula entre seus companheiros, que nunca deixaram seus lugares, pois não é mais tão ágil quanto eles no jogo das sombras. Os outros zombam dele, porque ele perdeu sua visão na subida; acham melhor não subir do que voltar em tal condição. E, se ele tentasse soltar os outros de suas correntes, eles pegariam o transgressor se pudessem e o matariam (516–517).

O significado da parábola em geral é claro e não precisa ser elaborado. Ela é uma alegoria da educação do filósofo, assim como de seu destino na sociedade corrupta, com uma alusão no final à morte de Sócrates. Podemos nos voltar, portanto, para os propósitos especiais que levaram Platão a introduzi-la neste ponto do diálogo.

A parábola, em primeiro lugar, prepara um esclarecimento da Paideia. A educação de um homem até o pleno entendimento da realidade é incompleta se ele não experimentou a virada da alma, a *periagoge* na parábola. A *periagoge*, no entanto, representa um problema para a educação que é diferente dos problemas da Paideia desenvolvidos na anterior purificação socrática das tradições. Pois todas as virtudes da alma, anteriormente descritas nos modelos, têm algo em comum com as excelências do corpo, na medida em que podem ser criadas por habituação (*ethesi*) e treinamento (*askesesin*) quando ainda não existem (518D). Nessa medida limitada, portanto, é possível dizer que a virtude pode ser ensinada. Como as "profissões" dos sofistas (por exemplo, de Protágoras no diálogo que leva o seu nome) vão além desse ponto, porém, e afirmam que o verdadeiro conhecimento, *episteme*, pode ser colocado na alma, elas estão erradas (518B–C). Pois o tipo de visão (*opsis*) que possibilita ao homem ver o *Agathon* deve existir na alma, assim como um homem precisa ter olhos para ver (518C). O educador não pode fazer mais do que virar esse órgão de visão, se ele já existir na alma de um homem, do domínio do vir-a-ser para o ser e para a região mais luminosa do ser — "e isso, dizemos, é o *Agathon*" (518C). Assim, a Paideia (518B) é "a arte de virar (*periagoge*)" (518D).

Paideia, *Periagoge* e *Agathon*, portanto, estão estreitamente conectados; e essa conexão, estabelecida pelo próprio Platão, deve ser lembrada para que se evitem as interpretações extravagantes que parecem se sugerir tão facilmente, porque, no cristianismo, a *periagoge* tornou-se conversão no sentido religioso. Na verdade, a *periagoge* platônica tem uma ideia geral de conversão; mas não mais que uma ideia geral. A experiência permanece essencialmente dentro dos limites da alma dionisíaca, como as várias formulações no contexto da parábola deixam claro. O homem deve se dedicar a um curso de estudos, da matemática à dialética, que lhe "facilite a apreensão da ideia do *Agathon*". Essa tendência pode ser encontrada em todos os estudos que forcem a alma a se virar do vir-a-ser para o ser e, em última instância, para a região onde vive "o ser mais eudaimônico" (526E). Depois de ter experimentado essa "contemplação divina" (517D), os homens vão querer ficar "lá em cima para sempre" (517C), pois ali eles próprios se sentirão eudaimônicos (*eudaimonizein*) (516C) e, por assim dizer, "transportados para as Ilhas dos Bem-aventurados enquanto ainda vivos" (519C)[19]. Assim, a beatitude da eudaimonia não é uma visão beatífica no sentido cristão, mas, literalmente, um estado exaltado de daimonia, que o *daimon* na psique do homem alcançará quando se dedicar à sua formação (*paideia*) pela associação com o *Agathon* eudaimônico.

O filósofo que atingiu o estado de eudaimonia sentir-se-á inclinado a permanecer nas alturas da contemplação. Ele relutará em retornar à escuridão da caverna e disputar as sombras com os prisioneiros. Assim, no que se refere à ordem da pólis, o meio de sua salvação parece ser a autoderrota. Quando os únicos homens que podem estabelecer a boa ordem se retirarem para a vida de contemplação, o governo será deixado para os políticos não iluminados, ou para aqueles homens que se esforçam para chegar à *phronesis*, mas nunca a alcançam. Sócrates, portanto, precisa impor a seus filósofos relutantes o dever de retornar à caverna.

Mas por que esse dever cabe a eles? Por que deveria o filósofo se sacrificar por concidadãos que prefeririam matá-lo a segui-lo? A questão do apolitismo torna-se aguda; e Platão, de fato, faz ressalvas ao dever de retornar distinguindo várias situações em que os filósofos podem se encontrar. Retornar é um dever apenas na pólis da *República*, não na sociedade corrupta circundante. Pois a pólis da *República* é baseada no princípio de que a felicidade do indivíduo é subordinada à felicidade do todo (419 ss.; 519E). Cada classe dos cidadãos deve contribuir com a sua parte, "por persuasão ou por força" (519E). E a pólis tem um direito de exigir o sacrifício dos filósofos, porque ela lhes proporcionou a educação que deve habilitá-los a unir a pólis (519–520). Em outras pólis, porém, onde os homens alcançaram a vida contemplativa espontaneamente (*automatoi*), sem a ajuda da comunidade ou mesmo em oposição a ela, eles

---

[19] Para outras passagens dessa natureza em outros diálogos, ver FRIEDLÄNDER, *Platon*, 81, v. I.

não têm nenhuma razão para se preocupar com o pagamento de uma dívida de gratidão não existente (520A-B). Estamos, uma vez mais, tocando a possibilidade anteriormente discutida de um afastamento definitivo da pólis e da participação na politeia da alma, com a perspectiva de que esse curso abra-se para a existência numa comunidade espiritual para além da organização temporal de governo. Ainda assim, esse problema não é mais do que tocado no contexto da parábola. A ordem da *República* não contempla essa diferenciação da existência em espiritual e temporal. Os filósofos da boa pólis, uma vez tendo recebido a sua educação, estão sob um decreto rígido: "Deveis descer [*katabateon*]" (520C). Esse decreto retoma o tema de abertura da *República*, o "eu desci [*kateben*]" de Sócrates; e talvez lembre associações órficas de uma *katabasis* ao Hades para ajudar as almas no mundo inferior. Pois os filósofos devem descer, na posição de salvadores como Sócrates, para ajudar os prisioneiros da caverna. Como eles viram "a verdade do belo, do justo e do bom", podem discernir muito melhor do que os moradores de "Lá" as coisas obscuras, as sombras (*eidola*) das coisas reais. Como eles viram o *Agathon*, a pólis sob o seu comando será governada com uma mente desperta (*hypar*) em vez de ser conduzida, como a maioria das pólis de hoje, obscuramente como num sonho (*onar*) (520C-D).

§5 A desintegração da ordem

A ordem da boa pólis, mesmo quando é por fim estabelecida, irá se desintegrar. A Parte III da *República* (543A-576B) estuda as causas e fases da desintegração, assim como as formas pelas quais a alma e a sociedade passam quando declinam. O significado geral do estudo deriva de sua posição no diálogo como um todo, conforme o apresentamos na seção inicial deste capítulo. Em relação a sua forma, devemos observar que o processo de decomposição é contado como uma história, da mesma maneira que a formação do paradigma da boa ordem foi exposta como a história de sua criação. O conto das sucessivas formas ruins de governo é o equivalente da poligenia, em que as formas boas sucederam-se umas às outras. Não podem, portanto, surgir discussões quanto a ter sido ou não a sequência de formas pretendida como uma história de declínio. Na verdade, dúvidas históricas surgem como tópicos dentro do conto; mas o tempo do conto em si é o tempo da narrativa mítica, assim como na poligenia, e não o tempo da história.

1 A unidade somática da pólis

Como um estudo da desincorporação da Ideia, a Parte III equilibra a incorporação da Ideia na Parte II. A linguagem da incorporação e da desincorporação tem o seu rico significado porque Platão faz do corpo, no sentido biológico, a base somática sólida, uma condição para o estabelecimento da boa pólis, na seção de abertura da Parte II (449A-466D). A Parte III, de forma correspondente, inicia o estudo da desincorporação com as causas da desordem na base somática, que, por sua vez, levará à desordem da psique (545B ss.). Começaremos portanto a nossa análise com o projeto para assegurar uma base somática sólida para a boa pólis.

O projeto, ao qual já nos referimos várias vezes, concebe a comunidade de esposas e filhos entre os guardiões e governantes, assim como um programa para acasalamento eugênico. Sócrates aborda o tema com alguma hesitação, porque a ideia vai contra o que é comumente aceito como a natureza das coisas quando se trata de relações familiares. Para compreender a motivação do estranho programa, temos de lembrar o problema fundamental de todo o sistema político helênico, ou seja, a incapacidade de superar a coesão local e de criar instituições políticas em escala regional ou nacional. A pólis, lembramos, foi construída a partir de famílias e tribos. Não era possível nenhuma adesão direta à pólis; a cidadania em Atenas podia ser adquirida por nascimento ou pela adoção em uma das fratrias ou demos. A ideia de associação pessoal numa comunidade do espírito, independentemente de vínculos familiares, ainda estava em seus primeiros passos; apenas acabara de se expressar, no século IV, na forma de escolas filosóficas. Nessa situação histórica, temos de compreender o projeto platônico de uma comunidade de mulheres e filhos como uma tentativa de superar as divisões familiares fragmentadoras, transformando pelo menos a classe dominante da pólis numa única família. Os sentimentos profundos derivados das relações sexuais, assim como as relações pais-filhos, não estarão mais limitados pela pequena família, mas serão "comunizados" (Platão usa o verbo *koinoneo*) entre todo o grupo de guardiões (464A-B).

Embora a motivação para a proposta seja fornecida pelo próprio Platão, estamos em terreno menos seguro quanto à questão de por que esse projeto específico teria sido escolhido como uma solução para o problema. A questão é especialmente intrigante porque Platão, imagina-se, tinha à sua disposição os meios de superar a fragmentação por relações familiares em sua ideia de uma comunidade espiritual unida pelo *Agathon*. Historicamente, a formação de um corpo místico por intermédio de uma substância espiritual comum em todos os membros tornou-se, de fato, a solução para o problema de formação de comunidades que ultrapassassem as relações familiares reais ou fictícias. Platão evoca, como seria de esperar que fizesse, a ideia da boa ordem por meio de uma Paideia que inculque o mesmo espírito em todos os cidadãos; mas então ele projeta, além disso, uma substância somática concreta como a base para a comunidade espiritual. E essa não é uma ideia passageira na *República*; pois a mesma preocupação com o acasalamento adequado como a condição de equilíbrio espiritual reaparece no posterior *Político*. A duradoura preocupação com a base somática, sugerimos, revela o grau em que a noção platônica de uma personalidade espiritualmente formada ainda está incorporada no mito compacto da natureza. Corpo e psique, apesar de sua admitida separabilidade, ainda são fundamentalmente inseparáveis. Assim, uma verdadeira ordem do espírito não pode ser realizada na comunidade a menos que apoiada pela seleção eugênica de corpos certos; e o meio de superar a exclusividade fragmentadora do vínculo familiar é encontrado na projeção da família na escala da pólis. A pólis é o homem escrito em letras grandes em mais de um sentido.

Reconhecemos as limitações das unidades familiares e tribais como o problema fundamental dos sistemas políticos helênicos; e observamos o desejo de superar tais limitações como o motivo da construção de Platão. No entanto, assim que aceitamos esse desejo como o motivo, vemo-nos diante do fato de que a solução é de valor duvidoso. O que Platão quer, em última instância, é a comunidade dos helenos unificada, espiritualmente bem ordenada e nacional — mas a ordem que ele efetivamente evoca é a de uma pólis, fortalecida em sua exclusividade pelos sentimentos que, inevitavelmente, devem surgir da ênfase na unidade somática.

Platão não ignora a dificuldade, pois faz o projeto da família comunitária eugênica ser seguido por uma breve discussão sobre as regras da guerra (466D–471C). Ele distingue guerras contra bárbaros de guerras entre helenos. Estas últimas ele não considera que sejam guerras num sentido estrito, mas antes casos de lutas civis. Nessas guerras civis com outras cidades helênicas, os governantes da pólis terão de observar regras especiais que proíbem todas as crueldades, destruição de cidades, escravização ou matanças desenfreadas, pois os helenos acabarão caindo em escravidão para os bárbaros se não pouparem a sua própria raça (*genos*) (469B–C). Também esta concepção não é uma ideia passageira; no *Crítias*, ela é desenvolvida no mito dos helenos federados sob a hegemonia de Atenas. A insistência na pólis como a unidade ordenada pela ideia volta-se contra si mesma se uma nação helênica unificada é o objetivo político final, e o agravamento do problema com a insistência na unidade somática para a pólis certamente é intrigante; deve ter raízes mais profundas do que mero conservadorismo ou falta de imaginação. E descobrimos, de fato, que a própria insistência nessa unidade somática perturbadora é a chave para a compreensão de um problema que ocupou Platão mesmo em sua velhice e que encontrou plena expressão apenas em sua última obra, as *Leis*.

O problema que ocupa Platão da *República* até as *Leis*, e lança sua sombra mesmo sobre a *Política* de Aristóteles, é o tamanho da pólis. Um dos principais propósitos da organização platônica da pólis como uma "única família" é o controle dos governantes sobre o número da população: a pólis não deve se tornar grande demais ou pequena demais. Nas *Leis*, Platão decide-se por um número fixo de chefes de família; enquanto Aristóteles, na *Política*, desenvolve a categoria limitante de autarquia para a pólis e chega a achar o número platônico de aproximadamente 5 mil para os chefes de família grande demais. Do ponto de vista da política prática, diante do perigo persa e do crescente poder da Macedônia, essa insistência no pequeno tamanho da pólis foi fatal e, como vimos, Platão tinha consciência do problema. Se ele insiste ainda assim, a razão tem de ser procurada na concepção da entidade política como uma Forma incorporada. A Forma, ou Ideia, não pode organizar qualquer quantidade de matéria numa ordem; o corpo que a Forma cria para si precisa ser adequado como um veículo para a Forma. A Forma é um princípio limitador, uma Medida, um *metron*, no cosmos; e o corpo precisa se encaixar na Medida clara e finita. Essa concepção da Forma como um princípio limitador não é um ingrediente inevitável de todas as civilizações no plano do mito cosmológico, mas um traço especificamente helênico. Apesar de paralelos com a civilização helênica em outros aspectos, como a incapacidade de superar as limitações da família, os antigos pensadores chineses, por exemplo, conseguiram conceber uma unidade política como um império cósmico que, em sua universalidade, era um análogo do Céu universal. Além disso, vimos concepções similares à chinesa dominantes no antigo Oriente Próximo. As causas gerais da peculiaridade helênica já foram discutidas. Neste contexto, a peculiaridade deve ser aceita como um fato. Na civilização em que Platão viveu, a Forma era experimentada como a Medida de objetos finitos, visíveis, claramente delimitados no mundo. Assim, o "corpo" tinha importância suprema como o meio em que a Medida era visivelmente realizada.

A concepção de Forma foi completamente articulada apenas nas *Leis*. Em seu último diálogo, Platão de fato construiu a pólis como um cristal matemático que, em suas proporções, refletia as relações numéricas do cosmos. Mesmo assim, o problema está presente na *República*, embora, no Livro V, na seção sobre a comunidade de mulheres e crianças, o problema da Medida ainda não apareça muito claramente. Na verdade, encontramos disposições para manter o número da população estável; mas as disposições adicionais para conservar e dar continuidade ao "corpo" da pólis lembram-nos mais uma digressão sobre a criação de animais do que uma discussão metafísica da Medida cósmica. Como consequência, essa seção, com sua ênfase em genética e eugenia, tem sido criticada com frequência como algo semelhante a uma teoria de raças. O fato de que o significado das disposições não é "biológico" no sentido moderno, mas cosmológico, aparece apenas nas primeiras páginas do Livro VIII, onde a discussão de seu significado cosmológico é o ponto de partida para a teoria da sequência de formas políticas ruins.

2 O fracasso mítico da encarnação

Sócrates levanta a questão de como a boa pólis pode começar a se dissolver e se lançar no caminho da monarquia ou aristocracia original para a primeira das formas ruins, qual seja, a timocracia (545C). A questão é crucial, porque a discussão anterior no Livro V havia pressuposto que o estabelecimento da "única família" resultaria em paz completa entre os membros da classe governante. E a paz na classe governante bem ordenada é a garantia de estabilidade, uma vez que nenhuma dissensão das classes inferiores deve ser temida desde que os governantes não briguem entre si (465B). A discussão no Livro VIII retoma esse argumento. Se alguma mudança na boa pólis ocorresse, ela teria de se originar numa dissensão interna da classe governante. Desde que a classe governante tenha o mesmo modo de pensar (*homonoia*), ela não pode ser perturbada, por menor que seja (545C–D). Como, então, a pólis pode ser movida para fora de sua ordem estável? (545D) A pergunta não pode ser respondida diretamente, porque se refere ao mistério da iniquidade, ou seja, a instabilidade da própria Forma cósmica. Platão, portanto, faz a intermediação da pergunta por meio de um irônico apelo homérico às Musas, e supõe que elas respondam de maneira jocosa, como se estivessem falando com crianças, brincando, com a aparência de estar falando sério (545D-E).

O que nasceu, respondem as Musas, deve perecer. A boa pólis parece inabalável, mas até mesmo essa estrutura, com o tempo, deve sofrer a dissolução (*lysis*). Sua decadência é inevitável, porque está além dos poderes do homem observar em todos os tempos os ritmos do cosmos. Todas as criaturas, plantas e animais têm períodos de fertilidade e esterilidade, tanto da psique como do corpo. No caso da espécie humana, até mesmo o mais sábio dos governantes, apesar de seus cálculos e observações, mais cedo ou mais tarde deixará escapar o momento propício para a concepção (*eugonia*) e filhos serão gerados fora da estação devida (546A-B). Segue-se, então, uma dissertação (em seus detalhes obscura) sobre as propriedades matemáticas dos números periódicos para o "que é de nascimento divino" (provavelmente o cosmos) e o "que é de nascimento humano" (546B-C). Quando os guardiões calculam mal o tempo certo (*kairós*) para o acasalamento, a qualidade dos filhos não será perfeita (*euphyes, eutyches*) (546D). E, uma vez que tenha ocorrido a concepção errada inicial, o curso posterior é inevitável. A geração seguinte de guardiões negligenciará as Musas e a educação dos rapazes; quando eles se tornarem governantes por sua vez, não discernirão muito bem "as raças de Hesíodo e nossas raças" de ouro, prata, bronze e ferro. E, assim, inicia-se o movimento na direção da dissolução da classe governante de mesmo pensamento (546A-547A). A discórdia surgirá entre os guardiões que tiverem bronze e ferro na alma e os outros que ainda tiverem ouro e prata. Os primeiros serão atraídos para o ganho de dinheiro e a aquisição de bens; os segundos, desejando apenas os metais puros em sua alma, serão atraídos para a virtude e os velhos costumes. No fim, eles buscarão um meio-termo e chegarão a um acordo sobre a propriedade privada de casas e terras; escravizarão as pessoas que antes viviam livremente sob o seu comando, dedicar-se-ão à guerra e estabelecerão o seu governo pela força. Esse é o ponto inicial da transição para a oligarquia; e esse estado intermediário é a forma de timocracia (547B-C).

A boa pólis não está isenta do mistério cósmico do Ser e do Vir-a-Ser. A Forma que foi incorporada será desincorporada; está além dos poderes do homem superar a transitoriedade do fluxo e criar o Ser eterno. A Forma eterna no Vir-a-Ser é um momento fugaz entre criação e dissolução. Perceber que Platão mantém essa posição mesmo na *República* é de importância para a continuidade de seu pensamento. *Fedro, Teeteto, Político, Timeu* e *Crítias* ampliam vastamente o horizonte de problemas; mas a filosofia da história que

Platão desenvolve gradualmente nos diálogos posteriores não implica uma ruptura com a *República*.

3 A sequência de formas políticas

Timocracia, oligarquia, democracia e tirania são os estágios pelos quais a boa pólis passa em seu caminho de declínio para a "última doença da cidade" (544C). Como a sequência tem sua origem não num acontecimento histórico, mas no fracasso mítico da encarnação da Forma no Vir-a-Ser, inevitavelmente surgirão dúvidas quanto à natureza precisa da sequência. O próprio Platão deu algumas indicações sobre o significado da sequência por meio de sua definição de critérios para (1) a seleção das quatro formas (*idea, eidos*) e (2) a ordem em que elas se seguem uma à outra. Os quatro tipos são selecionados por terem nomes distintos em uso comum e serem espécies (*eidos*) claramente distinguíveis; e sua ordem é determinada pelo valor que lhes é dado pelo consenso popular (544C).

Nesse estágio da argumentação, Platão não afirma que todos os sistemas políticos históricos estão fadados necessariamente a passar pela sequência de formas. Pelo contrário, a seleção de exemplos, assim como os comentários que os cercam, parece excluir essa noção. Como exemplos de timocracia, são mencionadas as constituições de Creta e Esparta; mas não há sugestão de que qualquer uma delas tenha decaído de uma forma anterior mais perfeita, nem que elas terão de se desenvolver em oligarquias, democracias e tiranias. Para os três últimos tipos, Platão não dá nenhum exemplo, presumivelmente porque um número suficiente de casos ocorreria a todo leitor grego. Além disso, outros tipos, como monarquia hereditária ou uma forma de governo em que o cargo mais elevado pudesse ser comprado, são mencionados, embora excluídos do exame por serem "intermediários" entre as espécies distintas. Uma vez mais, porém, não é feita nenhuma afirmação de que, na transição de um tipo claro para o seguinte, uma pólis concreta tenha de passar pelas fases intermediárias (544C–D).

A natureza taxonômica da sequência é ainda mais acentuada pela discussão dos caracteres que correspondem às formas políticas. Platão reafirma o princípio antropológico que dominou a exposição da pólis da ideia. Deve haver tantos tipos de caracteres quantos são os tipos de formas políticas. As constituições não "nascem de árvores ou pedras", mas derivam dos caracteres dos homens que vivem sob elas (544D). Assim, a descrição das quatro formas políticas será combinada com a descrição dos quatro caracteres correspondentes, descendo do tipo competitivo e ambicioso, que é o de valor mais elevado, para o tipo despótico, que é o mais baixo. Como resultado dessa análise, devemos chegar a um pleno entendimento do tipo completamente injusto, para que possamos compará-lo ao tipo perfeitamente justo da alma bem ordenada; e a comparação nos permitirá responder se a felicidade é encontrada na vida justa ou na vida injusta (545A). A exposição desse programa termina com o acordo de que tal exame e tal avaliação de fato seriam "sistemáticos" (*kata logon*) (545C). A impressão é de que a sequência não tem nada a ver com história.

A natureza da sequência aparece sob nova luz, no entanto, quando Platão segue para a execução do programa. Os quatro tipos, assim como os caracteres correspondentes, não são simplesmente descritos em sucessão; Platão apresenta-os na forma de um "conto" de tal maneira que, com o tempo, eles se desenvolvem inteligivelmente, um a partir do outro. Já nos referimos a esse problema quando indicamos que o tempo em que as quatro formas seguem-se umas às outras é, primariamente, o tempo da narrativa mítica, não o tempo da história. Ainda assim, o problema não é esgotado por essa fórmula. Vamos observar num caso concreto como a transição de uma forma para a seguinte é realizada. Quando o erro cósmico no acasalamento ocorre na boa pólis e, como consequência, os primeiros sintomas de desordem começam a se manifestar, o palco está montado para o aparecimento do homem timocrático. Este seria o filho de um homem excelente da velha escola. O pai propriamente dito retirar-se-á da vida pública e preferirá abdicar de alguns de seus direitos e oportunidades a degradar-se pela participação na briga desprezível por vantagens. O caráter do filho, porém, será influenciado pelas inevitáveis dificuldades domésticas. A mãe reclama que seu prestígio entre as mulheres está sendo prejudicado porque seu marido não detém um alto cargo; e a situação financeira da família declina. A mãe vê seu marido absorto em pensamentos e um tanto indiferente a ela; ela faz comentários ao filho de que seu pai não é um homem de verdade, de que ele não leva as coisas a sério, e assim por diante. Os servos falam numa linha semelhante por lealdade ao interesse da família; eles insistem para que o filho não imite o pai, mas defenda os seus direitos quando for adulto. Fora de casa, o jovem observa que um homem que só cuida da própria vida não é muito respeitado, ao passo que as pessoas admiram alguém que tem o seu dedo em tudo o que acontece. Suas visões de vida serão inevitavelmente afetadas por essa influência, e o pai, que deseja cultivar a mente do filho, não pode vencê-la. O resultado será um meio-termo entre o *logistikon* e o *epithymetikon* no caráter do jovem; ele será dominado pelo *philonikon*; e isso significa que se tornará arrogante e ambicioso (549C–550B).

Da análise, surge o princípio pelo qual Platão constrói as várias formas políticas e os caracteres correspondentes, assim como o princípio de transição de uma para outra. Os caracteres e suas formas políticas são determinados pela predominância de uma ou outra das três forças da alma. A pólis é boa quando o *logistikon* predomina na alma dos governantes; ela é uma timocracia quando o *philonikon* predomina; uma oligarquia quando as paixões do *epithymetikon* e do *philochrematon* predominam. Para derivar as formas adicionais da democracia e da tirania, Platão subdivide as paixões (*epithymia*) nas necessárias e saudáveis, nas desnecessárias e luxuriosas e nas criminosas (558C–559D). Na oligarquia, os desejos necessários, que induzem a uma vida restritiva, parcimoniosa e mesquinha, predominam. Na democracia, as paixões desnecessárias, que levam a insolência, anarquia, desperdício e impudência, são deixadas à solta. Na alma despótica, esse campo pluralista de paixões é dominado por uma volúpia preponderante de natureza criminosa, que induz os homens a traduzir em realidade os desejos que eles experimentam nos sonhos.

Platão usa o princípio antropológico para tornar as transições inteligíveis. Caracteres e formas não correspondem simplesmente uns aos outros, mas as várias forças sociais (pai, mãe, servos, amigos, conhecidos etc.) lutam na alma do indivíduo; e elas podem lutar dentro da alma do indivíduo porque são forças psíquicas. A psique é uma sociedade de forças, e a sociedade é a multiplicidade diferenciada de elementos psíquicos. As formas podem seguir-se umas às outras de forma inteligível no tempo porque sua sequência como um todo é um processo dentro da alma, ou seja, o processo da corrosão gradual em que os elementos da psique são, um após o outro, desprendidos de sua posição "justa" na alma integrada e bem ordenada, até que as paixões, sem um princípio ordenador superior, vagueiam livremente sem restrição.

As paixões na alma, no entanto, não vagueiam tão livremente nem mesmo no último estágio de confusão moral. A ordem da alma pela predominância das forças mais elevadas se foi, mas uma nova ordem do mal assumiu o seu lugar. A análise da transição da alma democrática para a despótica pode muito bem ser considerada a obra-prima da psicologia platônica. No estado democrático da alma, todos os apetites estão em pé de igualdade e competem entre si pela satisfação. O Estado pode mesmo ter certas vantagens não percebidas no Estado oligárquico, no sentido de que a alma pelo menos não está deformada pela exclusividade do desejo aquisitivo, mas cede livremente a prazeres e luxos com um grau de sofisticação. Porém, esse estado de uma deterioração amena — e, talvez, estética — esgota-se e, agora, abre-se o último abismo de depravação. Pois para além da exuberância comum dos desejos estão as luxúrias maiores, que "se agitam numa alma em seus sonhos", mas geralmente são mantidas refreadas na vida desperta pelos controles da sabedoria e da lei. Em sonhos, a besta lança-se em seu desvario de assassinato, incesto e perversões. O homem sábio conhece essas possibilidades e a sua fonte. Ele não irá dormir antes de ter despertado o *logistikon* em sua alma e o alimentado com nobres pensamentos em meditação recolhida. Ele cuidará para que, durante o dia, seus desejos não tenham ficado nem famintos, nem supersaciados, de forma que nem seus deleites nem seus pesares perturbem-lhe a contemplação; ele agora acalmará sua paixão a fim de não adormecer com sua ira voltada contra ninguém. Assim, tendo aquietado as duas forças inferiores de sua alma e tendo despertado a força mais elevada, o seu sono não será perturbado por sonhos ruins (571D–572A). O procedimento do homem despótico é o oposto daquele adotado pelo homem sábio. Longe de tentar produzir uma catarse da alma, ele, ao contrário, irá além da confusão de desejos conflitantes e dará à multidão de apetites rivais um mestre, deixando a volúpia de seus sonhos entrar em sua vida desperta.

O termo de Platão para essa volúpia mais profunda, que lança um brilho maléfico sobre a vida de paixões, é Eros. Esse Eros ele vê sob a imagem de um Grande Zangão Alado, cercado pelo enxame zumbidor de prazeres de uma vida dissoluta, até que o ferrão do desejo tenha crescido no Zangão a ponto de se tornar um anseio que não pode ser satisfeito. Então, por fim, depois que a paixão-mestre adquire a sua plena *mania*, ela se rompe em desvario; ela purga a alma de seus últimos resquícios de vergonha e temperança e subordina todas as ações à satisfação de seu anseio insaciável (572D–573B). O *Eros tyrannos* (573B, D) é o duplo satânico do Eros socrático. O *enthousiasmos* do Eros socrático é a força positiva que carrega a alma para além de si mesma em direção ao *Agathon*. O *Eros tyrannos* é alado como o deus Eros, mas parasita (o Zangão); ele não tem um *enthousiasmos* produtivo, mas um ferrão (*kentron*) que consome insaciavelmente a substância. Ainda assim, ambos os Eros são modos de *mania*. O desejo que volta a alma para o Bem e o desejo que sucumbe ao fascínio do Mal estão estreitamente relacionados; a *mania* da alma pode ser tanto o seu *daimon* bom como o seu *daimon* mau. Mesmo na *República*, em que o *Agathon* ocupa o centro, o problema do dualismo cósmico não pode ser totalmente suprimido. Podemos ir ainda mais longe e dizer que no dualismo de Eros o dualismo de Bem e Mal é reduzido a sua base da experiência. Pois o bom e o mau Eros estão muito próximos na alma como a sua potencialidade de vencer-se pela transcendência ou perder-se pelo fechamento e pela confiança em seus próprios recursos. O dualismo dos Eros, estreitamente relacionado ao dualismo cristão de *amor Dei* e *amor sui*, recebe a sua cor específica da experiência de transição de um modo para o outro. Mesmo o Eros tirânico com sua *mania* é um princípio ordenador; e, embora a substância tenha mudado, o estilo de ordem é mantido. A decomposição da alma bem ordenada não leva à desordem ou à confusão, mas a uma ordem pervertida. Parece que Platão tinha uma forte consciência da espiritualidade do mal e do fascínio que emana de uma ordem tirânica. O *Eros tyrannos* é perigoso e mau, mas não é desprezível — assim como a ordem de Atlântida, no *Crítias*, tem suas qualidades de esplendor luciferino. Nessa concepção de tirania, conforme relacionada à fundação da pólis perfeita através de uma metamorfose do Eros, tocamos, talvez, o perigo mais íntimo da alma platônica, o perigo de desviar-se do caminho difícil do espírito e cair no abismo do orgulho.

A análise chegou ao fim; e ainda temos diante de nós a questão de a teoria das formas políticas sucessivas ter ou não alguma influência sobre a interpretação da história política. Embora nada tenha sido expressamente comentado sobre isso na *República*, é possível sentir que o problema da sequência histórica estava, de alguma maneira, envolvido na teoria. Não só a civilização helênica, mas as civilizações em geral apresentam algo como uma sequência de formas políticas que começa com uma monarquia e uma aristocracia heroicas, depois passa para a ascensão do Terceiro Estado com seus problemas oligárquicos, mais além para a entrada das massas na política e avança para as formas de democracia plebiscitária e tirania. Por mais indistinto que o padrão possa ser nas várias civilizações, ele, de qualquer forma, está presente. Além disso, a sequência é, de modo geral, irreversível. As civilizações não começam com uma tirania plebiscitária e depois movem-se para uma aristocracia heroica; elas passam do comando do Terceiro Estado para a democracia de massa, mas não na direção oposta, e assim por diante. Obviamente, existe um padrão irreversível.

O ciclo de formas políticas nesse sentido permaneceu um problema na teoria da história e da política ao longo dos séculos. Será suficiente lembrar os nomes de Aristóteles, Políbio, Maquiavel, Vico, Spengler e Toynbee. Nenhuma das sequências desenvolvidas pelos vários pensadores pode ser chamada de satisfatória, embora todas elas tenham absorvido uma quantidade suficiente de materiais históricos para mostrar que o problema não é vão. A principal razão para o fracasso está na desconsideração dos princípios que Platão desenvolveu para o exame do problema. Platão alcança a inteligibilidade de sua sequência pelo uso do princípio antropológico. Nenhuma tentativa é feita de construir o padrão por um método indutivo que generalize observações históricas; a inteligibilidade é alcançada pela interpretação da psique como uma multiplicidade de forças sociais, e da sociedade como uma multiplicidade de forças psíquicas. A análise é, em essência, uma teoria da decomposição da alma por meio da metamorfose do Eros.

Se aceitarmos os termos platônicos do problema, as consequências para a interpretação da história serão claras. Por um lado, a sequência poderá ser encontrada se a história política contiver processos de decomposição psíquica; por outro lado, a clareza de seu aparecimento dependerá da extensão em que fatores perturbadores externos estiverem envolvidos no processo de decomposição. Supondo que haja muitos fatores externos envolvidos, e que esses fatores apresentem uma considerável variedade nas diversas civilizações, a tentativa de construir o padrão indutivamente por generalizações com base em instituições políticas empiricamente observadas pode permanecer infrutífera, porque, inevitavelmente, as peculiaridades do processo civilizacional que serviram como o modelo primário para a generalização entrarão na construção do padrão — como, por exemplo, as peculiaridades do processo civilizacional romano influenciaram a construção da *storia eterna ideale* de Vico. Ainda assim, embora os fatores externos possam variar e confundir o padrão consideravelmente, eles não o obscurecem por completo. O processo histórico de uma civilização parece, de fato, ter como seu núcleo um processo de decomposição psíquica. Uma vez mais, a teoria platônica aponta o caminho para um exame desse problema. O processo de decomposição, se e na medida em que ele existe, pressupõe uma ordem inicial da alma. A investigação empírica de uma civilização e de suas fases políticas deve, portanto, esclarecer essa ordem inicial da alma, seu crescimento e suas ramificações e, então, estudar as fases de sua decomposição. A abordagem do problema será apoiada na pressuposição de que uma sociedade política, desde que seu curso na história seja inteligível, tem como sua substância o crescimento e declínio de uma ordem da alma. O problema do ciclo político, concluímos, não pode ser resolvido por generalização de fenômenos institucionais, mas exige para sua solução uma teoria do mito ordenador de uma sociedade.

§6 O Epílogo

O Epílogo da *República* é uma obra cuidadosamente construída da Arte da Medida, a *techne metretike*, que mede a vida na perspectiva da morte (602C-603A). Ele é constituído de quatro seções:

(1) A ordem boa da alma, sua politeia, deve ser estabelecida e continuamente preservada por meio da Paideia certa (608A-B). Se a alma for regularmente nutrida por influências que joguem com as suas paixões, a força do elemento racional, o *logistikon*, será dissolvida (605B), e com ela a faculdade de medir corretamente (603A); em vez da boa politeia, uma politeia ruim (*kake*) será estabelecida na alma (605B). Na sociedade circundante, a principal fonte da Paideia corruptora é a poesia mimética, representada por Homero e Hesíodo, pela tragédia e pela comédia. O ataque a Homero, pelas razões indicadas, constitui a primeira seção (595A-608B).

(2) "Grande é a luta" que determina se um homem irá se tornar bom ou mau; "justiça e toda *arete*" devem ser continuamente resguardadas da atração da honra, da riqueza, dos cargos e mesmo da poesia; esse é um fim em si mesmo (608B). Embora a justiça deva ser alcançada em vida pelo seu próprio valor, o fim recebe uma dimensão de importância literalmente infinita pelo fato de que a alma é imortal, de forma que os seus problemas não podem ser convenientemente resolvidos pela morte corporal. Como "prova" da imortalidade da alma, Sócrates reflete sobre os efeitos respectivos da doença sobre o corpo e sobre a alma. Tudo tem os seus bens e males específicos. Grãos mofam, madeira apodrece, ferro enferruja e o corpo do homem é afetado por doenças. No caso de todas as coisas corporais nesse sentido mais amplo, seus males específicos irão desgastá-las e, por fim, destruí-las. No caso da "coisa" que chamamos de alma, porém, os males específicos, seus vícios, não têm efeito destrutivo sobre a coisa em si. Nenhuma alma jamais morreu de um vício, da forma como um corpo é destruído por uma doença. Assim, não há razão para pressupor que eventos externos, como a destruição do corpo, possam destruir a alma. Como a alma não é destruída nem por seus próprios males, nem pelos males alheios, ela é duradoura e imortal (609A-611A). Apenas se a alma for considerada pelo aspecto da imortalidade poderá sua verdadeira natureza ser discernida como algo semelhante ao divino (611E). Se ela for vista apenas em seus sofrimentos pela comunhão com o corpo, sua aparência distorcida poderá ser tomada equivocadamente como sua natureza (611D). E uma pista para essa verdadeira natureza, recoberta como se fosse pelas cracas, e batida pelas ondas, da existência, é dada

pelo amor da alma pela sabedoria (*philosophia*), que é o desejo de sua verdadeira companhia, o eterno. Quando nesta vida a alma busca a justiça em si, ela segue o brilho da imortalidade na direção de uma ordem mais perfeita, depois que os obstáculos da existência corporal forem removidos (611D-612A).

(3) Glauco e Adimanto queriam ouvir o elogio da justiça como um bem em si. Seu pedido agora foi atendido. A natureza da alma, assim como as razões pelas quais ela deve perseguir um caminho de justiça, e, de fato, o faz, foram esclarecidas sem recorrer a recompensas e vantagens. "A alma deve fazer o que é justo, possua ou não o anel de Giges" (612B). Agora que a condição foi satisfeita, a questão das recompensas pode ser examinada sem perigo de mal-entendidos. E ela deve ser examinada porque a opinião comum de que a justiça não causará nada além de problemas para um homem é errônea. Na verdade, o homem justo que, pela prática de virtudes, faz de si próprio tão semelhante a Deus quanto é possível para o homem será amado por deuses e homens. Os deuses certamente não negligenciarão um homem que esteja disposto e ansioso por ser justo; e os homens o honrarão com cargos e ligações familiares. O homem injusto, ao contrário, pode ter um bom começo, mas no fim será descoberto e sofrerá punição e desprezo (612A-614A).

(4) Os prêmios e recompensas da justiça em vida não são nada, em número e magnitude, em comparação com aqueles recebidos após a morte (613B-614A). O breve anúncio é seguido pelo mito do Panfílio, que descreve recompensas e castigos para as almas boas e más no Hades, assim como as consequências de seu cultivo anterior da *Arete* para a escolha de uma vida futura.

As quatro seções, assim, tratam da natureza da alma e de sua justiça na vida e na morte e, de modo correspondente, das recompensas da justiça na vida e na morte.

Na construção principal está entremeada a "velha discórdia entre filosofia e poesia" (607B). Na terceira parte da Poligenia, Sócrates havia excluído da boa pólis vários "tipos" de poesia mimética devido à sua má influência sobre a alma. A conduta imprópria de deuses, heróis e homens, se representada por poetas com o esplendor de sua arte, pode dar a impressão de ser um modelo de conduta para o leitor ou ouvinte desavisado; e, mesmo que não seja diretamente imitada, o contato imaginativo regular com ela atuará como um dissolvente na alma. Ao falar da Paideia socrática na boa pólis, observamos que a desintegração do mito do povo assume duas formas principais. Por um lado, os símbolos do mito são expostos a mal-entendidos por fundamentalistas esclarecidos que interpretam um conto mítico como uma história realista. Esse era o mal-entendido contra o qual a Paideia socrática oferecia o remédio do banimento radical. Por outro lado, o mito, mesmo que não seja malcompreendido, havia se tornado impróprio no sentido xenofânico e não podia mais ser usado como um instrumento de expressão para as experiências da alma do filósofo. Essa impropriedade xenofânica da *mimesis* na arte torna-se o problema primário da seção inicial do Epílogo.

Platão não está em guerra com a poesia como uma arte. Pelo contrário, ele fala de seu amor e sua reverência por Homero, que ainda agora faz que ele hesite em falar (595B) do "feitiço poderoso" do ritmo, do metro e da harmonia (601B), e do prazer suscitado pela representação realista (605C–D), e ele chama Homero de o "mais poético dos poetas" (607A). A objeção do filósofo aos poetas deve-se ao caráter mimético de sua obra. A *mimesis*, a imitação, é repreensível por duas razões. Em primeiro lugar, a imitação não é o original, e o filósofo está em busca do ser "original", da ideia. O artesão incorpora a ideia em seu produto, como, por exemplo, a ideia de uma mesa numa mesa, num certo sentido imitando-a; e o pintor que representa a mesa em sua pintura será, portanto, o imitador da imitação. A obra do artista, assim, é a realidade "no terceiro grau de afastamento" (596A–597E). No mesmo sentido, o produtor de tragédias ocupa "o terceiro lugar na série a partir do rei e da verdade" (597E). Em segundo lugar, o imitador não está familiarizado com o "original", mas será guiado em sua produção pelo usuário do objeto. O artista mimético não faz nenhuma tentativa de representar, mesmo a três graus de afastamento, a verdade do original, mas representará as aparências do original que possam agradar a seu público. E o grande público está menos interessado na verdadeira natureza das coisas do que em paixões e personagens marcantes (605A). Tal "realismo" na representação da alma incontida, confusa e inquieta, porém, levará inevitavelmente à corrosão da alma do espectador e do ouvinte, embora apenas alguns poucos estejam cientes de que aquilo que apreciamos nos outros irá necessariamente ter um efeito sobre nós mesmos (605C–606B). Assim, todas essas obras miméticas são prejudiciais para a mente do ouvinte — a menos que ele tenha, como antídoto, um entendimento da verdadeira natureza delas (595B).

Nos ataques gerais contra a poesia mimética está incluído o grande ataque a Homero (598D–600E). Homero, assim como os poetas miméticos que derivaram dele, tanto trágicos como cômicos, têm pretensão ao conhecimento de todas as artes na medida em que as representam em sua obra. Mas nada será cobrado quanto à pretensão em geral; o argumento será direcionado à questão sobre se Homero de fato conhecia alguma coisa a respeito da mais importante e bela de todas as artes: a defesa da pólis na guerra, a administração da justiça na paz e a educação (*paideia*) dos homens. Se Homero fosse mais do que um criador de aparências, um poeta mimético afastado três graus da realidade, se ele ao menos estivesse na segunda posição e soubesse que condutas tornavam os homens melhores ou piores na vida privada ou pública, então a "pergunta justa" (599D) teria de ser feita: citar a pólis que deve algo a ele, como a Lacedemônia a Licurgo, ou a Itália e a Sicília a Carondas, ou Atenas a Sólon. Ou: houve alguma guerra no tempo de Homero que tenha sido bem conduzida por seu comando ou conselho? Ou: há alguma invenção atribuída a ele, útil para as artes e a prática da vida, como as de Tales ou Anacarsis? Ou: se o serviço público não era o seu ponto forte, sabemos de amigos ou discípulos de Homero que tenham amado o seu convívio e aprendido com ele um modo de vida homérico, como os pitagóricos que, por meio de sua ordem, celebram a grandeza de seu fundador até os dias de hoje? (599–600) Não ouvimos nada dessas coisas. Homero foi, de fato, um poeta mimético a "três graus" da realidade; e nenhuma afirmação de que ele tenha sido o educador da Hélade (606A) ganhará para sua obra a admissão na boa pólis (607A).

Para que o ataque a Homero seja inteligível, ele deve ser entendido no contexto da "velha discórdia" (*palaia diaphora*) entre filosofia e poesia em que é situado por Platão (607B). O descobridor da psique e de sua ordem está em guerra contra a desordem, da qual a educação tradicional por meio dos poetas é um fator causal importante. A Paideia do filósofo luta pela alma do homem contra a Paideia do mito. Nessa luta, como vimos, as posições mudaram mais de uma vez. A própria épica homérica, com a sua mitopoiese livre, foi um ato notável de crítica numa situação de crise civilizacional. A nova verdade de Hesíodo postou-se contra o velho mito, incluindo Homero. Para as gerações dos filósofos-místicos, tanto Homero como Hesíodo haviam se movido para a esfera do não verdadeiro, à qual eles opunham a verdade da sabedoria, da alma e sua profundidade. Ésquilo criou o mito dramático da alma, no lugar do mito épico em geral. Para Platão, por fim, a tragédia e a comédia do século V tornaram-se tão desprovidas de verdade quanto Homero, de quem a cadeia de poesia helênica descendia. A descoberta da alma, assim como a luta pela sua ordem, é, desse modo, um processo que se estende pelos séculos e atravessa mais de uma fase até atingir seu clímax na alma de Sócrates e em seu impacto sobre Platão. O ataque à poesia mimética desde Homero até a época de Sócrates declara não mais do que a simples verdade de que a Era do Mito havia se encerrado. Em Sócrates, a alma do homem finalmente encontrou a si mesma. Depois de Sócrates, nenhum mito é possível.

Ainda assim, uma era da ordem e sua simbolização não podem ser relegadas ao passado por meio de uma declaração. Se ela tem ou não, objetivamente, as características de um passado é algo que depende da existência de um presente com uma ordem própria. O banimento da arte mimética como instrumento da Paideia só fará sentido se existir um instrumento alternativo efetivo da nova Paideia. Que nova forma simbólica ocupará, ou antes, já ocupou o lugar da épica e da tragédia na formação da ordem da alma? A resposta é evidente; mas, por ser evidente, Platão não pode dar mais do que pistas.

Há três dessas pistas oferecidas no Epílogo. A primeira delas é dada na fala dirigida a "Caro Homero" (599D). As "perguntas justas" lhe são feitas sob a pressuposição de que ele não seja um artista a três graus de afastamento da realidade, mas um criador no segundo nível. Sobre a questão de quem é um artista original, ou seja, um criador em primeira mão da ideia, Platão mantém o silêncio. Mas nesse silêncio são ditas as palavras de Sócrates de que nenhuma pólis jamais será eudaimônica a menos que seus lineamentos sejam traçados "por um projetista que use o paradigma divino" (500E), pelos filósofos que se associaram à ordem divina até terem eles próprios se tornado ordenados e divinos na medida permitida aos homens (500C–D). No curso de sua obra, eles olham, alternadamente, para as virtudes como elas são na natureza das coisas e para aquilo que eles tentam produzir no homem para moldá-lo à imagem de Deus; e de seus esforços resultará o Esquema da Politeia (501B–C). O projetista do Esquema é o artista original; e ele está em ação na própria *República*.

As outras duas dicas são dadas quando Sócrates não admite para a boa pólis nenhuma poesia, mas "hinos aos deuses e encômios a homens nobres [*agathoi*]" (607A). Não temos de procurar muito longe para encontrar exemplos de ambas as categorias. O mito do Panfílio, no final do Epílogo, é um hino aos deuses que são justos e sem culpa. E a *República* é o encômio a um homem nobre — a Sócrates.

Capítulo 4
Fedro e *Político*

§1 O *Fedro*

Se verdadeiros filósofos chegassem ao poder numa pólis, sugere Sócrates na *República*, toda a população acima de dez anos de idade deveria ser enviada da pólis para o campo. Então, os filósofos se encarregariam das crianças de menos de dez anos e as educariam de acordo com a sua própria maneira ou caráter, e em suas próprias instituições (*nomoi*). Este seria o modo mais seguro e rápido de estabelecer a politeia entre um povo (541A). O programa é engenhoso e eminentemente prático. Nós o vemos seguido quase à risca em nosso próprio tempo quando grupos de sectários ganham o poder num país e começam a reconstruir o povo de acordo com seus próprios modos e caráter, eliminando a geração mais velha da vida pública e educando as crianças segundo o novo credo. O programa tem uma única falha: ele não pode ser executado por verdadeiros filósofos. Pois qualquer tentativa de concretizar a ordem da ideia por meios violentos derrotaria a si mesma. A autoridade do espírito é uma autoridade apenas se, e quando, aceita em liberdade.

Assim, a passagem em questão não é um programa platônico para ação política no ambiente histórico. Platão não é o orador; ele apresenta ao leitor um relato, feito por Sócrates a uma audiência indeterminada, de um diálogo durante o qual Sócrates fizera esse comentário a seus companheiros de conversa. Essa tripla mediação é o elemento mais importante no significado da passagem. Depois da morte sacrifical do Sócrates histórico, não será feita nenhuma tentativa de ação direta. O Sócrates-Platão do diálogo evoca a ideia da ordem reta; aqueles que têm ouvidos que ouçam. A passagem não tem nenhuma outra função a não ser mostrar que, tecnicamente, não é impossível traduzir a ideia em realidade, e evitar a pressuposição fácil de que a politeia socrática é um sonho impraticável. A ideia *pode* ser realizada se as pessoas *quiserem* realizá-la; o rei-filósofo está presente em seu meio, esperando por seu consentimento. Para além desse apelo, no entanto, não será nem poderá ser feita nenhuma tentativa de forçar o consentimento; se nenhuma resposta aparecer, esse será o fim da ação política. O apelo não foi ouvido, como seria de esperar.

A falta de resposta teve consequências importantes para a vida e a obra futuras de Platão, pois ele lavou as mãos definitivamente em relação à política ateniense. Significou o fim do rei-filósofo que realizaria a ideia em Atenas ou em qualquer outro lugar. Embora a ideia não necessitasse ser revisada, tornou-se preciso fazer uma revisão das relações entre Platão, a ideia e a história. A obra de revisão por princípio é o *Fedro*, concluído talvez não muito mais do que um ano depois da *República*.

A análise dessa obra-prima da arte platônica limitar-se-á aos pontos que tenham relação direta com a revisão da posição de Platão. Primeiro, temos de considerar a revisão do problema do afastamento e do retorno. Na parábola da caverna, o filósofo era obrigado a retornar à caverna e levar a luz a seus colegas prisioneiros. Platão cumpriu essa obrigação por meio da *República*; os prisioneiros revelaram-se um grupo incorrigível; agora, ele deixou a caverna de uma vez por todas. Pelo seu retorno do retorno, porém, Platão não se condenou à solidão e ao silêncio. Ele entrou no mundo superior, o reino da ideia em comunhão com outras almas que viram o *Agathon*. No *Fedro*, portanto, o rígido paralelismo entre o "modelo" de alma e pólis afasta-se para o segundo plano, enquanto a relação entre ideia e alma torna-se tão próxima que as duas parecem se fundir. O problema nesse novo nível é expresso na fórmula: "Tudo o que é alma é imortal" (*psyche pasa athanatos*, 245C); e a alma é imortal na medida em que vê e, pela visão, participa da Ideia (247).

A "participação" parece estabelecer uma diferença entre a alma e a ideia de que ela participa; porém, uma vez mais, a diferença é abolida pelo fato de que a "alma" não é a alma humana individual, mas uma substância cósmica. A "alma" é a ideia ou forma do próprio cosmos, articulada em almas mais e menos nobres que, de acordo com a sua posição, animam partes do próprio cosmos ou meramente corpos humanos (246). As posições dessas almas-membro, além disso, não são imutáveis, pois as almas migram de uma existência para outra e podem se aperfeiçoar. O cosmos como um todo é, assim, uma entidade engajada num movimento pulsante de perfeição e declínio por toda a sua articulação psíquica. Desse modo, a "participação" da alma individual na ideia significa a posição de perfeição que essa partícula específica da substância psíquica total ocupa no momento na pulsação do mundo.

A Ideia tem o caráter de um princípio dinâmico que determina um movimento pulsante do cosmos em expansão e contração psíquicas. A posição das almas-membro dessa alma total não é mais, portanto, determinada pela visão do *Agathon*, mas por sua tensão ou tom psíquico, a intensidade mais alta ou mais baixa de sua animação pela força fundamental cósmica. Aos graus mais elevados dessa animação psíquica Platão dá o nome de *mania*. O grau mais alto é a loucura erótica, a *mania* do amante (245). No estado da *mania* erótica, o homem vive na substância dinâmica do cosmos e a substância vive nele; e como essa substância é a "ordem", a própria Ideia, nós nos imergimos em *mania* no *Agathon* e, inversamente, em *mania* o *Agathon* preenche a alma. Todas essas formulações são porém inadequadas, porque os símbolos linguísticos distinguem alma de ideia, ao passo que, na verdade, o processo deve ser entendido como uma pulsação impessoal da força cósmica, um fluxo e refluxo do ritmo cósmico naquela parte particular da substância psíquica total que, no momento, dá forma a um corpo humano específico. A relação maníaca entre o amante e o amado, assim, é eminentemente o *locus* em que a Ideia ganha a sua máxima intensidade de realidade. Na comunhão das almas maníacas, a Ideia é incorporada na realidade, qualquer que seja o seu estado de incorporação na pólis. Na comunidade dos companheiros eroticamente filosofantes, Platão encontrou o reino da Ideia; e, na medida em que, na Academia, ele é o fundador desse grupo, ele de fato incorporou a Ideia na realidade de uma comunidade.

O campo de reflexão filosófica de Platão ampliou-se da pólis para o domínio da alma, que é idêntico ao Universo, desde seu *anima mundi* que tudo abrange até as subalmas mais inferiores na hierarquia. Para fins de uma classificação sistemática, porém, uma grande linha divisória é traçada através desse domínio. De um lado dessa linha está a natureza; do outro está o homem na sociedade e na história. É a linha divisória que, na obra posterior, determina a organização do poema da Ideia no *Timeu* e no *Crítias*. No *Fedro*, estamos preocupados primariamente com o domínio da alma humana.

Com o deslocamento da cena da pólis para o domínio da psique, mais uma posição da *República* precisa ser revisada. A hierarquia das almas sábias, impetuosas e apetitivas, que determinava a estratificação social da pólis socrática, não traduz adequadamente as posições do novo domínio. Assim, no *Fedro*, Platão apresenta uma nova hierarquia das almas, classificadas em nove grupos e posicionadas da seguinte maneira (248D-E):

(1) O filósofo, o *philokalos*, a alma musical e erótica.
(2) O rei observador da lei, a alma do líder guerreiro e do governante.
(3) Políticos, administradores econômicos, comerciantes.
(4) Os treinadores do corpo e os médicos.
(5) O vidente e o sacerdote.
(6) Os poetas e outros artistas miméticos.
(7) O artesão e o camponês.
(8) Os sofistas e os demagogos.
(9) A alma tirânica.

Platão não acrescenta nenhum comentário à lista. Ainda assim, algumas de suas implicações são bastante óbvias. Acima de tudo, o rei-filósofo desapareceu. A posição mais elevada é agora ocupada pelo filósofo, isto é, a alma musical e erótica, enquanto o rei que governa de acordo com a lei, a alma governante, passou para o segundo lugar. Essa redistribuição de posições reflete a nova posição de Platão. A incorporação da Ideia na pólis não é mais o interesse dominante; a Ideia será incorporada onde quer que tal incorporação seja possível; e ela é incorporada mais intensamente nas almas que são possuídas pela mania erótica. O fato de que todas as outras almas precisam posicionar-se abaixo é claro. A classificação e o posicionamento efetivos, porém, são um tanto intrigantes à primeira vista. Ainda assim, poderemos descobrir o princípio da hierarquia se refletirmos sobre o que aconteceu aos poetas.

Encontramos os poetas relegados à sexta posição, juntamente com outros artistas miméticos. Isso em si não é nada além do que poderíamos esperar depois do ataque na *República*. Também vemos, no entanto, que nem todos os poetas são relegados a essa posição inferior, pois no primeiro grupo aparece, lado a lado com o *philosophos*, uma nova figura, o *philokalos*, o Amante da Beleza; e vemos essa nova figura caracterizada, juntamente com o *philosophos*, como uma alma que é inspirada pelas Musas e por Eros. Esse *philokalos* é o novo poeta, verdadeiramente possuído pela *mania*. Se alguma prova fosse necessária, a classificação mostra definitivamente isso; o conflito na *República* não é uma briga entre "filosofia" e "poesia" no sentido moderno das palavras, mas o conflito entre os poetas da sociedade helênica decadente e o verdadeiro poeta do domínio da alma recém-descoberto, que é um irmão gêmeo do filósofo, se não idêntico a ele.

Depois que reconhecemos a dupla aparição do poeta, como o tipo antigo e o novo, podemos compreender a estrutura da hierarquia, pois o poeta não é a única figura que aparece duas vezes. Reconhecemos ainda pares de filósofo e sofista, de rei e tirano, de político e demagogo. O conflito entre a ideia da pólis e a pólis histórica em declínio que animou a *República* é traduzido, nessa lista do *Fedro*, na hierarquia de almas no domínio da psique. A primeira posição da alma maníaca é seguida por três posições de almas que participam da ideia de uma maneira afirmativa. O rei que observa a lei, os administradores e os treinadores do corpo são um grupo que poderia constituir o núcleo da pólis bem ordenada, se ela viesse a se concretizar. As três posições seguintes — os videntes e sacerdotes, os poetas miméticos, os artesãos e camponeses — são as almas que constituem a sociedade helênica decadente. As duas últimas posições — os sofistas, demagogos e tiranos — são o elemento ativo da sociedade decadente, os portadores da corrupção, os inimigos da alma maníaca e seus apoiadores[1].

Na história de Atenas, o *Fedro* é o manifesto que anuncia a emigração do espírito para fora da pólis. O Sócrates histórico tentara salvar a pólis por meio da ação direta sobre os cidadãos individuais, em obediência ao comando dos deuses. O Platão da *República* lançou o apelo da Ideia e estava ainda ligado à pólis por meio de sua esperança de uma resposta. O Platão do *Fedro* está resignado ao fato de que a pólis rejeitou o seu apelo. A resignação, longe de ser uma questão privada de Platão, tem como consequência uma reestruturação da sociedade ateniense. Pois Platão, embora não deixe de ser ateniense, é agora um ateniense que, em plena consciência, passa pela dura experiência de que a ordem pública de seu país está tão apodrecida que não pode mais absorver e usar a substância de seus melhores homens. Atenas, como uma ordem política na história, deixou de ser representativa da ideia de homem que nasceu em Atenas como uma ordem civilizacional. A pólis está perdendo rapidamente o seu "estilo", no sentido de uma perfeita interpenetração de substância e forma. A forma continua a existir, mas tornou-se uma vestimenta gasta, que cai mal na substância humana da comunidade. Nessa fase, uma ordem civilizacional

---

[1] A interpretação segue Kurt HILDEBRANDT, *Platon*, 294 s.

passa por uma mudança profunda. A ordem pública que antes era plenamente representativa torna-se agora, juntamente com as forças sociais que lhe dão suporte, um elemento num campo civilizacional aberto em que crescem outras forças com uma reivindicação rival e superior de serem representativas. A coexistência de uma ordem pública e de forças civilizacionais que ela não representa é o que pode ser chamado, tecnicamente, de estado de desintegração.

Quer a situação seja aceita pelo filósofo, como o portador das forças não-representadas, com amargura, ou com resignação, ou com indiferença, de qualquer modo ele é compelido a reinterpretar o problema da política. A dissociação da sociedade ateniense numa ordem pública não representativa e numa substância espiritual não representada é expressa, no *Fedro*, na nova hierarquia de almas. O "modelo da pólis" da *República* evocava a ideia da pólis integrada e representativa; a lista do *Fedro* examina o campo da desintegração efetiva. Essa tentativa de uma descrição empírica, porém, suscita o sério problema epistemológico de uma base crítica para as categorias usadas na descrição. Podemos pressupor que os políticos e cidadãos médios atenienses não reconhecessem a validade da descrição, assim como nossos políticos e cidadãos médios não aceitariam a proposição de que o movimento do espírito não possa ser encontrado na gigantomaquia dos poderes mundiais rivais; eles provavelmente viam em Platão apenas mais um sofista fazedor de discursos que seria atropelado pelo curso da história — uma opinião que devem ter expressado livremente, se interpretamos corretamente *Fedro* 257D. Tais conflitos de interpretação são inevitáveis numa era de desintegração; e a base crítica da posição teórica fora da ordem decadente torna-se, portanto, uma necessidade urgente. Platão resolveu o problema — como deveria ser resolvido, e como foi resolvido novamente no cristianismo — por meio de uma nova ontologia. Ele removeu a realidade das mãos dos políticos, negando o *status* de realidade definitiva ao corpo político coletivo por princípio. A Ideia, quando deixa a pólis, não deixa o homem. Ela continua vivendo, em indivíduos e pequenos grupos, na mania da alma erótica. Tanto a situação como a solução fazem lembrar a agostiniana; mas a remoção da realidade de um mundo em declínio não pode surgir no símbolo de uma *civitas Dei*; no plano do mito da natureza, o resultado tem de ser uma *civitas naturae*. A Ideia renasce, e a posição do filósofo é autenticada, pela comunhão com uma natureza que é *psique*. Essa é a base ontológica para a teoria política tardia de Platão; e a comunhão é a fonte da "verdade" dos poemas míticos em que o Platão tardio simboliza a vida da Ideia.

A natureza ainda é *empsychos* e a hierarquia de almas, estendendo-se da esfera humana para a cósmica, permite uma transição gradual da natureza humana para a divina. Uma realização imaginativa da vida pré-cristã da alma na natureza, e da natureza na alma, será necessária se quisermos compreender o processo de divinização que se torna cada vez mais nítido na obra tardia de Platão. A dissociação da sociedade na *città corrotta* e nas almas eróticas engendra uma tensão de tal intensidade que o vínculo comum de humanidade entre as almas perdidas e as almas maníacas é quase rompido. A diferença entre as almas tende a se tornar uma diferença genérica entre um tipo inferior de seres humanos, próximo dos animais, e um tipo superior de grau semidivino. Essa divinização, que parece absurda no domínio da experiência cristã, é inerente à lógica do mito da natureza. Se a partícula de substância que anima um indivíduo humano particular vem a ser de alta qualidade, não há objeção a reconhecer o seu caráter semidivino. O obstáculo a tal reconhecimento, que na órbita cristã deriva da experiência da igualdade da criação diante de um Deus transcendente, não existe na experiência platônica.

Este exame dos principais aspectos que caracterizam a nova posição de Platão depois da *República* permitirá que abordemos, agora, os problemas do *Político*.

§2 O *Político*

Por meio do *Fedro*, Platão havia reconhecido o estado de desintegração como irreparável. Nos diálogos seguintes, na trilogia *Teeteto, Sofista* e *Político*, ele formulou o problema da política a partir da nova posição.

1 A trilogia de diálogos

O *Teeteto* começa com uma cena em Mégara, diante da casa de Euclides, o filósofo. Euclides chega em casa e encontra um amigo que havia acabado de perguntar por ele. Euclides explica que estava voltando do porto, onde vira Teeteto embarcar para Atenas. Teeteto retornara de uma batalha perto de Corinto, muito ferido e doente, com pouca esperança de recuperação; Euclides tentara convencê-lo a ficar com ele em Mégara, mas Teeteto insistira em ir para casa. Euclides lembrou-se nessa ocasião da previsão de Sócrates quanto ao futuro de Teeteto, e recordou-se de uma conversa que havia acontecido entre os dois pouco antes da morte de Sócrates. Euclides anotara essa conversa da forma como lhe havia sido relatada por Sócrates e, agora, ordena que seu escravo vá buscar o pergaminho e leia-o para ele e seu amigo. As anotações de Euclides são os três diálogos. O *Teeteto* termina com o acordo dos participantes do diálogo de se encontrarem no dia seguinte para continuar a conversa, e eles planejam estendê-la para os três tópicos: o sofista, o político e o filósofo. O *Sofista* e o *Político* são o relato da conversa que aconteceu na manhã seguinte. O terceiro diálogo nunca foi escrito por Platão.

A construção assemelha-se em alguns aspectos à da sequência *República–Timeu–Crítias*. O primeiro dos diálogos não é uma conversa original, mas um relato, enquanto o segundo e o terceiro diálogos estão ligados ao primeiro como sua continuação no dia seguinte. Além disso, o último diálogo, o *Filósofo*, é anunciado pelos interlocutores, mas não é escrito por Platão, e o mesmo acontece com o *Hermócrates* da outra série. A construção paralela merece alguma atenção porque, no caso do *Filósofo*, temos boas razões para suspeitar que o seu anúncio pelas *dialogi personae* não expresse um plano de Platão, mas deva ser entendido como parte do significado interno dos diálogos; vamos ter de nos lembrar desse ponto quando abordarmos o problema do inexistente *Hermócrates*. E, por fim, tanto no *Teeteto* como na *República*, ou seja, nos primeiros diálogos das duas séries, Sócrates é o falante principal, enquanto nos diálogos subsequentes, embora Sócrates esteja silenciosamente presente, o papel do falante é atribuído a outros homens.

Em ambos os casos, a construção serve ao propósito de mediação. Pela forma do diálogo, Platão cria uma distância entre ele próprio e as proposições do falante; pelo artifício de deixar o segundo e o terceiro diálogos surgirem a partir de situações do primeiro, com pessoas diferentes no papel do falante principal, ele se afasta um pouco mais de uma comunicação direta com o leitor; e, pelo recurso de incluir os diálogos em relatos, acrescenta mais um grau de mediação. Na série *Teeteto–Sofista–Político*, a forma de mediação é de particular importância, porque os diálogos comunicam sentimentos de uma intensidade que forçaria os limites da forma se fossem expressos diretamente. E, mesmo que sua expressão direta fosse tecnicamente possível sem destruir a própria situação de diálogo, ela teria insensatamente atraído para Platão o destino de Sócrates.

Os diálogos são caracterizados por uma forte atmosfera de violência. A esperança de regeneração da pólis pelo espírito se foi, e o fosso entre a ordem pública condenada e os representantes do espírito tornou-se intransponível. Nos próprios diálogos, essa nova rigidez do conflito leva, por um lado, à heroização das almas maníacas, semidivinas, ao passo que, por outro lado, as almas perdidas da pólis parecem estar ameaçadoramente sob o símbolo da besta (*thremma*). Mesmo assim, as partes do conflito estão encadeadas pelo destino histórico de serem atenienses. Platão jamais abandona a *imitatio Socratis*; nem por si mesmo, nem pelos membros da Academia ele rejeita o dever de morrer em obediência à lei de Atenas. Os diálogos situam-se no momento mesmo em que Sócrates está ocupado com as preliminares do julgamento que levará ao seu assassinato; e seu interlocutor no primeiro diálogo é Teeteto, uma das esperanças da geração mais jovem, que agora retorna a Atenas agonizante pelos ferimentos recebidos numa batalha por uma pólis que rejeita a sua alma, mas usa seu corpo em sua defesa como se fosse um pedaço de matéria inorgânica. Temos de compreender essa situação para entender a raiva fria de Platão, que é obrigado a viver em obediência a um governo da besta, que faz os melhores morrerem pela besta e para a besta.

2 A digressão do *Teeteto*

A rejeição da pólis não é uma fuga dela. Platão nem desenvolve a sua posição numa filosofia de apolitismo como a escola cínica, nem entrará em conspirações com potências estrangeiras, nem demonstra nenhuma deslealdade pelas autoridades constitucionais. A desordem da pólis não pode ser consertada pela descida ao nível da desordem, pelo acréscimo de mais uma facção às já existentes. A tirania da classe inferior não pode ser transformada em liberdade contrapondo-se a ela uma tirania do espírito[2]. O *pathos* da existência platônica nesse estágio encontra sua expressão na grande digressão de *Teeteto* 172–177.

---

[2] Hoje vivemos numa situação similar à de Platão. A resposta de um filósofo contemporâneo ao problema esclarecerá melhor a posição platônica. Em Karl Jaspers, *Die geistige Situation der Zeit*, Berlin, 1931, encontramos as seguintes reflexões sobre o conflito entre povo e nobreza:

> Deparamo-nos hoje com a última campanha contra a nobreza. A campanha é conduzida não nos campos político ou social, mas nas próprias almas. O homem quer reverter uma evolução em que vemos a essência de um tempo moderno que agora é passado, ou seja, o desenvolvimento da personalidade. A seriedade do problema de como podemos cuidar do homem das massas — que não está disposto a assumir uma independência interior — leva à revolta do plebeísmo existencial em cada um de nós contra a obrigação de sermos nós mesmos o que Deus, em Sua inescrutabilidade, impôs a nós. A potencia-

Também aqui, a forma literária da digressão faz parte da argumentação. Os homens empenhados no discurso filosófico são homens livres, eles são homens sem obrigações, que podem interromper seu argumento para seguir um tema lateral quando lhes der vontade; não são homens de negócios que precisem conformar a sua conduta às convenções sociais numa reunião pública ou às regras de procedimentos no tribunal. O homem com tempo livre e o homem de negócios são os dois tipos a ser caracterizados por meio da digressão como uma forma literária:

(1) Primeiro, Platão caracteriza o homem da política. Ele está sempre com pressa e pressionado pela situação. Está envolvido com processos, fala com um olho no relógio para não ultrapassar o seu limite de tempo; é enfrentado por um adversário e suas objeções e, ao debater seu caso, está preso a rígidas regras de procedimento. Ele está no papel de um servo brigando com outro servo diante de um senhor ali sentado; o ponto em questão nunca é algo indiferente, mas sempre afeta a sua existência pessoal. Envolvido em tais atividades, ele tornou-se hábil e astuto, adula em falas e ações, e sua alma é pequena e distorcida. Sua condição escrava desde a tenra infância deformou o seu crescimento e a sua liberdade interiores; medos e perigos o definharam e estragaram; e ele desenvolveu hábitos de embuste e vingança. Assim, chegou a uma idade adulta doentia e acredita ser um milagre de sabedoria.

---

lidade do homem de ganhar a si mesmo ao seguir o seu destino está prestes a ser destruída. [...] Esta é a revolta definitiva contra a real nobreza do homem. As revoltas políticas anteriores podiam se suceder sem arruinar o homem; esta última revolta, se viesse a ter sucesso, destruiria o próprio homem. (174)

Esse é o conflito platônico entre *psique* e *thremma*. Sobre a solução do problema por meio do ativismo elitista, encontramos a seguinte passagem:

Minorias exclusivas, na consciência de sua nobreza, podem tomar o poder no Estado sob o nome de uma vanguarda, ou do mais progressista, ou do mais ativo, ou como o seguidor de um líder, ou pela posição familiar historicamente herdada. Elas se organizam em analogia com seitas antigas: com seleção rigorosa, alto nível de exigência, disciplina severa. Veem-se a si mesmas como a elite; e, depois da tomada do poder, tentam perpetuar seu caráter elitista pela educação de uma juventude que lhes dará continuidade. Ainda assim, mesmo que em suas origens a força da personalidade (como a nobreza do homem) possa ter tido um papel importante, e mesmo que essa força continue a ser importante nos indivíduos decisivos, o grupo como um todo logo se revela uma minoria com todas as características de uma nova massa, de forma alguma aristocrática. Numa época que é determinada pelas massas, continua não havendo esperança de representar a nobreza do homem por meio de uma minoria governante. (177)

Sobre a potencialidade da existência humana nesta situação politicamente sem esperança — em que a ordem pública tornou-se não representativa e a nobreza da alma não pode encontrar representação pública — o leitor deve consultar as páginas sobre o "Heroísmo do Homem", ibid., 157-159.

(2) Em seguida, Platão caracteriza o filósofo. Desde a sua tenra infância, ele nunca soube o caminho da ágora, ou do tribunal, ou de uma assembleia política; não participa da legislatura, nem de atividades sociais de clubes, de almoços e de diversões com vinho, mulheres e canções, que são os meios de ganhar um cargo; nunca ouviu as últimas novidades tão terrivelmente importantes, nem tem conhecimento da *chronique scandaleuse*. Essa atitude não é fingimento para ganhar uma reputação[3]. Ele é sinceramente alheio ao que está acontecendo, "porque só seu corpo habita a pólis", enquanto sua mente vagueia pela terra e pelo céu e reflete sobre as coisas acima e abaixo dela, mas nunca condescenderia em se ocupar daquilo que está ao alcance (172–173). Como ilustração, Sócrates, o falante, lembra a história de Tales, que caiu num poço enquanto olhava para as estrelas, para grande diversão de sua jovem serva trácia. Esse é o filósofo que mal sabe se o seu vizinho é um homem ou um animal, enquanto se ocupa de investigar a natureza do homem (174).

A história de Tales e da serva trácia coloca o filósofo e o povo em sua presença mútua. Dentro da digressão, ela proporciona a transição da caracterização dos tipos para a caracterização de suas reações sociais um ao outro.

(1) Primeiro, o filósofo na companhia de homens de negócios. Em tal companhia, o filósofo é motivo de riso não só para jovens escravas trácias, mas para a multidão (*ochlos*) em geral, pois ele cai em poços e em todo o tipo de apuros por causa de sua inexperiência. Parecerá desajeitado e acanhado no limiar da imbecilidade. Quando homens de distinção forem elogiados, ele terá acessos de riso e parecerá um idiota. Quando elogiarem os governantes de homens, ele imaginará estar ouvindo o elogio de pastores, com a exceção de que o rebanho humano de que esses pastores extraem a sua riqueza é de natureza mais insidiosa do que ovelhas ou vacas. Quando elogiarem os grandes proprietários de terra, isso lhe parecerá uma bagatela, acostumado como está a pensar em termos de todo o universo. E quando elogiarem homens de linhagem nobre ele pensará na linha indefinida de ancestrais que precederam o ancestral nobre e que não foram assim tão nobres. O filósofo será ridicularizado e considerado indigno de confiança pelo vulgo, pois lhe parecerá desprezá-lo e ser ignorante.

(2) A situação muda, porém, quando o filósofo domina a cena. Quando ele pode afastar o homem de negócios de seus argumentos especiosos e atraí-

---

[3] Provavelmente uma investida contra filósofos que cultivam o apolitismo por princípio, como os cínicos.

lo para uma investigação da justiça e da injustiça em sua própria alma, e das trivialidades sobre a felicidade dos homens e reis comuns para uma reflexão séria sobre a política, então o homem de negócios fica amedrontado e perdido; ele começa a gaguejar e se torna motivo de riso, não para jovens servas trácias, mas para os homens que não são escravos.

Esses são os dois caracteres: o filósofo que parece um simplório em tarefas servis; e o cidadão comum que é esperto e habilidoso nessas tarefas, mas não sabe portar-se como um cavalheiro e faz papel ridículo quando tenta participar do discurso hínico da verdadeira vida dos deuses e dos homens que são abençoados por eles (*eudaimonon*) (174–176).

Há uma saída para tais males? O poder do Mal jamais pode ser abolido, pois os males, como não podem viver entre os imortais, têm de se aglomerar em torno da natureza mortal. O único alívio para essa necessidade é oferecido pela fuga da mortalidade para a imortalidade. Precisamos alcançar "a semelhança com os deuses de acordo com o nosso poder" (*homoiosis theo kata to dynaton*), tornando-nos "justos e piedosos com sabedoria" (176B). Essa regeneração da alma na semelhança com os imortais é decisiva, não a virtude de conduta exterior. A *homoiosis theo* é o critério da verdadeira realidade e força no homem (*deinotes*), ou de seu nada (*oudenia*) e sua falta de virilidade (*anandria*) (176C). Aqui são postos diante do homem os dois modelos (*paradeigmata*) eternos segundo os quais ele pode moldar a si mesmo: os modelos de bênção divina ou de infortúnio ímpio (176E). O homem pode se aproximar, com suas ações, da semelhança com um ou com o outro desses modelos. Seria sumamente importante compartilhar esse conhecimento com as pessoas desafortunadas, mas, quando se tenta explicar isso a elas, em sua sabedoria superior elas acreditam estar ouvindo um idiota. Estranhamente, porém, quando se fala com uma delas em particular, e se essa pessoa tem a coragem de ouvi-lo e não fugir, uma curiosa inquietação começa a agitá-la; sua retórica falha e ela se torna pequena como uma criança (177).

A forma da digressão é clara, mas seu significado é complexo e sutil. Vamos começar pela relação entre a digressão e a parábola da caverna.

A digressão é uma repetição da parábola no novo nível de política, depois que o apelo da *República* foi rejeitado. Na parábola, como vimos, o problema do retorno do filósofo à caverna ficou em estado de suspensão. Era sua obrigação retornar, mas apenas com a condição de que ele viesse a ser o governante-filósofo de seus concidadãos. A condição não foi satisfeita; a ideia não foi realizada na pólis histórica. Como consequência desse fracasso, o campo da política assumiu a estrutura aberta e pluralista que Platão expressou na hierarquia das almas no *Fedro*. Agora, na digressão, a questão da nova situação é formulada em sua plena nitidez. Se a pólis histórica resistir à regeneração por meio da Ideia, isso será um infortúnio tanto para a pólis como para o filósofo; mas a resistência histórica não invalida nem a Ideia, nem a posição do filósofo cuja alma é ordenada pela Ideia. O entendimento dessa tensão é a chave para compreender a obra de Platão depois da *República*. Antes, a realidade histórica de Atenas era o adversário a ser superado e substituído pela realidade da ideia. Agora, a realidade inimiga não só se torna uma parte integrante do campo de investigação, como ganha até mesmo uma certa preponderância, porque a realidade da ideia é esclarecida, definitivamente, na *República*. A teoria da política é agora ampliada para incluir a realidade que não é organizada pela ideia.

Como consequência dessa ampliação do horizonte, o retorno à caverna aparece sob uma nova luz. É um retorno destituído de esperança ou intenção de reforma, um retorno "apenas de corpo", pois apenas o corpo do filósofo viverá na pólis histórica da qual a sua alma não faz parte. O caráter vulgar e perigoso da situação, que na parábola era percebido como temporário, tornou-se permanente; e a digressão desenvolve esse caráter com tantos detalhes que mesmo a urbanidade e a ironia de Platão não conseguem disfarçar a estigmatização da realidade histórica como uma caricatura da verdadeira realidade. A construção dos três diálogos é agora revelada em sua plena importância: o elemento de assassinato na situação é confinado aos lembretes circundantes do destino de Sócrates e Teeteto, enquanto o diálogo em si retém apenas os elementos que parecerão vulgares ao leitor de fora, porque o seu senso de realidade está tão pervertido que ele não pode reconhecer as implicações de assassinato nas atrocidades observadas nos planos espiritual e intelectual[4].

Apesar dessas precauções, a situação é clara. O filósofo e o *homo politicus* ateniense são contrastados como homem livre e escravo. Como ao filósofo não é permitido estar presente na pólis com sua alma, ele não tem muita certeza se seu vizinho é "homem ou animal". Com grande circunspecção, Platão estigmatiza os vários tipos que são "figurões" para o povo em geral, ou seja, os

---

[4] Em nosso tempo, podemos observar o mesmo fenômeno nas pessoas que ficam chocadas com os horrores da guerra e com as atrocidades do nazismo, mas são incapazes de ver que esses horrores não são nada mais do que uma tradução, no plano físico, dos horrores espirituais e intelectuais que caracterizam a civilização progressista em sua fase "pacífica"; que os horrores físicos não são mais do que a execução do julgamento (*krisis*) feito ao governo constitucional histórico.

governantes de homens, os ricos e os bem-sucedidos na sociedade; enquanto a multidão é o rebanho — por sua insídia e sua intratabilidade, pior do que animais — que é tosquiado por seus pastores. A história de Tales e da escrava trácia, por fim, sugere, tão claramente quanto Platão poderia ousar, que os atenienses helênicos tornaram-se bárbaros. Outras implicações poderiam ser reveladas por uma comparação da digressão com o seu grande equivalente na literatura política moderna, ou seja, com o *Vorrede* do *Zaratustra* de Nietzsche. Às vezes, as formulações são quase idênticas, por exemplo, na reação do *homo politicus* à exortação do filósofo. O homem de negócios de Platão escuta, firme em sua astúcia superior, e sabe que está ouvindo um louco; essa é a mesma reação do Último Homem de Nietzsche: "Antes todo mundo era demente — dizem os mais astutos e reviram os olhos".

A ampliação do campo de investigação obriga a uma revisão teórica. As categorias de ordem desenvolvidas na *República* não podem ser usadas numa análise da desordem. Além disso, o mito da alma socrática não pode mais ser usado como a única fonte de teoria quando se chega à teorização das almas não socráticas do *ochlos*. Na digressão, portanto, aparece o "poder do Mal" como a força contrária ao *Agathon*; e o paradigma da verdadeira ordem que está estabelecido no céu tem seu paralelo no paradigma do "infortúnio sem deus". A natureza desse segundo paradigma não é suficientemente esclarecida por Platão. Certamente, os "males" não são apenas o fardo do caráter terreno; eles rondam a *physis* mortal, mas não são a própria *physis*. Os males são entidades psíquicas como a psique, que, depois de muitos renascimentos, finalmente ganharão *status* imortal. Como psique e ideia são intercambiáveis nesta fase da obra de Platão, a questão é se Platão, talvez sob influências persas, quis ou não desenvolver uma metafísica de duas forças psíquicas hostis no cosmos. Essa questão não pode ser resolvida com base nas escassas referências ao problema na obra de Platão. Há, claro, a passagem em *Leis* 896E em que Platão, falando da alma do mundo, questiona se uma única alma pode ser responsável tanto pelo bem como pelo mal e pressupõe a existência de pelo menos duas almas. Ainda assim, a conclusão, já tirada dessa passagem por Plutarco, de que Platão havia pressuposto duas almas do mundo conflitantes não é convincente[5]. Se lemos as passagens da digressão e das *Leis* à luz da teoria da psique desenvolvida no *Fedro*, Platão parece antes ter pressuposto uma estrutura pluralista da

---

[5] *The Laws of Plato*, trad. A. E. Taylor, London, 1934, 289, n. 1.

psique no Universo, e talvez mesmo uma estrutura pluralista da alma humana. Esta última pressuposição parece ser indicada pelas frases finais da digressão, em que Platão apresenta o filósofo em conversa íntima com o homem de negócios. Com a delicadeza de um *directeur de l'âme* pascaliano, Platão descreve a estranha inquietude que se apossa das almas mundanas quando, *in camera*, elas são despidas de sua astúcia e sua complacência. O abismo do nada, no sentido pascaliano, abre-se por um momento, do qual a ordem da psique, que está presente mesmo na "besta", pode surgir. Ainda assim, não devemos desprezar a focalização das forças do bem e do mal nos dois paradigmas. A tendência a uma concepção dualista da psique-ideia está definitivamente presente; e, se o reconhecimento do mal não resultou numa construção metafísica clara, pelo menos a nova dimensão da realidade é perceptível daqui por diante na filosofia da ordem platônica.

3 Os artifícios obscurecedores do *Político*

A digressão estabeleceu um campo da política em que a realidade da ideia e a realidade que não é ordenada pela ideia coexistem. O caráter aparentemente estático da situação é rompido no *Político* por uma filosofia da história que reduz o conflito a um momento transitório na história cíclica do cosmos. Abre-se uma perspectiva de desenvolvimento futuro.

Talvez Platão tivesse receio de que um leitor de fora do meio compreendesse equivocadamente a abertura de uma perspectiva como um plano de ação revolucionária. Quer a razão tenha sido essa, quer outros motivos tenham influído, de qualquer forma o *Político* é um dos mais obscuros dos diálogos platônicos, não por causa do seu tema, mas por ele ser tornado obscuro, com grande habilidade e elaboração, por meio de vários artifícios usados para lhe dar um caráter indireto. Vamos indicar brevemente os artifícios obscurecedores e, então, passar à análise da essência do significado em si.

O *Sofista* e o *Político* são diálogos gêmeos. No dia seguinte ao *Teeteto*, os participantes do diálogo anterior encontraram-se novamente, e o grupo foi ampliado pela presença do jovem Sócrates e do Estrangeiro eleata. Esse grupo maior discute os tópicos do sofista e do político em sucessão e planeja discutir o filósofo como o terceiro tópico. Como um primeiro artifício para o caráter indireto, o principal falante do *Teeteto* fica agora em silêncio, e o Estrangeiro eleata torna-se a figura dominante. O tópico é o *Político*, ou seja, o rei-filósofo da *República* posto diante de uma realidade que não é ordenada pela ideia. Lembramos a identificação, na *República*, do falante com o governante filosófico da pólis: se Sócrates-Platão fosse ele mesmo o falante no *Político*, a situação adquiriria uma atmosfera de ação política e direta; com o Estrangeiro eleata como o falante, o perigo é evitado. O político-filósofo é agora transformado num objeto inócuo de investigação lógica: já sabemos o que é um rei-filósofo; não precisamos examinar sua natureza e sua função; estamos engajados num exercício de classificação lógica com a finalidade de definir o conceito do político como um espécime do gênero "pastores de rebanhos". O longo exercício, com seus incidentes divertidos, serve como uma cortina que nos faz quase esquecer que o objeto da discussão está silenciosamente presente.

Esse efeito obscurecedor da investigação lógica é intensificado ainda pelo artifício de fazer o grupo projetar um terceiro debate, o diálogo sobre o filósofo. O leitor é induzido a acreditar que a discussão dos problemas está incompleta e que apenas o debate restante sobre o filósofo revelará plenamente a posição de Platão. Na verdade, os problemas estão totalmente solucionados; o político é o próprio filósofo, e o filósofo está presente. Não há nenhum terceiro diálogo a ser esperado. Assim, o título de *Político* que Platão deu ao diálogo deve, talvez, ser levado mais a sério do que usualmente se faz. Se o projeto do terceiro diálogo não é mais do que um artifício obscurecedor, não há distinção a ser feita entre o político e o filósofo. O político corresponde ao rei-filósofo da *República*, mas, enquanto na *República* o filósofo real é visto como o governante na pólis da ideia, ele é agora, sob o nome do político, visto como o representante da ideia, como o salvador com a espada, que restaurará a ordem na sociedade em seu momento de tribulação.

O caráter mítico dessa figura é por fim revelado, e novamente obscurecido, pelo recurso platônico de interromper o exercício lógico no ponto decisivo por meio de um seus poemas míticos. Como o processo de classificação lógica não pode fornecer a substância do tema, essa substância precisa ser trazida de fora. O mito dos ciclos cósmicos serve a esse propósito, ao mesmo tempo em que remove um rico conjunto de significado do campo das declarações explícitas. E o seu significado é mantido obscuro também pela sua forma fragmentária, pois precisamente no ponto em que o curso futuro da história teria de ser revelado em forma simbólica o mito é interrompido. Essa forma fragmentária merece nossa particular atenção, porque ela torna a ocorrer no *Crítias*. No caso do *Político*, a forma literária não deixa dúvida de que a intenção era que o mito fosse um fragmento; no caso do *Crítias*, o diálogo simplesmente psra no meio de uma frase e a forma literária não revela a razão. À luz da forma intencionalmente fragmentária do mito do *Político*, teremos de examinar se o *Crítias* não seria, talvez, um fragmento intencional também.

4 O mito dos ciclos cósmicos

Vamos começar a análise em si com o mito dos ciclos cósmicos (*Político* 269-274). O mito é organizado em duas partes principais. A primeira parte desenvolve o mito geral dos ciclos cósmicos; a segunda parte lida especificamente com o ciclo presente. A primeira parte é subdividida ainda no mito do ciclo na natureza e no mito do ciclo na sociedade; essa subdivisão prenuncia a divisão do poema mítico posterior no *Timeu* e no *Crítias*. Entre as duas subdivisões da primeira parte é inserida uma reflexão sobre a juventude e a velhice cósmicas; na segunda subdivisão da primeira parte é inserida uma reflexão sobre o valor das fases axiais dos ciclos. Vamos acompanhar o mito ao longo dessas várias partes.

Num momento, o Cosmos é conduzido e rolado em sua trajetória pelo Próprio Deus, enquanto, em outro, quando os períodos de seu tempo medido são completados, ele é liberado do controle divino e, então, segue girando por si mesmo na direção oposta. O movimento autônomo e oposto é possível porque o Cosmos é uma criatura viva, dotada de inteligência em sua criação original. E a alternância de movimento é inevitável, pois apenas a natureza divina é privilegiada com uma identidade imutável, enquanto o Cosmos, já que participa da natureza corporal, precisa submeter-se à lei da mudança. Ainda assim, como ele foi dotado em sua criação de qualidades incomuns, sua mudança é reduzida à revolução no sentido inverso, uma vez que este é o menor desvio de seu movimento adequado. Nenhuma outra explicação da alternância de movimento é permissível. Nem devemos pressupor que o Próprio Deus fosse mover o Cosmos primeiro numa direção e depois na direção oposta; nem devemos imaginar a existência de dois deuses que o giram com propósitos contraditórios.

A alternância de movimentos afeta não só o domínio da natureza, mas também o domínio do homem na sociedade. No primeiro ciclo, o Próprio Deus supervisionava o Cosmos, enquanto as várias partes do Cosmos eram colocadas sob a supervisão de divindades inferiores. Espíritos divinos eram designados para cuidar dos vários rebanhos de criaturas vivas; e cada um desses bons pastores tinha o poder de cuidar eficazmente das criaturas a ele confiadas, de forma que não havia violência, nem um devorando o outro, nem guerra ou discórdia entre eles. O Próprio Deus era o pastor dos homens; nessa época, não havia governo (*politeia*), nem a posse separada de mulheres e filhos, pois todos os homens surgiam da terra sem memória do passado. A terra lhes fornecia comida em abundância; eles não precisavam nem de roupas, nem de abrigo, já que o clima era adequado para a sua constituição. Assim era a vida na Era de Cronos.

Quando o período foi completado e o tempo da mudança chegou, o Timoneiro divino soltou o leme e o Cosmos começou a girar na direção inversa por arte do Destino (*heimarmene*) e do Desejo Inato (*symphytos epithymia*). As divindades inferiores, que foram avisadas de que isso estava para acontecer, deixaram seus postos. Então, quando o Cosmos inverteu seu movimento, foi abalado por terremotos que produziram destruição entre as criaturas vivas. Por fim, porém, o Cosmos se acomodou a seu novo movimento sob sua própria autoridade, seguindo as instruções de seu Criador (*demiourgos*) e Pai do melhor modo que conseguia se lembrar. No início, realizou sua função com comparativa precisão; no curso posterior, o desempenho tornou-se desajeitado. A causa da degeneração foi o elemento corporal em sua composição. Originalmente, antes de a ordem cósmica lhe ter sido imposta, esse elemento encontrava-se num estado totalmente caótico. De seu Criador, o Cosmos recebera suas boas qualidades; mas de seu estado anterior ele havia retido, e reproduzido em suas criaturas vivas, as qualidades desordenadas e turbulentas (*adikos*), que surgiram do Mundo do Espaço (*ouranos*). Quando o Cosmos foi governado pelo Timoneiro divino, injetou nas criaturas vivas apenas um pouco de mal, e elas eram, predominantemente, boas; e quando iniciou o seu próprio curso realizou melhor a sua função de ordem no começo. Porém, conforme o tempo passava e o Cosmos era invadido pelo esquecimento, a doença primordial da desordem ganhou o controle e, na fase final, emergiu abertamente. O perigo de completa destruição aproximava-se.

Nessa conjuntura, Deus retoma o controle do Cosmos para que ele não caia novamente no abismo da incomensurabilidade. Ele reverte as tendências para a doença e a dissolução e restaura a ordem do Cosmos para a imortalidade e a juventude eterna (*ageros*).

Uma dessas reversões de movimento ocorreu no início do período presente. O Cosmos foi deixado por sua própria conta. Privado dos cuidados dos espíritos, o homem tornou-se fraco e indefeso, exposto às feras selvagens e desprovido de recursos; ele estava numa situação das mais desesperadoras até que, sob a pressão da necessidade, aprendeu a cuidar de si. Essa é a origem dos lendários dons dos deuses — de Prometeu, Hefesto e outros benfeitores. Na verdade, todas as invenções e conquistas da civilização foram obra do próprio homem, que agora tinha de viver pelos seus próprios esforços e assumir ele mesmo a supervisão que havia sido abandonada pelos deuses, exatamente como o Cosmos como um todo, o qual imitamos e seguimos em suas mudanças.

Um mito de Platão torna-se uma armadilha para o intérprete — como o mito egípcio tornou-se uma armadilha para os exploradores de Atlântida — se tomado literalmente. As proposições do mito precisam ser estabelecidas com precisão, porque são a base para o significado a ser derivado da interpretação; mas eles não contêm por si sós uma "filosofia" de Platão. No caso do mito dos ciclos cósmicos, precisamos ter cuidado, em particular, para não confundi-lo com uma filosofia explícita da natureza e da história e pressupor que Platão estivesse esperando por outra reversão do movimento cósmico que trouxesse de volta uma Idade de Ouro de Cronos. Para chegar ao significado, temos de reduzir o mito à sua base de experiência; e podemos encontrar essa base se refletimos sobre a hierarquia dos deuses no mito. O nível mais baixo, ocupado pelos símbolos do mito do povo, isto é, por Cronos, Prometeu, Hefesto e uma série de divindades boas, terá de ser descartado por enquanto como irrelevante para o significado principal. O nível seguinte é ocupado pelo Deus Único, que impõe ordem ao caos, depois a mantém e restaura. Ao refletir sobre a obra ordenadora desse Deus, Platão esclarece um pouco o problema dos dois paradigmas na digressão. Há apenas um Deus, mas ele não é onipotente; ele encontra oposição na força primordial da matéria caótica; e, mesmo quando a ordem é imposta à matéria, ainda permanece o Desejo Inato que, se seguir a sua própria tendência, produzirá a reversão ao caos. A rejeição de um segundo Deus parece sugerir antes que, em sua *analogia entis*, Platão estava disposto a atribuir personalidade à força da ordem, mas não às forças da desordem. A posição é comparável à cristã com sua construção do mal como sendo nada. Essa interpretação é confirmada pela pressuposição de uma divindade mais elevada, num terceiro nível da hierarquia, que governa o ritmo da ordem e da desordem no tempo, isto é, de Heimarmene. A ordem estática do cosmos é complementada por uma ordem do tempo que determina o seu ritmo de tal maneira que, por um lado, a ordem divina da ideia não perdura imperturbada para sempre, mas, por outro lado, à beira da destruição pelas forças do caos, o cosmos recuperará a juventude de sua ordem. A trindade da ordem reta de Deus, do Desejo Inato e de Heimarmene marca os limites além dos quais está o mistério da iniquidade.

Em torno desse centro de teodiceia são dispostas as outras partes do mito.

Platão não está desejando o retorno de uma Idade de Ouro. Entre as descrições das eras de Cronos e de Zeus, é introduzida uma reflexão sobre seus valores relativos (272B–D). Se considerássemos que os homens da idade saturnina, com seu ócio sem limites e seu poder de manter relações próximas não só com os homens, mas também com a criação bruta, teriam utilizado essas vantagens para o propósito de filosofar e aumentar sua sabedoria, teríamos de dizer que essa era foi mais feliz que a nossa. Até termos encontrado, porém, testemunhas satisfatórias do amor dessa era pela sabedoria e pelo discurso, é mais aconselhável deixarmos essa noção de lado. O mito paradisíaco da Idade de Ouro é, assim, descartado como parte daquela velha mitologia que se tornou inverídica para o filósofo que adquiriu a sua plena estatura espiritual. O idílio da felicidade sem problemas não é adequado para o homem. Essa rejeição, porém, destrói o significado explícito do mito, pois a que fim serve o mito dos ciclos se não estamos interessados numa alternativa ao ciclo presente? Que sentido têm as queixas quanto à infelicidade da era atual se nós a preferimos à Idade de Ouro? A construção do mito não parece fazer sentido.

Esse impasse pode ser rompido pelo método de traduzir os símbolos explícitos do mito em processos da alma. O mito dos ciclos produzirá uma filosofia da história se os vários níveis da hierarquia dos deuses forem tratados como símbolos da evolução da alma. A rejeitada Era de Cronos e a aceita Era de Zeus simbolizam estágios na evolução da consciência do mito do povo e dos poetas para o nível do filósofo. A época do mito antigo chegou ao fim. A tensão entre ordem e desordem, que é sempre parte da estrutura da realidade, não pode mais ser expressa na forma de reclamações quanto ao presente e de uma projeção da ordem reta numa Idade de Ouro paradisíaca. A onipresença da tensão é agora simbolizada por Heimarmene, a divindade mais elevada que governa o processo da história; a idade do mito do povo é simbolizada pelo ciclo em que a vida do homem é supervisionada pelos espíritos divinos do mito antigo; a nova era é simbolizada pelo ciclo em que os deuses se retiraram do Cosmos e observam de longe a sua rotação. Nessa nova era, a presente, o Cosmos move-se de forma autônoma; e o homem, seguindo o seu exemplo, move-se de forma autônoma também. Platão rejeita explicitamente como lendárias as fábulas dos deuses que ajudaram o homem em suas dificuldades por meio de invenções civilizacionais. A civilização e sua ordem são obra do homem. No início da civilização, essa ordem surgia da lembrança das instruções dadas ao Cosmos e aos homens pelos deuses, ou seja, do inconsciente. Com o esgotamento dessas forças, a desordem do desejo começa a ganhar ascendência, e a sociedade reverterá ao estado caótico a menos que uma nova irrupção de ordem divina contenha as forças da desordem.

Mas como operarão essas forças da ordem — na história da alma, não na história explícita do mito? Nesse ponto, o mito é deliberadamente interrompido e a solução do problema é resumida numa única sentença, tão cuidadosamente embutida na história que pode facilmente passar despercebida. Pois entre a primeira e a segunda partes do mito (273E) está inserida a frase: "Assim, contamos toda a história; e sua primeira parte é suficiente como uma apresentação [*apodeixis*] do governante régio [*basileus*]". Essa primeira parte da história não pode ser a descrição da Era de Cronos, que Platão rejeitou; ela deve ser o mito do "Deus" da ordem que mantém na hierarquia a posição entre Heimarmene e as divindades do mito do povo. Esse "Deus" agora restaurará a ordem, não pela restauração de uma Idade de Ouro, mas por meio do instrumento de um governante régio, que é o veículo da ordem divina na era presente.

Essa interpretação não esgota o mito. Seria tentador entrar nos detalhes técnicos de significados sobrepostos e de símbolos com dupla função que emprestam ao mito as qualidades de um jogo onírico. Temos de nos limitar, porém, aos problemas de relevância política mais imediata. No que se refere a esses problemas imediatos, a filosofia da história que poderíamos tirar do mito é rica em sugestões e associações. O surgimento de uma era do homem autônomo a partir da era do mito do povo lembra-nos fortemente a filosofia da história de Vico. Com o esclarecimento de sua própria posição, Platão parece ter ganhado uma visão mais clara do significado do mito do povo como a força ordenadora da comunidade antes da diferenciação da consciência do filósofo. Além disso, ele parece ter compreendido claramente o problema do esgotamento do mito (que desempenha um papel importante na filosofia de Vico) e a impossibilidade de um retorno ao nível anterior depois que o encantamento foi quebrado. Quando se ganha a nova consciência da alma espiritual, a complacência com simbolizações paradisíacas torna-se insustentável; o mito da Idade de Ouro é rejeitado porque o paraíso implica a renúncia à consciência filosófica. A dor da consciência é preferível à bênção da inconsciência. Ainda assim, a dor da consciência, que caracteriza cada vez mais a civilização helênica desde a era dos sofistas, pode ir longe demais. A liberação do desejo que acompanha o esgotamento do mito leva à desintegração da sociedade; o aumento do desejo caracteriza a velhice de uma civilização.

A ideia de um mundo envelhecido sugere o *saeculum senescens* agostiniano, em que o infortúnio do mundo greco-romano encontrou a sua expressão final; mas essa sugestão também chama nossa atenção para a situação espiritual totalmente diferente de Platão. Pois Platão também não podia, como santo Agostinho, nem lançar sobre a era senescente o arco da espera pela Segunda Vinda, nem dividir o processo histórico numa história profana e uma história transcendental de almas boas e más. Embora dividida pela luta do Bem e do Mal, há apenas uma realidade histórica para Platão; e, a menos que a ideia seja a ordem da realidade, ela não é a ordem de nada. Nessa situação, origina-se a concepção do ciclo, da qual o mito dos ciclos cósmicos é o símbolo poético. A ideia do cosmos como uma substância psíquica pulsante, que Platão evocou no *Fedro*, é agora desenvolvida na ideia de uma história pulsante. Pelo mistério inescrutável de Heimarmene, a ideia-psique tem seus períodos de declínio e recorrência na história. Na era da consciência diferenciada, porém, esses períodos não pegam o homem desprevenido. Embora a fonte de ordem divina ainda esteja além da consciência, e embora a ideia tenha de ser recuperada por meio de anamnese, sua manifestação humana não é mais o mito do povo, mas o homem divinamente ordenado que realizou em si o *homoiosis theo*. O ciclo de declínio não se reverte automaticamente; ele precisa ser revertido pelo homem que é o veículo da ideia.

Essa situação que determina a evocação platônica do restaurador régio da ordem assemelha-se em muitos aspectos à de Joaquim de Fiore. No final do século XII d.C., a tensão entre a ideia agostiniana do *saeculum senescens* e a experiência de uma ordem civilizacional de fato em crescimento atingiu o ponto de ruptura. A consciência de uma nova época manifestou-se, em Joaquim de Fiore, no anúncio de uma nova figura condutora em estilo cristão, o *dux*, cujo aparecimento inauguraria a nova era de ordem espiritual. O paralelo entre o governante régio platônico e o *dux* joaquimita não se estende, porém, a todos os aspectos das duas evocações. No estilo cristão de escatologia, o *dux* tem de inaugurar o reino final sobre a terra. No estilo do mito da natureza, a restauração da ideia não tem o caráter de finalidade; a ideia restaurada declinará outra vez e os ciclos se repetirão indefinidamente. Além disso, o *dux* joaquimita surge da tensão entre uma civilização em crescimento e uma ideia de declínio, enquanto o governante platônico surge da tensão entre um declínio político real e uma nova substância espiritual. Como consequência, a evocação joaquimita encontra sua realização plena em representantes do orgulho civilizacional e da perfeição imanente da sociedade, desde os progressistas do século XVIII, passando por Comte, Marx e Mill, até Lênin e Hitler; enquanto a evocação platônica encontra sua realização plena na crescente ordenação espiritual de um mundo em desordem, por meio da figura de Alexandre, da monarquia soteriológica do período helenístico, da ordem imperial romana e de Cristo.

5 O governante régio e a realidade política

Sem o mito dos ciclos cósmicos, a teoria da política que Platão desenvolve no diálogo propriamente dito é difícil de entender. Certos modos de equívocos acabaram se tornando tão bem estabelecidos que vale a pena começar a análise com uma exposição das interpretações equivocadas mais frequentes.

No curso do diálogo, o Estrangeiro eleata desenvolve uma classificação das formas de governo (*politeia*). Os governos podem ser divididos nos de um só, de poucos ou dos muitos; e os três tipos podem ainda ser bissecionados de acordo com a obediência ou desobediência dos governantes à verdadeira lei e aos costumes. Das divisões, resulta a famosa classificação das formas de governo:

Com lei	*Sem lei*
Monarquia	Tirania
Aristocracia	Oligarquia
Governo constitucional	Democracia

Os seis tipos, além disso, estão classificados de acordo com seu valor. A legitimidade ou ilegitimidade serão realizadas mais plenamente se o governo estiver nas mãos de um único governante; serão realizadas menos plenamente se o governo estiver nas mãos da maioria. Assim, a monarquia torna-se a melhor forma de governo, a tirania a pior; a aristocracia é a segunda melhor, a oligarquia a segunda pior; no caso da democracia, o tipo com lei não será realizado muito bem devido aos interesses e opiniões conflitantes dos muitos, enquanto a falta de lei será prejudicada pelo mesmo conflito dos muitos. Essa classificação e essa avaliação parecem causar grande satisfação a alguns intérpretes modernos, pois, por fim, Platão admite não só que um governo de leis é melhor do que um governo de homens, mas também que a democracia é uma forma melhor do que a oligarquia.

Lamentavelmente, não podemos nos unir aos festejos. Em primeiro lugar, Platão teria "admitido" esses pontos mesmo na época da *República*, se estivesse interessado em se pronunciar sobre o tema. O *Político* não revisa uma opinião anterior, mas lida com um novo tema, ou seja, com a realidade histórica e a natureza de sua resistência à penetração pela ideia. Segundo, a classificação das formas de governo não tem nada a ver com nosso "institucionalismo descritivo" atual. Pois bem no meio do *Político* Platão inseriu uma discussão sobre a arte da medida (*metretike*). Há duas maneiras de medir as coisas. Por um método, nós as medimos de acordo com número, comprimento, largura, profundidade e velocidade; pelo outro método, nós as medimos de acordo com um padrão de adequação, propriedade e oportunidade (*pros to metrion kai to prepon kai ton kairon kai to deon*), em suma, por um padrão do meio (*meson*) que se afasta dos extremos (284E). Em política, classificamos os tipos de realidade com referência a um padrão do meio, fornecido pelo "caráter de verdade" da lei que os governantes obedecem ou desconsideram. Veremos mais adiante o que significa a verdade da lei; por enquanto, temos de enfatizar que a divisão de formas políticas em respeitadoras da lei e desprovidas de lei refere-se ao "espírito" das leis, não às instituições de governo. Um tirano platônico, por um lado, não é obrigado a cometer malfeitorias por meio de atos individuais sem uma base na lei positiva, mas tem permissão para usar o método mais eficiente de aplicar regras gerais que sejam adequadas ao seu propósito. Uma democracia, por outro lado, não se torna legítima no sentido platônico em virtude de ser equipada de uma assembleia legislativa popularmente eleita e de tribunais que observam o devido processo da lei. E, terceiro, o tópico principal do *Político*, como o título indica, é o restaurador régio. A classificação das formas políticas é introduzida de passagem, com o propósito de caracterizar os tipos de governantes que *não* são políticos. Em relação à ordem política "verdadeira", as seis formas enumeradas são "não verdadeiras" (*ouk orthos*, 302B). O episódio da classificação termina, portanto, com o comentário de que o drama desprovido de arte (*atechnos*) está agora concluído; o enxame de sátiros e centauros pode ser expulso do palco porque, por fim, suas excentricidades foram separadas da verdadeira arte da política (303D). Assim, o domínio das seis formas é o contradomínio em relação à ideia; é o alegre parque de diversões de sátiros e centauros, ou seja, de intelectuais e políticos sofistas; é o domínio, não de políticos, ou estadistas, mas de militantes facciosos (*stasiastikos*), dos apoiadores de ídolos de pesadelo e de monstruosidades semelhantes (303C).

Voltamo-nos da peça dos sátiros para o drama sério. Na economia do diálogo, o mito dos ciclos foi introduzido com o propósito de esclarecer o conceito do governante régio. Até o ponto de sua introdução, o governante havia sido definido como um exemplar do gênero "pastores de rebanhos". O mito revelou que a definição era insuficiente; pois o pastor do rebanho humano corresponderia ao espírito divino que supervisionava o grupo humano na Era de Cronos. Na era do homem autônomo, porém, a situação do pastor mudou, na medida em que todos os homens são seus rivais pela posição de governante (275B). O grande tema do *Político* é formulado: o governante régio em sua luta com uma sociedade turbulenta.

O contraste entre os dois parceiros na luta é traçado de forma nítida, sem nenhum resquício de meio-termo. O governo do pastor divino (*to schema to tou theiou nomeos*) é a forma política mais elevada, mais ainda que o governo do rei legítimo, enquanto os políticos que encontramos agora no poder assemelham-se antes a seu rebanho em hábitos e criação (*paideia*) (275C). O poder régio no sentido estrito, em contraste com o poder político na pólis histórica em declínio, é o estado existencial de uma sabedoria tanto judiciosa como investida de autoridade (*kritikos, epistatikos*) (296B). Assim, o caráter distintivo do governo verdadeiro não pode ser encontrado nas instituições da aristocracia ou da democracia, do consenso do povo ou da obediência compulsória, da fortuna ou das riquezas do governante, mas precisa ter algo a ver com a ciência (*episteme*) (292C). Tal ciência, porém, é privilégio de um ou dois ou, de qualquer forma, de muito poucos homens; e — apontando para o governante silenciosamente presente — os poucos que possuem o *logos basilikos* são os governantes, quer governem de fato ou não (292E).

A posse do *logos basilikos* caracteriza o governante existencialmente. A natureza do verdadeiro governo, assim, foi separada do problema das formas institucionais, assim como do problema do governo efetivo. A forma política verdadeira pode, portanto, ser definida agora como a forma em que o governante de fato possui, e não só finge possuir, a ciência régia. Não importa se ele governa de acordo com a lei ou sem lei, se os governados concordam voluntariamente ou submetem-se por imposição, e se o governante é rico ou pobre (293C–D). O princípio orientador da ação do governante é o bem da pólis. Para esse fim, ele pode matar alguns dos cidadãos e exilar outros; pode reduzir o tamanho da cidade enviando grupos para viver em colônias; ou pode aumentar seu tamanho trazendo estrangeiros. Desde que ele aja de acordo com a sabedoria e a justiça, a cidade que ele governa terá de ser chamada de única pólis "verdadeira" (*orthos*). Todos os outros tipos de governo não são verdadeiramente bons e, embora alguns deles sejam melhores do que outros, mesmo os melhores são apenas imitações do bom governo (293D–E).

O esboço vê o governante régio como um salvador com a espada que restaurará a ordem externa de uma pólis por meio de uma operação breve e violenta antes do estabelecimento de uma ordem mais permanente. Temos de compreender esse esboço tendo como pano de fundo os eventos da época na Sicília, onde medidas desse tipo haviam se tornado a rotina da política. Na região mais opulenta do mundo da pólis helênica, a desintegração havia atingido um ponto de destruição física e despovoamento em que apenas as medidas mais violentas de deportação e reassentamento poderiam interromper as lutas internas e restaurar uma aparência de ordem. Com os acontecimentos sicilianos diante de seus olhos e o medo de uma disseminação iminente para Atenas, Platão imaginou o governante régio como a alternativa aos tiranos e aventureiros militares sicilianos. Há pouco do "acadêmico" na atmosfera da Academia; os exercícios escolásticos na classificação são subordinados aos propósitos principais de penetrar uma situação histórica e de demonstrar os problemas práticos a que ela deu origem. Na situação concreta, o Estado de direito não é uma instituição para ser esclarecida e armazenada como um item permanente no conhecimento dos alunos, mas para ser questionada como uma fonte de desordem e como um obstáculo à restauração da ordem. Quando a desintegração espiritual e moral de um governo constitucional atinge a fase de destruição iminente, é o momento de medidas de emergência que se sobreponham a todas as formas constitucionais. Platão entendia que a natureza e a seriedade da crise exigiam um governo de homens extraconstitucional; essa percepção faz dele um filósofo da política e da história superior a Aristóteles, que, com uma complacência às vezes inconcebível, pôde descrever a natureza e a ordem da pólis helênica e oferecer receitas argutas para lidar com perturbações revolucionárias num momento em que o mundo da pólis vinha desmoronando à sua volta e em que Alexandre estava inaugurando a época do império.

Os contemporâneos de uma crise, porém, relutam em reconhecer a magnitude dos problemas. O esboço dos poderes de emergência atribuídos ao restaurador régio é seguido de um comentário do Jovem Sócrates de que, no total, ele concorda, mas que um governo sem lei soa mal (293E). O comentário é o início de uma discussão sobre o problema da lei. Por princípio, não há nenhum mérito na lei como uma ordem de ação humana. Pois a lei é uma regra geral, enquanto a ação humana é pessoal e concreta. A discrepância entre o geral e o pessoal faz que seja impossível estabelecer uma regra que se aplique com justiça a uma classe de casos em todos os momentos; por essa razão, um governo legalista tem sempre o caráter de um tirano obstinado e ignorante que não permite questionamentos de suas ordens. Uma regra simples não pode cobrir o que é o inverso do simples. A melhor de todas as coisas é que um homem governe, e não a lei, desde que o homem seja dotado de sabedoria régia (294A-C). Ainda assim, a lei é um acessório inevitável da ordem social, porque está além dos poderes mesmo de um governante perfeito esgotar as vicissitudes da vida humana por meio de decisões individuais. A lei é um expediente técnico como uma abordagem aproximada a uma maioria de casos; e o legislador sábio estabelecerá tais leis de expediência. Algumas delas serão recém-escritas, outras refletirão os costumes do país (295A-B). A necessidade técnica da lei e do costume, porém, não abole seu caráter de expedientes. Não faria sentido prender o legislador às suas próprias leis; quando as circunstâncias mudam, ou quando o caso individual assim o exigir, ele mudará a lei de acordo com a sua sabedoria; e usará até mesmo a violência, se a imposição for necessária para substituir o pior pelo melhor. A regra geral continua sendo o expediente; no caso perfeito, a arte do governante é a lei (295D-297B).

A realidade da política na história não tem a estrutura da politeia-modelo em que o governante possui o *logos basilikos*. Ainda assim, a realidade está inteligivelmente relacionada ao modelo, embora o seu modo possa ser de derivação ou de degeneração. Platão de fato atribui esse modo derivativo de realidade à estrutura política circundante e chama-o de *mimesis*. O termo tem uma amplitude de significado que inclui a imitação e a representação, assim como a caricatura, a representação num palco e a peça satírica, e se tornou, portanto, fonte de frequentes mal-entendidos. Além disso, os problemas não são simplificados pelo artifício de Platão de inserir a discussão do problema da lei numa parábola que ilustra as dificuldades do político por meio dos símiles do piloto e do médico. Vamos tentar traduzir essa teia de significado, na medida do possível, numa ordem sistemática.

A categoria de *mimesis* aplica-se agora a toda a esfera da política histórica. Tanto os governos com lei como os sem lei são imitações da verdadeira politeia do governante régio. O governo com lei imita o governante régio em sua aplicação de leis escritas e costumes; o governo sem lei tirânico imita-o em seu poder de mudar as leis de acordo com a plenitude de sua sabedoria, no caso de uma emergência. Essa diferenciação no nível mimético seria de pouco interesse se fosse entendida como uma referência a estruturas institucionais, pois as instituições de governo não mudam na transição da monarquia para a tirania, ou de qualquer um dos tipos com lei para a forma tirânica correspondente. O que muda é o conteúdo da lei. Ao longo do diálogo, os tipos com lei e tirânico são entendidos como uma sequência histórica. A realidade da política move-se da ordem da lei para a desordem da tirania. Assim, a diferenciação das formas de governo é parte da filosofia da história platônica: a substância "verdadeira", que vive na ordem da pólis em sua fase inicial, é exposta a um esgotamento gradual até que chega o tempo em que mudanças violentas são necessárias para manter ou restaurar a ordem. Obviamente, surge a questão: de onde veio a substância "verdadeira" da lei na fase inicial da pólis? E não pode ela ser renovada a partir da mesma fonte? Essa é, de fato, a questão que Platão aborda sob o título de *mimesis*. De acordo com o *Político*, o caráter mimético da política existente é inevitável e não pode ser radicalmente abolido. Tudo o que se pode fazer é injetar tanto de realidade "verdadeira" quanto possível na pólis de fato de tempos em tempos e, então, deixá-la seguir o seu curso até que a situação fique tão ruim que, esperemos, as pessoas mostrem-se receptivas a outra injeção.

A injeção cíclica de substância é o único modo possível de vida para a pólis, porque, na era do homem autônomo, a ordem verdadeira do governante régio é impossível como um estabelecimento permanente. Os homens que possuem o *logos basilikos* são sempre poucos em número. A arte régia (*basilike techne*) ou a ciência política (*politike episteme*) nunca serão obtidas pela massa dos ricos ou pelas pessoas comuns (300E). Além disso, como essa arte e essa ciência não fazem parte do âmbito de sua experiência pessoal, é difícil para as pessoas reconhecê-las quando as têm sob os olhos; e é mesmo inacreditável para elas que exista tal coisa como um governante verdadeiro. Se aparece um governante que deseja reformar a pólis, as pessoas não podem saber se ele é de fato o governante verdadeiro ou apenas sua *mimesis*, o tirano; elas ficarão ofendidas com sua pretensão, porque não podem acreditar que alguém seja capaz de governar no espírito da virtude (*arete*) e da sabedoria (301C–D). A pólis do homem não tem um líder natural, como uma colmeia, que pudesse ser reconhecido de imediato como superior em corpo e mente (301E).

Como o governo régio é impraticável, enquanto a *mimesis* pela tirania é indesejável, tudo o que resta para a formação de uma pólis é a *mimesis* por meio da lei escrita (301E). A verdadeira ordem não pode ser realizada na pólis, sendo a natureza humana o que ela é, mas é possível aproximar-se dela se as leis e os costumes da verdadeira pólis forem adotados e preservados intactos. Nenhum cidadão terá permissão para agir em desacordo com eles, e infrações terão de ser punidas com a morte (297E). Esse não será um arranjo particularmente feliz, pois as circunstâncias da pólis mudarão e as leis causarão mais e mais desordem devido à sua imutabilidade; mas é o melhor que se pode ter, considerando a impraticabilidade do governo régio. E como essa substância verdadeira pode entrar nas leis da pólis mimética? Pelo processo precário de persuasão (296A). O bem que existe nas leis da pólis mimética entrou nelas porque as pessoas, em algum momento, ouviram os legisladores sábios em seu meio. Platão não elabora muito este ponto, mas podemos pressupor, pelas referências em outros contextos, que ele considerava Sólon um dos legisladores sábios que haviam injetado na pólis uma ordem que durou por algum tempo. As leis teriam de ser cópias da verdade (*aletheia*) que vem daqueles que têm conhecimento (300C). E, uma vez que a substância da lei seja adquirida, o melhor que uma pólis pode fazer é não fazer nada contra as leis escritas e os costumes nacionais (301A).

O conselho conservador de que a pólis fará melhor em se manter fiel a suas leis e a seus costumes antigos não significa, claro, que Platão tenha de repente descoberto pontos bons num governo de leis, mas que ele considera a pólis mimética tão ruim que o que quer que os cidadãos façam eles mudarão as coisas para pior. Assim, a sugestão de uma segunda melhor forma de governo é imediatamente seguida pela parábola do piloto e do médico, que descreve com sentimento o desastre da pólis apoiada nas leis. O Estrangeiro eleata usa os símiles do piloto e do médico para ilustrar o que irá acontecer a uma arte se as pessoas tentarem regulá-la mimeticamente. A base da parábola é a impossibilidade já mencionada de o leigo comum julgar as decisões do artista especializado. O leigo só vê que coisas estranhas acontecem a ele nas mãos de médicos e pilotos. Os médicos o machucam, tiram-lhe seu dinheiro em quantias desproporcionais ao valor do remédio e, com frequência, não o ajudam; e os pilotos o deixam em terra quando chega a hora de zarpar, causam danos em alto-mar e jogam sua mercadoria para fora do navio em tempestades. Vamos supor que as vítimas indignadas de tais iniquidades se reúnam e, em completa ignorância das artes da medicina e da navegação, resolvam estabelecer um conjunto de regras que, no futuro, irão determinar as ações de médicos e pilotos até os menores detalhes, sem deixar espaço para o juízo. Nesse ponto, o jovem Sócrates intervém: "Tu te empenhas em dizer coisas tolas" (298A–E). O Estrangeiro, então, prossegue supondo que os artistas de agora em diante serão escolhidos entre os ricos ou entre o povo como um todo e que serão eleitos por sorteio; depois de sua eleição, terão de curar os doentes e pilotar navios de acordo com as regras escritas. O jovem Sócrates intervém: "Isso é ainda pior"

(298E). O falante continua supondo que, no fim do ano de mandato, aqueles que o exerceram terão de enfrentar um tribunal popular de avaliação, que qualquer pessoa pode se apresentar e acusá-los de não ter observado as regras à risca na condução de sua função e que, se considerados culpados, eles serão sentenciados a uma multa ou à cadeia. O Jovem Sócrates comenta com desdém que um homem que aceitar um mandato sob tais condições merecerá qualquer pena. Até mesmo os meninos da Academia sabem que nenhuma pessoa que respeitar a si mesma aceitará um cargo sob o governo das leis atual (298E–299B). Mas o Estrangeiro continua a supor coisas estranhas. Ele imagina um decreto que proíba qualquer pessoa de fazer investigações sobre a navegação ou a medicina, e se, ainda assim, alguém realizar tais investigações e chegar a novas descobertas, essa pessoa não será chamada de piloto ou médico, mas de sofista tagarela; e se ele corromper os jovens compartilhando com estes o seu conhecimento e tentá-los a seguir as artes de uma maneira ilegal, deverá ser punido com o máximo rigor. "Pois ninguém deve ser mais sábio do que a lei" (299B–C). Depois dessa culminação do domínio da lei no assassinato de Sócrates, o Estrangeiro fala diretamente ao Jovem Sócrates e pergunta-lhe qual seria o resultado se esse procedimento fosse estendido a todas as artes e ciências de forma a incluir todas as atividades humanas; e recebe a resposta — numa das raras ocasiões em que Platão fala diretamente na rede de artifícios indiretos — "As artes desapareceriam por completo e jamais poderiam ser recuperadas; e a vida, que já agora é um fardo, não seria mais suportável" (299E).

Mesmo que o marasmo e a paralisia mortífera do controle da lei sejam superados em maldade pelos crimes de um tirano ávido, não se pode dizer que Platão tenha usado o *Político* para cantar os louvores do governo das leis. As leis da pólis podem ter se baseado originalmente na experiência e nas recomendações de conselheiros sábios que persuadiram o povo a adotá-las (300B), mas no curso da história o caráter mimético da realidade faz o seu trabalho. Quando a ordem da pólis é fundada apenas na letra da lei e a ação é divorciada da sabedoria, não devemos nos surpreender com os infortúnios que se abatem sobre os governos miméticos (301E). Em vez disso, deveríamos nos admirar com as qualidades do governo constitucional que sobrevivem, pois as comunidades políticas sempre enfrentaram esses males e algumas delas ainda não foram destruídas, embora possam vir a perecer no futuro. Esse é o seu destino, porque elas são conduzidas pelo pior tipo de ignorância, qual seja, por homens que não sabem nada de política e, mesmo assim, acreditam que dominaram a arte política à perfeição (302A–B).

A diatribe contra o governo da lei é seguida pela classificação e pela avaliação das seis formas políticas. Platão enfatiza que a classificação não é pertinente ao tópico principal, mas tem antes o caráter de um *parergon*. Mesmo assim, ele a admite na discussão porque ela tem uma influência no esquema geral de nossas ações (302B). Ele não desenvolve essa frase, mas ela evidentemente se refere à influência que o estado efetivo da política tem sobre a vida dos filósofos, tanto passiva como ativamente. Ele tem uma influência passiva na medida em que um estado de política que mata homens como Sócrates e Teeteto pode tornar a vida insuportável e levar os homens ao suicídio; e tem uma influência ativa na medida em que determina a retirada dos filósofos da vida pública, a organização da Academia e a tentativa de contrapor-se ao horror da época pela evocação do governante régio, cuja regência é entre os governos o que Deus é entre os homens (303B).

A caracterização do governante régio não progrediu por enquanto para além do primeiro esboço do salvador com a espada que restaurará a ordem externa de uma comunidade numa emergência. Mas, como as medidas de emergência do Político não são em si uma garantia de ordem duradoura, o ato rápido e catártico do governante terá de ser seguido pelo trabalho mais árduo de tecer a malha permanente da estrutura política. Assim, o restante do diálogo trata do isolamento e da descrição da arte régia propriamente dita.

O isolamento da arte régia é empreendido sob o símile da refinação do ouro. Primeiro, os trabalhadores retiram a terra e as pedras; depois, sobra uma massa de elementos valiosos assemelhados ao ouro (como prata, cobre e outros metais preciosos) que precisam ser separados pelo fogo. A parte precedente do diálogo removeu toda a matéria estranha da ciência política; agora, os metais de natureza semelhante precisam ser distinguidos do ouro puro. Essas substâncias assemelhadas à realeza são as artes do generalato, da administração da justiça e da retórica. Todas elas são necessárias em apoio à arte régia, mas não são a arte em si, porque lhes falta autonomia. Elas são instrumentais e só podem funcionar sob a direção do político. "Pois a arte régia não deve agir ela mesma, mas dirigir aqueles que são capazes de agir" (305D). A ciência que preside todas as funções subordinadas, e também as leis, será mais adequadamente chamada de "política" (305E). A hierarquia de almas do *Fedro* é retomada pelas distinções, com a mudança significativa, porém, de que as almas maníacas do *philosophos* e do *philokalos* ganharam a dimensão da ação política. E encontramos, além disso, retomado um dos temas constantes dos diálogos políticos de Platão, qual seja, o mito das Idades de Metais de Hesíodo. Na *República*, os metais significavam os caracteres das três classes na pólis da ideia; agora, eles significam o governante e seus auxiliadores em sua luta contra a estrutura política histórica decadente. Nas *Leis*, nós as encontraremos outra vez, numa última transformação, significando os traços de caráter do homem na pólis que se tornou um análogo cósmico.

A arte régia em ação é descrita sob o símile da arte da tecelagem. O político deve tecer numa malha flexível a base da textura política, isto é, os caracteres dos homens. Em comparação com a *República*, a psicologia de Platão ganhou uma nova sutileza. O padrão um tanto rígido da alma como possuidora de três virtudes, com uma delas predominando e, assim, determinando o caráter do todo, é agora substituído por uma classificação de tipos mais diferenciada. Alguns homens de fato podem ser distinguidos pela coragem (*andreia*), outros pela temperança (*sophrosyne*), mas as virtudes tornaram-se ambivalentes e podem até operar uma contra a outra. Podemos louvar o homem que possui coragem porque ele é cheio de energia, valente, rápido e vigoroso; mas, em outras ocasiões, podemos achá-lo violento, brutal e louco. Podemos louvar o homem que possui temperança porque ele é estável, gentil, perseverante, contido e respeitoso; mas também podemos achá-lo lento, covarde, indolente, submisso e tolo. Além disso, os dois tipos são antagônicos entre si; dentro de uma pólis, brigas podem surgir facilmente entre eles, pois cada um irá considerar as suas qualidades peculiares superiores às do outro. Uma vez mais, se numa pólis um ou outro tipo for predominante, a existência da pólis estará em perigo. Por um lado, se o tipo temperado predominar, a vida certamente será pacífica e calma; e a pólis também viverá em paz com seus vizinhos. Mas a paz às vezes é inoportuna; a pólis passará imperceptivelmente da liberdade à escravidão se nenhuma resistência for oferecida a invasões; e o espírito avesso a guerras fará dela uma presa fácil para vizinhos agressivos. Por outro lado, se o tipo corajoso predominar, a pólis será dividida por conflitos internos e a sua agressividade produzirá inimigos externos; o resultado final será ruína e infortúnio (306A–308B).

As virtudes por si, sem orientação e disciplina, não se amalgamarão numa ordem estável. Antes de Platão tratar desse problema, porém, ele examina mais uma variante de caracteres que precisa ser enfrentada pelo político que queira criar ordem a partir de uma multidão desintegrada. Ele tem de levar em consideração os homens que não possuem nenhuma virtude e, assim, não são utilizáveis como matéria-prima para uma ordem política. A arte da política não tentará incluir numa ordem tanto materiais bons como ruins. O político terá de começar seu trabalho testando a natureza humana em questão; apenas aqueles que forem julgados adequados serão confiados a professores para aprimorar sua educação. Os que não possuírem coragem e temperança, ou outras inclinações à virtude (*arete*), os que, por uma natureza má, forem levados a impiedade, orgulho (*hybris*) e injustiça, terão de ser eliminados pelo político por meio de morte ou exílio, ou por punição com a pena mais dura; e aqueles que encontrarem sua felicidade na ignorância e na mesquinhez, ele os relegará à condição de escravos (308B-309A).

Apenas quando os homens não educáveis forem eliminados poderá começar a ser tecida a malha política (309B). O político terá de ligar com os fios da unidade os dois elementos nos homens, ou seja, o elemento que nasce da eternidade (*aeigenes*) e o elemento que nasce biologicamente (*zoogenes*). O primeiro elemento, que tem natureza divina, ele terá de ligar com o fio divino da verdade; o segundo elemento ele ligará com o fio humano dos casamentos apropriados (309C; 310A-B). O fio divino é a "noção verdadeira" (*alethes doxa*) do belo, do justo, do bom e de seus opostos. Quando a noção verdadeira for implantada, a alma experimentará um renascimento no divino (309C). Apenas o político que for inspirado pela Musa régia poderá produzir a transformação; e ele só poderá fazê-lo nas almas nobres (*eugenes*) que forem corretamente educadas (309D). Nesse processo, o homem corajoso irá se tornar temperado e civilizado, de forma a não cair na brutalidade, enquanto o homem temperado ganhará força e sabedoria para não cair na estupidez (309E). A malha completa ainda terá de equilibrar cuidadosamente os dois tipos, uma vez que cada um deles, se deixado por si só, fará a pólis degenerar em unilateralismo. E o renascimento divino terá de ser apoiado pela combinação dos dois tipos em casamento, para que a procriação interna dentro de cada tipo não divida os cidadãos em duas castas (310A-E). A arte régia, assim, consiste em tecer os caracteres em uma ordem que receba a sua unidade por meio das noções comuns do bom e do justo (310E). A obra terá sido completada com sucesso quando os dois tipos forem unidos numa comunidade de harmonia e amizade (*homonoia kai philia*) (311B-C).

O governante régio é o mediador entre a realidade divina da Ideia e as pessoas; ele é o Zeus que rejuvenesce a ordem que envelheceu; é o médico que cura as almas (310A) fazendo-as renascer no meio celestial (*en daimonio genei*) (309C); e, ao promover esse renascimento das almas, ele proporciona à pólis uma nova substância comunitária (*homonoia*) espiritual. É supérfluo destacar de forma detalhada o paralelo entre essa evocação platônica e a concepção paulina da comunidade cristã, unida num só corpo místico por meio do renascimento no Espírito de Cristo, que deriva a sua coerência da harmonia (*homonoia*) de seus membros e supera a diferença de talentos e caracteres pelo *agape*. Em vez disso, é necessário enfatizar a diferença fundamental de que o renascimento platônico da comunidade não é a salvação da humanidade, mas um retorno à juventude do cosmos que será seguido, de acordo com a lei inescrutável de Heimarmene, por um novo declínio.

Capítulo 5
Timeu e *Crítias*

Q uando o filósofo opõe a ordem de sua alma ao mito do povo, ele descobre que precisa usar um novo conjunto de símbolos míticos para expressar a fonte de sua autoridade. Pois a alma não é nem um sujeito, nem um objeto, mas uma entidade, iluminada com a consciência interior, que explora a sua própria natureza por meio do *zetema*. No curso dessa exploração, a alma encontrará suas próprias profundidade (Heráclito) e altura (Parmênides); ela se tornará consciente da essencialidade humana e da universalidade de sua ordem (Xenófanes); compreenderá a ação como uma sintonização com a ordem que vem de sua profundeza (Ésquilo); por fim, descobrirá a si mesma como a entidade cujas experiências são expressas pelos símbolos do mito (Sócrates-Platão). Quando esse nível de consciência é atingido, os símbolos inconscientes, ou semiconscientes, abrangentemente designados como o mito do povo, adquirem a característica de "não verdadeiros" em relação aos símbolos que expressam a experiência da alma mais plenamente consciente. O conflito entre níveis de consciência, de Homero a Platão, em que o nível mais elevado do momento relega os níveis mais baixos precedentes ao domínio da inverdade, atinge agora o seu clímax no conflito radical entre o mito da alma plenamente consciente do filósofo e todas as formas simbólicas precedentes. Ao mesmo tempo, porém, o filósofo descobre que o mito é o instrumento inelutável para comunicar a experiência da alma; pois ele mesmo precisa desenvolver símbolos míticos para expressar a sua descoberta como um processo e como um resultado. E, por meio dessa oposição de seu mito consciente às formas menos conscientes, ele se apercebe de que o mito antigo também expressa a verdade da alma, só que num nível de consciência menos diferenciado. A alma como o criador do mito e o mito como o simbolismo da alma são o centro da filosofia da ordem. Esse centro, a filosofia do mito, é alcançado por Platão no *Timeu* e no *Crítias*.

Os diálogos-irmãos são uma verdadeira obra de arte. Eles abordam o mito na forma de um mito; e explicam a sua própria organização na forma de um mito introdutório. Nada pode ser dito discursivamente sobre o significado dos diálogos que não pressuponha a apresentação do próprio mito. Assim, a análise não pode começar com um breve resumo de sua organização, ou com o problema premente de seu caráter fragmentário. Precisamos começar, como faz Platão, por uma apresentação do mito egípcio que serve como introdução para os problemas dos diálogos.

1 O mito egípcio

O *Timeu* apresenta-se como uma sequência da *República*. O diálogo anterior havia sido criado na forma de um relato feito por Sócrates a um público não identificado. Agora, nas páginas iniciais do *Timeu*, os ouvintes são revelados como sendo Timeu, Crítias, Hermócrates e uma pessoa não identificada. Sócrates e o grupo que ouviu seu relato reúnem-se novamente, com exceção da pessoa não identificada. É a noite posterior à *República*, e o grupo de quatro continua a discutir o tópico da noite anterior. Sócrates resume os elementos da boa pólis e expressa a sua insatisfação com o estado em que a descrição da Politeia foi abandonada. É como ver belas criaturas em repouso; sente-se um desejo de vê-las em movimento, envolvidas em uma ação apropriada à sua constituição. No caso da pólis, gostaríamos de ouvir sobre suas lutas com seus vizinhos, ou sobre uma guerra em que ela ponha em teste as qualidades que lhe foram atribuídas na construção do quadro. Em suma, gostaríamos de ter um épico celebrando as lutas históricas da pólis. Sócrates sente-se incapaz de cantar ele mesmo os louvores da pólis em ação. E não tem confiança de que os poetas ou os sofistas possam estar à altura da tarefa. Os poetas, com sua arte mimética, são bons para narrar os espetáculos entre os quais eles são criados; mas não lhes compete imaginar o épico da ideia. E os sofistas são errantes, não arraigados em nenhuma pólis, incapazes portanto de dominar uma tarefa que requer um homem completo, isto é, um filósofo que esteja envolvido nas atividades da pólis (19). Assim, ele passa a tarefa a seus companheiros que são mais adequados, pelas suas qualidades, para realizá-la. São eles Timeu, da bem governada cidade de Lócrida, na Itália, um filósofo que conduziu com honra as questões de sua pólis[1]; Crítias, membro de uma família ateniense nobre[2]; e Hermócrates, o aristocrata siciliano que havia frustrado a expedição ateniense de 415-413 contra Siracusa (20).

Os companheiros estão bastante dispostos a tentar cumprir a tarefa. Na verdade, na noite anterior, depois de terem deixado Sócrates, em seu caminho para a casa de Crítias, onde os outros dois estavam morando como hóspedes, eles já haviam discutido a possibilidade; pois Crítias, enquanto ouvia o relato de Sócrates, lembrara-se vivamente de uma velha lenda de antigas façanhas de Atenas, numa época antes da era histórica atual, quando Atenas tinha uma constituição surpreendentemente semelhante àquela desenvolvida por Sócrates na *República*. Crítias ouvira essa lenda de seu avô, o velho Crítias; e o velho Crítias ouvira-a do próprio Sólon, amigo e parente de Dropides, o pai do velho Crítias; e Sólon a ouvira dos sacerdotes de Sais quando viajou pelo Egito. E o Crítias do presente está agora pronto para contar a lenda, conforme relatada por Sólon, para o grupo reunido naquela noite (20-21).

Quando Sólon viajava pelo Egito, ele soube que a cidade de Sais tinha como divindade fundadora uma deusa que, diziam os egípcios, era idêntica a Atena. Os próprios habitantes de Sais acreditavam-se aparentados com os atenienses. Além disso, os sacerdotes de Sais tinham conhecimento de uma antiguidade bem mais distante do que a lembrança mais remota dos helenos. Em uma ocasião, quando falava sobre o grande Dilúvio e a sobrevivência de Deucalião e Pirra, um dos sacerdotes disse a Sólon que os helenos eram como crianças; não havia sequer um homem velho entre eles. A razão disso era que, a longos intervalos, a terra passa por certas catástrofes provocadas por fogo ou água, como consequência de um desvio (*parallaxis*) dos corpos celestes. Quando os dilúvios ou incêndios ocorrem, a civilização se extingue na terra de forma tão completa que apenas poucas pessoas sobrevivem, com pouca, se

---

[1] Timeu de Lócrida, pelo que sabemos, é um personagem fictício inventado por Platão para essa ocasião. Depois de Platão, um filósofo pitagórico com esse nome é mencionado e tem obras a ele atribuídas; porém, a maior parte do que sabemos sobre ele parece derivar do *Timeu* de Platão.

[2] Platão não o caracteriza com mais detalhes. Pela cronologia, talvez seja o avô do poeta e estadista Crítias, um dos Trinta Tiranos. A família dele era aparentada com a de Platão.

alguma, lembrança do passado. Apenas o Egito, devido às suas condições climáticas peculiares, escapa da destruição geral. Assim, a lembrança de muitas dessas catástrofes é retida no Egito, enquanto nas outras partes a civilização tem de começar de novo e a história anterior ao último dilúvio não é lembrada. Dessa maneira, os atenienses não sabem que no período antes do último dilúvio seu país era povoado pela melhor e mais bela raça de homens, que suas cidades distinguiam-se na guerra, eram bem governadas e equipadas com a melhor constituição de que fala a tradição. Essa Atenas anterior foi fundada mil anos antes de Sais, e os registros de Sais remontam a 8 mil anos no passado. Além disso, as instituições de Sais ainda hoje refletem em muitos aspectos a constituição dessa antiga Atenas, que os fundadores de Sais imitaram. A Atenas de 9 mil anos atrás tinha uma classe de sacerdotes separada de todas as outras classes; tinha classes separadas de artesãos, pastores, caçadores e agricultores; e a classe de guerreiros também era distinta de todas as outras. As leis da cidade eram ordenadas pela sabedoria (*phronesis*), assim como o são as leis do Egito até os dias de hoje. A história da Atenas antiga era tão notável quanto a sua ordem; e o mais brilhante de seus feitos havia sido a vitória na guerra contra Atlântida. Pois nessa época, no oeste, para além dos pilares de Héracles, existia a ilha de Atlântida. Era uma ilha enorme, tão grande quanto a Líbia e a Ásia juntas, e nela desenvolvera-se um poder imenso que se preparava para conquistar a Europa e a Ásia. Na grande defesa contra a invasão atlante, os povos do Mediterrâneo acabaram vitoriosos porque Atenas resistiu, depois que todos os aliados haviam sucumbido, e venceu a última batalha. Os povos deste lado dos pilares devem a sua liberdade ao valor ateniense. Algum tempo depois dessa guerra, ocorreram violentos terremotos e inundações e, quando o dilúvio cessou, a ilha de Atlântida havia desaparecido no mar (21–25).

Assim aparece o relato da história de Sólon no *Timeu*.

O motivo que leva além da *República* para os problemas do *Timeu* é a preocupação com o estatuto da ideia. Na *República*, a ideia da boa pólis tinha seu estatuto, ontologicamente, primeiro como o paradigma estabelecido no céu e, segundo, como a politeia da alma bem ordenada. Seu estatuto no terceiro nível ontológico, como a ordem de uma pólis real na história, não chegou a ser satisfatoriamente esclarecida. A elaboração da boa pólis na poligenia talvez pudesse ser mais bem designada como uma "projeção" da alma bem ordenada, se nos fosse permitido adotar um termo moderno. O desconforto quanto ao estatuto da ideia é articulado no *Timeu*.

Na *República*, ouvimos um dos participantes referir-se à boa pólis como existindo apenas *en logois*; no *Timeu* encontramos, de modo correspondente, a pólis da *República* caracterizada como sendo expressa *en mytho* (26C), como uma história, ou fábula, ou ficção. Esse *mythos* precisa ser transposto para um estado que possa ser caracterizado como *alethes*, como verdadeiro, ou genuíno, ou real (26D). Como essa transposição da história para a verdade pode ser feita? Na *República*, a questão poderia permanecer em suspenso se o diálogo fosse compreendido como um momento de suspensão entre a evocação da ideia e a sua realização na ação política; a evocação *poderia* ser bem-sucedida; ela *poderia* fluir para a regeneração espiritual da Hélade. Mas qual seria o estatuto da ideia evocada se ela falhasse em ser incorporada numa ordem historicamente real? Qual seria o significado da pólis bem ordenada quando a sua evocação não representasse o primeiro passo para sua incorporação na realidade? Seria ela, afinal, uma veleidade irrelevante, o programa impraticável de um filósofo se metendo em política? E, mais fundamentalmente, que tipo de entidade é uma ideia que nem permanece estabelecida no céu, nem se torna a forma de alguma realidade no cosmos? Seria ela de fato uma ideia? Ou talvez não passasse de uma opinião subjetiva? Metafisicamente, a *República* termina com uma grande indagação aberta. E essa indagação é agora solucionada pelo *Timeu* (e pelo *Crítias* a seguir) por meio do mito que transpõe a pólis bem ordenada da *República* da posição de uma história para a posição de uma ordem na realidade histórica.

Sistematicamente, a transposição mítica corresponde à construção cristã da história sagrada no sentido agostiniano, ou à construção da dialética histórica no sentido marxista. Platão, porém, não tinha à sua disposição nem a ideia de um destino transcendental da alma, nem a ideia de uma história intramundana, transfigurada e definitiva. A sua solução tinha de ser encontrada dentro do mito da natureza e de seus ritmos cósmicos. A ideia da pólis bem ordenada não está incorporada, no momento, numa sociedade histórica; se lhe atribuirmos, ainda assim, um estatuto objetivo como uma forma de realidade, a atribuição de objetividade deverá ser baseada numa incorporação anterior ou posterior da ideia. Além disso, é necessária uma teoria que explique a desincorporação temporária. Na criação desse mito da pólis como a medida da sociedade que, em sua cristalização e sua decadência, segue o ritmo cósmico de ordem e desordem, entrou a arte madura de Platão, o poeta.

Já mencionamos o recurso engenhoso pelo qual a base da objetividade é ampliada para além da alma evocativa de Platão. O relato de Sócrates desperta uma lembrança de Crítias; sua lembrança leva-nos às revelações do velho Crítias; daí avançamos para a história de Sólon; daí para as histórias dos sacerdotes de Sais; e o registro de Sais, por fim, leva-nos à Atenas do éon anterior. A cada passo, a genealogia amplia a memória coletiva: do orador solitário Sócrates ao contemporâneo Crítias, da geração contemporânea à geração dos antepassados, de Sólon para além do mundo helênico até o egípcio, e, pela memória do registro egípcio, para além do éon presente do cosmos ao ciclo anterior. Além disso, a própria pólis torna-se saturada de realidade nesse processo: da evocação, por meio de Sócrates, para a realidade imitativa de Sais e, por fim, para a realidade original plena da Atenas anterior.

A ascensão no tempo até as origens é habilmente entretecida com o motivo da juventude e da velhice na descida da ideia para o presente, assim como com o princípio de continuação do diálogo. A sabedoria, a *phronesis*, que desceu da deusa fundadora de Atenas e de Sais para os cidadãos, é transmitida dos velhos para os jovens. Os helenos são crianças, civilizacionalmente sempre jovens, porque eles perdem a lembrança de ciclos anteriores. A criança helênica, Sólon, recebe a lenda dos homens civilizacionalmente velhos de Sais; e Sólon, o homem velho, transmite-a a um jovem, o filho de seu amigo Dropides. No elo seguinte da cadeia, a transmissão amplia-se num episódio encantador. A ocasião é o festival da Apaturia, da admissão dos meninos como membros das fratrias. Entre os anciãos presentes está o velho Crítias, de noventa anos de idade; entre os meninos estão o jovem Crítias e seu amigo Aminandro. Os meninos recitam poemas, alguns deles de Sólon, e Aminandro aproveita a ocasião para fazer um comentário educado ao velho Crítias sobre a qualidade dos poemas de Sólon. O velho responde. Ele elogia Sólon e, no curso de seu elogio, conta a lenda egípcia, pois quer mostrar que Sólon tinha à mão um material excelente para um grande épico, mas foi impedido pela sua ocupação com a política de fazer pleno uso de seus talentos. No *Timeu*, a lenda é incluída no relato, feito pelo Crítias atual, da conversa entre o velho Crítias e Aminandro. Estamos agora a apenas um passo do presente socrático, e a transmissão assume a forma do diálogo, que pode ser continuado em outros diálogos evocativos. Crítias, o ouvinte, preservou a lembrança do diálogo entre o velho Crítias e Aminandro; e Crítias estava presente na audiência do relato socrático na *República*. Na noite em questão, no *Timeu*, os dois diálogos se fundem e têm continuidade.

Nesse ponto, quando entramos no presente socrático, juventude e velhice mudam de significado. Na cadeia de transmissão, a história passou dos velhos para os jovens; mas agora, no *Timeu*, a cadeia chega ao fim. O Crítias presente, que é agora um homem de idade avançada, não transmite a história para a geração mais jovem para que ela seja retransmitida *in infinitum*. Ao contrário, Crítias esquecera a história havia muito tempo; apenas o relato de Sócrates na noite anterior o fizera recordar; e ele passou boa parte da noite extraindo a história, por anamnese, das lembranças de sua juventude. O relato dessa anamnese é parte essencial da história e ele a descreve em detalhes. Logo depois de ter deixado Sócrates, ele começara a contar a seus companheiros algumas partes da história que conseguira lembrar no momento (20C–D). Enquanto ouvia, ele se apercebera com surpresa que "por alguma fortuna divina" a pólis socrática parecia-se notavelmente com a pólis vagamente recordada da história de Sólon. Ele não quis falar de imediato, porém, porque por efeito do tempo transcorrido havia se esquecido de boa parte dela. A história começou a voltar à sua lembrança durante a conversa no caminho para casa, e durante a noite ele a recuperou completamente. "Pois é verdade o que se diz, que aquilo que aprendemos na infância permanece na memória de uma maneira surpreendente. Não tenho certeza se conseguiria me lembrar de tudo que foi dito ontem; mas eu ficaria muito surpreso se esquecesse alguma das coisas que ouvi há muito tempo." Ele ouviu, na época, a narrativa do velho com um fascínio infantil; questionou-o e o fez repetir os detalhes; e as palavras foram gravadas em sua memória como uma pintura encáustica (26B–C). O velho Crítias, assim, é informado pela lembrança do jovem Crítias. A juventude é o repositório da ideia, e a velhice pode ganhar acesso a ela pela anamnese. O simbolismo encontra sua elucidação por meio do mito do *Político*, em que o mundo, liberado das mãos dos deuses em perfeito estado, torna-se pior, no decorrer do tempo, quanto mais se afasta de sua origem divina. A juventude está mais próxima da origem divina, e a juventude da origem precisa ser recuperada pela anamnese da velhice. A velhice é a época na revolução cósmica em que chegamos no *Timeu*. De sua juventude divina, a ideia declinou durante os 9 mil anos desde a guerra com Atlântida. Para o mundo que envelheceu chegou a hora de seu retorno à origem, a hora de a velhice recapturar a juventude da ideia. Assim, a noite do *Timeu* é uma noite dos velhos, dos homens que viram o *Agathon*; ou antes, deveríamos falar de toda a série de noites que começa com o relato socrático como a noite dos velhos. Pois, nessa série, Sócrates não é o educador da *República* que desperta nos jovens a aceitação esclarecida de sua evocação; ele é o relator que evoca em seus companheiros não a sua aceitação jovial, mas sua resposta e sua confirmação maduras. O mito egípcio de Crítias confirma a pólis socrática. Esse não é o tipo de aceitação dado por Glauco e Adimanto na *República*, mas uma confirmação independente que acrescenta a dimensão histórica à pólis. A ideia completa aparece na interseção das duas coordenadas traçadas por Sócrates, quando ele "projeta" a ordem de sua alma, que viu o *Agathon*, e por Crítias, quando ele recupera a juventude do cosmos. As duas pólis podem agora ser identificadas[3]. Crítias, que apresentou apenas uma visão resumida da história de Sólon, está pronto para relatar suas lembranças completas.

> A pólis e seus cidadãos que nos descreveste *en mytho* vamos transpor agora para a ordem da realidade [*epi talethes*]. Será a antiga pólis de Atenas; e seus cidadãos, que tu imaginaste, vamos supor que sejam os nossos ancestrais em verdade [*alethinous*]. Tudo está em harmonia, e não estaremos equivocados se dissermos que os cidadãos das duas pólis são os mesmos. (26C-D)

Sócrates concorda prontamente, pois qual poderia ser uma base melhor para prosseguir a discussão do que uma narrativa que não é uma lenda inventada (*mythos*), mas uma história verdadeira (*logos alethinos*) (26E)?

Quando o jogo irônico de Platão com mito e realidade atinge o ponto em que o mito egípcio torna-se uma história verdadeira, perfeitamente adequada para servir de base para o prosseguimento da discussão, é hora de nos soltarmos da trama do poema e mudarmos o nível de análise. Até este ponto, seguimos o mito para estabelecer o seu significado conforme pretendido explicitamente na obra. Agora precisamos assumir nossa posição fora do diálogo e investigar o significado que a obra tem como uma criação de Platão.

Para chegar a esse significado, em primeiro lugar, é preciso descontar os elementos históricos explícitos que aparecem no diálogo. Já mencionamos que Timeu de Lócrida é, provavelmente, uma pessoa fictícia. Crítias mal passa de um nome; ele funciona genericamente como o membro respeitado de uma família nobre ateniense. Hermócrates, o siciliano, é de fato um personagem histórico, mas a alusão não pode implicar mais, como vamos ver, do que a intenção de Platão de destacar para Atenas a ameaça de conquista. E o Sócrates

---

[3] Em *Ordem e história* II, cap. 6, §2, 4, estudamos a identificação da *arche* milesiana com o Um divino que é experimentado no salto místico de Xenófanes. O mesmo problema reaparece agora no plano da simbolização platônica da incorporação da ordem paradigmática no fluxo da história.

histórico desapareceu quase completamente por trás da figura da criação de Platão. A irrelevância do elemento histórico deve ser percebida, em particular, no que se refere ao próprio mito egípcio. Não há nenhum vestígio na história de uma ilha de Atlântida, nem de uma saga de Atlântida anterior ao *Timeu*. O mito de Atlântida parece ter sido totalmente inventado por Platão. Em consequência, a atribuição da narrativa a Sólon não tem nenhuma base em fatos. Sólon de fato viajou pelo Egito, mas não há registro de que tenha trazido de lá um mito desse tipo. Assim, a história da transmissão da narrativa dos sacerdotes de Sais para Sólon, e daí por diante até o jovem Crítias, não tem fundamentação histórica. Ela é introduzida exclusivamente com o fim de transmitir o significado que tem dentro da tessitura do *Timeu*.

Depois de termos constatado o caráter anistórico do *Timeu*, bem como a sua relação com a *República*, estamos preparados para interpretar o diálogo como um drama desenvolvido dentro da alma de Platão. O Sócrates que está insatisfeito com a pólis da *República* é o próprio Platão e, em busca da ideia verdadeira ou plena, encontramos novamente Platão na pessoa de Crítias. É Platão quem encontra Atlântida por meio de anamnese, e a juventude em que ele a encontra não é nem a de Crítias, nem a sua própria num sentido biográfico, mas o inconsciente coletivo que está vivo nele. A história da transmissão, além disso, simboliza a dimensão do inconsciente em profundidade, acompanhando o mito pelos níveis da alma coletiva das pessoas (de Sólon a Crítias) e da alma genérica da humanidade (a velha Atenas e Sais), até a vida primordial do cosmos de cujo trabalho surge o homem (o nível dos deuses). O *Timeu* moveu-se, de fato, para além da *República* com seu paradigma estabelecido no céu e fora do alcance das forças de Tânatos, Eros e Dike. Pois o paradigma no céu agora tem de ser autenticado pela anuência do inconsciente; e as forças que orientam a alma individual para o *Agathon* são agora complementadas pelas forças da alma coletiva que se estende, em sua profundidade, para a vida do cosmos. O desenvolvimento foi prenunciado pela *República*, em especial pelo mito panfílio do Julgamento dos Mortos, mas só agora, no mito egípcio da pré-história ateniense, ele atingiu a sua plena expressão simbólica.

A transição da fase inicial para a posterior é simbolizada sutilmente pela distribuição de papéis no *Timeu*. A vida da alma individual que anima a especulação da *República* é identificada agora mais estreitamente com o símbolo de Sócrates. No diálogo evocativo com Sócrates, o *Agathon* tornou-se visível; e seu relato é introduzido no *Timeu* como o motivo da presente reunião, ou seja, da nova evolução dramática; a dívida de gratidão com Sócrates como o grande impulsionador da alma é novamente reconhecida. Ainda assim, outras forças aparecem agora ao seu lado. Ele ainda está presente no *Timeu* e no *Crítias*, mas tornou-se silencioso. Nos diálogos que levam os seus nomes, Timeu e Crítias são lançados no papel do orador principal, que antes cabia a Sócrates; Hermócrates teria ficado com esse papel no projetado terceiro diálogo. Timeu, o astrônomo, revela a criação do cosmos até a criação do homem. Esse é o reconhecimento por Platão de sua dívida para com os pitagóricos, que despertaram nele o senso da medida e do ritmo fundamentais na natureza. E, então, a tarefa é levada adiante por Crítias, que relata a pré-história heroica de Atenas e a guerra com Atlântida. Esse é o reconhecimento por Platão de sua dívida para com Atenas e a aristocracia a que ele pertence.

A ideia da pólis cresceu até sua plenitude não por ter ganhado abertamente a dimensão de história, mas porque, na vida da alma, a solidão da contemplação está agora em harmonia com os ritmos transpessoais das pessoas, da raça humana e do cosmos. A era da intelecção, precariamente em revolta contra o aparecimento da história, encontrou sua força e seu apoio na juventude do inconsciente.

A alma pode tornar-se o cenário em que o drama é encenado; mas o mito não encontra necessariamente expressão em símbolos como o mito do *Timeu*. Ele precisa do poder formador de uma personalidade para traduzir os movimentos da alma na linguagem intricada de símbolos míticos. Temos de examinar agora o papel de Platão como o poeta do mito. O *Timeu* oferece mais de uma pista para o entendimento das criações posteriores de Platão. Há, acima de tudo, o comentário do velho Crítias sobre a obra poética de Sólon:

> Sim, Aminandro, se Sólon não tivesse feito versos como passatempo, mas tivesse se dedicado à poesia como outros; se ele tivesse elaborado a história que trouxe do Egito e não tivesse sido obrigado pelas revoltas e outros problemas que encontrou em gestação na sua volta a negligenciar sua poesia por completo, em minha opinião nem Hesíodo, nem Homero, nem qualquer outro dos poetas teria sido tão celebrado quanto ele. (21C)

Como o mito egípcio é invenção de Platão, Sólon é o próprio Platão; e a passagem deve ser considerada autobiográfica. O próprio Platão é o poeta que mostrou suas qualidades em obras menores (como Platão de fato fez), que teve de se ocupar da calamidade política de seu país e que não se tornou um poeta épico rival de Hesíodo e Homero, embora tivesse em suas mãos uma história das mais adequadas para ser trabalhada num poema épico.

À primeira vista, essa confissão é intrigante. Pode significar de fato que Platão tinha a ambição de se tornar um poeta rival de Homero, mas que esteve ocupado demais com questões políticas e, agora, sente-se velho demais para embarcar na aventura de um épico? Que ele renuncia ao sonho de sua juventude e resigna-se a não escrever nada melhor do que diálogos filosóficos? A triste história de ambição e fracasso estaria em nítida contradição com o ataque veemente aos poetas miméticos na *República* e, em particular, com a famosa passagem dirigida ao "Caro Homero" (*República* 599D). Poderia Platão ter invertido seu julgamento, tão profundamente arraigado em sua oposição do mito da alma ao mito do povo? Mas sabemos que Platão não mudou de posição no *Timeu*, pois o Sócrates que não se sentia à altura da tarefa de cantar os louvores da pólis tinha certeza de que os poetas miméticos, "passados e presentes", também não seriam capazes de fazê-lo (*Timeu* 19D). Nem nesse ponto, nem em nenhum outro Platão rejeita a *República*.

A solução para o enigma dessa confissão pode ser encontrada quando passamos novamente da identificação explícita Sólon-Platão para o simbolismo da alma. O "Sólon" do *Timeu* está bastante próximo do estrato da vida da alma platônica que é habitualmente simbolizado por "Sócrates". O "Sócrates" que narrou a *República* transmite a tarefa para "Timeu" e "Crítias", ou seja, para os estratos do inconsciente (o "Egito", a "Juventude") de que Platão extraiu, por anamnese, a saga de Atlântida. Platão está longe de renunciar à posição de poeta. Ele não vai ser um "Sólon" que, sob a pressão das circunstâncias, deixa sem utilização o tesouro do Egito. Por meio da *República*, ele é o legislador de sua pólis, como Sólon; pela Academia, o fundador de uma escola, como Pitágoras; em ambos os aspectos ele teve sucesso onde Homero falhou. Agora ele será o poeta, não um poeta mimético "a três graus de afastamento da realidade", mas o poeta da própria ideia. Se há alguma renúncia no *Timeu* — em particular, na passagem autobiográfica — é a renúncia de Platão à política: a vida solônica do legislador, a fase do Sócrates-Platão que fala na *República*, está encerrada. Sócrates-Platão passa ao silêncio e, nas *Leis*, desaparece totalmente; mas Timeu-Platão e Crítias-Platão cantarão o poema da ideia.

2 O plano dos diálogos

A série de diálogos que começa com o *Timeu* permaneceu como um fragmento. Mais de uma conjectura é possível com referência a sua continuação e sua conclusão; e o debate entre os platônicos não chegou a um consenso. Como a interpretação do fragmento é seriamente afetada pela concepção do historiador quanto à sua posição na evolução do pensamento de Platão, assim como por suas suposições quanto às partes perdidas, precisamos esclarecer brevemente a nossa própria posição sobre esse tema. Para esse fim será útil estabelecer o que é realmente conhecido sobre o plano da obra, para que o nosso conhecimento certo possa ser claramente definido em relação às conjecturas que precisam complementá-lo.

Pela parte introdutória do *Timeu*, sabemos que toda a série pretendia ser uma continuação da *República*. A pólis da ideia que havia sido desenvolvida, por assim dizer, num quadro estático será agora mostrada epicamente em ação histórica. Sabemos também que a continuação foi motivada por insatisfação com uma ideia que não era a forma de nenhuma realidade; assim, a incorporação histórica da ideia será o grande tópico do *Timeu* e do *Crítias*. Estreitamente associada a esse problema há mais uma informação, contida no comentário de Sócrates de que seu resumo do "tema principal" do diálogo anterior estava completo (19A). Na verdade, o resumo incluiu as instituições da boa pólis, até o final de *República* V, mas não incluiu as partes subsequentes que culminavam no problema do *Agathon*, nem a teoria das formas ruins de governo. A omissão no resumo desse trecho fundamental da *República* sobre o *Agathon* provocou várias conjecturas. Preferimos a suposição de que não havia a intenção de fazer de fato um resumo da *República*, mas apenas de retomar a concepção da boa pólis, em preparação para o esclarecimento de sua posição ontológica por meio do mito do *Timeu*. Nenhuma conclusão, portanto, deve ser tirada quanto a uma pretensa revisão ou rejeição das partes da *República* omitidas no resumo.

Com relação ao plano da obra como um todo, precisamos ter cautela para não aceitar de forma acrítica as indicações dadas no diálogo como um plano de Platão. Elas são pronunciadas pelas *dialogi personae*, não pelo autor em discurso direto. Sabemos apenas com certeza que dois diálogos foram planejados — pela boa razão de eles terem sido escritos. Se Hermócrates, que é repetidamente anunciado como o terceiro protagonista depois de Crítias, teria de fato feito um terceiro pronunciamento, e se sua contribuição teria sido incorporada num terceiro diálogo, é algo bastante incerto. Pois, de acordo com o plano estabelecido em 27A–B, primeiro Timeu irá falar do nascimento do cosmos e estender o seu relato para a natureza do homem, depois Crítias tomará dele a humanidade (embora apenas a parte dela que tiver recebido de Sócrates o treinamento perfeito), fará dessas pessoas cidadãos atenienses e contará sua história de acordo com o mito de Sólon. Nenhum tema é deixado para Hermócrates; Timeu e Crítias teriam completado o projeto de 27A-B[4]. O problema é ainda mais complicado pela misteriosa pessoa não identificada que, por uma indisposição, não pôde estar presente. Por que ela é mencionada? Será que, talvez, aparecerá no curso da discussão e dará a ela um novo direcionamento inesperado? Não sabemos. O único fato a que podemos nos ater é a pessoa do próprio Hermócrates. Como sugerimos antes, a presença do comandante siciliano vitorioso sobre os atenienses não pode indicar nada além de uma ameaça a uma Atenas não regenerada. No entanto, a forma que essa ameaça teria assumido (talvez a de uma fala de Hermócrates, em conclusão ao *Crítias*, a fim de equilibrar o mito egípcio do início?) terá de permanecer impenetrável. Para fins de nossa interpretação, vamos pressupor que o significado de toda a obra seja esgotado pelo plano de 27A-B.

Por fim, temos de considerar o caráter fragmentário do *Crítias*. Também neste caso, não sabemos por que o diálogo permaneceu incompleto. Qualquer que tenha sido a razão desconhecida, o *Crítias*, embora se interrompa no meio de uma frase, não é interrompido num ponto acidental. Antes do final do fragmento, a descrição de Atenas e Atlântida é concluída e a causa da guerra numa resolução divina é explicada. Além disso, a cena de encerramento (Zeus falando à assembleia dos deuses) marca uma incisão formal no diálogo, e a cena correspondente no *Timeu* elucida o significado da incisão no *Crítias*. O diálogo, assim, é um fragmento formal, não acidental; seu significado é completo em si mesmo e não depende do que poderia ter vindo em seguida. Em nossa interpretação devemos portanto agir sob o pressuposto de que o significado independente do fragmento reflete uma intenção de Platão, e não levar em conta qualquer conjectura referente à parte que está faltando[5].

---

[4] Os platônicos fizeram pleno uso dessa oportunidade de conjecturas. Um levantamento é oferecido na "Notice" da edição de Albert Rivaud para o *Timeu*, v. 10 de Platon, *Oeuvres complètes*, Paris, 1925, 15 s. Cornford supõe que o tópico de Hermócrates provavelmente possa ser encontrado no Livro IIIs. das *Leis*: *Plato's Cosmology*, New York, 1937, 6 s.

[5] As bases indispensáveis para uma interpretação do *Timeu* são TAYLOR, *A Commentary on Plato's* Timaeus, e CORNFORD, *Plato's Cosmology*: the *Timaeus* of Plato, translated with a running commentary, New York, 1937. O epílogo da obra de Cornford foi de particular valor para a interpretação do *Crítias*. Da literatura mais antiga, o tratado de J. A. STEWART, *The Myths of Plato*, London, 1905, ainda é importante para o *Crítias*. Para a teoria da Ideia no *Timeu*, Erich FRANK, *Plato und die sogenannten Pythagoreer*, Halle, 1923, é a apresentação mais lúcida. A melhor análise dos aspectos políticos do *Timeu* pode ser encontrada em Kurt HILDEBRANDT, *Platon*.

3 A filosofia do mito

A filosofia do mito é apresentada no *Timeu* na forma de um intricado mito do mito. Para que a análise bastante difícil dessa parte do diálogo seja adequada e convincente, é aconselhável precedê-la de uma exposição discursiva dos problemas envolvidos. O resumo oferecido nesta seção se estenderá, portanto, ao problema platônico do mito conforme desenvolvido até este ponto, ao lado de várias formulações esclarecedoras vindas dos trabalhos posteriores.

Em vários pontos, o resumo será ligeiramente expandido para além dos problemas imediatos. O *Timeu* marca uma época na história da humanidade na medida em que nessa obra a psique atingiu a consciência crítica dos métodos pelos quais ela simboliza as suas próprias experiências. Como consequência, nenhuma filosofia da ordem e dos símbolos pode ser adequada a menos que a filosofia platônica do mito tenha sido substancialmente absorvida em seus próprios princípios. Parece apropriado, portanto, incluir algumas sugestões quanto à importância do *Timeu* como base para toda a filosofia do mito.

A *República* projeta a alma na tela da sociedade. O *Timeu* projeta-a na tela ainda maior do cosmos. Na *República*, a psique fornece o modelo da ordem para a pólis, em oposição a Trasímaco, que concebe a ordem social materialisticamente, como a imposição bem-sucedida do interesse das naturezas mais fortes sobre as mais fracas. No *Timeu*, a psique fornece o modelo da ordem para o cosmos, em oposição a Demócrito, que concebe a ordem cósmica como uma harmonia derivada da constelação de elementos atômicos. Os domínios do ser estão agora penetrados até os seus limites pela psique. No que se refere à construção metafísica, nenhum canto do Universo é deixado para os materialistas como um ponto de apoio do qual a ordem da psique pudesse ser negada por princípio. A ordem do cosmos tornou-se consubstancial com a ordem da pólis e do homem.

Embora a extensão da ordem da psique para o cosmos seja importante para a perfeição sistemática da metafísica platônica, ela contribui pouco para o problema crucial da incorporação da ideia na realidade histórica. A projeção da psique na ordem da pólis foi o ponto de legitimidade duvidosa na *República*, e não se torna menos duvidosa por meio de uma projeção da psique numa escala ainda maior. Pois o cosmos não é um dado da experiência imanente; o filósofo, como consequência, não pode apresentar proposições verificáveis quanto à natureza psíquica de sua ordem. Essa é a dificuldade que Platão soluciona por intermédio do mito. A análise do mito egípcio mostrou que a "verdade" do mito surgirá do inconsciente, estratificada profundamente no inconsciente coletivo das pessoas, no inconsciente genérico da humanidade e no nível mais profundo em que ele está em comunicação com as forças primordiais do cosmos. Nessa concepção de um *omphalos* cósmico da alma na profundeza do inconsciente apoia-se a aceitação por Platão do mito como um meio de expressão simbólica, dotado de uma autoridade própria, independente do universo de conhecimento empírico constituído pela consciência em atenção a seus objetos e anterior a ele.

O ônfalo, através do qual as forças cósmicas fluem para a alma, tem uma dupla função na formação do mito. Em primeiro lugar, ele é a fonte das forças, dos sentimentos, ansiedades, apreensões, anseios que se elevam das profundezas e vagueiam pelo inconsciente, ansiosos pela expressão aliviadora na ordem imaginativa dos símbolos míticos. Essa abertura para o cosmos na profundeza da alma é, em segundo lugar, o "tema" do mito, dividido pela finitude da existência humana no espectro de nascimento e morte, de retorno às origens e renascimento, de individualização e despersonalização, de união ou re-união com a realidade transcendente (na natureza, relações eróticas, o grupo, o espírito), de sofrimento por causa da existência temporal separada do solo e de redenção pelo retorno à comunhão eterna com o solo. O próprio mito autentica a sua verdade, porque as forças que animam as suas imagens são, ao mesmo tempo, o seu tema. Um mito jamais pode ser "inverídico", porque ele não existiria se não tivesse a sua base experiencial nos movimentos da alma que ele simboliza.

Embora um mito não possa ser "inverídico" em si, ele pode se tornar "inverídico" historicamente. A dinâmica que determina o espectro histórico do mito tem duas fontes principais: (1) a elevação da consciência espiritual a novos níveis e (2) mudanças na relação entre o homem e seu ambiente, incluindo as mudanças no conhecimento do homem a respeito de si próprio e de seu ambiente. Numa análise concreta, é difícil separar claramente as duas fontes, porque, por um lado, uma diferenciação de consciência espiritual é, em si, um aumento do autoconhecimento humano com amplas consequências para o entendimento do lugar do homem em seu ambiente, e porque, por outro lado, um aumento no conhecimento do ambiente pode ser um fermento que causa uma diferenciação de consciência espiritual. As forças criadoras de mitos na alma, embora retenham a identidade de sua origem e seu tema, têm de se expressar em símbolos que correspondam ao nível de consciência espiritual, assim como ao grau de diferenciação que o autoentendimento do homem em seu ambiente atingiu.

Assim, na civilização helênica, temos de discernir vários níveis sucessivos do mito. No nível mais arcaico, as forças míticas expressam-se em ações simbólicas, isto é, na forma de ritos. Num nível mais elevado, o mito aparece no sentido mais delimitado de um *mythos*, ou seja, de uma história de origem anônima que interpreta os ritos; esses são os mitos do povo, do tipo dos que foram coletados e organizados por Hesíodo. No terceiro nível, o caráter anônimo e coletivo do mito começa a se romper e a psique pessoal faz seu aparecimento, transformando o material simbólico do nível anterior em instrumentos de expressão para os movimentos espirituais (a "sabedoria pelo sofrimento") da alma individual; esse é o nível representado pelas tragédias de Ésquilo, em particular por *Prometeu* e pela *Oresteia*. O uso livre dos materiais simbólicos mais arcaicos pelo artista no nível mais elevado de consciência espiritual altera porém a atitude do homem em relação aos símbolos míticos. Pois, quando o mito não precisa mais ser tomado "literalmente" (se é que em algum momento ele o foi), os símbolos podem ser manipulados e transformados deliberadamente a fim de se encaixar nas exigências de experiências diferenciadas e pessoais. Esse é o quarto nível, representado por Platão, em que o mito mantém a seriedade de sua "verdade" mas é ao mesmo tempo um jogo imaginativo consciente[6].

A nova dimensão do jogo consciente é a característica da criação mítica de Platão. Tal jogo é possível apenas sob certas condições que não estão presentes nem em todos os tempos nem em todos os homens; e teremos de ser claros quanto a essas condições se quisermos entender a função do mito na obra posterior de Platão. Em primeiro lugar, a natureza do mito deve ser entendida pelo criador ou poeta como a eclosão de forças psíquicas, do inconsciente, que desabrocham numa expressão aliviadora. Uma consciência dessa natureza do mito provavelmente sempre está presente na criação mítica, mesmo no nível mais arcaico; pois sem esse pressuposto seria difícil explicar a variedade de jogos ima-

---

[6] Sobre o "rito" como o nível mais arcaico de expressão mítica e sobre o *mythos* como uma história que interpreta o rito, ver os estudos pioneiros de Jane E. HARRISON, *Prolegomena to the Study of Greek Religion*, Cambridge, 1903; e *Themis: a Study of the Origins of Greek Religion*, Cambridge, 1912. Sobre a transição do nível do *mythos* arcaico para o mito de Ésquilo, ver Gilbert MURRAY, *Aeschylus: the Creator of Tragedy*, Oxford, 1940. A consciência do jogo imaginativo na criação de um mito é um problema intricado que recebeu elucidação recentemente por meio de Jan HUIZINGA, *Homo Ludens: Versuch einer Bestimmung des Spielelements der Kultur*, Basel, 1944. Huizinga encontra vestígios da consciência do jogo desde os níveis mais arcaicos de criação mítica e chega a supor o "jogo" como um substrato, que alcança até o mundo animal, com base no qual devem se desenvolver as criações humanas diferenciadas, como ritos, mito, lei, especulação etc.

ginativos, que é considerável mesmo no nível do ritual, e seria quase impossível explicar a espantosa riqueza do jogo no nível da história mítica. O que é novo no nível de Platão não é o elemento de jogo em si, mas antes a liberdade interior do jogo, engendrada pelo crescimento e pela diferenciação da psique pessoal do século VI em diante. Embora a distância interna em relação ao mito inevitavelmente destrua a ingenuidade do jogo, e o mito consequentemente se torne, para Platão, uma obra de arte, ela não deve destruir a "verdade" do mito. Essa é a segunda condição do jogo consciente. Platão sabe que um mito pode e deve substituir o outro, mas ele sabe também que nenhuma outra função humana, por exemplo "razão" ou "ciência", pode substituir o mito em si. O mito continua a ser a expressão legítima dos movimentos fundamentais da alma. Apenas no abrigo do mito podem os setores da personalidade que estão mais próximos da consciência vígil desenvolver a sua potencialidade; e sem a ordenação da personalidade como um todo pela verdade do mito os poderes intelectuais e morais secundários perderiam a sua direção. Ele é, em princípio, o discernimento que encontrou a sua expressão clássica no *credo ut intelligam* anselmiano.

Se a liberdade interior em relação ao mito degenerar no postulado de liberdade do mito, seguir-se-ão consequências sérias para a estabilidade tanto da personalidade como da sociedade. Se o significado da história for visto na superação do mito por uma "ciência positiva", como, por exemplo, na filosofia da história de Comte, o problema da verdade mítica muda totalmente de aspecto. Se a ciência empírica for considerada o modelo do verdadeiro conhecimento, o mito obviamente não se conforma a ela; ele parecerá um tipo de conhecimento "primitivo" ou "antropomórfico", talvez não inteiramente sem valor em sua época, mas certamente imperfeito e irracional em caráter se comparado com as equações da física matemática.

O modelo de ciência positiva destrói o entendimento do mito para o passado assim como para o presente. Com relação ao mito do passado, os símbolos e dogmas que se desenvolveram historicamente serão mal compreendidos como conceitos e proposições verificáveis e, sem dúvida, ser-lhes-á atribuído um valor duvidoso. Os símbolos do mito são apartados, por essa atitude, de sua base no inconsciente e enfrentam a exigência de legitimar a si próprios como se fossem proposições referentes a objetos. Supõe-se erroneamente que o mito tenha um significado "literal", em vez de simbólico, e, em consequência, ele parece ingênuo ou supersticioso. Com relação ao mito do presente, o resultado é igualmente destrutivo. O mito tem uma função fundamental na existência humana, e mitos serão criados independentemente do que se pense sobre eles. Não podemos superar o mito, podemos apenas compreendê-lo de maneira equivocada. Com referência ao mito contemporâneo, do século XVIII em diante, o mal-entendimento positivista tem a consequência de que os símbolos míticos são considerados aquilo de que se acusam os símbolos do passado de não serem, ou seja, "ciência" ou "teoria". Símbolos como "razão", "humanidade", "proletariado", "raça", "sociedade comunista", "paz mundial" e assim por diante são considerados diferentes em natureza dos símbolos pagãos ou cristãos, porque a sua verdade mítica é coberta e obscurecida pela superposição do mito adicional da ciência.

Como o mito não deixa de ser mito porque alguém acredita que ele seja ciência, a condensação de mito e ciência tem um efeito deturpador peculiar sobre a personalidade dos que creem nele. Quando os movimentos do inconsciente encontram espaço para se expressar no mito em livre reconhecimento de sua natureza, a alma do homem preserva a sua abertura para a sua base cósmica. O terror de um além infinitamente poderoso, assim como a garantia de um além infinitamente acolhedor, como a matriz da existência individual separada dota a alma de sua dimensão mais que humana; e pela aceitação da verdade dessa dimensão (ou seja, pela fé) o caráter de separação da existência humana pode, por sua vez, ser reconhecido e tolerado em sua finitude e suas limitações. A aceitação do mito (ou, no plano cristão, do *cognitio fidei*) é a condição para um entendimento realista da alma. Quando o equilíbrio de abertura e separação é destruído pela condensação de mito e ciência, as forças do inconsciente fluem para a forma não do mito, mas da teoria ou ciência. Os símbolos do mito são pervertidos em objetos ilusórios e intramundanos, "apresentados", como se fossem dados empíricos, às funções cognitiva e ativa do homem; ao mesmo tempo, a existência individual separada sofre um inchamento ilusório, porque absorve em sua forma a dimensão mais que humana. O homem torna-se antropomórfico — para usar uma expressão de Goethe. Os símbolos do mito são traduzidos em realidades e metas do homem antropomórfico: a natureza do homem é basicamente boa; a fonte dos males deve ser encontrada nas instituições; a organização e a revolução podem abolir os males que ainda existem; os poderes do homem podem criar uma sociedade livre de carências e medos; as ideias de perfeição infinita, do super-homem e da autossalvação fazem o seu aparecimento[7].

---

[7] Para uma expansão desses problemas, ver o meu *New Science of Politics*, Chicago, 1952 (trad. bras. Ed. UnB, ²1982).

O período de iluminação helênico assemelha-se em muitos aspectos à era da razão e da ciência ocidental. A desintegração do mito antigo, assim como o avanço da ciência, causa um inchamento ilusório do indivíduo que é, em substância, embora nem sempre no fenômeno, correspondente ao inchamento ocidental. Em sua situação histórica, o mito de Platão tem, portanto, mais de uma função. Em primeiro lugar, ele substitui a desintegração do mito antigo do povo e descarta-o como "inverídico"; além disso, ele se opõe à deturpação da personalidade por meio do materialismo esclarecido; e, por fim, recupera a verdade do mito no novo nível da consciência diferenciado do místico. A pluralidade de funções determina uma variedade de atitudes platônicas em relação ao mito antigo que parecerão contraditórias se a fonte de sua lógica no problema do novo mito não for percebida.

Na *República*, pudemos observar a rigidez de Platão ao descartar o mito antigo, e nas *Leis* vamos ver a introdução de um censor que terá a função de impedir que elementos do mito antigo entrem na pólis do novo mito. Em sua rigidez, Platão chega ao extremo de rejeitar a glória da épica homérica. Se buscarmos os motivos dessa atitude, não iremos encontrá-los no plano de um conflito entre dogmas. A questão, como revelou o *Político*, está entre duas experiências de ordem. No nível do mito antigo, a ordem é experienciada como humanamente anônima. Os deuses terão de consertá-la se ela degenerar; e a esperança de redenção em relação ao mal cristaliza-se no mito paradisíaco da Idade de Ouro. No nível do novo mito, a ordem é experienciada como a incorporação na comunidade da ordem viva na alma do filósofo. A consciência espiritual diferenciada, em seu conflito com um estado menos diferenciado da alma, precisa ser protegida do perigo de ser arrastada novamente para o nível mais arcaico.

Na obra de Platão, a atitude de rigidez protetora parece ser contradita pelas frequentes manifestações de tolerância irônica pelos deuses do passado, de admiração sincera pelos poetas rejeitados como artistas e pela recepção generosa de figuras do panteão helênico no simbolismo dos novos poemas míticos. Essa contradição, porém, é apenas aparente, pois, enquanto a ordem espiritual da alma não estiver em perigo, não haverá razão para rigidez contra os símbolos do passado. Sua imagística é preciosa para o artista. Além disso, eles são símbolos autênticos de movimentos da alma, e sua verdade, embora substituída pelo novo mito, não pode ser invalidada no seu próprio nível. A perspectiva mais ampla e grandiosa que se abriu na alma não abole a realidade das experiências arcaicas; ela as acolherá, mas as relegará a uma distância mais humilde.

Um caso esclarecedor desse tratamento dispensado aos velhos deuses pode ser encontrado em *Timeu* 40D-41A. Nessa passagem, depois de Platão ter relatado a criação dos deuses celestiais, ele reflete sobre as gerações dos deuses antigos, de Gaia e Urano a Zeus e Hera. Ele considera que está além de seus poderes apresentar uma descrição dessa parte da teogonia e está disposto a confiar nas histórias dos órficos que a relatam em detalhe. Pois, certamente, como eles são descendentes dos deuses olímpicos, devem estar bem familiarizados com a sua própria linhagem. Devemos seguir o costume e aceitar o que eles dizem, pois não podemos desconfiar "dos filhos dos deuses, embora eles falem sem uma prova provável ou certa". A ironia dessa passagem não é direcionada contra os deuses, mas contra os sábios órficos que afirmam descender dos deuses e saber tudo sobre suas histórias de família. Platão quer ridicularizar não o mito antigo, mas os homens que deixaram a verdade dele tão para trás que tratam o mito "literalmente" como se ele fosse um relato empírico de acontecimentos históricos. Mesmo no relato literal simples, porém, ele ainda comunica uma verdade e não deve ser inteiramente omitido, portanto, da teogonia.

Nas *Leis*, Platão distingue explicitamente a verdade arcaica do mito dos seus efeitos sobre aqueles que o tomam como um conselho moral. Ele acautela contra os julgamentos fáceis quanto aos efeitos bons e ruins das narrativas teogônicas sobre os que as ouvem, "pois elas [as narrativas] são antigas". E, então, protesta acidamente contra os efeitos ruins sobre os jovens que tomam as histórias de maus comportamentos divinos como um convite a segui-las como exemplo. Mesmo nesse ponto, porém, quando Platão reconhece que um mito que se tornou historicamente inverídico não pode mais servir de modelo para a alma dos jovens, ele respeita a sua verdade inerente e aconselha: que as velhas histórias sejam contadas "como for do agrado dos Deuses". O verdadeiro perigo para a alma não vem dos antigos (*archaios*); ele vem dos modernos esclarecidos (*neos kai sophos*) que não só fazem mau uso do mito antigo, como também, em sua presunção ilusória por causa da ciência, perderam a verdade do mito por completo (886). Ao falar de tal saber, que não substitui o mito antigo por um novo, mas perde o próprio mito, Platão torna-se entusiasmado e eloquente: pois como podemos argumentar a favor da existência dos deuses sem paixão?

> É inevitável que estejamos ressentidos e desgostosos com as pessoas que impõem a nós o fardo da argumentação por sua falta de fé nas histórias ouvidas com tanta frequência enquanto ainda bebês. [...] No nascer e no ocaso do Sol e da Lua, eles ouviram e viram as prostrações universais da humanidade, gregos e não gregos [...]

com sua implicação de que os deuses não são ficções, mas a mais certa das realidades. [...] Quando vemos todas essas provas tratadas com desprezo [...] e, como qualquer homem com um grão de inteligência irá admitir, sem uma única razão respeitável, eu pergunto: como pode um homem encontrar uma linguagem amena para combinar repreensão e instrução? (887)[8]

O mito autentica a si próprio; sua existência é a evidência da existência das forças que o criam. Ainda assim, tempos de transição são um perigo real para o homem, pois podem fazê-lo perder a verdade do mito. Assim, no *Epínomis*, Platão sugere que o legislador "que tiver alguma inteligência" se absterá de inovações em questões religiosas; ele se acautelará contra voltar sua cidade em direção a um novo culto que, muito provavelmente, terá um suporte menos sólido da piedade; e ele não ousará mudar os ritos antigos, pois deve saber que a nossa natureza mortal não tem um conhecimento seguro desses assuntos (985C–D).

As várias passagens esclarecem as facetas da atitude de Platão em relação ao mito. Ele rejeita o mito antigo porque este se tornou historicamente inverídico; mas defende-o, mesmo assim, dos materialistas esclarecidos que, a partir da não veracidade histórica, tiram a conclusão de que um mito como tal não tem nenhuma verdade. Ele eliminará o mito antigo, quando sua verdade tornou-se ininteligível, da pólis da ideia, porque os símbolos incompreensíveis expõem-no ao ridículo e engendram nas pessoas o agnosticismo; mas ordena ao legislador que não altere um mito quando este ainda for aceito pelo povo, porque mudanças podem gerar desconfiança contra a verdade de qualquer mito. Ele evoca o novo mito da alma; mas preserva uma irônica tolerância

---

[8] A tradução é baseada em TAYLOR, *The Laws of Plato*. O processo de aquisição da ciência é descrito admiravelmente por Gilbert Murray em seu *Aeschylus*, 79 s.:
> Mentes vigorosas começam a questionar as convenções em que foram criadas e que, agora, superaram. Rejeitam primeiro os elementos nelas que são moralmente repulsivos, depois as partes que são obviamente inacreditáveis; tentam rejeitar a casca e preservar o núcleo e, durante um tempo, atingem um padrão moral e intelectual bem mais elevado do que as gerações anteriores a elas ou do que as pessoas mais incultas de seu próprio tempo. Então, ao que parece, algo tende a dar errado. Talvez, diria um cínico — e seria difícil refutá-lo — o elemento de razão no homem seja uma coisa tão frágil que ele não pode se suster com êxito se não estiver apoiado no suporte rijo da convenção. Seja como for, sempre tende a vir uma geração posterior que levou a dúvida e o ceticismo muito mais longe e descobre que o núcleo consiste apenas de camadas internas de casca e mais casca, da mesma forma como o lugar do coração de George IV, de acordo com Thackeray, foi preenchido com coletes e mais coletes. Primeiro vêm a inspiração e a exultação pelo rompimento de falsas barreiras; no fim vem a mera lassidão por não ter mais nenhuma barreira para romper e nenhum talento a não ser o de rompê-las.

para com o mito antigo, mesmo nos casos em que este muito provavelmente já se tornou ininteligível para ele, porque existe nesse mito uma verdade mesmo que não seja mais perfeitamente compreendida.

A variedade de atitudes revela a liberdade de Platão em relação ao mito. É uma liberdade do jogo com símbolos, que aumenta, em vez de diminuir, a seriedade do mito, uma vez que permite uma interpretação mais cuidadosa dos movimentos do inconsciente. No plano dos símbolos, essa flexibilidade pode resultar em contradições que, por sua vez, podem suscitar dúvidas quanto às "reais" intenções de Platão. Pudemos observar casos dessas contradições no *Político*: há um Deus supremo ou temos de pressupor pelo menos as duas forças superiores do mal e do bem? Qual é a relação entre Heimarmene e o Deus Uno que regula os períodos do cosmos? Por que precisamos do conjunto de divindades da Era de Cronos se o propósito do mito é mostrar que a era das fantasias populares pertence ao passado? Só pode haver uma única resposta para essas perguntas: a intenção "real" de Platão não deve ser buscada em nenhum dos símbolos conflitantes, mas no reconhecimento de que a estrutura complicada do inconsciente na profundeza e no tempo não pode ser harmonizada num sistema. Sobre isto poderíamos lembrar da confissão de Goethe: "Como naturalista, sou um panteísta; como artista, sou um politeísta; como moralista, sou um monoteísta".

A liberdade do jogo não é licenciosidade. Há uma ordem nesse jogo, na medida em que o mito simboliza as forças que fluem, para a sua criação, do ônfalo cósmico no solo da alma. A liberdade do mito significa uma consciência mais aguçada dos movimentos no solo, assim como de sua autonomia específica, uma disposição a inclinar-se sobre o chão e apreender mais fielmente o que quer que surja dele, por mais intraduzível que possa ser em um discurso coerente e racional. Implica ainda o reconhecimento de que o sujeito consciente ocupa apenas uma pequena área na alma. Para além dessa área, estende-se a realidade da alma, vasta e obscura em profundeza, cujos movimentos atingem a pequena área que é organizada como o sujeito consciente. Os movimentos da profundeza reverberam no sujeito consciente sem se tornar objetos para ele. Assim, os símbolos do mito, em que as reverberações são expressas, podem ser definidos como a refração do inconsciente no meio da consciência objetificante. O que entra na área da consciência tem de assumir a "forma de objeto", mesmo que não seja um objeto. Os símbolos, portanto, não denotam uma realidade inconsciente como um objeto, mas, antes, são a própria realidade inconsciente, que emerge no meio da consciência. A liberdade do jogo só é possível na medida em que o criador do mito permaneça consciente do caráter dos símbolos como uma realidade não objetiva em forma objetiva. Se ele perder a noção de que forças perigosas estão jogando por meio dele quando ele joga com o mito, quando talvez sair em busca do objeto expresso nos símbolos, ou tentar provar ou refutar a sua existência, não apenas seu trabalho será perdido, como ele poderá perder a sua alma no processo.

Apesar do fato de que os símbolos não se referem a objetos, seu significado é inteligível. A inteligibilidade dos símbolos míticos, sua "verdade" no sentido platônico, é o problema crucial de uma filosofia do mito. O mito é ininteligível se aplicamos a ele uma epistemologia que foi desenvolvida para o caso de nosso conhecimento do mundo externo. A tentativa de estender uma epistemologia das ciências para o mito implicaria a pressuposição de que a alma tem, por inteiro, a estrutura de "intencionalidade", ou seja, de uma consciência visando a seu objeto. Cairíamos na falácia antropomórfica de moldar o homem à imagem do homem consciente.

Antes que um filósofo possa sequer começar a desenvolver uma teoria do mito, ele deve ter aceitado a realidade do inconsciente, assim como da relação de cada consciência com a sua própria base inconsciente; e ele não pode aceitá-la em outros termos que não os seus próprios, ou seja, nos termos do mito. Daí, uma filosofia do mito precisa ela mesma ser um mito da alma. Essa condição inelutável é o principal obstáculo para uma filosofia do mito adequada numa era em que a obsessão antropomórfica destruiu a realidade do homem.

A tarefa, porém, não é fácil em tempo nenhum. A coincidência de que o criador de um mito é, ao mesmo tempo, um grande filósofo que sabe o que está fazendo, como no caso de Platão, é única na história da humanidade. Mesmo no caso de Schelling, que se posiciona ao lado de Platão como um filósofo do mito, seu sucesso é prejudicado pela inclinação gnóstica a intelectualizar o inconsciente e reduzir os seus movimentos à fórmula de um processo dialético. Schelling não pode ser totalmente absolvido da acusação levantada por Ireneu contra os gnósticos do século II d.C.: "Eles abrem Deus como um livro" e "Eles colocam a salvação na gnose daquilo que é majestade inefável". O filosofar de Platão é livre de tais inclinações — talvez porque ele compartilhava sem reservas a convicção grega comum de que as coisas divinas não são para o conhecimento dos mortais. Quaisquer que possam ter sido as respectivas cotas de tradição e discernimento ativo na atitude de Platão, mesmo nos momentos de uma intimidade mais impressionante com os mistérios cósmicos o véu que separa o mito do conhecimento não é rasgado. O mito de Platão sempre preserva o seu caráter de flor transparente do inconsciente. Seus símbolos nunca são rompidos, com a intenção de deixar o olhar da consciência penetrar no seu além, ou com o resultado de deixar o inconsciente fluir e destruir o sujeito finito. A diferença nas atitudes dos dois filósofos é talvez mais claramente revelada na crítica de Schelling de que Platão teve de usar o mito para expressar as relações fundamentais de alma e cosmos porque a especulação dialética não podia lhe servir como o instrumento para sondar o abismo. A crítica caracteriza como uma deficiência em Platão, embora uma que era condicionada pela sua posição histórica, precisamente o que consideramos ser o seu maior mérito, ou seja, a separação clara entre o mito e todo o conhecimento que é constituído de atos da consciência visando aos seus objetos. No nível do mito da alma, essa separação corresponde à distinção cristã entre as esferas da fé e da razão.

4 O mito do mito no *Timeu*

O caráter único do mito do mito de Platão faz que seja de suprema importância não perder o mínimo detalhe de sua execução. O mito egípcio simbolizara a descida para o "Egito" da alma, de onde, por anamnese, foi trazida a "história verdadeira". Nós fizemos bom uso da sugestão e expressamos o ponto último a ser alcançado pela descida como sendo o "ônfalo cósmico" no solo da alma. Assim, aceitamos a condição inelutável e usamos um símbolo mítico para filosofar sobre o mito. Vamos, agora, seguir Platão um pouco mais até os problemas do mito conforme são expostos nos comentários preliminares do *Timeu* (27C–30C).

Timeu inicia sua história do cosmos e de sua criação com uma invocação tanto dos deuses como dos poderes humanos. A história só será satisfatória para nós se for agradável aos deuses (27C); mas precisamos recorrer também aos poderes humanos, uma vez que a história deve ser clara em expressão e comunicável (27D). Assim, num momento preliminar, o lugar do mito é fixado na interseção da anuência do inconsciente e da ação formadora da consciência. Timeu, então, passa a determinar mais precisamente as condições sob as quais um mito do cosmos é possível. Ele distingue aquilo que tem um ser eterno sem jamais ter vindo a ser daquilo que sempre vem a ser sem nunca ter um ser eterno (27D). O ser eterno pode ser apreendido pelo intelecto (*logos*); aquilo que muda e vem a ser pode ser apreendido pela crença e pela sensação (*doxa; aisthesis*) (28A). Qual é, então, a natureza do cosmos? É Ser ou Vir-a-Ser? E essa natureza deve ser abordada pelo intelecto ou pela crença e pela sensação? A resposta parece favorecer a segunda alternativa: pois o cosmos pode ser visto e tocado, ele pertence ao domínio do vir-a-ser e é um objeto de crença e sensação (28B–C). Essa decisão parece ignorar o problema do mito, uma vez que o cosmos tornar-se-ia um objeto para o sujeito humano a ser apreendido em atos de cognição não mítica. E, de fato, mais de um platônico foi induzido a isolar a linha epistemológica do tecido do *Timeu* e encontrar nessa passagem a intenção de Platão de distinguir a exatidão "definitiva" da matemática do caráter "provisório" das proposições nas ciências empíricas[9]. O argumento epistemológico, porém, está entremeado à evocação do mito. O cosmos, de fato, pertence ao domínio do vir-a-ser; no entanto, ele participa do domínio do ser eterno porque o Demiurgo moldou-o como uma imagem (*eikon*) do modelo eterno (*paradeigma*) (28A–B; 29A). Platão toma um cuidado particular em esclarecer a relação *eikon–paradeigma*. Ele indaga se o Demiurgo teria de fato criado o cosmos à semelhança de um modelo eterno, e não de um modelo gerado. E decide em favor da primeira suposição, porque o cosmos é a mais bela de todas as coisas que vieram a ser e o Demiurgo é bom; a suposição contrária seria blasfema (29A). Estamos para além do conhecimento empírico da sensação ou da crença; passamos à sensibilidade espiritual, ou seja, à anuência do inconsciente.

A explicação do cosmos deixou de ser um problema para a cognição objetiva; como consequência da anuência, ela passou para o plano da simbolização mítica. Se o cosmos tivesse sido formado de acordo com um modelo gerado, então, e apenas então, ele de fato pertenceria ao domínio do vir-a-ser; mas como é formado de acordo com um modelo eterno, ele é um *eikon* daquilo que é compreensível pelo intelecto e pelo discernimento (*logos; phronesis*) e que existe em permanente imutabilidade (29A). Ser e Vir-a-Ser mudaram sutilmente de significado. Já não significam classes de objetos que são acessíveis, respectivamente, ao intelecto e à crença, mas componentes de uma entidade que não é totalmente Ser nem Vir-a-Ser. O *paradeigma* não pode ser visto pelo *logos* do homem em seu ser eterno, mas apenas conforme incorpo-

---

[9] Isso aconteceu até mesmo a uma autoridade da categoria de A. E. Taylor. Ver o seu *Commentary on Plato's* Timaeus a respeito de 27D5–29D3 (p. 59-61).

rado no cosmos, e este, como é uma imagem do ser eterno, é mais do que uma coisa perecível no fluxo do vir-a-ser. O *eikon* é ser-no-vir-a-ser. Assim, o próprio cosmos é um símbolo, que emerge no mundo dos objetos, mas é transparente em direção ao seu solo eterno. Além disso, avançamos mais um passo no sentido de esclarecer o problema da inteligibilidade. O cosmos é inteligível, e podemos explicá-lo, porque o ser que se manifesta no vir-a-ser é do tipo que pode ser conhecido pelo intelecto — embora só seja totalmente conhecido pelo *logos* do Demiurgo, não pelo *logos* do homem. A base criativa do cosmos, embora supere a consciência do homem, tem afinidade com a mente finita e, portanto, pode ser compreendida por ela.

Precisaremos estar cientes dessa mudança de significados quando interpretarmos os comentários finais dessa seção. Uma explicação, diz Timeu, tem afinidade *(syngenes)* com as coisas que ela expressa (29B). Se a coisa for duradoura e descobrível pelo *logos*, então a própria explicação também será duradoura e conclusiva; se a coisa for uma semelhança *(eikon)*, a explicação em si será apenas provável *(eikos)*. Pois o que é a realidade em relação ao vir-a-ser é também a verdade *(aletheia)* em relação à crença *(pistis)* (29C). Parecemos ter retornado à distinção epistemológica — a menos que Platão quisesse indicar pela mudança de terminologia de *doxa* para *pistis* que o problema havia sido modificado. O retorno, porém, é apenas aparente, pois não devemos esquecer que, no contexto dos argumentos, a *aletheia* é de Deus e a *pistis* é do homem. Não estamos diante das alternativas de explicações verdadeiras e prováveis; a alternativa é entre a verdade que é visível para Deus e a semelhança da explicação que é a parte que cabe ao homem, precisamente porque existe a verdade de Deus no cosmos. A explicação dos "deuses e da geração do universo" não será mais do que provável, porque o falante e seus ouvintes não são mais do que "humanos em natureza" (29C–D). Ainda assim, a conclusão de que precisamos aceitar o *eikos mythos*, a história provável, parece implicar um grau menor de "verdade" do que a garantia anterior de que iríamos ouvir um *logos alethinos*, uma história verdadeira.

O aparente conflito é resolvido nas páginas seguintes, quando Timeu começa o relato da própria criação. O Demiurgo é bom e deseja que todas as coisas se tornem tão semelhantes a ele quanto possível (29E). Como a ordem é melhor do que a desordem, o deus pegou a matéria primordial que se movia de forma discordante e levou-a da desordem *(ataxia)* para a ordem *(taxis)* (30A). Além disso, ele achou que é melhor ter inteligência *(nous)* do que ficar sem ela, e que a inteligência não pode estar presente em nenhum lugar que não na alma (*psyche*). Desse modo, ele criou o *nous* dentro da *psyche*, e a *psyche* dentro do *soma* (corpo), de forma que o cosmos refletisse tanto quanto possível a bondade suprema de seu criador (30B). Assim, "de acordo com a história provável", o cosmos é "em verdade" uma criatura viva dotada de alma e inteligência (*zoon empsychon ennoun*) (30B–C).

No presente contexto, não podemos analisar a passagem exaustivamente. Precisamos limitar-nos, portanto, aos pontos que têm uma relação direta com a teoria do mito:

(1) Em primeiro lugar, o problema do *eikon–paradeigma* passou por uma modificação. O Demiurgo cria o cosmos segundo um modelo (reafirmado em 31 ss.). Mas ele próprio tornou-se agora o modelo, pelo menos para alguns elementos gerais, da ordem cósmica. Ele criou o cosmos à sua própria imagem com relação a *taxis* e *nous* e, como *nous* não pode existir separado da *psyche*, provavelmente também com relação a *psyche*. Esses elementos não são as formas do cosmos em seu aspecto físico; poderíamos caracterizá-los como os elementos propositados e dinâmicos da ordem cósmica, que dão a ela o seu caráter bom e inteligível. Assim, podemos dizer que Platão, no símbolo do Demiurgo, concentrou os elementos da "força ordenadora" que faz a ponte entre o ser eterno de formas paradigmáticas e a realidade em que elas precisam ser incorporadas. O Demiurgo é o símbolo da Encarnação, compreendida não como o resultado do processo, mas como o próprio processo, como a tensão permanente na realidade entre a *taxis* da forma ou ideia e a *ataxia* da ausência de forma.

(2) Segundo, o princípio que liga a forma ao movimento discordante da matéria é chamado de inteligência na alma. A psique, como sabemos por outros contextos, é "o movente que move a si mesmo"; o movimento ou processo é psíquico em substância; e a psique não é cega, mas tornada luminosa pelo *nous* que é integrado nela. A forma (*idea*) tem o seu ser na constância eterna; ela é trazida, por meio da inteligência na alma, para o processo de incorporação na natureza, no homem e na sociedade. A psique, num certo sentido, é o domínio intermediário entre a forma desincorporada e o movimento informe da matéria; mas, então, poderíamos dizer que ela é a única realidade num sentido dinâmico, pois a forma desincorporada e a matéria informe jamais coalesceriam num "mundo" sem a força cosmicamente criativa da psique. Além disso, a psique é a substância que permeia o cosmos. Ela anima não só o próprio cosmos num *zoon empsychon*, como também é a substância criativamente ordenadora em todas as suas subdivisões até o homem; pois o Demiurgo

moldou o cosmos como uma criatura viva, com todas as coisas nele "semelhantes a ele com respeito à sua substância" (30D-31A).

(3) Esse argumento nos traz, finalmente, à frase final de Timeu: que "de acordo com a história provável", o cosmos é "em verdade" uma criatura viva. A história provável, o *eikos mythos*, expressa algo mais do que mera probabilidade; ela expressa a própria verdade (*aletheia*). A passagem corresponde à anterior no mito egípcio em que a história inventada tornava-se de repente um *logos alethinos*. Depois da prolongada provocação com as distinções epistemológicas de *logos* e *doxa*, só podemos ver nesta súbita reviravolta uma clara ironia na noção de que o humilde instrumento do mito "não científico" seja a fonte da única verdade que interessa. Nessa ironia, porém, não há confusão. A *aletheia* do mito não é a *aletheia* do *logos*. O paradigma ainda permanece em sua constância eterna, inacessível ao *logos* do homem; ainda não temos nenhum outro conhecimento que não a sua "probabilidade". O que o mito pode revelar "em verdade" é a natureza psíquica do cosmos como um todo e em suas partes. O mito não expressa a verdade da ideia; ele expressa a verdade de sua Encarnação.

Podemos agora resumir a teoria geral do mito da forma como ela surge a partir do *Timeu*. A substância do cosmos, incluindo o homem e a sociedade, é a psique iluminada pela inteligência. A psique é a força que transforma a desordem da matéria em ordem, impondo-lhe a forma paradigmática. O paradigma do cosmos propriamente dito é inacessível ao intelecto do homem; nós o vemos apenas na imagem criada pelo Demiurgo. Ainda assim, podemos oferecer um relato provável da imagem, porque a nossa psique é parte da psique cósmica, e no meio da nossa psique individual respondemos com o *eikos mythos* ao *eikon* cósmico. E como sabemos que tudo isso é verdadeiro e não, talvez, uma construção infundada? Porque os símbolos usados no relato originam-se em nossa psique. Recebemos o mito do inconsciente, ou seja, da profundeza cósmica de nossa alma que reverbera no campo da consciência e da comunicação inteligível. O *eikos mythos* tem a sua própria *aletheia*, porque nela simbolizamos a relação verdadeiramente experimentada entre nossa existência consciente separada e o solo cósmico da alma. A teoria do mito é, ela própria, um mito; sua verdade não é a verdade do intelecto, mas a verdade autoautenticadora da psique.

O lugar sistemático do *Timeu* na filosofia da política de Platão tornou-se claro. A ordem da alma, na *República*, foi autenticada suficientemente bem pela subida da caverna para o domínio inteligível da Ideia. A *República*, porém, não havia autenticado o paradigma da boa pólis como a forma de sociedade na história. Esse segundo passo precisava do discernimento da consubstancialidade da alma e da sociedade e, em última instância, do cosmos. O mito da alma poderá ser o mito da pólis apenas se a alma individual e a pólis na história puderem ser incluídas na psique do cosmos. O político que impõe a *taxis* da ideia à *ataxia* da matéria histórica recalcitrante deriva a sua autoridade do Demiurgo, que impõe a ordem paradigmática ao movimento discordante da matéria cósmica.

5 O mito da encarnação no *Timeu*

O corpo principal do *Timeu* desenvolve o mito do cosmos que foi demonstrado na parte introdutória. Suas ramificações nos detalhes de uma filosofia da natureza não são nosso interesse aqui. Vamos restringir nossa análise aos símbolos centrais que dão suporte à encarnação da ideia na história.

Para penetrar no significado dos símbolos, precisamos uma vez mais refletir sobre a relação entre a história manifesta da criação que o *Timeu* narra e o drama da alma que ela simboliza. Pois existe um sério debate entre os comentadores do *Timeu* quanto a se Platão de fato pretendeu propor uma "doutrina" da criação no tempo ou se ele pressupunha a existência do cosmos desde a eternidade. Considerando a soberba clareza do diálogo, é difícil admitir que tal dúvida possa ser expressa. O símbolo da "criação no tempo", de um "início" do cosmos, é uma necessidade da forma literária do "relato" mítico. Qualquer que fosse a "doutrina" da criação de Platão, se é que ele chegou a pensar em ter uma, na história a criação deve inevitavelmente ocorrer como um evento no tempo interior do relato. Quanto ao resto, não há dúvida sobre a posição de Platão, uma vez que ele a deixou explícita em *Timeu* 37D. De acordo com essa passagem, o tempo é o *eikon* da eternidade. O paradigma é eterno (*aionios*); como o Demiurgo não podia simplesmente transferir essa qualidade do modelo para a imagem, ele criou no cosmos uma semelhança móvel da eternidade; essa semelhança é o tempo. O tempo é a semelhança perene (*aionios*) da eternidade, "que se move de acordo com o número". O tempo, assim, é uma qualidade no *eikos*; e a criação, portanto, não pode ser um processo no tempo; e a fórmula de uma "criação no tempo" não faz sentido. Essa solução é, em substância, a mesma que santo Agostinho oferece para o problema do tempo e da eternidade: "Se antes do céu e da terra não havia tempo, como é possível perguntar o que Vós fazíeis então? Pois não havia Então quando não havia tempo. [...] Vós fizestes todos os tempos e antes de todos os tempos Vós sois; e em tempo nenhum não havia tempo"[10].

A distinção entre o tempo do relato e o tempo do cosmos esclarece ainda mais as relações entre Ser e Vir-a-Ser, e entre mito e conhecimento de objetos. O tempo do relato não é nem a eternidade do paradigma, nem o tempo perene do Vir-a-Ser. Ele simboliza o intermédio de tempo e eternidade. O Ser não precede o Vir-a-Ser no tempo; ele está eternamente presente no Vir-a-Ser. O fluxo do Vir-a-Ser com os seus objetos transitórios, como vimos, não é meramente uma série de dados oferecidos à crença e à sensação; ele tem uma dimensão que aponta para fora do tempo, em direção ao Ser eterno. Ao longo dessa dimensão, move-se o processo de Encarnação, que intercepta a qualquer dado momento o processo do Vir-a-Ser. Esse processo que intercepta o tempo do Vir-a-Ser no ponto de seu presente, mas não é parte do processo do Vir-a-Ser em si, é o processo da psique; e o tempo do relato é a "forma do objeto" em que a consciência molda esse processo atemporal.

As distinções do *Timeu* com relação ao problema do tempo oferecem sustentação teórica para o método que usamos até aqui na interpretação dos vários mitos platônicos. As interpretações de significado, pela passagem do significado expresso do "relato" para o drama da alma que ele simboliza, encontram a sua justificativa nas relações entre o processo atemporal da psique, o tempo do Vir-a-Ser e o tempo da narrativa.

Na análise a seguir do mito da Encarnação, vamos deixar de lado, portanto, a "história" em si e apresentar os seus elementos de maneira a que o drama da psique revele-se neles.

O agente que cria o cosmos é designado como o Demiurgo. Ele cria o cosmos por uma razão (*aitia*). A razão é a sua bondade. E como o bom é livre de ciúmes, ele deseja que todas as coisas sejam como ele mesmo. Essa bondade livre de ciúmes é o "princípio supremo [*arche*] que governa o vir-à-existência [*genesis*] e a ordem da existência [*kosmos*]" (29E). A substância divinamente criativa no Demiurgo é o *nous*; assim, a construção do cosmos à semelhança do deus torna-se uma obra do *nous*[11]. O cosmos total, porém, não é obra ape-

---

[10] Santo Agostinho, *Confissões* XI, 13.
[11] É melhor manter o termo grego. Qualquer tradução por um termo moderno (como inteligência, razão, *Geist*, espírito) fragmentaria o significado compacto de *nous*.

nas do *nous*; pois o Demiurgo de Platão não é o criador cristão onipotente da matéria. O Demiurgo pode construir um cosmos ordenado, mas precisa impor a sua ordem a um material preexistente. O substrato preexistente do cosmos segue os seus próprios movimentos, e a obra crítica da criação consiste em dobrar o substrato à ordem do *nous*.

O substrato é difícil de descrever, porque ele não é dado às faculdades cognitivas do homem. Nem mesmo a *pistis* nos assegurará dele; o conhecimento que temos de sua existência é obtido por meio de uma espécie de "raciocínio bastardo" (*logismo notho*) (52B). Platão circunscreve-o por meio de um conjunto considerável de símbolos e símiles míticos que tocam os vários aspectos do substrato no processo de criação. Na medida em que o substrato limita o poder criativo do *nous* pelo seu próprio caráter, ele é chamado de *ananke* (47E–48A). Na medida em que ele tem de entrar na forma imposta pelo Demiurgo, ele é comparado a um material plástico que pode assumir qualquer forma sem perder a sua natureza específica (50A–C). Na medida em que ele recebe a forma do Demiurgo, Platão fala dele como a "ama do Vir-a-Ser" (*geneseos tithene*) (49A). Além disso, ele simboliza o processo criativo como uma geração do filho, isto é, do cosmos, a partir da forma como pai e do substrato como mãe (50C–D)[12]. O substrato não tem qualidades próprias, mas é de tal natureza que as qualidades da forma podem ser conferidas a ele. Assim, ele não é terra, nem ar, nem fogo, nem água, nem qualquer outro elemento formado; no entanto, participa da natureza deles; pois, caso contrário, as formas elementais não poderiam lhe ser impostas (48B–D; 50D–51B). Por fim, Platão dá um nome ao substrato: ele o chama de Espaço (*chora*), "perene e não suscetível de destruição" (52A–B).

O drama da criação transcorre num domínio não criado que precede a criação — embora não no tempo. O Demiurgo opera sob as condições que são prescritas pela Forma eternamente existente, pelo Espaço e pela Gênese. A tríade Ser, Espaço e Gênese existia antes de o cosmos ser criado (52A). A criação propriamente dita, ou seja, a imposição da Forma ao Espaço e à Gênese, torna-se possível por uma interação ou acordo (*systasis*) entre a vontade ordenadora do *nous* e a *ananke* do Espaço. "Como o *nous* prevaleceu sobre a *ananke*, persuadindo-a a conduzir a maioria das coisas em vir-a-ser no sentido do melhor, o universo originou-se pela submissão da *ananke* à persuasão [*peithó*] razoável" (48A).

---

[12] Muito possivelmente esta simbolização apoia-se numa interpretação da *Tetraktys* pitagórica.

Não é difícil discernir nesse simbolismo mais um desenvolvimento do mito do *Político*. O Demiurgo corresponde ao Governante Régio; ele tem de impor a ordem do *nous* a um material recalcitrante, assim como o político tem de impor a ordem da ideia a uma realidade histórica recalcitrante. Uma vez mais, estamos diante da dicotomia do bem e do mal. Dessa vez, porém, Platão esforçou-se bravamente para clarificar o problema que, anteriormente, ele simbolizou pelos dois paradigmas. Pois a força da resistência está agora localizada no substrato do Espaço com os seus movimentos de elementos, que não são elementos mas, ainda assim, têm suas qualidades na medida em que a forma elemental pode ser imposta a eles. O receptor da forma, além disso, tornou-se um princípio feminino, *chora*, que é perene como a forma. Sua perenidade, por fim, é a de um movimento material, de um caos antes da forma, e Platão usa o termo *genesis* para distinguir a sua eternidade de movimento e mudança da eternidade do Ser imutável[13].

A nova dicotomia representa um avanço considerável em relação à *República*. A resistência à ideia agora se tornou tão eterna quanto a própria ideia; e superar essa resistência na criação é tarefa permanente do *nous*. Na parábola da caverna, a ênfase era a ascensão da alma da caverna para a intelecção da Ideia; a ênfase mudou agora para a descida e a imposição da Ideia à realidade informe. O problema da ascensão da Ideia, porém, não desapareceu completamente, pois ao discutir a diferença entre crença e inteligência Platão comenta (51E) que a crença verdadeira é compartilhada por todos os homens, mas o *nous* apenas "pelos deuses e um pequeno número de homens". A descida da criação é factível apenas porque existem os deuses e o "pequeno número de homens" que são capazes de ver a Ideia propriamente dita em seu Ser eterno. De qualquer modo, a descida tornou-se agora o problema crucial, e Platão, pela primeira vez, dá plena atenção à força da alma que leva a Ideia do Ser para o Vir-a-Ser. No *Político*, essa força havia sido sugerida de passagem; agora, no *Timeu*, ela se torna o grande símbolo central sob o nome de *peithó*, de Persuasão, que induz a *ananke* do caos a submeter-se ao *nous*[14].

---

[13] Mantivemos o termo grego *genesis* nesta ocasião e não o traduzimos como Vir-a-Ser para evitar confusão com o Vir-a-Ser do cosmos depois da criação. A *genesis* da tríade (*on, chora, genesis*) é um Vir-a-Ser que precede o Vir-a-Ser do cosmos. O Vir-a-Ser do cosmos pode ser apreendido por meio de crença e sensação; a *genesis* pré-cósmica é apreendida por *logismo notho*.

[14] A passagem referente ao *nous*, compartilhado "pelos deuses e um pequeno número de homens" que conseguem ver a própria Ideia, reintroduz a "linha epistemológica" no argumen-

No *Político*, a Persuasão apareceu na discussão da pólis mimética. A lei da pólis deve imitar a lei "verdadeira", e a questão era como essa imitação poderia ser alcançada na prática. A resposta de Platão foi que, excluindo-se a violência, a injeção de verdade na pólis poderia ser conseguida apenas por persuasão. No *Político*, esses comentários estão incluídos na discussão mais ampla sobre a pólis com leis, e seu caráter incidental é provavelmente a razão pela qual esse problema fundamental da incorporação da Ideia costuma ser negligenciado. No *Timeu*, a Persuasão é colocada no centro sistemático, de modo que não pode restar nenhuma dúvida quanto à sua importância como a força da alma que incorpora a obra do *nous* na realidade. Além disso, o problema da Persuasão torna-se ainda mais nítido pela mudança no símbolo da Necessidade. No *Político*, a Necessidade aparecia como Heimarmene, a deusa que determina os períodos do cosmos; no *Timeu*, a Necessidade tornou-se *ananke*, a força limitadora da *chora* que cede à Persuasão. O *nous* do Demiurgo sobrepõe-se à *ananke* por meio da *peitho*, e o cosmos é criado como a estrutura permanente do Vir-a-Ser.

No cosmos, pelo menos, o *nous* prevaleceu sobre a *ananke* e impôs a ordem da ideia. A tarefa do Político pode agora ser concebida como a criação, na política, de uma ordem análoga à ordem do cosmos. Esse último passo, a evocação da pólis como um análogo cósmico, foi dado por Platão nas *Leis*.

Pela força do Eros, a alma eleva-se à intelecção do *Agathon*; pela força de *peitho*, a alma encarna o *Agathon* na realidade. Eros e *peitho* são as forças da subida e da descida, e nesse aspecto o *Timeu* faz um contraponto ao *Banquete*. Considerando a posição paralela das duas forças, talvez seja curioso que Platão tenha tido tão pouco a dizer sobre *peitho* em comparação com o grande hino a Eros. A citação que apresentamos praticamente esgota o que encontramos no *Timeu* sobre o processo de *peitho*. Quaisquer que tenham sido as razões para tal laconismo, uma delas certamente foi que todos os gregos sabiam o que significava *peitho*, enquanto Eros era o novo *daimon* do círculo platônico.

---

to. Parece ser possível, afinal, um conhecimento direto da Ideia, não prejudicado pelo mito. A ocasião precisa, porém, em que essa linha epistemológica reaparece deve alertar contra a tentação de extrair da obra de Platão uma epistemologia no sentido moderno. O "homem" de Platão não é um *Subjekt der Erkenntnis* moderno que absorveu a tradição cristã de finitude das criaturas. O "homem" de Platão é uma psique; e vimos no *Fedro* que a psique no homem varia da humanidade comum à semidivindade. A epistemologia de Platão pressupõe um mito do homem que difere fundamentalmente da ideia cristã.

Quando Platão introduz a força de *peithó*, ele lembra um tema do outro grande pensador espiritual da Hélade, Ésquilo. O tema da *Oresteia* é o jugo da *ananke* e seu rompimento pela sabedoria que veio do sofrimento. As gerações dos deuses seguem-se umas às outras, cada uma pagando penitência pela violência de seu reinado ao cair vítima de seu sucessor, até que Zeus rompe a corrente pela sua própria ascensão a um governo justo de contenção e sabedoria. Da mesma forma os mortais, como Agamenon, curvam-se a *ananke* e cometem iniquidades, a serem seguidas por iniquidades vingadoras em horrível sucessão, até que a corrente de vingança é rompida, nas *Eumênides*, por Atena, que convence as Erínias a aceitar a absolvição de sua vítima e a mudar sua própria natureza de vingadoras para benéficas. A cena final das *Eumênides* traz o conflito entre as duas gerações de deuses, representando estágios do desenvolvimento da sabedoria. Atena representa a nova sabedoria e justiça de Zeus; as Erínias representam a velha ordem de justiça pela vingança. As Erínias não cedem facilmente, pois a velha ordem tem sua razão e sua justificativa; e Atena insiste que não deseja mostrar desrespeito por suas irmãs mais velhas. Ela mantém o trovão de Zeus de reserva para vencer a resistência, mas não quer usar violência. Insiste para que as Erínias respeitem "a majestade de *peithó*" (885); e alegra-se quando Zeus *agoraios* triunfa e a vitória do *Agathon* é assegurada (973 ss.). Os paralelos entre Platão e Ésquilo são tão próximos que dificilmente poderiam ser acidentais. O Zeus *agoraios*, o Zeus da persuasão sobre a assembleia do povo, é parente próximo do Demiurgo e do Governante Régio. A vitória de *nous* sobre *ananke* no *Timeu* deve ser vista em relação ao pano de fundo esquiliano da vitória da nova sabedoria sobre as forças míticas mais antigas. Se tal apoio era necessário, essa relação entre o *Timeu* e a *Oresteia* confirmaria ainda mais a posição sistemática do *Timeu* na filosofia platônica da história e da política[15].

6 O *Crítias*

Timeu contou a história do cosmos e do homem. Agora, Crítias sucede-o no papel de narrador e conta sobre a pré-história ateniense.

O fragmento do *Crítias* contém uma breve descrição da Atenas antiga e uma mais longa de Atlântida. Ele se interrompe no ponto em que o deus de-

---

[15] Sobre a *Oresteia*, ver MURRAY, *Aeschylus*; sobre a relação com o *Timeu*, ver CORNFORD, *Plato's Cosmology*, 361 ss.

cide pela necessidade da guerra. Mesmo assim, a interpretação é prejudicada mais pela riqueza de significado do que pelo fato de que a história não vai além da exposição. Pois Platão deu plena vazão à sua imaginação, e a obra, se estivesse completa, teria sido um dos mais grandiosos poemas da Antiguidade.

No *Crítias*, com o seu tema de uma guerra entre Atenas e Atlântida, estamos no domínio da história. A lembrança das Guerras Persas fornece o pano de fundo para uma Atenas que se mantém vitoriosa contra um poder bárbaro assustadoramente forte e, com sua civilização superior, salva a Hélade da destruição. Geograficamente, porém, o poder bárbaro deslocou-se do leste para o oeste. Talvez Platão quisesse aludir ao perigo ocidental da Sicília, que é representado no diálogo por Hermócrates. Mas devemos também levar em consideração que a guerra do *Crítias* acontece no éon anterior do cosmos. Assim, a inversão de direções talvez tenha algo a ver com a inversão do movimento cósmico nos ciclos do *Político*. De qualquer maneira, parece mais sensato procurar o lugar de Atlântida na lógica do mito do que no oceano ocidental.

O éon Atenas–Atlântida não é em todos os aspectos a Idade de Ouro de Cronos que, no *Político*, precedia a Era de Zeus, mas mantém dela a tutela dos deuses sobre o homem. De acordo com a história de Crítias, as regiões da terra foram distribuídas entre os deuses por Dike (109B). Atenas ficará na parte que coube a Atena e Hefesto (109C) e Atlântida na parte de Posêidon (113C). Depois que as regiões foram distribuídas, os deuses criaram a ordem para seus domínios e para os homens que havia neles. Contudo, não governavam seus rebanhos pela violência, como pastores que usam a vara, mas dirigiam as almas dos homens, de acordo com os seus planos, pela *peitho* (109C). A *peitho* dos deuses estabelecia a ordem de uma Idade que havia avançado para além da direção do cosmos pelo Demiurgo, mas ainda não se tornara o domínio do homem autônomo. A narrativa do *Crítias* desenvolve-se num domínio crepuscular entre a natureza e a história humana plena.

Precisamos nos manter atentos a essa condição intermediária do éon; pois a história perderá o seu sentido se esquecermos que Atlântida é também uma ordem dos deuses, enquanto Atenas não é nada mais do que uma ordem dos deuses. Por um lado, a ordem da ideia é encarnada na Atenas pré-histórica pela graça dos deuses, não por virtude do homem. A ordem de Atlântida, por outro lado, perde a graça divina porque a mistura de elementos mortais faz as fraquezas humanas prevalecerem sobre a virtude que deriva da instituição divina. No domínio encantado do éon mítico, Atenas encarna a ordem da sabedoria sem a liga que causa o declínio, enquanto Atlântida encarna a ordem da riqueza e do poder repleta das tentações da ganância e da *hybris*. Poderíamos dizer que Platão dividiu o problema da ordem e distribuiu os papéis. Ser é Atenas, Vir-a-Ser é Atlântida. O *Crítias* lida, de fato, com o problema da encarnação, mas a ideia não está plenamente encarnada nem em Atenas, nem em Atlântida. O drama da encarnação assume a forma da guerra entre as duas pólis do Ser e do Vir-a-Ser e, nessa luta mítica, o Ser permanece vitorioso sobre o Vir-a-Ser. A vitória, porém, não é definitiva, pois, no domínio da história, declínio e desincorporação são o destino de cada encarnação. Assim, no relato mítico, Atenas e Atlântida não existem felizes para sempre, mas ambas são destruídas pelas catástrofes que marcam o fim do éon. Ao transpor o problema da ordem para o éon mítico, Platão pôde, assim, separar os elementos da ordem concreta no Ser de Atenas e no Vir-a-Ser de Atlântida; pôde, além disso, traduzir o drama da encarnação no relato da guerra entre as duas pólis; e pôde, por fim, traduzir o declínio no símbolo do fim do éon.

O mito do éon pré-histórico de Atenas e Atlântida tem a mesma relação com o problema da ordem política na história que o mito da luta pré-cósmica entre *nous* e *ananke* com o problema da ordem cósmica. O paralelo é sugestivo; ele nos incentiva a buscar o significado do mito um passo além. O *Timeu* marca um avanço no pensamento de Platão em relação à *República*, porque a resistência à ideia é tratada com uma nova seriedade. A cegueira para a ideia, o caráter informe do caos não podem ser superados pelo desprezo; a vitória da ideia não pode ser assegurada pela mera evocação da ordem reta da pólis. O caos tornou-se coeterno com a ideia, e apenas pela *syntasis* de *nous* e *ananke* pode o cosmos ganhar forma. É notável um avanço até em relação ao *Político*. Na trilogia *Teeteto–Sofista–Político*, a realidade histórica recalcitrante era tratada como a força do mal, como o *thremma*, a besta. Apesar da atenção ao problema da Persuasão, a atmosfera da trilogia anterior era repleta de violência. O *Timeu* demonstra um novo respeito pela outra metade dos elementos que entram na composição de um cosmos. Ainda é dada punição às almas ruins; mas, no geral, a invectiva cessa quando *nous* se vê diante do substrato primordial a-noético. A mesma mudança de tom pode ser observada no *Crítias*. Embora Atlântida seja a contrapólis em relação à pólis ateniense da ideia, caracterizada como rica e poderosa, como bárbara e, talvez, sinistra, sua ordem é desejo do deus e de forma alguma desprezível.

Como o mito da grande luta é tocado fortemente pela lembrança das Guerras Persas, é bem possível que a nova atmosfera de respeito no *Crítias* reflita uma influência esquiliana, assim como o símbolo da *peithó* no *Timeu*. Os *persas* de Ésquilo é o único caso de uma peça de guerra que celebra a vitória de um povo dramatizando a tragédia do inimigo derrotado. Menos de uma década depois de Salamina e da destruição da cidade, pôde ser escrito em Atenas e encenado o drama que descreve a derrota dos persas, sem ódio ou triunfalismo, como a queda trágica de uma grande nação por orgulho e *hybris*. A derrota não é causada por uma superioridade dos helenos sobre os bárbaros, mas pela queda dos persas de sua ordem reta. Os deuses decidiram pela sua derrota. O destino do transgressor é a lição apresentada aos atenienses. No *Crítias*, é Atlântida que experimenta a queda e a derrota persas.

> Quando o elemento divino neles começou a diminuir [...] eles se tornaram incapazes de suportar sua prosperidade e comportaram-se de forma inadequada. Para aqueles que tinham olhos para ver, eles pareciam feios, pois estavam perdendo o mais precioso de seus dons. Mas para aqueles que não tinham olhos para discernir a vida de verdadeira *eudaimonia*, eles pareciam mais belos e felizes nesse tempo em que estavam cheios de desejo injusto de poder [*pleonexia*]. (121B)

Zeus, que governa de acordo com a lei, percebeu a condição miserável de um povo antes excelente e decidiu-se pela sua derrota, a fim de castigá-los e trazê-los de volta para a moderação (121B).

O paralelo é novamente tão forte que fica difícil considerá-lo um acidente. Parece permissível pressupor para o *Crítias*, como para o *Timeu*, uma influência esquiliana no novo e mais profundo entendimento da queda da ordem reta. Essa influência não se expressa, porém, na mera repetição de uma situação dramática esquiliana, pois a guerra entre Atenas e Atlântida não é uma transposição, para outro tempo histórico, do conflito com a Pérsia. Atlântida é o componente do Vir-a-Ser na ordem histórica, de modo que a queda de Atlântida é a queda de Atenas do verdadeiro Ser. A *hybris* dos persas e sua derrota subsequente poderiam ser apresentadas para Atenas, por Ésquilo, como uma tragédia passível de acontecer para qualquer povo. No *Crítias*, a queda da ordem reta tornou-se o destino da própria Atenas e o desastre físico (simbolizado pela presença de Hermócrates) tornou-se iminente. Na rica simbolização do *Crítias*, pelo menos três motivos estão interligados: (1) a queda interna da ordem reta, (2) o desastre externo que pode ser a consequência da queda e (3) a esperança de regeneração. O declínio e a regeneração internos de uma instituição política e a ascensão e a queda externas de potências históricas são da mesma substância e estão inter-relacionados em seu significado. Por meio de seu mito, Platão chegou tão perto de uma filosofia da história mundial quanto um pensador helênico dentro do firme horizonte da pólis poderia chegar.

No *Timeu* e no *Crítias*, o mundo de Platão aumentou em conteúdo em relação à *República*. Ao domínio da ideia foi acrescentado o domínio coeterno do Vir-a-Ser. Platão reconheceu que há mais de um princípio sobre o qual uma ordem política na história pode ser construída. A ordem da ideia continua a ser a mais elevada, mas outras ordens de não pouca qualidade podem estar em conflito com ela. Além da Hélade no espaço está o mundo da Pérsia; além da Hélade no tempo está o mundo de Creta; e além do domínio da ideia estão os domínios da organização social que tiram a sua inspiração de outras fontes. Uma importância considerável é associada, portanto, aos princípios sobre os quais as ordens rivais de Atenas e Atlântida são construídas no *Crítias*. Em particular, a ordem de Atlântida tem seu fascínio porque Platão, aqui, de fato faz o que tão frequente e erroneamente se suspeita que ele tenha feito na *República* — ele está construindo uma "Utopia". O procedimento é envolvente porque, neste caso, um pensador político de primeira categoria constrói uma Utopia não com a intenção de evocar a imagem de um estado ideal, mas com o propósito de evocar uma ordem rival à boa pólis. Além disso, ele não soluciona o problema simplesmente empilhando coisas ruins sobre a ordem rival. A Atlântida de Platão poderia, de fato, passar como uma Utopia escrita com a intenção de evocar uma comunidade ideal, próspera e feliz sob o governo de déspotas benévolos cuja principal preocupação é o bem-estar das pessoas. A Atlântida é o caso único de uma Utopia escrita "em má-fé" por um mestre em psicologia política. Em sua construção, Platão usa os materiais que um escritor utópico poderia ter usado "em boa-fé"; e o faz com tanta habilidade que o relato de Atlântida não degenera numa sátira a sonhadores de ideais. Pois o sonho de Utopia, ou seja, o sonho de alcançar uma sociedade perfeita pela organização dos homens de acordo com um plano pronto, em vez de formá-los por um processo educativo, é uma coisa séria; é algo como a magia negra da política. Mais apropriadamente, portanto, o sonho de Atlântida eleva-se em luciferino esplendor.

A descrição de Atenas precede a de Atlântida. Os dois relatos combinam-se e complementam um ao outro.

A região de Atenas, como vimos, ficou na parte da divisão que coube a Atena e Hefesto. Suas naturezas de irmão e irmã são unidas pelo amor comum à sabedoria e às artes (*philosophia*, *philotechnia*); foi por isso que eles receberam uma região que é naturalmente adaptada à *arete* e à *phronesis*. Nessa terra, eles implantaram filhos do solo, de boa natureza, e criaram a ordem da pólis de acordo com o seu discernimento (109C–D). Sobre as instituições Platão não fala muito porque, no geral, elas correspondem à pólis da ideia conforme descrita na *República* (110D). Topograficamente, a Ática ainda não havia sofrido as consequências da erosão pelas grandes enchentes. A colina da Acrópole era muito maior do que é hoje; seu platô era suficientemente amplo para servir como residência para os guardiões. A terra ainda era fértil, rica em bosques, fontes e rios (110D–112D). Os guardiões de Atenas eram, ao mesmo tempo, os líderes (*hegemones*) livremente aceitos da Hélade; e governavam sua pólis, assim como os outros helenos, eternamente com a mesma justiça (112D–E).

Para Posêidon coube uma ilha no oceano ocidental. Ela era habitada por homens nascidos da terra. Uma das famílias vivia numa montanha que se erguia numa planície localizada no meio da extensão da ilha e aberta em direção ao mar. Posêidon agradou-se de uma filha dos mortais e teve com ela dez filhos. O mais velho chamou-se Atlas. Ele e seus nove irmãos foram os ancestrais dos dez reis de Atlântida. O deus protegeu a montanha de seu amor criando em torno dela círculos de mar e terra — três círculos de mar, separados por duas ilhas em forma de anel. Os descendentes do casal divino-mortal desenvolveram no local a cidade de Atlântida. A ilha-montanha em si e as ilhas em forma de anel eram cercadas por enormes muralhas. A muralha mais externa era coberta de bronze, a segunda de estanho, a muralha da ilha-montanha de rubro oricalco. As pedras para a muralha e para a cidade foram retiradas das ilhas circulares; suas cores eram branco, vermelho e preto; e o padrão de cores das pedras decorava a cidade. No centro, ficava o templo de Posêidon, coberto de prata, exceto pelos pináculos, que eram cobertos de ouro — "um espetáculo bárbaro". O palácio dos reis, na ilha principal, era obra de gerações, com cada rei tentando superar o seu predecessor pelo esplendor de seus acréscimos. As ilhas circulares eram cortadas por canais, para que os navios do mar pudessem atravessá-las, e os canais, por sua vez, eram cruzados por magníficas pontes. As faixas circulares de mar entre as ilhas foram, assim, transformadas em portos seguros, e as cavidades de onde as pedras para as muralhas haviam sido retiradas tornaram-se docas subterrâneas, e assim por diante.

Esses devem ser detalhes suficientes para mostrar a escala e o estilo do relato de Platão. Vamos ser mais concisos quanto aos outros pontos. A ilha abundava em recursos naturais, tanto minerais como vegetais, e as pessoas aumentavam a sua riqueza por meio de um amplo comércio. Os sistemas de transportes, canais, organização territorial, receita e atividades militares são descritos em detalhes, como se seguissem um rígido plano racional da mesma forma que a topografia da ilha. Para fins de governo, a ilha foi dividida em dez províncias, administradas pelos descendentes dos dez primeiros reis, com os mais velhos sempre governando a cidade propriamente dita e os seus arredores. Dentro das províncias, os reis eram os senhores supremos de seus súditos; as relações entre os reis eram governadas pelos mandamentos estabelecidos pelo próprio Posêidon e preservados no local sagrado na ilha-montanha. Entre esses mandamentos ou decretos estavam as regras de que os reis não deveriam guerrear entre si; deveriam vir em auxílio uns dos outros se os súditos de uma cidade tentassem expelir a dinastia real; deveriam discutir em conjunto sobre guerras e outros assuntos; deveriam sempre preservar o reinado da linhagem de Atlas; e nenhum dos reis deveria ser sentenciado à morte a menos que cinco dos dez reis apoiassem a sentença.

A cada cinco ou seis anos, alternando os períodos de anos ímpares e pares, os reis encontravam-se numa reunião cerimonial com o fim de discutir as suas questões, investigar se alguém havia violado os mandamentos e julgar quem quer que tivesse cometido alguma infração. A cerimônia era constituída de três partes: uma tourada sagrada, o sacrifício do touro e a sessão de julgamento propriamente dita. Primeiro, touros eram soltos no local sagrado de Posêidon; os reis rezavam para que conseguissem capturar a vítima aceitável para o sacrifício e, então, começavam a caça com lanças de madeira e redes. Quando um touro era capturado, sacrificavam-no na coluna em que os Mandamentos estavam inscritos, com um ritual que incluía beber o sangue do animal sacrificado. Quando a noite caía, os reis vestiam mantos azuis escuros e, sentados sobre as cinzas do sacrifício, com todas as luzes apagadas, abriam a sessão judicial. Ao nascer do dia, as sentenças eram gravadas numa placa de ouro e a placa, juntamente com os mantos, era consagrada como um memorial da sessão.

Levando em conta a considerável liberdade de imaginação quanto aos detalhes, o relato mostra que Platão construiu sua Atlântida de modo bastante controlado, para que surgisse a imagem de uma contraordem em relação à pólis da ideia. Os governantes de Atenas são autóctones, de uma natureza que é maleável ao *agathon*; e os deuses formaram-nos por meio de *philosophia* e *philotechnia*. Seu governo sobre a pólis, assim como a sua hegemonia sobre a Hélade, é livremente aceito pelos súditos e pelas pólis federadas como o governo da virtude e da sabedoria. Os governantes de Atlântida são de origem semidivina, de modo que a sua qualidade não depende da formação de sua personalidade, mas do elemento divino em sua substância; se o elemento divino for diluído, sua qualidade será enfraquecida. A ordem de seu governo não deriva da *arete* e da *phronesis*, mas dos decretos do deus, e os súditos não aceitam o governo livremente, mas curvam-se ao prazer da ordem e à força que a mantém. Platão deixa claro que os reis de Atlântida são cercados em seus palácios pelas mais confiáveis de suas tropas; e, entre os decretos do deus, notamos a obrigação de auxílio mútuo contra rebeliões. As naturezas das regiões são similarmente distinguidas. Atenas é "naturalmente apropriada" para um governo de *arete* e *phronesis*, enquanto a topografia racional de Atlântida, com seus mares e ilhas circulares, é criada por Posêidon. Na descrição da cidade, do sistema de comunicação e da organização financeira e militar do local, Platão permitiu-se uma orgia de planejamento racional. Essa seção pode ter sido inspirada pelo trabalho de Hipodamo de Mileto, o planejador de cidades e arquiteto do Pireu com suas longas muralhas, e também autor de uma constituição-modelo — um antigo precursor de nossos engenheiros modernos, que apresentam uma devastadora disposição a transferir a sua comprovada capacidade na organização de concreto e ferro à organização da humanidade. Esse planejamento racional de Atlântida, que expressa o poderio expansionista e a riqueza "bárbaros", contrasta com os arranjos modestos de Atenas, que expressam a ordem de uma sociedade estável, com sua população armada mantida em um máximo de 20 mil e com governantes sem propriedades, que conduzem suas vidas num nível de subsistência. A racionalidade e o planejamento de Atlântida, assim, são caracterizados como a expressão do poder fenomenal, e a organização ateniense como a expressão da ordem substantiva.

As reuniões periódicas dos reis, por fim, com seu ritual de tourada, sacrifício e julgamento noturno, merecem mais atenção do que os usuais comentários antigos sobre a provável origem de detalhes na lembrança sobrevivente de cerimônias cretenses. No contexto da trilogia *República–Timeu–Crítias*, esses ritos com suas associações ctônicas são a contraparte da subida ao *Agathon*. A pólis da ideia é ordenada por governantes sábios; e os governantes são sábios porque seu Eros conduziu suas almas à visão do *Agathon*. A comunidade de almas eróticas é o núcleo da pólis bem ordenada. Os governantes de Atlântida também participam de um princípio divino; mas sua participação não assume a forma de uma transformação da alma pela Ideia. Os governantes não são humanos, mas semidivinos em sua origem, e preservam sua substância divina por meio da comunhão ritual periódica com a sua origem, ou seja, pelo sacrifício do deus-touro e pela participação em seu sangue. O simbolismo ctônico da noite e dos mantos azuis escuros enfatiza o ritual como uma comunhão com uma divindade das regiões inferiores — em contraste com o *Agathon*, o sol do domínio superior inteligível. Além disso, os súditos, que são seres humanos comuns, não podem participar da comunhão. Assim, as virtudes da temperança e da justiça não podem proporcionar um vínculo entre governantes e povo. O governo da dinastia precisa ser mantido por um corpo de segurança e pelo apoio mútuo que os reis dão uns aos outros. A ordem de Atlântida tem sua origem na luxúria divina; a ordem de Atenas na sabedoria divina. Nessa oposição entre os mistérios inferiores e superiores, provavelmente tocamos a essência do símbolo de Atlântida.

A luxúria da existência é, em última instância, tão divina quanto a sua superação pela subida ao domínio do inteligível. No entanto, a luxúria do deus não pode criar mais do que a aparência de forma. Sua ordem é viciada desde o começo por suas concessões à mortalidade e, no fim, retornará ao fluxo informe. Vimos a queda da ordem pela gradual mistura de elementos mortais. O *Crítias* conclui com a intervenção de Zeus.

O deus dos deuses percebeu o desastre iminente e quis restaurar a moderação por meio do castigo. "Para esse fim, ele reuniu todos os deuses em sua mais nobre habitação, que está situada no centro do cosmos e contempla do alto tudo o que participa do Vir-a-Ser, e, tendo-os reunido, disse...". Nesse ponto, o *Crítias* é interrompido. Observamos anteriormente, porém, que a reunião e o discurso do *Crítias* correspondem à reunião dos deuses e ao discurso do Demiurgo no *Timeu* (41A–D). Depois que o Demiurgo completa seu trabalho até o ponto em que faltam ser criados o homem e as naturezas inferiores, ele reúne os deuses e diz a eles que criaturas mortais de três tipos ainda não foram trazidas à existência. Sem estas, o cosmos seria imperfeito. "Mas, se eu mesmo lhes der nascimento e vida, eles seriam iguais a deuses." Ele irá, portanto, criar apenas a parte imortal do homem, enquanto os deuses, que são eles próprios criados, terão de tecer o elemento imortal aos mortais e criar, com esse tecido, o homem e as criaturas inferiores. "Façam-nos existir, alimentem-nos e façam-nos crescer; e, quando eles morrerem, recebam-nos de volta outra vez." As almas criadas dessa maneira seriam colocadas cada uma numa estrela como numa carruagem, veriam a natureza do cosmos e aprenderiam as leis de Heimarmene. Depois, cada alma seria encarnada num corpo, com a liberdade de conduzir a sua vida de tal maneira que, depois da morte, retornaria à sua estrela e à eterna felicidade ou desceria a encarnações inferiores (41E–42D). O discurso do *Timeu* e as disposições subsequentes, assim, explicam o nascimento da alma humana e a sua liberdade de cair ou subir. O episódio correspondente no *Crítias* indicaria, ao que parece pelo contexto, o renascimento do homem quando a sociedade como um todo tiver despencado da graça. Além disso, esse renascimento do homem caído pela intervenção de Zeus equivale, no plano do mito da pré-história, às páginas finais do *Político* com o seu relato do renascimento do homem na sociedade pela intervenção do Governante Régio. Apesar de sua forma fragmentária, o significado do *Crítias*, desse modo, é claro como o mito do declínio e renascimento da ideia na história e, mais especificamente, como o renascimento da ideia na forma de um império helênico.

Capítulo 6
As *Leis*

Quando Platão morreu, em 347, ele deixou a sua última obra, as *Leis*, inacabada. Embora num sentido formal ela esteja completa até a última palavra, contém uma série de defeitos estilísticos e pequenas inconsistências que indicam que a obra não passou por uma revisão final. Embora essa situação seja insatisfatória, pois não sabemos em que medida eliminações de detalhes e prolixidades teriam alterado o caráter geral da obra, não é necessário exagerar o problema. Não é justificável falar do estado em que a obra é preservada como o de um "primeiro rascunho", como foi feito algumas vezes. Se mencionamos o problema, é porque críticas ao estilo das *Leis* entraram no padrão mais amplo de acusações contra essa última obra de Platão. Como no caso do *Político*, um bloco de noções equivocadas tornou-se solidamente padronizado, e embora esse bloco tenha sofrido algum desgaste em anos recentes ele ainda obstrui uma interpretação adequada. Terá de ser nossa primeira tarefa, portanto, remover esses obstáculos a uma análise crítica das *Leis*.

1 Ideias equivocadas sobre as *Leis*

A primeira acusação é feita contra o estilo da obra. Ouvimos que o texto das *Leis* é prolixo e digressivo, que é mal organizado, que a rigidez da velhice se faz sentir na abordagem dos problemas; e ouvimos sinais de lamento por Platão não mais possuir os poderes de construção de que fez uso na *República*.

A críticas desse tipo só podemos responder que, deixando de lado os defeitos menores devidos a uma falta de revisão final, as acusações são inteiramente injustificadas. As *Leis* são de fato uma obra da velhice, mas não no sentido de trair alguma deficiência ou declínio. A obra, antes, refulge com uma maturidade de estilo que é peculiar a algumas das maiores mentes quando sua vitalidade permanece intacta nos anos avançados. O tema está agora inteiramente à disposição do mestre; o processo de criação parece não exigir esforço e a conspiração de conteúdo e expressão é tão sutil que o criador quase desaparece por trás de uma criação que se assemelha a um necessário crescimento.

Embora as acusações sejam injustificadas, elas ainda assim têm uma causa inteligível no fato de que os críticos não entenderam a organização formal das *Leis*. Esse problema da forma pode ser caracterizado, de maneira preliminar, como a mudança de uma organização externa do material, por meio de divisões e subdivisões, para uma organização interna pela recorrência de motivos dominantes num fluxo de associações. As *Leis* têm apenas uma incisão externa importante — a que separa os três primeiros livros dos nove subsequentes. E essa incisão serve precisamente ao propósito de articulação por intermédio dos motivos dominantes, na medida em que os três primeiros livros reúnem os motivos, enquanto os Livros IV–XII aplicam-nos à exposição dos *nomoi* da pólis. Dentro dos nove livros, o tema em si é distribuído numa sequência mais ou menos sistemática, da escolha do local e população para a pólis, passando pelas instituições sociais, magistraturas, educação e festivais, até a lei civil e criminal — mas essa ordem sistemática é subordinada à ordem dos motivos dominantes. Os pontos altos dessa organização interna são encontrados nos Livros VII (Educação) e X (Religião) com a recorrência do motivo principal do Livro I, ou seja, com o símbolo do Deus que joga o jogo da ordem e da história com o homem como sua marionete. Assim, a leitura das *Leis* torna-se uma experiência fascinante se sua organização é compreendida. Ao associar cadeias de pensamento dependentes dos símbolos dominantes, Platão despejou sua sabedoria madura sobre os problemas do homem na sociedade política. Essa *Summa* da vida grega inclui em sua amplitude as consequências da guerra de Troia e da invasão dórica, analisa o fracasso do reinado militar dórico e os horrores da teatrocracia ateniense, reflete sobre os efeitos da educação de harém sobre os reis persas e sobre a preservação dos estilos de arte no Egito, sobre as consequências do iluminismo e da imposição inquisitorial de um credo, sobre o *ethos* das escalas musicais e sobre a não desejabilidade da pesca como esporte. Para alguns críticos, essa expansão associativa pode parecer digressiva; para nós, parece não haver sequer uma linha morta na obra; todos os fatos e argumentos mencionados servem ao seu propósito de somar-se à visão grandiosa da vida humana em suas ramificações do nascimento até a morte.

Dois outros equívocos merecem não mais do que uma breve menção. As *Leis* desenvolvem plenamente a posição religiosa de Platão; a pólis cujas fundação e organização são descritas pode ser caracterizada como um estado teocrático. Na era liberal, uma obra desse tipo só poderia suscitar graves desconfianças entre os acadêmicos para quem a separação entre Igreja e Estado era um dogma fundamental, e para quem uma teoria da política tinha de ser definida em termos do Estado secular. O viés liberal permanece evidente mesmo em interpretações recentes das *Leis*. Platão é, na melhor das hipóteses, um "reacionário", e torna-se, na pior delas, um "totalitário", devido às provisões para a imposição de um credo e punição para declarações de natureza antirreligiosa. Outros ainda encontram circunstâncias atenuantes na idade avançada de Platão: quando um homem fica velho, como sabemos, ele se torna religioso; o véu da caridade deve ser puxado sobre as fraquezas de uma mente que já foi grande. O fato de que não se podem abordar os problemas de Platão a partir de uma posição dogmática é óbvio; não é necessário estender-se nesta discussão.

O segundo desses equívocos elementares cristaliza-se na fórmula de que as *Leis* são um tratado sobre "jurisprudência". A suposição não está inteiramente errada. As *Leis*, de fato, contêm seções que têm de ser classificadas como jurisprudência no significado moderno da palavra; e pode-se mesmo dizer que as contribuições de Platão para o desenvolvimento da lei criminal e para o aperfeiçoamento dos procedimentos judiciários ainda não receberam toda a atenção que merecem. A suposição, no entanto, torna-se errônea quando a fórmula é usada para transmitir a ideia de que as *Leis* como um todo são um tratado sobre esses temas. O erro é em parte induzido pela tradução do título *Nomoi* por *Leis*, com a implicação de que as leis de Platão signifiquem leis no sentido em que a palavra é usada na teoria jurídica moderna. O *nomos* de Platão, no entanto, está profundamente inserido no mito da natureza e tem uma amplitude de significado que inclui a ordem cósmica, os ritos dos festivais e as formas musicais. O pressuposto de que as *Leis* são um tratado sobre "jurisprudência" ignora essa variedade de sentidos e, inevitavelmente, destrói a essência do pensamento de Platão. A evasão dessa essência (e essa é a outra fonte do erro) é, uma vez mais, causada pelas inclinações secularistas dos historiadores modernos e por sua hesitação em seguir Platão numa teoria da política que baseia a ordem da comunidade na harmonia com a Medida divina.

Um terceiro grupo de equívocos toca um problema mais complexo. Ele se refere à designação platônica das *Leis* como o segundo melhor plano para uma pólis. Ouvimos que Platão havia desenvolvido na *República* o seu plano para o Estado ideal, que seu projeto era totalmente irrealista, que ele próprio convenceu-se de seu caráter utópico e, por fim, que nas *Leis* ele desenvolveu um ideal que levava em conta pelo menos algumas das exigências na natureza humana. Além disso, as *Leis* são distinguidas da *República* por seu reconhecimento de tradições e costumes históricos, assim como da necessidade de instituições legais. Enquanto a *República* ainda antevia algo como um governo ditatorial sem leis, as *Leis* incorporam a concepção mais madura de um governo constitucional regido pelas leis. As avaliações com frequência apresentam sinais de satisfação (o que ocorreu também nas avaliações do *Político*) por Platão ter tido finalmente de abandonar suas exigências idealistas e descer ao nível em que seus colegas mais sólidos e experientes em ciência política estão se movimentando o tempo todo.

A fim de dissolver essa rede de equívocos, vamos começar pelo ponto, anteriormente discutido, de que a boa pólis não é um Estado ideal; e, mais ainda, que a palavra "ideal" não tem sentido num contexto platônico. A Ideia é a realidade de Platão, e essa realidade pode ser mais ou menos bem incorporada na pólis historicamente existente. Uma vez que esse ponto tenha sido compreendido, é preciso reformular o problema da "acomodação à realidade". Uma acomodação certamente está implícita no plano de um projeto alternativo, mas é uma acomodação referente ao grau de intensidade e pureza com que a ideia pode ser incorporada num material insubordinado. A ideia continua a ser a realidade como antes, e a boa pólis da *República* continua a ser "a melhor", mas a matéria-prima humana — que, em si, não é realidade nenhuma — pode se mostrar adequada em maior ou menor grau para se tornar o veículo da realidade. Se ela for supremamente adequada, então a realidade da ideia poderá incorporar-se nela no grau que Platão anteviu na *República*; se ela se mostrar menos adequada, pelo menos a incorporação no grau das *Leis* poderá ser possível; se ela for ainda pior, Platão prevê um terceiro e um quarto grau de incorporação. Vamos discutir essa questão com mais detalhes adiante. Primeiro, porém, temos de esclarecer outro aspecto deste equívoco.

O plano de uma segunda melhor pólis parece implicar uma transição do "ideal" de ditadura do rei-filósofo para o "ideal" de um governo pela lei com o consentimento constitucional do povo. Nesse caso, precisamos desemaranhar toda uma série de equívocos. Em primeiro lugar, as leis a que o povo deve dar seu consentimento não são simplesmente qualquer lei que agrade ao povo, nem são elas feitas pelo povo. Elas continuam a ser as leis do rei-filósofo, as leis que Platão deu à pólis. Quaisquer outras leis, que talvez pudessem ser mais do agrado do povo, não caracterizariam a segunda melhor pólis, ou mesmo a terceira ou quarta; elas não caracterizariam nenhuma pólis que pudesse ser considerada uma incorporação da realidade da ideia. O "governo constitucional", sem consideração para com o espírito das leis, não é realidade para Platão, mas a corrupção da realidade.

Além disso, a concepção de uma transição do governo ditatorial de um rei-filósofo para um governo pela lei com o consentimento do "povo" desconsidera o verdadeiro conteúdo tanto da *República* como das *Leis*. As *Leis* não são uma acomodação ao "povo", antes submetido a um governo ditatorial e agora a um governo da lei. O lamento de Platão não é tanto por não poder encontrar um povo que se submeteria, mas por não conseguir encontrar reis-filósofos que pudessem governar. Se comparamos a estratificação social das *Leis* com a da *República*, observamos uma redução gradual na qualidade dos estratos com relação à sua capacidade de incorporar a ideia. Na última obra, a organização comunitária dos guardiões da *República* desapareceu; o estrato social mais elevado constitui-se agora de um grupo de cidadãos pequenos proprietários de terras. De maneira correspondente, a classe econômica dos camponeses e artesãos da *República* desapareceu nas *Leis*; ela é substituída por escravos e residentes estrangeiros. Diagramaticamente, temos o seguinte quadro:

República	*Leis*
(1) Guardiões	(1) –
(2) Classe econômica	(2) Cidadãos livres
(3) –	(3) Escravos e residentes estrangeiros

Na *República*, Platão aboliu a escravidão; nas *Leis*, ele a reintroduziu. Essa mudança no nível institucional caracteriza bem a redução dos padrões de incorporação empreendida por Platão. Ele agora admite um estrato na sociedade que considerava inadequado mesmo para a formação e a educação elementares que deveriam ser o privilégio dos cidadãos livres comuns da *República*; e, correspondentemente, ele perdeu a esperança de encontrar homens que pudessem ser os guardiões em número suficiente para formar a sociedade governante de uma pólis.

Por fim, temos de considerar a suposição de que o pensamento de Platão tenha evoluído da ideia "ditatorial" da *República* para um "governo pela lei" na obra posterior. Como uma questão de registro biográfico, é bastante duvidoso que tenha ocorrido alguma evolução desse tipo. A suposição de uma evolução do pensamento de Platão com respeito a esse ponto específico parece não ter nenhuma outra base que não a pressuposição gratuita adicional de que entre duas ideias deverá existir uma evolução no tempo se as datas de suas publicações estiverem separadas por um bom número de anos. No caso de Platão, possuímos indicações biográficas de que o tempo em que uma ideia é expressa em uma obra exotérica não corresponde necessariamente ao tempo de sua concepção. Somos informados, por exemplo, pela *Carta Sétima*, de que a ideia do rei-filósofo tem de ser datada de um momento anterior à finalização da *República* em, talvez, mais de vinte anos. Da mesma maneira, ficamos sabendo pela *Carta Sétima* que a ideia do rei-filósofo deve ter sido interligada à ideia do "domínio da lei" pelo menos desde a época do apelo de Dion a Platão para ir a Siracusa; e, muito provavelmente, a interligação das duas ideias não ocorreu nessa ocasião particular, em 367, mas foi precedida de um período de gestação cuja duração não podemos inferir. Na *Carta Sétima*, de qualquer modo, Dion é designado como o homem que poderia ter unido em sua pessoa "filosofia e poder" (335D); e o governo do rei-filósofo é caracterizado como o estabelecimento de uma ordem em que o homem alcança a felicidade por meio da conduta de sua vida à luz da justiça, "quer ele próprio possua essa justiça, quer a orientação de homens pios tenha nutrido e formado seus hábitos no caminho da justiça" (335D). E como pode o rei-filósofo estabelecer essa ordem? Usando "todos os meios para colocar os cidadãos sob a disciplina das leis melhores e mais apropriadas" (336A). Essas leis não consistirão meramente num código contendo regras e sanções legais. As próprias provisões legais serão precedidas de discursos, os proêmios, que expõem detalhadamente as fundações teológicas e éticas da regra. As leis tornar-se-ão, por meio dos proêmios, o instrumento de educação para os cidadãos. A ideia dos proêmios, na forma literária das *Leis* em que Platão expressa seu pensamento em longas digressões sistemáticas, já havia, portanto, sido concebida na época em que ele se ocupava dos problemas sicilianos. Na *Terceira Carta*, endereçada a Dionísio e a ser datada de *ca.* 356, Platão lembra ao tirano especificamente o trabalho preparatório que haviam realizado com os proêmios para as leis de Siracusa em 367 (316A). E, como sugerimos anteriormente, é muito pouco provável que Platão não tenha concebido a ideia antes dessa data.

Desde o começo, portanto, a ideia do rei-filósofo deve ter sido consideravelmente mais elástica do que pareceria levando-se em conta apenas a *Repúbli-*

ca. Embora na *República* considere-se que os guardiões sejam suficientemente numerosos para formar uma classe governante que possa fornecer um exército, parece também ter estado presente na mente de Platão a possibilidade bastante óbvia de que o seu número talvez fosse um tanto menos adequado. Assim, podemos definir as variantes da incorporação da ideia (melhor, segunda melhor, e assim por diante) como determinadas pelo número de pessoas que podem ser verdadeiramente chamadas de *nomos empsychos*. Se elas forem suficientemente numerosas, toda a classe governante de uma pólis poderá ser um *nomos empsychos*, como é o plano da *República*. Se o número for pequeno, os cidadãos de uma pólis poderão incorporar a ideia apenas na forma secundária de hábitos inculcados pela educação e permanentemente apoiados por instituições jurídicas, o que, na verdade, compreende um tratado sobre a vida de uma pólis em parceria com Deus. O rei-filósofo entra na estrutura dessa incorporação secundária da ideia apenas como o *nomothetes*, o legislador, e como o autor dos proêmios. Esse teria sido o papel de Platão na projetada reforma da constituição siciliana, e esse é o seu papel nas *Leis*, onde, num grau um pouco maior de distanciamento, sob o disfarce do Estrangeiro ateniense, ele instrui os legisladores da pólis de Magnésia quanto aos princípios sobre os quais eles deveriam construir sua constituição, enquanto os futuros cidadãos da colônia não têm nada a fazer senão concordar.

À luz dessa concepção altamente flexível do rei-filósofo e de suas funções na pólis temos, por fim, de nos perguntar se a transição da *República* para as *Leis* pode de fato ser caracterizada como a transição de um governo ditatorial para um Estado de direito. Em várias ocasiões já ressaltamos que a pólis da *República* não é uma pólis "sem leis", como se afirma com tanta frequência. Na verdade, ela contém a lei constitucional assim como uma boa parte das leis civis da pólis. A noção de que, da obra mais antiga para a última, o pensamento de Platão "evoluiu" ou "amadureceu" no sentido de um reconhecimento do governo constitucional e do Estado de direito deve ser rejeitada. A diferença entre os dois modelos tem de ser buscada no nível existencial. A *República* é escrita sob a suposição de que o estrato governante da pólis será constituído de pessoas em cuja alma a ordem da ideia poderá tornar-se realidade tão plenamente que elas, por sua própria existência, serão a fonte permanente de ordem na pólis; as *Leis* são escritas sob a suposição de que os cidadãos livres serão pessoas que podem estar habituadas à vida de *arete* sob a orientação adequada, mas que são incapazes de desenvolver a fonte da ordem existencialmente em si próprias e, portanto, precisam da persuasão constante dos proêmios, assim como das sanções da lei, para mantê-las no estreito caminho certo. Em conclusão, podemos dizer que a *República* e as *Leis*, embora ofereçam ambas as instituições legais para uma sociedade política, oferecem-nas para dois tipos diferentes de homens; a diferenciação de posição como "a melhor" e "a segunda melhor" é determinada pela qualidade dos homens que Platão vê como os veículos da Ideia.

Concluímos nossa análise dos equívocos, e, em particular, dos equívocos com relação à natureza da "segunda melhor" pólis. No entanto, não devemos encerrar esta seção sem consultar uma autoridade que geralmente é esquecida na confusão das opiniões conflitantes, ou seja, o próprio Platão. Nas *Leis*, Platão escreveu uma página (739B–740A) sobre o significado dos termos "melhor" e "segunda melhor" pólis. A melhor "pólis e constituição e conjunto de leis" existe quando a estrutura política é permeada pelo princípio de que, entre amigos (*philos*), todas as coisas são comuns. Isso significa que "mulheres, filhos e todas as posses" devem ser mantidas em comum; que coisas que são por natureza privadas, como "olhos, ouvidos e mãos", devem parecer ver, ouvir e agir em comum; que todos devem aprovar e condenar em comum e devem experimentar alegria e tristeza nas mesmas ocasiões. Se os *nomoi* de uma estrutura política unirem-na ao máximo nesse sentido, teremos a pólis que é "mais verdadeira, melhor e mais exaltada em *arete*" do que qualquer pólis que seja construída sobre um princípio diferente. Se em algum momento existir tal pólis "em que vivam deuses, ou filhos de deuses, muitos ou um", os cidadãos terão alcançado a vida realmente feliz. Para um "modelo de constituição", não devemos olhar em nenhum outro lugar, mas atermo-nos a esse e lutar para chegar o mais próximo possível dele em nossa construção de uma constituição. A constituição que os interlocutores das *Leis* estão discutindo será, se chegar a ser estabelecida, a melhor aproximação possível desse modelo; assim, ela será "a mais próxima da imortalidade [*athanasia*]" e, por essa razão, deve ser chamada de segunda melhor.

Imediatamente após essas explicações, Platão começa a desenvolver a ideia da divisão de propriedades da segunda melhor pólis (740). Terra e casas devem ser divididas entre os cidadãos; eles não devem cultivar a terra em comum — pois isso iria além de sua suposta "origem, criação e educação". Mesmo assim, depois que a distribuição tiver sido feita, os proprietários deverão ser alertados de que os seus lotes individuais são partes da substância comum da pólis, e assim por diante.

Essas passagens devem ser suficientes para a elucidação do problema. A ordem da melhor pólis pressupõe que ela seja dada a uma comunidade de *philoi*, ou seja, de pessoas que são ligadas entre si pelo vínculo existencial da *philia*. Apenas sob essa condição pode ser realizado o verdadeiro *koinon*, ou seja, o *koinon* não só de mulheres, filhos e posses, mas um *koinon* de *ethos* e *pathos*. Os homens que são capazes de ser verdadeiros *philoi*, porém, são raros; tão raros, de fato, que Platão fala deles como "deuses, ou filhos de deuses". Apenas quando, por algum milagre, esses seres semidivinos viverem numa pólis a vida desta poderá ser ordenada pelos *nomoi* (739D) que a *República* evocou. Nas situações comuns, temos de pressupor uma matéria-prima humana de uma natureza (*genesis*) um pouco menos perfeita. Ao ordenar a vida social desses seres humanos mais comuns, devemos nos satisfazer com os *nomoi* que são classificados como segundos melhores. A segunda melhor ordem, porém, está estreitamente relacionada à primeira melhor, na medida em que a ideia da comunidade existencial que é expressa nos *nomoi* da primeira ordem também deve ser expressa nos *nomoi* da segunda. A diferença será apenas de intensidade; a segunda ordem incorporará tanta substância da primeira quanto o veículo humano, mais fraco, puder suportar.

2 A teocracia platônica

A evolução da concepção platônica de ordem até a posição das *Leis* deve ser compreendida no contexto da política helênica. As pólis nunca haviam conseguido se unificar numa escala territorial nacional, embora a ameaça do grande poderio persa fosse clara para todos. A necessidade de uma organização mais abrangente deve ter sido tão evidente na época que a visão de Platão de um império helênico não tinha nada de extraordinário por princípio. Ela estava tão próxima, de fato, da tendência à política pragmática que mal antecipou a solução que o problema encontrou, na geração seguinte à sua morte, nas bases imperiais de Alexandre e dos diádocos. E sua evocação do rei-filósofo é, sob um de seus aspectos, não mais do que a expressão da busca por uma figura helênica que pudesse corresponder aos reis-salvadores e faraós dos impérios do Oriente Próximo. A visão é tão pouco extraordinária que é até difícil imaginar como um pensador político nessa situação poderia exigir menos do que Platão faz. Pois o que ele imaginou era, de fato, não mais do que uma federação de pólis helênicas sob a liderança de uma pólis hegemônica; aquilo que foi realizado institucionalmente nas várias ligas hegemônicas, como a espartana ou a ateniense, ele queria estender a todo o mundo da pólis. O problema platônico não é o fim, mas são os meios. Pois o fracasso das ligas, e a causa do fracasso localizada no insuperável paroquialismo (alguns chamam-no de amor à liberdade) das pólis baseadas em clãs, era muito claro. Uma exigência manifesta de uma federação helênica abrangente nem precisava ser expressa em vista da situação. Era preciso que surgisse uma solução pela força, ou pelo espírito, ou por ambos.

A solução apenas pela força, deixando de lado as dúvidas quanto à sua desejabilidade, não era muito prática. Se Atenas e Esparta não eram suficientemente fortes para impor uma federação, nenhuma outra pólis estaria em posição de empreender a tarefa. No plano da política do poder, o problema assemelhava-se ao do reinado germânico na alta Idade Média: nenhum dos antigos ducados era forte o bastante para impor uma ordem efetiva sobre os outros; a tentativa só poderia ser feita a partir de um território novo e maior (como a alta Itália, Sicília, Boêmia, Áustria, Brandenburgo) como base de operações. No caso helênico, a unificação foi empreendida a partir da Macedônia e, por fim, de Roma. Observando os acontecimentos políticos de seu tempo, Platão deve ter considerado a solução macedônica como uma possibilidade, mas em sua obra, se excetuarmos a discutível *Quinta Carta* a Perdicas III, a ideia de uma unificação apenas pela força jamais é mencionada. Platão preferia uma combinação de força e reforma espiritual.

Na *Carta Sétima*, ele expõe de maneira bastante clara suas ideias quanto à estratégia de unificação. O processo deve começar em Siracusa, com a conquista da cidade pelo grupo de Dion. A vitória deve ser seguida da imposição de uma constituição, guiada pelo princípio da *isonomia*. No contexto da *Sétima* e da *Oitava Carta*, *isonomia* significa uma constituição "equânime" que estabeleceria algo como um domínio conjunto dos grupos anteriores da guerra civil. O conteúdo da nova legislação deveria ser determinado por uma assembleia constitucional recrutada de outras cidades helênicas em que os membros da Academia desempenhariam um papel decisivo. Platão esperava que os resultados positivos dessa constituição fossem tão grandes que uma federação de pólis sicilianas logo se seguiria ao estabelecimento da ordem em Siracusa. E o sucesso da federação, por fim, exerceria uma atração de tal força que uma federação pan-helênica poderia se formar.

Essa combinação peculiar de política do poder e reforma espiritual causa as dificuldades que instabilizam a posição inicial de Platão e o levam a se mover para a posição das *Leis*.

A formulação das dificuldades será mais bem preparada enfatizando a inelutabilidade da posição. A alternativa de impor uma ordem cosmológica do tipo do Oriente Próximo à Hélade não poderia ser imaginada por Platão. Em primeiro lugar, a ideia não era praticável. Quando Alexandre mostrou tendências nessa direção, seus macedônios simplesmente não o acompanharam. E mesmo depois que a unificação tornou-se um fato no âmbito da política do poder, a moderadamente bem-sucedida orientalização do governo mediterrâneo, a chamada pseudomorfose, foi conseguida apenas quando o Império Romano já estava envolto pela sombra da ameaça das grandes migrações bárbaras. Segundo, a desembocadura na ordem imperial do Oriente Próximo não podia ser a intenção de Platão, porque o seu mito da alma, embora fosse limitado pelo mito do cosmos, havia absorvido a diferenciação da psique autônoma que ocorrera no mundo da pólis desde o século VI. Para Platão, não havia caminho de volta para a salvação coletiva de um povo por um rei-mediador, em posição intermediária entre Deus e a humanidade. O problema da regeneração havia se tornado pessoal. A outra alternativa, o curso seguido por Maquiavel numa situação comparável, também não poderia ser considerada por Platão. O pensador italiano também se viu diante do problema de unificar um mundo de cidades-estado na esfera nacional mais alta, para que esta pudesse enfrentar os Estados nacionais da França e da Espanha; e ele também sabia que uma ordem verdadeira era impossível sem uma reforma espiritual. Como não encontrou os recursos espirituais nem em si mesmo nem em mais ninguém, ele se limitou à evocação do Príncipe que conseguiria a unificação por meios táticos na política do poder. Esse componente do Príncipe, na verdade, está presente em Platão, mas nunca se torna dominante. Pois a alternativa tirânica teria significado, como o fez para Maquiavel, a renúncia ao espírito e a queda no demonismo.

Essa última observação nos permitirá distinguir mais claramente os vários aspectos das dificuldades platônicas. Poder e espírito podem de fato não estar separados. A solução violenta e tirânica, que à primeira vista poderia parecer uma solução apenas de poder, envolve, na verdade, a corrupção do espírito, pois a alma do tirano teria de se fechar demoniacamente contra a lei do espírito de que fazer o mal é pior do que sofrer o mal. Um Platão se sentirá tentado, mas não cairá. A alternativa radical a isso seria afastar-se da esfera do poder, se não em solidão, pelo menos na comunidade restrita daqueles que respondem ao chamado do espírito. Essa tendência, que também está presente em Platão ao lado da tentação de tirania, expressou-se na fundação da Academia. No entanto, a Academia é concebida como o instrumento institucional pelo qual o espírito pode se introduzir na arena política e influenciar o curso da história.

A ambiguidade da posição torna-se manifesta, especialmente no *Político*, na mistura de uma pesada dose de violência à persuasão do governante régio. Platão não é um santo cristão. Na verdade, ele quer persuadir, mas também quer incorporar a Ideia à comunidade de uma pólis. E, para dar a forma visível de instituições ao fluxo invisível do espírito, para ampliar a comunidade erótica dos verdadeiros *philoi* numa sociedade organizada na política, ele está disposto a temperar a persuasão com uma certa medida de coerção para os menos cooperativos e a livrar-se dos renitentes pela força. Ele não poderia saber que lutava com um problema que teria de ser resolvido por intermédio da Igreja. A teocracia, portanto, era o limite de sua concepção de ordem.

Dentro dos limites traçados pelo mito do cosmos, a posição de Platão evolui da *República* para as *Leis* de uma maneira que pode ser mais bem elucidada por comparação com a evolução do Sermão da Montanha para a função da Igreja institucionalizada. Os conselhos do Sermão originam-se no espírito de heroísmo escatológico. Se fossem seguidos à letra pelos leigos cristãos entre homens que eram como eles, seriam suicidas. O Sermão é endereçado aos discípulos do Filho de Deus, aos seus *mathetai*, mais ou menos como a *República* dirige-se aos discípulos do filho de deus Platão. Embora os conselhos do Sermão não possam tornar-se enunciados de conduta social no mundo como ele é, eles são, ainda assim, a substância da doutrina cristã. Se eles e sua orientação fossem removidos do cristianismo, o centro de poder que faz deste uma realidade histórica efetiva seria destruído. Como o Sermão é insuportável em sua pureza, a Igreja infunde tanto de sua substância quanto os homens sejam capazes de absorver como pessoas que vivem no mundo; a mediação entre a realidade pura de Jesus e o nível da conveniência humana, com um mínimo de perda de substância, é uma das funções da Igreja. Da mesma maneira, na *República*, Platão fala com autoridade divina quando conclama seus discípulos à conversão radical, a *periagoge*, um chamado que pressupõe que o homem é capaz de segui-lo. Essa convicção de que o apelo pode encontrar resposta declina em seus anos posteriores. Ocorre uma evolução que se assemelha no cristianismo à transição de Jesus a são Paulo; nas *Leis*, Platão chegou até a adaptação eclesiástica paulina à fragilidade do homem. No apelo heroico da *República*, o próprio Platão aparecia como o líder de seu povo; sua própria realidade divina deveria guiá-los para a sua regeneração. Mas Platão mostrou-se grande demais. As pessoas não conseguem suportar a realidade nua; sua potência existencial é tão baixa que só podem fitá-la através do véu de seus proêmios. Nas *Leis*, Platão aparece como o político eclesiástico. Ele retirou o apelo existencial direto; sua própria pessoa é obscurecida; um "Estrangeiro Ateniense", um homem "que tem conhecimento dessas coisas", desenvolve um plano e as motivações para instituições teocráticas que serão suportáveis para os homens como eles são. Tudo o que resta da *República* é o seu espírito; o sermão divino recua para o lugar do conselho heroico; e do espírito viverá nas instituições não mais do que for possível.

A posição de Platão evolui do apelo heroico para uma atuação política eclesiástica, como dissemos, dentro dos limites traçados pelo mito do cosmos. A Ideia cresce e míngua nos ritmos da encarnação e da desincorporação; e a forma da pólis é a realidade da incorporação. A teocracia é o limite da concepção de ordem de Platão, porque ele não avança para a distinção entre ordem espiritual e ordem temporal. A experiência platônica da vida do espírito como uma sintonia da alma com a Medida divina é essencialmente universal, e, nas *Leis*, sentimos a ideia de uma comunidade universal da humanidade no espírito que se encontra logo além do horizonte; porém, o último passo jamais é dado — e não era para ser dado pelo homem sem a revelação. Para Platão, o espírito deve manifestar-se na forma visível e finita de uma sociedade organizada; e dessa tensão entre a universalidade do espírito e a adequação de sua incorporação seguem-se, como características da política de Platão, o uso suplementar da violência e o toque puritano de uma comunidade dos eleitos. A tendência é para o universalismo eclesiástico; o resultado continua a ser o sectarismo teocrático.

Chegamos aos limites da concepção platônica de ordem — mas os limites do simbolismo não são os limites de Platão. Como já foi sugerido, as *Leis* não são um *livre de circonstance* político. A gênese das *Leis*, é verdade, está intimamente ligada à participação de Platão nas questões sicilianas. Se comparamos as *Cartas* sobre esse tema com o conteúdo das *Leis*, não pode haver dúvida quanto ao paralelismo dos projetos institucionais. Seria precipitado, porém, concluir que a obra não passa de um código de leis que poderiam servir como a constituição-modelo de uma pólis. Pois as *Leis* são uma obra de arte e, especificamente, um poema religioso. Se a obra fosse apenas um código, nosso interesse por ela não se estenderia além do valor pragmático limitado das disposições legais; como o poema em que a arte platônica de deixar a forma interpenetrar o conteúdo alcançou novas alturas, ela tem sua suprema importância como manifestação do espírito. Como artista religioso, Platão atingiu o nível universal que como teocrata ele não alcançou. Como legislador dos helenos, ele estreitou o espírito para adequá-lo à sua incorporação finita numa organização política dos eleitos (deixando de lado o fato de ter fracassado na prática); como criador do poema, ele entrou, se não na Igreja, na comunidade universal do Espírito em que a sua orientação conserva tanta autoridade hoje quanto teve no passado.

3 Os símbolos dominantes

A organização das *Leis* não depende da divisão e da subdivisão externas de seu tema. A inter-relação de forma e conteúdo como um fluxo associativo, articulado por motivos dominantes, resulta numa rede de relações sutis que exigiria um tratado para sua análise exaustiva. Tentarei apenas acompanhar as linhas principais que cruzam a obra; a infinita riqueza de detalhes terá, necessariamente, de permanecer ignorada.

O diálogo começa com uma cena em Creta. Três cavalheiros já de certa idade saem de manhã para uma longa caminhada de Cnossos, pelas colinas, até o templo e a gruta de Zeus. São eles um Estrangeiro ateniense, o cretense Clínias e o lacedemônio Megilo. O caminho é longo e eles decidem passar o tempo, de modo bastante adequado, com uma discussão sobre a constituição e as leis cretenses, cujo autor é o deus ao qual eles estão se dirigindo. Nesse ponto, a forma do diálogo começa a surgir. A subida será longa, mas agradável. A meta é certa, é o deus; e esse fim está ligado ao começo, pois a primeira palavra do diálogo é *theos*. Entre o início e o fim em Deus o caminho sobe, árduo e batido pelo sol quente, mas entremeado de bosques de ciprestes de rara altura e beleza e de campinas onde os caminhantes podem descansar em conversação. Deus é o motivo que domina todos os outros; e o diálogo, enquanto serpenteia por seu caminho pelo mundo que é envolto pelo Deus, não perde a direção, apesar dos longos descansos digressivos nos bosques.

O dia está quente — e não por acaso. Estamos perto do dia mais longo do ano, o dia do solstício (683). O tema do início e do fim continua com essa introdução do Sol como um motivo. O início e o fim podem ser os pontos distantes entre os quais um curso se estende; e podem ser o ponto de coincidência em que uma época termina e uma nova época começa. O solstício é o símbolo do ponto de virada no ritmo dos ciclos. A escolha do símbolo não é arbitrária; o simbolismo do Sol nas *Leis* continua o da *República*. No diálogo anterior, a Ideia era o Sol do domínio inteligível; agora, estamos no domínio visível de instituições que incorporam a Ideia; desse domínio, o Sol visível é o governante. Suas revoluções determinam o ritmo sagrado da pólis; o solstício marca o final de um ano; no dia seguinte ao solstício, o calendário dos festivais sagrados começa de novo; e, nesse dia, o mais alto magistrado judiciário é escolhido para a pólis (767). O simbolismo, porém, é levado mais adiante, para a estrutura do próprio diálogo. Os três caminhantes são homens idosos. Eles estabeleceram para si a tarefa de criar as leis para uma nova colônia; mas seu trabalho seria incompleto e fútil se abordasse apenas a estrutura de uma pólis e não levasse em conta a educação de homens que pudessem manter as leis intactas e renová-las. O espírito precisa ser transmitido dos velhos "cujo dia está terminando" para os jovens que terão de dar continuidade ao seu trabalho (770A). As *Leis* são um fim em que a sabedoria da idade avançada é transmitida para as gerações futuras. Os principais instrumentos para essa transmissão são os grandes proêmios, o corpo principal das *Leis* em si. E, de fato, "um *afflatus* divino" parece ter guiado os caminhantes e sua conversa nesse dia mais longo (811C). O discurso havia começado "ao alvorecer" e agora, no meio do caminho (a passagem é encontrada, de fato, aproximadamente no centro físico das *Leis*), o Estrangeiro ateniense toma consciência de que, sob a orientação divina, "esse discurso compacto de sua composição" acabou ficando "mais como um poema", que ele criou uma forma de poesia espiritual que proporcionará mais adequadamente o modelo para a arte sagrada da nova pólis, a arte em que o espírito será mantido vivo (811). A extensão do caminho entre o início e o fim em Deus fica, assim, focalizada no centro de um poema de inspiração divina, criado no solstício quando a vida de Platão declina, marcando um fim e um começo no processo do espírito.

Os três caminhantes são eles próprios figuras simbólicas[1]. As instituições cretenses tinham a reputação de ser as mais antigas da Hélade, e a constituição da Lacedemônia estava fortemente relacionada a elas. Nas três pessoas do cretense, do lacedemônio e do ateniense reflete-se o curso da história helênica. Creta é o *omphalos* pelo qual o mundo helênico está ligado à sua pré-história egeia; o retorno a Creta é o retorno à juventude da Hélade. Agora, no final da história helênica, voltamos ao seu início. O simbolismo de um retorno à juventude do ciclo que encontramos no *Político* e no *Timeu* é retomado e focalizado, como no caso do solstício, numa presença simbólica por meio da simultaneidade dos três caminhantes que marcam o fim e o começo.

---

[1] Um aspecto desse simbolismo foi discutido num contexto anterior. Ver *Ordem e história* II, cap. 1, §2, 4.

A disposição do discurso está ligada à forma integral do poema; a revolução do Sol está focalizada no solstício; e a extensão da história helênica é trazida, por meio dos três caminhantes, para a presença de uma conversa. Essa contração do tempo estendido num símbolo de atemporalidade não é mero recurso artístico; é a nova técnica de simbolização de Platão. Um movimento da alma que antes era expresso em mitos de ciclos cósmicos e no "tempo do relato" agora estabeleceu-se na arte do poema atemporal. A suspensão do tempo na presença eterna da obra de arte tornou-se um princípio consciente na última criação de Platão. Podemos observar melhor esse processo de suspensão no grande símbolo do deus que manipula os homens como se fossem suas marionetes, pois nesse símbolo o mito hesiódico das Idades dos Metais, o mito que se situa no início da especulação helênica sobre o ciclo na política e na história, chega ao seu fim.

Na forma hesiódica do mito, as eras seguem-se umas às outras até a presente e última era do mundo, a idade do ferro, que guarda em si a expectativa de um fim catastrófico e de um novo começo. Na obra de Platão, o mito passa por uma contração de sua dimensão temporal por meio de uma série de etapas da *República* até as *Leis*. Na *República*, o mito simboliza a simultaneidade da estratificação social na boa pólis. As três classes são unidas em sua ordem pelo mito de que um deus misturou ouro nas almas dos governantes, prata nas almas dos guerreiros e bronze e ferro nas almas da classe inferior. O princípio da contração já está em ação. A idade de ouro do passado é trazida para o presente da pólis pela evocação do rei-filósofo; e a inferioridade do elemento menos nobre é restringida por sua subordinação ao governo do mais nobre. Na lógica de um mito da alma, porém, a contração não está ainda perfeita. Embora a hierarquia de virtudes que foi projetada por Hesíodo na sequência das idades seja puxada de volta à sua origem na psique, as virtudes ainda estão distribuídas pelos indivíduos e classes da boa pólis. Os elementos, que em princípio são os elementos de toda psique, são dispostos como um padrão externalizado, de modo que apenas a pólis como um todo representa as tensões da alma. Embora a sequência temporal seja contraída na simultaneidade de uma estrutura social, essa estrutura ainda é, ela mesma, uma projeção externalizadora. No *Político*, portanto, os metais são usados para simbolizar a arte régia propriamente dita (ouro) e as artes de apoio da verdadeira pólis (outros metais preciosos). Mas é duvidoso se essa nova transformação representa um sério avanço em relação à *República*. Uma indicação da contração iminente só será encontrada na descrição subsequente da arte régia como a arte de entretecer os elementos da alma e de uni-los pelo cordão divino da verdade. Nas *Leis*, por fim, atingimos o estágio em que os elementos, simbolizados pelos metais, estão contraídos na alma individual, e sua inter-relação torna-se o problema verdadeiramente humano.

O símbolo perfeitamente contraído aparece nas *Leis* no contexto da antropologia que caracteriza a obra tardia de Platão. Um ser humano é considerado uma pessoa completa. Essa pessoa, contudo, é dividida dentro de si mesma por dois tolos conselheiros conflitantes, alegria e tristeza (ou prazer e dor: *hedone, lype*). Além desses sentimentos fundamentais, são encontradas na alma também as suas apreensões (*elpis*) correspondentes. A apreensão da tristeza é um movimento de encolher-se em medo ou aversão (*phobos*); a apreensão da alegria é um movimento de expansão audacioso e confiante (*tharros*). E além dos sentimentos e de suas apreensões há por fim o discernimento reflexivo e o julgamento (*logismos*) referentes ao melhor ou ao pior dos movimentos básicos. A descrição dessa organização da alma é então conectada aos problemas da ordem na sociedade na medida em que um discernimento reflexivo quanto ao melhor e ao pior, se sedimentado num decreto da pólis, é chamado de *nomos* (614C–D).

Essa é a estrutura da alma que Platão simboliza por meio do mito de Deus como o manipulador da marionete humana. Vamos imaginar, diz o Estrangeiro ateniense, que as criaturas vivas sejam marionetes dos deuses, talvez criadas como seus brinquedos, talvez criadas para algum propósito mais sério — não sabemos qual. Mas é certo que todos esses sentimentos ou apreensões são as cordas ou barbantes pelos quais elas são manipuladas. Suas tensões puxam-nos em direções opostas e aí está a divisão entre vício e virtude. Uma dessas cordas é feita de ouro e é sagrada; é a corda do discernimento reflexivo ou do *nomos* comunitário da pólis. As outras cordas são feitas de ferro e de vários materiais inferiores. O puxão da corda de ouro é suave e delicado; para ser eficaz, precisa do apoio do homem. O puxão das outras cordas é forte e violento, e o homem tem de resistir ou será arrastado por ele. O homem que compreendeu a verdade desse *logos* compreenderá o jogo de autogoverno e autoderrota, e viverá em obediência ao puxão da corda de ouro; e a cidade que o tiver entendido irá incorporá-lo numa lei e viverá de acordo com ele tanto nas relações locais como nas relações com outras pólis (644D–645B).

O mito revela o seu pleno significado mais ou menos no meio das *Leis*, no Livro VII. O Estrangeiro ateniense está prestes a discursar sobre o tema de instrumentalidades e métodos de educação. Ele se desculpa por desenvolver o problema em tantos detalhes tediosos; e argumenta que a quilha deve ser construída com atenção para as naus que irão nos transportar pela viagem da vida (803A-B). Prossegue, então, dizendo que os assuntos humanos certamente não devem ser levados a sério demais, mas que, infelizmente, não temos como evitar levá-los a sério, considerando que os modos do homem corromperam-se em nosso tempo. A verdadeira seriedade deveria ser reservada a questões que são verdadeiramente sérias; e, por natureza, apenas Deus seria o objeto digno de nossas iniciativas mais sérias. Nestes nossos dias, porém, os homens esqueceram que são os joguetes de Deus e que essa qualidade é a melhor neles. Todos nós, homens e mulheres, deveríamos nos adequar a esse papel e passar nossas vidas "jogando o mais nobre dos jogos". Os sentimentos atuais entre o povo, no entanto, vão na direção oposta; assim, temos de levar a sério os assuntos desse joguete que, na verdade, é insignificante (803B-C). O problema surge, assim, pela inversão popular da ordem de relevância quanto aos assuntos humanos. De acordo com a noção equivocada prevalente, o trabalho sério deve ser empreendido para fins do jogo; assim, as pessoas pensam que a guerra é um trabalho sério que deve ser bem executado a fim de assegurar a paz. Na verdade, porém, não há nada sério na guerra, porque na guerra não encontramos nem jogo (*paidia*) nem formação (*paideia*), e esses dois devem ser contados como os mais sérios para nós, seres humanos (803D). Desse modo, deveríamos passar nossa vida na busca da paz, e isso significa "jogando os jogos" de sacrifício, canto e dança, para podermos ganhar a graça dos deuses e ser capazes de vencer nossos inimigos (803E). Assim, devemos viver nossa vida como aquilo que realmente somos, "essencialmente como marionetes, embora tendo um pouco de realidade [*aletheia*] também" (804B).

As dimensões de significado do símbolo começam a ficar claras. Em primeiro lugar, temos de observar o avanço na análise da psique para além da *República* e do *Político*. A rigidez da caracterização dos tipos de almas por meio das virtudes desapareceu. Platão penetra agora além das virtudes, nos movimentos da alma, no domínio do *pathe*, e na consciência de valores, o *logismos*. Virtudes e vícios não são mais características elementares; eles se tornaram os resultantes da interação entre as forças no estrato mais profundo da alma. Platão encontrou o denominador comum de traços que antes pareciam definitivos. Além disso, com a rigidez da caracterização, a própria rigidez dos caracteres também desapareceu. A desigualdade dos tipos humanos básicos dissolveu-se numa série ampla de variantes, resultantes do jogo de forças numa constelação psíquica que é, basicamente, a mesma para todos os homens. Essa mudança na concepção antropológica da desigualdade para a igualdade corresponde ao rebaixamento do nível existencial na transição da *República* para as *Leis*. Os reis-filósofos da *República* difeririam existencialmente do resto da humanidade pelo fato de que a própria ordem divina podia ser realizada em suas almas; o *nomos* podia entrar em suas almas de forma a que eles se tornassem um *nomos empsychos*. Os homens das *Leis* são iguais porque o *nomos* está igualmente além de todos eles. O que eles têm na alma é o *logismos*, a capacidade de discernir valores, mas é incerto se eles seguirão o puxão dessa corda de ouro ou o puxão de outra corda. Um dos vários significados de *nomos* aparece agora mais claramente: o significado do *nomos* como a presença do espírito divino. Esse espírito não está presente nas almas dos homens iguais; ele se solidificou num decreto (*dogma*) da pólis; e esse *dogma*, embora possa ser renovado e expandido pelos cidadãos da pólis, não é criado por eles, que se veem equipados com ele, na fundação da pólis, por intermédio dos legisladores. Podemos ver agora que o desenvolvimento do símbolo do manipulador e das marionetes está na lógica do desenvolvimento da filosofia da existência de Platão. O puxão suave da corda de ouro que o homem deve seguir substituiu a subida da caverna para a visão imediata da Ideia; a plena estatura do homem cuja alma é ordenada pela visão do *Agathon* diminuiu para a de um joguete (*paignion*) de forças conflitantes; os filhos de deus tornaram-se as marionetes dos deuses.

E o que foi feito dos reis-filósofos? Foi-se a esperança de que eles pudessem se unir na comunidade erótica dos *philoi* e ser a sociedade governante de uma pólis. Seu número foi tristemente reduzido; a formulação sugere repetidamente que há apenas um "que tem conhecimento dessas coisas", ou seja, o próprio Platão. E, devido à falta de companheiros, essa única pessoa não pode formar uma comunidade; ele se tornou anônimo, o "Estrangeiro". Tudo o que ele pode fazer é proporcionar os *nomoi* que darão o puxão divino nas almas inferiores, que nisso, em sua posição mais baixa, são todas iguais[2]. O "apenas

---

[2] As experiências que determinam a concepção da igualdade humana nos grandes espiritualistas merecem um exame mais atento. No caso de Platão, como no caso de santo Tomás, o sentimento original parece ser a generosidade da alma aristocrática que está pronta a aceitar todos como seus iguais. Uma quantidade considerável de experiências ruins é necessária antes que um homem de qualidade superior perceba com convicção que os homens, no geral, não são iguais a ele, e antes que ele esteja pronto a assumir as consequências, como fez, por exemplo, Nicolau de Cusa quando abdicou de sua fé otimista na possibilidade de um autogoverno parlamentar para a Igreja e tornou-se um "monarco-optante". Uma última fase pode trazer o retorno ao sentimento de igualdade quando as desigualdades tornam-se insignificantes em vista da equidistância de todos os homens em relação a Deus. O Mito da Natureza, porém, oferece uma

um" está se retirando da comunidade de homens porque a comunidade de iguais não conseguiu mostrar-se seu igual; e ele está se retirando na direção da divindade, para a vizinhança do Deus que puxa os cordões. O símbolo ganha sua intensidade porque é tirado da experiência, não apenas da marionete, mas também do manipulador. Sem dúvida há um toque de desprezo pelo homem no símbolo. Seus colegas no discurso são rápidos em identificar o seu tom: "Tu nos ofereces uma opinião muito baixa da raça dos homens, ó Estrangeiro" (804B). O Estrangeiro pede desculpas e alega: "Para o Deus estava olhando e sentindo enquanto falava, aquele que acabou de falar"; e, então, acrescenta apaziguadoramente (para aqueles que não olham e sentem nessa direção com a mesma intensidade): "Concedamos, se assim vos agrada, que a nossa raça não seja tão má, mas que mereça alguma consideração [*spoude*]" (804B). É como se o Estrangeiro, em seu transporte, tivesse por um momento esquecido que nem mesmo os seus companheiros caminhantes são exatamente seus iguais e que se deve falar com eles com alguma cautela.

Ao longo de todas as passagens que tratam desse símbolo, ocorre o padrão de palavras *paidia* e *spoude*. Precisamos levar em consideração as nuanças de significado desses termos. O campo do jogo é a alma do homem, em que sentimentos, apreensões e *logismos* puxam em diferentes direções. O jogo é jogado pelos deuses, em cujas mãos o homem é o *paignion*. O homem, porém, não é um autômato; ele próprio, na medida em que "é um", tem parte no jogo; ele tem de desempenhar o papel que lhe é atribuído de dar apoio ao puxão da corda de ouro e resistir à tração das cordas inferiores. Então, o campo é ampliado para a pólis. O *nomos* torna-se o puxão da corda de ouro; o jogo torna-se "sacrifício, canto e danças" rituais dos cidadãos; e, correspondentemente, a conversa em que os *nomoi* são criados torna-se, nas palavras do Estrangeiro, "um jogo grave [*emphron*] dos antigos bem executado até este ponto" (769A). Esse jogo, portanto, é sério porque é, em última instância, dirigido por Deus, "o mais sério". O papel do homem nele é igualmente sério, porque nesse jogo

---

alternativa à igualdade definitiva cristã. A ideia de uma psique hierarquicamente diferenciada, com transições graduais de humanidade para divindade, abre espaço para a divinização nessa última fase. E essa foi a solução de Platão nas *Leis*. As interpretações correntes, que querem ver em Platão um desenvolvimento de uma posição mais autocrática para uma posição mais populista ou democrática, não percebem esse ponto decisivo. A atmosfera da *República* é ainda a de um apelo aos iguais a Platão; nas *Leis*, ao contrário, Platão aceitou a distância que o separa dos outros homens; ele agora fala como o legislador divino para homens que são iguais porque estão equidistantes dele.

sério ele sintoniza-se com a direção divina. Nenhuma outra preocupação da vida do homem, nem mesmo a guerra, pode ser tão séria quanto o jogo ritual em que ele encena a sua vida. Os homens, porém, em sua confusão espiritual, perdem de vista aquilo que é "o mais sério". Daí os afazeres humanos, que de outro modo não seriam tão importantes, precisam ser levados a sério pelos caminhantes, e o jogo de criação dos *nomoi* torna-se, ele próprio, um jogo sério. Ainda assim, às vezes intervém o desprezo por essa infantil raça de homens, que não sabe o que é sério e o que não é; então, o Estrangeiro se detém e admite que ao homem, afinal, deve ser atribuída alguma seriedade, pois, apesar de sua queda, ele está destinado a ter um papel no jogo sério.

O jogo sério é realizado por todos os homens em sua vida pessoal ao dar apoio ao puxão da corda de ouro; ele é realizado pelo homem em comunidade na celebração dos ritos da pólis em conformidade com os *nomoi*. Ainda assim, o homem, ao participar do jogo, não o esgota nem em sua vida pessoal nem em sua vida social. O homem só pode desempenhar a parte que lhe é atribuída por Deus. Em última instância, o jogo cósmico está nas mãos de Deus, e apenas Ele conhece o seu pleno significado. Os legisladores precisam usar persuasão com os jovens agnósticos para convencê-los de que os deuses não são indiferentes às questões humanas. Diante do frequente sucesso mundano dos maus e dos igualmente frequentes infortúnios dos bons, diante, além disso, do louvor do povo comum a ações que destroem a verdadeira *eudaimonia*, o jovem pode cair em confusão moral e acreditar que tudo isso só pode acontecer porque nenhum deus está cuidando dos acontecimentos da esfera humana. Contra esse erro, os legisladores precisam insistir que o processo cósmico é penetrado pela ministração divina até a menor e mais insignificante partícula, como o homem. Pois o cosmos é todo psique, e a vida do homem é parte dessa natureza animada (*empsychos physis*); todas as criaturas vivas, porém, assim como o cosmos como um todo, são o tesouro (ou posse, *ktemata*) dos deuses (902B). Os legisladores devem persuadir os jovens de que o deus que criou o cosmos dispôs todas as coisas para a prosperidade e a virtude do todo. A ação e a paixão da menor das partículas são governadas por poderes divinos, até os seus mínimos detalhes, para o bem. O desgosto dos jovens tem sua causa no fato de que todas as partes são ordenadas para o todo e que o todo não existe para a conveniência de uma de suas partes; essa ordem do todo está na mente de Deus e não é inteligível em seus detalhes para o homem; daí a reclamação quanto a eventos que só fazem sentido na economia da psique cósmica, mas parecem não ter significado na perspectiva da psique humana finita.

Esse argumento chega ao clímax pela visão do deus-criador como o jogador no tabuleiro que muda as peças de lugar de acordo com as regras. Quando ele observa uma alma, primeiro em conjunção com um corpo, depois com outro, passando por mudanças devido às suas próprias ações, assim como às ações de outras almas, nada resta para o movimentador das peças a não ser mudar o caráter (*ethos*) que se aperfeiçoou para o lugar melhor, e aquele que se deteriorou para o lugar pior, atribuindo assim a cada um a sorte que lhe é devida por destino (903B–D).

O Movimentador das Peças (*petteutes*) é a última e mais assombrosamente íntima revelação do Deus platônico. O Manipulador de Marionetes é um símbolo cujo significado é facilmente compreensível pela experiência dos puxões em cada alma. O Movimentador das Peças — essa visão do Deus que medita sobre o tabuleiro do cosmos e move as partículas da Grande Alma de acordo com o seu mérito relativo, em contraste com as marionetes movidas por Seu desejo perfeito de cumprimento do Destino — é tirado da profundeza cósmica da alma de Platão.

As *Leis* começam com a frase: "Deus ou algum homem, ó estrangeiros — quem teria originado a instituição de vossas leis?". Essa frase introduz mais do que a conversa que imediatamente se segue sobre a origem das instituições cretenses nos oráculos de Zeus, para cuja gruta os caminhantes estão subindo. A frase abre e governa a organização de todo o diálogo. O símbolo de Deus como o autor das instituições domina os três primeiros livros. O primeiro e o segundo livros tratam da orientação do homem e de suas instituições comunitárias para Deus. O terceiro livro examina o curso das instituições políticas na história, seus defeitos e fracassos, e tira disso a lição histórica. Esse exame também está sob o signo de Deus, pois o curso da história é o ciclo que começa depois das catástrofes divinamente enviadas que destruíram a civilização anterior. Além disso, esse curso está terminando agora num crepúsculo de declínio, porque os homens caíram da ordem divina devido ao seu facciosismo voluntarioso. A história mostra a destruição que é produzida quando as partes querem governar o todo; e a lição é o discernimento de que uma ordem estável só poderá ser restaurada se o particularismo voluntarioso for superado e as partes se encaixarem novamente em seus lugares apropriados por meio de sua orientação para Deus. O propósito dos três livros foi aprender "como uma pólis é mais bem administrada e como o homem individual pode melhor conduzir a sua vida pessoal" (702A). Esse propósito foi alcançado e a exposição do tema chegou ao fim.

O diálogo é posto em movimento outra vez pela reflexão de que, até então, apenas princípios haviam sido desenvolvidos; um resultado real só poderia ser alcançado se os princípios fossem submetidos a um teste (*elegchos*) (702B). Mas que forma esse "teste" poderia assumir? Nesse ponto, o cretense intervém e revela que ele é membro de um comitê de dez pessoas, a quem foi confiada pela cidade de Cnossos a tarefa de fundar uma nova colônia. Sua missão estende-se à organização material (escolha do local, reunião dos colonizadores etc.) e à elaboração de um código de leis. Ele sugere que os caminhantes sirvam ao propósito do teste do Estrangeiro e também à sua própria tarefa de fundação, construindo elaboradamente a ordem de uma pólis com base nos princípios que foram desenvolvidos. Agora é o homem quem tem de mostrar a sua habilidade na formulação de leis, não Deus. Essa construção da pólis pelo homem começa no Livro IV e preenche o restante das *Leis* até o Livro XII. A incisão depois do Livro III, como dissemos, é a única divisão externa das *Leis*; e ela é governada pela fórmula de abertura.

A construção está agora nas mãos do homem; mas isso não significa que Deus não tenha participação nela. O Estrangeiro inicia uma reflexão que leva à questão de ser ou não possível para o homem, afinal, legislar. Circunstância e acaso são fatores tão prementes na política que quase seria possível dizer que as leis nunca são feitas pelo homem, mas antes resultam dos determinantes de uma situação (709A-B). Mesmo assim, embora Deus seja tudo e embora, sob Deus, *tyche* e *kairos* governem a nossa vida, há ainda um papel importante deixado à habilidade humana se ela souber como cooperar com o *kairos* (709B-C). Em particular, o artista habilidoso em cada campo, e assim também o legislador, saberá por quais condições orar de forma a poder exercer a sua arte da maneira mais bem-sucedida.

Quais, então, são as condições que Deus deve proporcionar para que o trabalho de legislação possa ter sucesso? A primeira condição seria a existência de uma pólis sob o governo de um tirano, de preferência jovem, com uma boa memória e disposição para aprender, corajoso e magnífico, e equipado com temperança; pois sob um governo autocrático qualquer reforma poderia ser realizada com mais facilidade do que sob condições em que um número maior de pessoas tivesse de ser consultado (709E-710). Sozinho, porém, o tirano não conseguiria uma reforma muito significativa. Deus deve proporcionar a coincidência de que, entre seus contemporâneos, exista um legislador de distinção e que o acaso coloque os dois em contato (710C-D). Mesmo os dois juntos, no entanto, ainda não conseguirão fazer um grande trabalho. A maior dificuldade é a terceira condição, que raras vezes foi cumprida em todo o curso da história: o despertar do "Eros divino" por temperança e justiça nos ocupantes de posições de grande poder. De tais casos ouvimos falar nos tempos troianos, mas nada desse tipo aconteceu em nossos tempos (711D–E). A enumeração das condições conclui com a fórmula oracular: quando sabedoria e temperança forem combinadas ao maior poder num homem, nascerão as melhores constituições e leis (712A). Os caminhantes pressuporão que Deus tenha proporcionado o *kairos* dessas coincidências e, sob essa suposição, iniciarão a descrição de sua constituição.

Que tipo de constituição será? Uma democracia, uma oligarquia, uma aristocracia ou uma monarquia? O Estrangeiro ateniense rejeita essas possibilidades sugeridas pelo cretense, pois nenhuma delas é uma constituição "real". Todos esses tipos são arranjos escravizados ao governo despótico de uma de suas partes e tomam seus nomes dessas partes despóticas. Se, no entanto, a pólis tiver de tomar seu nome de sua parte governante, então ela deveria ser apropriadamente chamada pelo nome do deus que governa os homens sábios, ou seja, os homens que possuem o *nous* (712E–713A).

Essa exigência um tanto enigmática é esclarecida pelo Estrangeiro por meio de um mito. Há uma tradição de que, na ditosa Era de Cronos, todas as coisas eram espontâneas e abundantes, pois Cronos, que sabia que a nenhum ser humano poderia ser confiado o controle sobre toda a humanidade, havia estabelecido espíritos divinos para cuidar do rebanho humano. Eles davam paz, ordem e justiça e mantinham as tribos de homens em concórdia e felicidade. Esse *logos*, "que flui da verdade", ainda é válido hoje; ele nos diz que uma pólis que é governada não por Deus, mas por um mortal, não tem como escapar do mal. Assim, nós devemos fazer o máximo possível para imitar a Era de Cronos e para ordenar a nossa vida privada e pública de acordo com a imortalidade (*athanasia*) dentro de nós. E, portanto, devemos chamar pelo nome de *nomos* a ordem do *nous* (713C–714A).

O símbolo é construído sob o princípio já discutido da contração. Os elementos, que num mito anterior eram distribuídos ao longo da sequência temporal de um relato, são agora contraídos num presente mítico. Lembramos o mito dos ciclos cósmicos, das eras de Cronos e de Zeus, do *Político*. E lembramos ainda que a Era de Zeus não seria seguida novamente por uma Era de Cronos, pois na Era de Zeus surgira um novo fator, isto é, a personalidade autônoma do filósofo, que tornou o retorno à Idade de Ouro tanto impossível como indesejável; a redenção dos males da Era de Zeus teria de vir de um agente humano que assumiria o lugar do deus-pastor, isto é, do Governante Régio. Agora, nas *Leis*, as eras de Cronos e de Zeus pertencem ambas ao passado; o Livro III das *Leis* apresentou o levantamento histórico que encerra a Era de Zeus e mostra a necessidade de um novo começo. E nesse fim, como nos outros símbolos do diálogo, retornamos ao início; a nova vida depois da Era de Zeus imitará a Era de Cronos na medida em que reabsorverá em suas instituições humanas a orientação do deus. Esse deus, no entanto, não é mais Cronos; ele é o novo deus do *kosmos empsychos* platônico, o *Nous* criativo e persuasivo. A ordem constitucional, que os caminhantes estão prestes a criar, terá de ser chamada pelo nome de *nomoi*, porque esse nome está associado a *nous*[3]. Os *nomoi* em si tornam-se, assim, um dos novos símbolos contraídos; nos *nomoi*, o movimento dos ciclos chegou ao seu fim.

4 Forma política

O método empregado na construção dos símbolos dominantes afeta a estrutura do diálogo como um todo. Quando os símbolos que governam o significado do diálogo são formados sob o princípio da contração, a exposição do significado pela forma distendida do relato mítico, ou pelo questionamento dialético de um Sócrates que impele na direção de um tema, precisa dar lugar à exposição associativa de um tema na dependência dos símbolos governantes. A forma literária resultante será mais bem ilustrada por um exemplo.

Nos dois primeiros livros das *Leis*, uma quantidade extraordinária de espaço é dedicada aos costumes de beber socialmente, uma digressão e um tópico que têm frequentemente intrigado os intérpretes. A digressão será, de fato, intrigante se insistirmos em lê-la como um discurso formal sobre o ato de beber e ignorarmos as várias funções simbólicas a que ela serve. O ato de beber em si é introduzido, no curso de uma discussão sobre problemas educacionais, como o teste mais prático e barato da resistência que um homem pode oferecer diante das tentações do relaxamento excessivo. O problema está portanto entrelaçado ao símbolo do jogador e das marionetes: as marionetes devem ser "abundantemente servidas de bebidas" a fim de testar a firmeza do controle do

---

[3] Deve ser observado que o final da frase em que Platão associa *nomos* a *nous* é um jogo de palavras: "*ten tou nou dianomen eponomazontas nomon*" (714A).

logismos em suas almas. Essa, no entanto, não é uma tentação a que os jovens devam ser expostos; ela é reservada para aqueles de idade mais madura, acima dos quarenta anos. Para esses homens de idade mais madura, porém, o ato de beber socialmente na presença de um mestre de cerimônias é mais do que um teste, pois o "servir-se abundantemente de bebidas" tem também a finalidade de remover a rigidez e as inibições da idade e restaurar algo da flexibilidade e da despreocupação da juventude. Assim, o teste do *logismos* na marionete torna-se ambivalente, na medida em que o relaxamento aumentará também a faculdade de participação nos rituais córicos em honra ao deus; o ato de beber possibilitará que as marionetes desempenhem melhor seus papéis no "jogo sério". Enquanto as crianças e os jovens serão governados em seu desempenho córico pelas Musas e por Apolo, esse terceiro coro, o dos homens mais velhos, será governado por Dioniso. Nesse aspecto, a digressão sobre a bebida serve para introduzir no ritual córico da pólis o princípio dionisíaco ao lado do apolíneo. Em outro aspecto, porém, a introdução de Dioniso está ligada à construção de todo o diálogo. As *Leis* inicia-se com uma referência a Zeus e Apolo, os deuses que originaram as instituições cretenses e lacedemônias, representadas por Clínias e Megilo. Atena, a deusa do Estrangeiro, só é mencionada por cortesia; ela não reaparece numa função importante no diálogo. O lugar do terceiro deus é tomado por Dioniso, o deus que inspira os homens mais velhos para o desempenho perfeito do ritual. Esses homens mais velhos, por fim, não são apenas participantes do coro; eles são também os críticos dos desempenhos musicais e dramáticos na pólis dos *nomoi*. Eles precisam supervisionar a seleção dos *nomoi*, no sentido musical; são os críticos de sua execução pública — em contraste com a teatrocracia ateniense do povo; e, como o desempenho musical e dramático está entre os principais instrumentos da *paideia*, da formação do caráter, eles são os guardiões dos *nomoi* da pólis contra a corrupção. O jogo sério do sacrifício, da canção e da dança está sob a supervisão dos mais velhos, a fim de evitar a corrupção da pólis já na sua origem, ou seja, na corrupção da cultura ritual da comunidade. Dioniso, assim, governa os *nomoi*; ele supera Zeus e Apolo.

Selecionamos a digressão sobre a bebida como um exemplo da nova técnica de Platão para apresentar seus problemas. Para um leitor superficial, poderia parecer uma deficiência na construção da obra, ou mesmo, em alguns detalhes, uma piada de mau gosto. Na verdade, a digressão é representativa da habilidade de Platão para lidar com seu novo instrumento literário. O exemplo mostra que é impossível isolar tópicos para estudo especial sem cometer uma violência contra a estrutura como um todo. Sempre que se tenta puxar um fio dessa rede de associações para um exame mais detalhado, todo o tecido é puxado junto. Quando entrarmos agora, no entanto, na análise de tais tópicos especiais, cortes grosseiros terão de ser feitos nessa operação, e a sequência em que os tópicos são apresentados é mais ou menos arbitrária. Vamos começar pelo problema da forma governamental, por nenhuma outra razão além de sua proximidade associativa do problema dos ciclos que discutimos no final da seção anterior.

Platão desenvolve o problema da forma governamental a partir da teoria do ciclo na política. No momento atual, estamos no fim de um ciclo que começou depois da última grande catástrofe enviada pelos deuses, o grande dilúvio. Apenas alguns homens escaparam do desastre, e com eles a civilização humana recomeçou (677). O Livro III é dedicado à descrição desse ciclo de cultura política. Ele segue seu curso pelas fases de crescimento, de clímax e queda e de decomposição — até o declínio ter atingido o ponto em que é chegado o tempo para o novo início dos *nomoi*.

No período de crescimento, é observada a seguinte evolução da forma política:

(1) Depois do dilúvio, apenas remanescentes esparsos da humanidade sobreviveram nas partes montanhosas da Terra. O único lar e família era a unidade social. O modo de vida era primitivo e rústico, mas, em sua simplicidade, em muitos aspectos superior em caráter às condições civilizacionais mais complicadas. Não havia necessidade de legisladores nesse estado simples. Os homens viviam de acordo com o costume e as tradições de seus pais (*patriois nomois*). Ainda assim, até mesmo esse estado tinha uma forma política; esta consistia no governo dos anciãos. Essa forma pode ser chamada de *dynasteia*, ou seja, governo patriarcal (677B-680E).

(2) Com o passar do tempo (a ser contado em dezenas de milhares de anos) e a multiplicação da raça, novas formas se desenvolveram. O passo seguinte será a associação de grandes números de pessoas e o aumento de tamanho da pólis para além da dimensão de um assentamento de um clã. Os vários clãs que compõem as aldeias trarão consigo suas tradições, e somente agora surge a necessidade de um legislador que harmonize e mescle as diversas tradições numa lei comum para a cidade. A forma governamental derivará da origem da povoação: os mandatários dos governos patriarcais combinados formarão uma nova aristocracia; ou, talvez, se um deles receber uma posição de proeminência, a forma poderia ser uma *basileia*, um reinado (680E-681D).

(3) Temos conhecimento das primeiras evoluções apenas por meio de referências ocasionais dos poetas, como, por exemplo, pelo relato homérico da vida dos Ciclopes. Com o próximo passo, a descida das montanhas para as terras planas, chegamos mais perto da luz da história. As aldeias de montanha são seguidas pelas fundações de pólis maiores nas planícies, como Ílion e as pólis gregas que estiveram em guerra com ela. Sob a forma constitucional (*politeia*) da pólis das planícies estão compreendidas todas as formas e vicissitudes (*pathemata*) de sociedades políticas históricas e suas constituições (681D–682E).

(4) Para a quarta fase nesse desenvolvimento, Platão faz uso de uma tradição mítica referente à invasão dórica. Durante os dez anos da Guerra de Troia, ocorreram várias revoluções internas nas pólis gregas. Quando os grupos que foram à guerra voltaram, encontraram uma geração mais jovem no poder e não foram bem recebidos em seus lares. Os exilados, organizados sob a liderança de um certo Dorieu, reconquistaram suas cidades e estabeleceram uma poderosa federação entre as pólis peloponenses de Lacedemônia, Argos e Messina. Os membros dessa federação estavam sob o comando da casa real heraclídea. Esse quarto tipo de organização é chamado por Platão de *ethnos*, uma nação (682D–683B). O novo povo denominou-se dórios e a sua federação nacional era suficientemente forte para oferecer proteção adequada não só aos habitantes do Peloponeso, mas também a todos os helenos, contra provocações do tipo da que eles haviam sofrido de Troia. Os troianos não teriam ousado cometer o seu ultraje se não tivessem contado com o apoio da Assíria, uma potência que, na época, era tão grande e tão temida quanto os persas no tempo de Platão. A nova nação estava à altura do poder asiático da época (685B–E). O poder, de fato, era tão grande que, se houvesse tido sucesso, poderia ter dominado a humanidade como quisesse, tanto helenos como bárbaros (687A–B).

Com o desenvolvimento de uma federação nacional, o crescimento da forma política aproxima-se de seu clímax. Nessa série de etapas, podemos sentir uma vez mais o sonho de Platão de um império helênico que estivesse à altura dos impérios asiáticos e, talvez, até os sobrepujasse. Essa potencialidade da federação dórica, porém, não foi concretizada. Atingimos o ponto de virada do ciclo, o ponto em que o declínio terá início. Na construção do diálogo, esse ponto de virada é marcado por uma referência na conversa ao fato de que a discussão dos viajantes está acontecendo por ocasião do solstício de verão (683C).

A federação dórica parecia aos seus fundadores uma excelente organização política. Três reis e seus povos entraram numa aliança para manter e respeitar suas posições conforme delimitadas pela lei; eles também viriam em auxílio recíproco se qualquer um dos reis invadisse os direitos de seu povo, ou se qualquer um dos povos invadisse os privilégios de seu rei. Por que essa construção admirável falhou? Ela falhou porque em duas das três unidades políticas membros da federação os legisladores haviam cometido a "Maior Insensatez" (*megiste amathia*) (689A), ou seja, eles não haviam tomado a precaução de proporcionar um homem bem equilibrado para a função régia ou equilíbrios constitucionais que pudessem compensar a estupidez de um governante autocrático. O significado de estupidez é definido em termos da nova psicologia previamente discutida. Se um homem odeia o que seu discernimento reconhece como nobre e bom, e se ele ama o que seu discernimento reconhece como ignóbil e mau, existe em sua alma uma discórdia (*diaphonia*) entre os sentimentos e o *logismos*; essa discórdia é a estupidez. Um governo não deve nunca ser confiado a um homem que seja estúpido nesse sentido, mesmo que em outros aspectos ele seja muito bem informado, inteligente e habilidoso; por outro lado, o governo pode seguramente ser confiado a um homem sensato, mesmo que ele seja deficiente em outras qualidades (689A–E). Se nenhuma precaução desse tipo for tomada, as chances serão de que a ordem constitucional sofra. Essa inclinação à estupidez está presente em todos os homens, e em governantes absolutistas ela é estimulada pelas tentações de sua posição — de tal forma que ela pode ser chamada especificamente de "doença de reis" (691A). Os reis de Argos e de Messina não eram exceção a essa regra; sua estupidez temerária causou guerras na federação e a sua destruição.

A Lacedemônia sobreviveu ao desastre e subjugou os confederados em ruína porque, pela providência divina, sua constituição continha os equilíbrios que proporcionavam uma ordem estável. O primeiro desses instrumentos de equilíbrio era o reinado duplo; o segundo era o Conselho dos Anciãos, que tinha voz igual à dos reis em questões de importância; o terceiro era o eforato democrático, um cargo que era, na prática, preenchido por sorteio (691D–692A). Na hora do perigo nacional, porém, nas Guerras Persas, a conduta das pólis do Peloponeso pode ter sido qualquer coisa menos gloriosa. Mesmo no melhor caso, o lacedemônio, o desenvolvimento da forma política havia acabado em estagnação (692D–693A).

Do fracasso nacional e do sucesso lacedemônio uma lição pode ser tirada: os governos só serão estáveis se forem organizados como equilíbrios de certos fatores elementares. Todas as variantes de constituições são derivadas das duas "formas-mãe" (*materes*). A primeira pode ser vista em sua forma pura na constituição persa, a segunda na constituição ateniense. Todas as outras constituições são tecidas a partir desses fios em diversos padrões. O núcleo existencialmente estabilizante do governo, que consiste na combinação de liberdade (*eleutheria*) e amizade (*philia*) com sabedoria (*phronesis*), só pode ser obtido por meio dessas duas formas institucionais (693D-E). Nem no caso persa, nem no ateniense encontramos essa mistura; como consequência, seu destino foi a decomposição. Enquanto o caso espartano serviu como o exemplo de estagnação, os casos puros de forma governamental persa e ateniense servirão adequadamente como exemplos da dissolução da forma política na fase de declínio do ciclo.

Para os detalhes históricos do declínio persa e ateniense, o leitor deve consultar o próprio texto das *Leis*. O que é relevante para nós é, essencialmente, o critério de decadência, pois ele implica o padrão de ordem reta que virá a ser realizado na pólis dos *nomoi*. A análise do caso persa proporciona ocasião para estabelecer o padrão pelo qual as honras devem ser atribuídas numa sociedade e os homens elevados a postos mais altos. Os bens podem ser ordenados hierarquicamente da seguinte maneira: o lugar mais elevado na hierarquia é ocupado pelos bens da alma, em particular pela virtude da temperança; o segundo lugar é ocupado pelos bens do corpo; o terceiro lugar pelas posses materiais e pela riqueza. Se um legislador der o primeiro lugar à riqueza ou, de qualquer maneira, promover para a posição mais elevada o que pertence à mais baixa, ele fará algo que viola os princípios da religião, bem como da arte de governar. No caso persa, essa regra foi violada, com o resultado de que os autocratas perversos não levam em consideração os direitos e o bem-estar do povo, mas infligem-lhes todo tipo de dano se puderem colher alguma vantagem material imediata para si; e com o resultado adicional de que as pessoas odeiam o governo e são desleais a ponto de ser necessário empregar exércitos mercenários no caso de guerra (697A-698A). No caso ateniense, a decomposição é devida à crescente e excessiva liberdade do povo. A origem da dissolução pode ser encontrada na desconsideração pela antiga ordem musical da pólis. O julgamento dos desempenhos era, no período mais antigo, privilégio da classe governante educada; crianças e o povo comum deviam se abster de aplaudir até que as autoridades tivessem dado a sua decisão. Esse estado de coisas foi gradualmente substituído pela teatrocracia, em que as pessoas em geral arrogaram-se o direito de aplaudir o que lhes agradasse e criticar o que lhes desagradasse, sem levar em consideração a qualidade. Desse pressuposto do julgamento de acordo com o prazer sem discernimento resulta a impudência geral de desconsideração pela avaliação feita pelos melhores. Os passos seguintes nesse caminho são a relutância em se submeter aos magistrados, a resistência à autoridade paterna e a desobediência à lei. No final vêm a desconsideração pelos juramentos e promessas e o desprezo pelos deuses. Isso, num certo sentido, é também um retorno ao início, pois a antiga natureza titânica ressurge e o destino titânico de uma vida de mal eterno é reencenado (700A-701C).

A descrição de Platão para o ciclo político numa civilização exerceu uma função paradigmática tão óbvia na história das ideias políticas que a mera menção das duas principais linhas de influência será suficiente. A primeira e direta linha de influência entra na ética e na política aristotélicas. A sequência de fases no crescimento da pólis é retomada por Aristóteles em sua sequência unidade familiar, aldeia e pólis — com a diferença decisiva, porém, de que a quarta fase, a ampliação para o império helênico, é descartada. Da mesma maneira, encontramos a hierarquia de bens como o núcleo da ética aristotélica. A outra linha de influência principal vai entrar na teoria cíclica da história. A articulação do ciclo em período de crescimento, clímax e fracasso e decomposição traz à mente de imediato a *storia eterna ideale* de Vico, com seu crescimento, ápice e declínio, assim como as teorias dos sucessores mais recentes de Vico. O terceiro elemento de importância paradigmática, ou seja, a teoria da forma mista de governo, será abordado agora.

A longa exposição da estrutura do ciclo não é uma peça independente da doutrina platônica. Na economia das *Leis*, ela é a grande preparação para o princípio que irá governar as instituições dos *nomoi*. Esse princípio, o equilíbrio de elementos autocráticos e democráticos numa constituição, usualmente leva o nome de forma mista de governo. Mesmo assim, precisamos ser cautelosos no uso desse termo ao falar da nova pólis que os caminhantes estão projetando. Se o usarmos sem outras ressalvas para a designação do projeto constitucional, arrastaremos o problema de Platão para o nível de um recurso institucional. Formas extremas, diria o argumento, como a persa e a ateniense, não funcionaram muito bem; uma constituição como a lacedemônia, que usa o recurso de equilibrar os elementos, funcionou melhor; como consequência, vamos projetar uma forma de equilíbrio. Se não houvesse mais nas *Leis* do que esse argumento, a obra não mereceria demasiada atenção, pois essa sabedoria provavelmente era expressa todas as vezes em que os gregos se reuniam para conversar sobre política. A pressuposição de que Platão tivesse pensado por um momento que os problemas políticos de uma civilização em crise pudessem ser resolvidos mexendo nas provisões constitucionais perverteria o significado não só das *Leis*, mas de toda a sua obra. Além disso, vimos na análise do ciclo que Platão, embora elogie os equilíbrios da constituição lacedemônia, não deixou dúvida quanto à estagnação de uma pólis que é organizada para a guerra, mas não para o jogo sério do espírito em paz. A ideia de que o modelo de uma constituição sem consideração para o espírito que vive na comunidade pudesse ser a solução de Platão para a desordem espiritual é quase tão despropositada quanto a ideia de que Platão pudesse ter defendido um governo constitucional sob o domínio da lei, com o consentimento do povo, sem consideração para com o espírito que vive na lei e no povo.

A ordem institucional de uma comunidade não é o seu espírito; é o recipiente em que o espírito vive. Também não devemos procurar o espírito no mero padrão de instituições, nem devemos aceitar tal padrão como uma solução espiritual. Ainda assim, as instituições são instrumentos para a realização do espírito, e algumas instituições são instrumentos melhores para esse fim do que outras. A forma mista de governo tem sua importância para Platão porque ele a considera o instrumento mais adequado para a incorporação do espírito. Lembramos do *Político* a distinção de Platão entre a única "constituição verdadeira" e as várias não verdadeiras. A distinção ainda é válida nas *Leis*, embora agora com certas especificações que ressaltam o caráter instrumental das instituições. Em 712D–E, Megilo acha difícil caracterizar adequadamente a constituição lacedemônia, porque os vários elementos estão misturados nela. O Estrangeiro apresenta a razão: ela é uma "constituição [*politeia*] real" e não uma dessas chamadas constituições que, na verdade, não passam de assentamentos escravizados ao domínio de uma de suas partes componentes (713A). Algumas páginas adiante (715A–B), o Estrangeiro insiste novamente que tais comunidades não deveriam ser chamadas de governos constitucionais, porque elas não têm "leis verdadeiras". E, num contexto posterior, ele chama democracia, oligarquia e tirania de "essas não-constituições" (*tas ou politeias*) (832B). Os membros desses assentamentos devem ser chamados de partidários e não de cidadãos (*stasiotes, polites*) (715B).

A solução, isto é, a forma mista de governo como a única forma verdadeira, é cuidadosamente preparada na descrição do ciclo. O período de crescimento deixa-nos ascender para a promessa de um império helênico, para o fracasso da federação e a estagnação da Lacedemônia equilibrada; no período de declínio, os ingredientes fundamentais da verdadeira constituição são mostrados em sua decomposição. No ápice entre os ramos ascendente e descendente do ciclo, ocorre a referência simbólica ao solstício — estamos "perto do ponto em que o Deus se volta do verão para o inverno". Nesse ápice, além disso, Platão introduz a teoria das duas *materes* de todas as constituições, os fatores monárquico e democrático. Do ápice solsticial do ciclo, surge a solução institucional das *Leis*, a ideia de uma constituição que possa levar a pólis para além da estagnação espiritual de Esparta, ao mesmo tempo em que evite, por seu equilíbrio, a decomposição da Pérsia e de Atenas. O ciclo será superado pelo símbolo atemporal de seu ápice. O problema da forma governamental, assim, é trazido para o jogo simbólico das *Leis*. Como os outros símbolos do diálogo, a forma mista de governo é uma contração de elementos que antes estavam distendidos no tempo. Podemos falar de uma forma solsticial.

A contração de elementos é a primeira característica das instituições que são o recipiente apropriado para o espírito. Na discussão das eleições do Conselho da pólis, o Estrangeiro indica que o método de eleição que ele imaginou resultará num meio-termo entre monarquia e democracia, "como uma constituição sempre deveria fazer". Apenas alcançando o meio-termo (*meson*) o legislador pode obter a coesão da pólis em verdadeira *philia*. Jamais poderá haver *philia* entre o escravo e o mestre, entre o vil e o nobre, se os dois receberem iguais honras na comunidade, pois para desiguais a igualdade torna-se desigualdade, a menos que uma medida (*metron*) seja preservada. Igualdade e desigualdade são as duas ricas fontes de discórdia numa pólis. O velho dito de que igualdade gera amizade é verdadeiro, se o significado de igualdade é adequadamente compreendido. Esse significado, porém, é ambíguo. Temos de distinguir dois tipos de igualdade: a mecânica e a proporcional. A igualdade mecânica, a de "número, peso e medida", pode ser realizada facilmente em qualquer sociedade, simplesmente distribuindo distinções e cargos por sorteio. A outra igualdade deriva do "julgamento de Zeus"; ela não é tão facilmente realizada, mas sempre que penetra nas questões públicas ou privadas os resultados são felizes. Essa igualdade proporcional distribui as maiores recompensas para aqueles que se distinguem pela virtude e pela origem, e as menores recompensas para os homens de natureza oposta. Uma ordem justa nunca pode ser estabelecida servindo a uns poucos tiranos ou ao povo em geral, mas apenas pela administração dessa verdadeira igualdade aos desiguais.

Embora nenhuma ordem possa ser justa sem a realização da igualdade proporcional, o legislador precisa, mesmo assim, cuidar também da necessidade de igualdade mecânica. O princípio de igualdade proporcional não pode ser aplicado numa comunidade política sem algumas ressalvas, pois a aplicação estrita geraria o ressentimento do povo a tal grau que uma rebelião seria inevitável. Equidade e indulgência certamente são infrações da ordem estrita da justiça perfeita, mas essa é precisamente a razão pela qual devem ser introduzidas na ordem. O povo, que não pode chegar a um lugar de honra pelas suas qualificações pessoais, precisa ter um meio de chegar a ele de outras maneiras, a fim de ser mantido satisfeito. A eleição por sorteio precisa complementar a eleição aristocrática de acordo com a distinção pessoal, como uma válvula de segurança para o ressentimento das massas. Tal concessão, claro, é repleta de perigos, mas tudo que o estadista pode fazer é "invocar Deus e a sorte" para que estes possam dirigir o sorteio de tal maneira que o mínimo dano seja causado à ordem reta (756E–758A).

O propósito da construção é a criação de *philia* como o vínculo de coesão na comunidade. Por esse propósito, a concepção platônica da forma mista é distinguida de um mero recurso institucional que busque estabilidade num equilíbrio de poder entre as partes componentes do sistema. A concepção de um equilíbrio de poder apoiar-se-ia na pressuposição de que os membros da comunidade são fundamentalmente inclinados a dominar uns aos outros e são impedidos de realizar esse desejo apenas pela contenção imposta pelo poder oposto. A concepção platônica, porém, não promove um equilíbrio entre governantes e súditos; ela promove o equilíbrio entre o nobre e o vil. Platão passa por trás das estruturas de classe e do balanço de interesses numa sociedade e entra no problema mais profundo do equilíbrio dos sentimentos de um grupo social, de tal maneira que a inflexibilidade do elemento espiritual não leve a uma explosão dos instintos inferiores do povo e, ao mesmo tempo, a inevitável concessão ao povo não destrua a substância espiritual da comunidade. Ao apaziguar os instintos inferiores por meio de concessões, as quais, porém, não devem ir tão longe a ponto de se tornar um insulto aos homens de qualidade, um vínculo de *philia* será criado entre elementos heterogêneos.

Nessa construção, o símbolo da forma mista segue de perto o símbolo da marionete. Na *República*, os elementos inferiores na comunidade eram mantidos em seu lugar pelo mito da distribuição rígida dos metais entre os três estratos sociais. No símbolo da marionete, os elementos da psique eram contraídos nas tensões de sentimentos, apreensões e discernimento reflexivo dentro de cada alma individual. A alma agora contém o ouro do governante junto com os metais inferiores. Da mesma maneira, a comunidade como um todo é agora contraída de sua distensão por meio da mudança do significado de *philia* — de um sentimento que une em comunidade existencial os iguais no espírito para um sentimento que une num todo comunitário os nobres e os vis. As instituições que criam esse estado de sentimento são os recipientes que conterão o espírito e não explodirão sob a sua pressão.

O entrelaçamento das *materes* monárquica e democrática, com uma preponderância da monárquica, por mais que seja útil para projetar as instituições de uma pólis, não expressa as instituições em seus detalhes concretos. Quando abordamos agora o problema das instituições em si, precisamos uma vez mais ter cuidado com equívocos pragmáticos de interpretação. Platão não estava obcecado pela superstição de que o projeto de uma constituição poderá libertar o mundo do mal. Não há nenhuma qualidade mágica nas instituições por ele projetadas que pudesse resolver os problemas políticos da Hélade. Na verdade, suas instituições não diferem daquelas das pólis helênicas históricas. Há uma assembleia popular, um conselho eleito e um corpo de magistrados. A população é de tamanho limitado, provavelmente em torno de 40 mil, incluindo mulheres, crianças, escravos e comerciantes estrangeiros. Ela é dividida em tribos, há sacerdotes, há um exército com generais eleitos e assim por diante. O aspecto externo dessas instituições não fornecerá a chave para o significado que elas têm no contexto das *Leis*, da mesma maneira como o princípio da forma mista de governo em abstrato não forneceu uma chave para o significado simbólico da forma solsticial. Assim, não vem muito ao caso avaliar minuciosamente, como tem sido feito com frequência pelos intérpretes, se as instituições tendem mais para o lado oligárquico ou para o democrático na política pragmática e tirar conclusões da análise com respeito à posição política pessoal de Platão nas discussões de seu tempo. Tal tentativa é particularmente repreensível diante das declarações explícitas de Platão de que os problemas da "constituição verdadeira" encontram-se em um plano que não é o das não-constituições no ciclo histórico.

O significado das instituições como o recipiente do espírito surge de um jogo com números cósmicos. Para o pano de fundo desse jogo, é preciso olhar para além das *Leis* e voltar ao *Timeu*. A ideia do cosmos como a grande psique autônoma e dos corpos celestes como as almas divinas em movimento perfeito leva à ideia adicional das relações numéricas na natureza como a estrutura da psique. A estrutura da alma humana está, em sua preexistência, relacionada às relações e aos períodos perfeitos do cosmos; mas o nascimento de um corpo perturba esses movimentos e, assim, uma alma nasce como se não tivesse inteligência (*anous psyche*) (*Timeu* 44A). Apenas no decorrer da vida a ordem do *nous* pode ser recuperada, e o meio mais importante para a lembrança anamnésica da ordem cósmica são a observação e o estudo da ordem que de fato prevalece no cosmos visível. "Há apenas uma terapia" nessas questões: a nutrição da parte doente com uma substância que seja semelhante à sua própria. "Os movimentos do elemento divino em nós" precisam ser nutridos com os pensamentos e movimentos do Universo. Cada homem deve estudar esses movimentos e, assim, corrigir os movimentos (ciclos, *periodos*) em sua cabeça que foram perturbados no nascimento. Dessa maneira, ele fará a parte "numenal" de sua alma ficar de acordo com a sua preexistência "numenal" e com a parte "numenal" do cosmos e, assim, alcançará a "melhor vida" que Deus ofereceu ao homem no tempo presente e no tempo que há de vir (*Timeu* 90C–D)[4].

Na fase tardia do pensamento de Platão, as ideias que criam a forma do cosmos são números. A forma como número é o princípio que Platão aplicou na construção das instituições dos *nomoi*. Por meio das relações numéricas entre as instituições, a forma política da pólis torna-se um cristal de números que refletem a estrutura matemática do próprio cosmos. Concretamente, as relações numéricas da forma política são governadas pelo simbolismo do Sol. O número-chave é 12. Esse é o número das tribos na pólis, e cada uma dessas divisões do povo deve ser considerada "uma coisa sagrada, um dom de Deus, correspondente aos meses e à revolução do universo" (771B). Esse número-chave 12 determina toda a forma da pólis. O número de cidadãos que são chefes de família e possuem um pedaço de terra é fixado em 5.040. O número é escolhido por ser divisível por 12 e por todos os inteiros de 1 a 10; desse modo, ele permite a divisão da população em doze tribos. O primeiro número, porém, que preenche a condição de ser divisível por 12 e pela série dos inteiros de 1 a 10 seria 2.520. Platão escolheu o dobro, 5.040, porque, como consequência disso, o número de cidadãos em cada tribo será 420, que é também divisível por 12, e 5.040 é o primeiro número que também preenche essa segunda condição. A escolha desse número pode ter sido influenciada ainda (embora Platão não o mencione) pelo fato de que 5.040 é igual a 7! (o produto dos números inteiros de 1 a 7) e, assim, envolve uma relação com o número de dias da semana.

---

[4] Para os problemas da estrutura numérica do cosmos e a psique, ver FRANK, *Plato und die sogenannten Pythagoreer*, em particular 105-107. Ver também uma elaboração adicional desse problema em *Epinomis*, 990-992.

O Conselho da pólis tem um número de membros fixado em 360, ou seja, 30 para cada uma das doze tribos. O número é encontrado pela multiplicação do número dos meses (12) pelo número de dias no mês solar (30). Os membros do Conselho não servem todos ao mesmo tempo; apenas um duodécimo deles, 30, serve a cada mês. O número 360 é escolhido ainda por ser divisível por 4. A divisibilidade é importante porque, na eleição dos conselheiros, a pólis realiza a escolha por classes de bens. Os cidadãos são divididos em quatro classes de bens, a primeira, que possui além do valor de seu lote de terra, mais uma vez o valor desse lote, até a quarta, que tem os bens máximos de quatro vezes o valor do lote de terra. Nenhum tamanho maior de bens é permitido. A divisão de 360 por 4 resulta em 90 conselheiros a ser eleitos de cada classe de bens. A eleição é subdividida em duas fases: na primeira fase, 180 homens são eleitos de cada classe, na segunda, 90 dos 180 são escolhidos por sorteio.

A mais alta magistratura são os Guardiões da Lei. Seu número é fixado em 37. Nesse caso, o procedimento da eleição tem três fases. Na primeira fase, aparecem os trezentos nomes com o maior número de votos; na segunda fase, ficam os 100 que, agora, receberem mais votos; e desses 100 são finalmente escolhidos os 37. Platão não dá nenhuma razão para a escolha do número 37; talvez a explicação possa ser encontrada no fato de que 37 é o décimo segundo número primo, sem contar o 1.

Por fim, precisamos levar em consideração a predominância dos números 1, 2, 3 e 4, os números da tetráctis pitagórica. A eleição indireta do Conselho tem 2 fases; a dos Guardiões da Lei tem 3. Há 4 classes de bens, o que, em relação às 12 tribos, dá o número 3. O número 5.040 está numa relação de 2:1 com o primeiro número que preenche a condição de ser divisível por 1 a 10 e por 12. Na eleição dos conselheiros, o número dos escolhidos na primeira fase está numa relação de 2:1 com o número dos finalmente escolhidos por sorteio. Se consideramos que as relações dos primeiros inteiros, ou seja, as relações 2:1, 3:2, 4:3, são também as relações matemáticas que determinam a oitava, a quinta e a quarta, parece ter sido intenção de Platão criar a forma da pólis como um símbolo musical e, assim, relacioná-la à harmonia cósmica.

5 Revelação ao meio-dia

A forma política destina-se a servir à realização do espírito na vida da comunidade. O espírito vive nas leis. Assim, a mais elevada magistratura é projetada como o conjunto dos Guardiões das Leis. Nesse ponto da construção, vários motivos estão interligados. Pela guarda das leis, a forma verdadeira de governo é distinguida das formas não verdadeiras. Nas não-constituições, uma de várias reivindicações conflitantes pelo governo é satisfeita fazendo do povo, ou dos ricos, ou dos mais fortes, ou dos mais velhos, os governantes da pólis. Na constituição verdadeira, o cargo mais elevado é ocupado pelos homens mais obedientes às leis. O cumprimento apenas dessa condição, porém, não seria suficiente para tornar a constituição verdadeira. Guardar as leis seria de pouca utilidade se as leis em si fossem ruins. A guarda das leis adquire o seu pleno significado por meio da associação anteriormente discutida entre *nomos* e *nous*. Apenas quando o espírito divino do *nous* viver nos *nomoi* a obediência às leis resultará na *eudaimonia* do homem e da comunidade. Os cargos na pólis dos *nomoi* tornam-se, assim, um "serviço aos deuses" (*ton theon hyperesia*), e os altos magistrados são servos dos deuses na medida em que são servos das leis (*hyperetai tois nomois*) (751A–D).

Mas como podem esses *nomoi* que contêm o espírito ser instituídos numa pólis? Obviamente, não podem originar-se no povo; pois se o povo fosse capaz de dar a si mesmo tais leis e viver de acordo com elas não surgiria nenhum problema de decomposição civilizacional e não haveria necessidade de um legislador. Ao buscar uma solução, o Estrangeiro imagina a situação da colônia em processo de fundação. Quando os futuros cidadãos estiverem reunidos, deve-se falar a eles sobre o propósito da vida e sobre a natureza da conduta (*praxis*) que é cara a Deus e seguidora dele (716C). Essa sugestão é, então, seguida pelo grande discurso sobre esse tema, dividido em duas partes: 715E–718B e 726D–734E. Referimo-nos com frequência aos princípios desenvolvidos nesse discurso em vários contextos deste estudo. Será suficiente recordá-los sucintamente:

(1) Na primeira parte, Platão formula a palavra que o separa da Era dos Sofistas, a palavra que marca o início de uma ciência da ordem: "Deus é para nós a medida de todas as coisas, de uma verdade; e o é mais verdadeiramente do que, como dizem, o homem" (716C). Essa é a contraposição consciente ao *homo-mensura* de Protágoras. Platão esclarece a oposição entre os dois princípios detalhadamente. Ele recorre a um velho dito de que Deus segura em suas mãos o início e o fim de tudo o que existe; Ele se move em direção à realização de seu propósito numa linha reta, como é sua natureza; e sempre ao seu lado está Dike, pronta para punir aqueles que desobedecerem ao comando divino. Os que quiserem viver em harmonia seguirão de perto e humildemente

o caminho de Dike; mas os que se enchem de orgulho — de riquezas, ou de posição, ou de beleza — acreditam que não precisam de um guia; eles, em vez disso, vão querer ser guias de outros. Os orgulhosos são abandonados por Deus; em seu estado de abandono, eles reunirão à sua volta um grupo de outros que estão igualmente abandonados; eles seguirão uma carreira frenética e causarão confusão geral. Para o povo, um homem desse tipo parecerá ser um grande homem; mas ele não tardará a ter de pagar a sua dívida com Dike por meio da ruína que trará sobre si mesmo, sua família e seu país. Que linha de conduta (*praxis*), então, poderia ser considerada cara a Deus e seguidora dele (*phile kai akolouthos Theo*)? É uma conduta que procura estar em harmonia com Ele. "O igual é caro a seu igual, e medida à medida." As coisas que não têm medida não concordam entre si, nem com as coisas que têm uma medida justa (*emmetros*). Para ser amado por um ser divino, o homem teria de lutar com todo o seu poder para se tornar como ele. Assim, o homem que é comedido e ordenado (*sophron*) será amado por Deus, pois sua medida está sintonizada com a medida de Deus; enquanto o homem desordenado (*me sophron*) é diferente de Deus.

(2) A segunda parte trata da psique do homem. A psique é a parte mais divina do homem, e o discernimento de sua superioridade sobre os bens do corpo e os bens materiais é a primeira condição para a conduta em que o homem "assemelha-se" a Deus. O homem deve estabelecer uma ordem verdadeira de temperança e justiça em sua alma; deve, então, aplicar esses princípios à ordem de sua vida pessoal, à ordem doméstica da comunidade e às relações com estrangeiros na pólis e com pólis estrangeiras.

As duas partes do discurso são separadas por um interlúdio. O Estrangeiro apresenta o texto do discurso a seus companheiros enquanto os caminhantes descansam à sombra de um dos bosques de ciprestes. A conversa teve início ao amanhecer; agora, estamos ao meio-dia. Quando o Estrangeiro termina a primeira parte (sobre Deus e a conduta que é cara a Ele), ocorre-lhe um pensamento. Não é, por princípio, um dos aspectos duvidosos de uma lei o fato de ela ser concisa em suas provisões? Que mesmo um homem que esteja muito disposto a obedecer é deixado em dúvida quanto ao que precisamente é a intenção da lei e como ela deve ser entendida em um caso concreto? A lei lida com o cidadão como um médico com um escravo ignorante: ele diz ao escravo o que fazer, mas não discute com ele a natureza de sua doença, nem lhe dá as razões do tratamento. Como tal médico, os legisladores apoiaram-se até aqui apenas em comando e sanção. O discurso, porém, do qual a primeira parte foi apresentada, sugere outro meio que o legislador poderia empregar para garantir a obediência. Ele poderia recorrer à inteligência e à boa vontade dos cidadãos, explicando a eles os seus motivos para formular uma lei. Poderia, como o Estrangeiro acabou de fazer em seu discurso imaginário, despertar o seu entendimento do espírito das leis informando-os sobre a natureza de Deus e da amizade entre Deus e o homem. Em suma, poderia usar a persuasão em complemento à coerção. Lembramos do aparecimento de *peithó*, Persuasão, no *Político* e no *Timeu*. O Demiurgo não pode impor forma ao caráter informe do Vir-a-Ser pela força; ele tem de usar Persuasão para moldar *ananke* em *nous*. Agora, a Persuasão reaparece como o meio de moldar o homem, o "material", aos *nomoi* do *nous* e, assim, impor a ele a forma da pólis. Esse pensamento é colocado simbolicamente num interlúdio entre as duas partes do discurso do qual a primeira parte trata de Deus e a segunda do material humano que precisa ser persuadido. O hiato entre Deus e o homem deve ser preenchido pela Persuasão; na organização do diálogo, o hiato entre as duas partes sobre Deus e sobre o homem é preenchido pelo interlúdio sobre Persuasão.

A Persuasão fica no meio entre Deus e o homem. Surge, então, a questão: como essa Persuasão pode ser realizada num governo constitucional de modo a se tornar uma força permanentemente eficaz, mediando num fluxo constante o *nous* dos *nomoi* para as almas dos cidadãos? Ao conceber esse instrumento para a Persuasão mediadora, Platão faz ainda mais um movimento em seu jogo simbólico. O deus que governa o jogo é o Deus de seu fim e de seu começo, bem como de seu meio. Seguimos o jogo com o símbolo do solstício, com o ápice do ciclo e com o meio de discurso, que trouxe a revelação de que as *Leis* são um poema religioso. No presente interlúdio sobre a Persuasão, a fala decisiva do Estrangeiro é introduzida pelo lembrete de que chegamos ao meio desse dia mais longo. A conversa tomou tal curso, "sob a direção de Deus", do amanhecer até o meio-dia, que agora, no ápice do dia, é revelado aos caminhantes o meio pelo qual eles podem alcançar a persuasão constante do *nous* em sua pólis (722C). O Estrangeiro inicia suas reflexões dizendo que, nessa longa conversa sobre as leis, os caminhantes mal começaram a falar sobre as leis propriamente ditas; tudo o que eles falaram foram prelúdios e preâmbulos à lei (*prooimia nomon*) (722D). "Por que eu disse isso?" Porque discursos e expressões orais de qualquer natureza costumam ter prelúdios que servem como uma introdução ao tema principal. Curiosamente, tal uso de prelúdios é encontrado mais na música do que na questão importante da legislação. Prelúdios, proêmios maravilhosamente elaborados aparecem antes dos *nomoi* para a cítara e, de maneira bastante generalizada, antes dos *nomoi* de composições musicais; apenas no caso do que consideramos os *nomoi* reais, ou seja, os *nomoi* de uma pólis, parece ser estabelecido que eles não podem ter proêmios. Ainda assim, o que os caminhantes fizeram desde o amanhecer foi precisamente esse prelúdio às leis. Eles desenvolveram, de fato, uma "persuasiva" (*peistikon*) para os cidadãos, como o médico que explica e apresenta as razões de seu tratamento para os homens livres. As leis devem ser constituídas, em princípio, de duas partes: uma parte coerciva, a "prescrição ditatorial", e uma parte persuasiva, o proêmio explicativo. O cidadão deve ser preparado para receber a ação do legislador num espírito amistoso e complacente, e isso pode ser obtido pela inclusão de um proêmio no tom de persuasão. Os ouvintes concordam com o Estrangeiro e decidem que a sua legislação como um todo, assim como as suas principais subdivisões, deve ser equipada com proêmios, e que o grande discurso que o Estrangeiro começou e agora, depois do interlúdio, vai continuar é o proêmio mais adequado sobre o espírito das leis e deve ser prefixado à codificação como um todo (722–724). A forma literária do Proêmio, assim, torna-se a mediadora do *nous* para a pólis dos *nomoi*; e a expansão do significado de *nomoi* para incluir a forma musical associa o trabalho preludial dos proêmios à harmonia cósmica que se cristalizou nas relações numéricas da forma política. O Proêmio é a forma que Platão criou para sua poesia religiosa; e os grandes proêmios, em particular o proêmio que preenche todo o Livro X, são a expressão final do pensamento de Platão sobre Deus e sobre o destino do homem.

6 O drama da pólis

Ao longo de toda a sua vida, Platão preocupou-se com o problema do jogo. Os próprios diálogos são jogos desse tipo sob o aspecto de forma literária, e mais de uma vez tivemos ocasião de observar a habilidade de Platão como dramaturgo. Além disso, o ambiente intelectual em que ele cresceu era ainda arcaico em seus modos de expressão. A Era dos Sofistas apresenta surpreendentes semelhanças com a nossa "modernidade" na natureza de seus problemas, mas o sofista em si ainda exibe os traços de um "curandeiro" poli-histórico que faz apresentações públicas de suas fabulosas habilidades em troca de um pagamento. A palavra grega para demonstração ou prova, *epideixis*, tem o significado primário de uma apresentação retórica sofística, seja ela o pronunciamento de um discurso cerimonial ou um jogo em que dois sofistas comparam suas habilidades diante de uma audiência atenta. O drama do *Górgias*, como vimos, é desenvolvido a partir de uma situação desse tipo: o sofista migratório veio à cidade e apresenta-se com casa aberta; qualquer um que deseje pode vir e testá-lo numa disputa de talentos. Platão é inimigo mortal desse tipo de esporte; pois os sofistas fazem mau uso do jogo do intelecto para a destruição da fé do povo sem colocar nada em seu lugar. Seu jogo destrói frivolamente a substância espiritual da cultura helênica. Ainda assim, Platão não se opõe ao jogo em si; pelo contrário, em seus últimos anos, podemos observar sua distinta tentativa de substituir o jogo frívolo dos sofistas por seu "jogo sério" do espírito. No capítulo sobre o *Timeu*, estudamos o problema do jogo na atitude de Platão em relação ao mito e, no presente capítulo, já tivemos oportunidade de estudar o símbolo do Jogador e das Marionetes como o motivo dominante na organização das *Leis*.

Alguma luz foi lançada recentemente sobre o problema do jogo na obra de Platão, assim como sobre a natureza do jogo em geral, pelo *Homo ludens* de Jan Huizinga[5]. Esse estudo sobre a função do jogo no crescimento da cultura é fortemente influenciado pela teoria de Platão e, por sua vez, acrescenta muito ao entendimento desse elemento no pensamento e na obra platônicos. Huizinga acha que a função do jogo é fundamental no homem, no sentido de que ele não pode ser reduzido a outro fator. O jogo não deve ser interpretado de maneira utilitária, como se servisse a algum propósito, nem seu significado deve ser derivado do conteúdo que ele apresenta; qualquer uma dessas duas tentativas destruiria o significado independente do jogo. Além disso, o jogo não é uma função específica do homem; ele é encontrado plenamente desenvolvido já no mundo animal; e é precisamente o seu aparecimento no nível animal do Ser que dá uma pista para a sua interpretação.

> No jogo, reconhecemos o espírito. Pois o jogo não é matéria — qualquer que possa ser a sua essência. Mesmo no mundo animal, ele rompe os limites da mera existência física. Se o consideramos na perspectiva de um mundo determinado por forças e seus efeitos, ele é um *superabundans* no pleno sentido da palavra, algo que é supérfluo. Apenas por meio do influxo do espírito, que elimina a determinação absoluta, o fenômeno do jogo torna-se possível, pensável e inteligível. A existência do jogo

---

[5] Jan Huizinga, *Homo ludens*, Basel, 1944.

confirma repetidamente o caráter supralógico de nossa situação no cosmos. Os animais podem jogar, portanto eles são mais do que coisas mecânicas. Nós jogamos e sabemos o que jogamos, assim somos mais do que meramente seres razoáveis, pois o jogo é não razoável[6].

Nessa interpretação, o jogo é um "transbordamento" além do nível de existência "normal", uma fonte para a criação de novos mundos de significado para além do mundo cotidiano. Em virtude dessa qualidade de transcendência, o jogo pôde tornar-se o veículo de crescimento cultural pela criação de mundos espirituais em religiões, instituições jurídicas, idiomas, filosofia e arte. A história da cultura mostra de fato que os mundos espirituais das altas civilizações crescem a partir de formas arcaicas em que a origem em formas de jogo ainda é claramente discernível. Em particular, o jogo é o veículo de expressão religiosa desde os ritos arcaicos até as sutilezas do drama litúrgico e o simbolismo do dogma. A seriedade do jogo, que se mistura com o seu caráter lúdico mesmo em formas exotéricas como os esportes e o lazer e expressa-se na observação das regras do jogo ou na preservação da ilusão numa encenação, é elevada até a sacralidade do jogo quando o seu conteúdo é uma experiência religiosa. Inversamente, porém, mesmo no jogo sério o elemento lúdico não é totalmente atrofiado — quer sua presença se expresse na liberdade de Platão em relação ao mito ou na livre aceitação das provisões constitucionais para a observância séria.

Nossa análise das *Leis* até este ponto já mostrou que o jogo é a categoria que permeia todo o diálogo: Deus joga com os homens como suas marionetes ou como peças num tabuleiro; o homem conduz sua vida como um jogo sério ao seguir o puxão do cordão de ouro; e o diálogo em si é um jogo elaborado com vários símbolos. A coerência de Platão ao tecer esse motivo por todos os níveis da obra é especialmente notável, porque a língua grega oferece um obstáculo não pouco significativo à empresa. Em grego, como em vários outros idiomas (mas não nas línguas ocidentais modernas), a palavra para jogo, *paidia*, está associada etimologicamente à esfera da criança (*pais*). O significado da palavra, como vemos nas *Leis*, pode ser estendido para além dessa esfera de forma a incluir o jogo sagrado, mas a nuança de um jogo para crianças permanece consciente mesmo no próprio jogo de Platão, ou seja, na criação dos *nomoi*; pois, em 712B, o Estrangeiro exorta seus companheiros a evocar os *no-*

---

[6] Ibid., 5 s.

moi em seu discurso "como homens idosos agindo como meninos" (*kathaper paides presbytai*). Vários tipos de jogos competitivos adultos e ocupações para os momentos de ócio aparentemente desenvolveram-se até formas definitivas tão cedo na civilização helênica que uma categoria abrangente para o jogo não mais poderia absorver todos eles. Isso é verdadeiro em particular com respeito ao fenômeno fundamental da civilização helênica, o *agon*, que adquiriu uma conotação de seriedade a tal ponto que o seu caráter como jogo ficou perdido. Também é verdadeiro, no entanto, para as ocupações do ócio adulto de modo geral. Os termos para ócio, *schole*, e a ocupação do tempo de ócio, *diagoge*, levam a dificuldades em vários aspectos. Por um lado, ócio significa liberdade do trabalho e, nesse sentido, sua ocupação não é séria. Por outro lado, não é apropriado para um homem livre desperdiçar seu tempo; ele deve mostrar-se merecedor de sua liberdade empregando seu ócio numa ocupação dignificante. Do estudo e da ocupação sérios e formativos que preenchem o tempo de ócio, a *schole*, deriva o nosso significado de escola. No entanto, uma vez mais, a associação de não seriedade com ócio é tão forte que as ocupações que preenchem o tempo de ócio, como por exemplo, na Hélade, a ocupação muito importante com a música, correm o risco de adquirir um pouco dessa não seriedade. Assim, por exemplo, encontramos Aristóteles se esforçando para mostrar que a música é algo mais do que mera *paidia*, com a associação de infantilidade; que ela é uma ocupação séria digna de preencher a *schole* de um homem livre, porque contribui para a sua *paideia*, sua formação[7].

Apesar dessas dificuldades de significado, Platão aborda o problema do jogo em sua raiz e faz que a cultura, a *paideia*, de sua pólis cresça do jogo de crianças, a *paidia*. Na análise da criança e de sua educação ele emprega a teoria da alma que apareceu no contexto do Jogador e das Marionetes. Os sentimentos, as apreensões e o *logismos* em sua coexistência caracterizam a estrutura da alma adulta; na alma da criança, as primeiras experiências são aquelas de prazer e dor e, no meio desses sentimentos, a criança tem de adquirir as suas primeiras noções de virtude e vício; sabedoria e crença verdadeira podem ser desenvolvidas apenas na vida posterior e a sua aquisição marca o crescimento da alma à sua estatura adulta. Entre esses dois estados estende-se a *paideia*, a formação ou educação. "Por *paideia*, refiro-me a virtude [*arete*] na forma em que ela é adquirida por uma criança" (653B). Se prazeres e preferências, se dores e aversões forem formadas nas crianças de tal maneira que fiquem

---

[7] Ver sobre esses problemas ibid., 47-50 e 256-261.

em harmonia com o discernimento quando elas tiverem atingido a idade do discernimento, então poderemos chamar essa harmonia de virtude, enquanto o fator de treinamento em si deve ser chamado de *paideia*. A educação ou formação (no sentido de uma disciplina certa de gostos e aversões) de prazeres e dores, porém, é facilmente relaxada e desviada sob os fardos da vida humana. Os deuses, portanto, tiveram compaixão dos homens pelas dificuldades que estes enfrentam e acrescentaram à sua vida o ritmo dos festivais; e, como companheiros em seus festivais, deram-lhes as Musas, Apolo e Dioniso, de modo que, por meio dos companheiros divinos na comunidade, a ordem das coisas pudesse ser restaurada (653C–D). Depois desses comentários preparatórios, o Estrangeiro chega ao ponto: os festivais com seus cantos e danças podem ter o efeito de restaurar uma *paideia* que esteja sofrendo por causa das dificuldades da vida, porque esses rituais são enxertados na *paidia*, ou seja, no jogo das crianças. Sabemos que os filhotes de todas as criaturas não conseguem ficar quietos de corpo ou voz; eles pulam e rolam, eles brincam com espontaneidade e soltam gritos de alegria. Com relação a esses movimentos e ruídos elementares de jogo, porém, há uma diferença entre os animais e os homens, na medida em que os animais não têm percepção de ordem e desordem nessas ações lúdicas, enquanto aos homens os deuses deram as percepções de ritmo e melodia. Pela orientação divina, o jogo elementar, que é encontrado também nos animais, é levado à forma córica no jogo do homem. Assim, a *paideia* tem de começar da *paidia*, e o fará da maneira mais apropriada por intermédio do espírito das Musas e de Apolo (653E–654A).

As formulações acima sobre a relação entre *paidia* e *paideia* contêm o princípio fundamental da filosofia da educação de Platão. Esse problema da educação já havia sido discutido no *Filebo*, mas é agora elaborado em sua forma final — isto é, a discrepância potencial entre os sentimentos de alegria e tristeza (ou prazer e dor) e o bem objetivo. Gostos e aversões não são uma orientação para a qualidade. Podemos ter prazer com o que é ruim; podemos sentir aversão pelo que é bom. Esse conflito é de fundamental importância para o crescimento da cultura, porque por um lado o que é ruim nas artes, no pensamento e na conduta parece dar mais prazer para os poucos instruídos do que o que é bom, enquanto por outro lado é preciso um longo curso de treinamento árduo para que um homem possa sentir um prazer sincero e confiável numa obra de arte ou pensamento que seja bom. O mau gosto vem fácil, o bom gosto requer disciplina e treino. A decadência cultural de Atenas encontrou a sua expressão mais revoltante, assim como a nossa, na anteriormente discutida "teatrocracia" (em nosso tempo, chamamos isso de "comercialismo"), ou seja, na imposição tirânica dos gostos do povo iletrado como o padrão pelo qual o sucesso ou o fracasso no cenário público é decidido. Isso não significa que a obra de qualidade desapareça — a própria figura de Platão no meio da deterioração ateniense é prova do contrário; significa que os gostos do povo inculto dominam socialmente e que o consequente reconhecimento de massa dado a obras medíocres torna a obra de qualidade socialmente ineficaz. As tentativas contemporâneas de controle totalitário da esfera cultural não são mais do que o aperfeiçoamento sistemático da tirania oclocrática que se desenvolve nas sociedades "livres" em sua última fase de desintegração.

O discernimento platônico da natureza e da fonte da desintegração cultural determinou o seu conceito de educação. As crianças devem ser instruídas para associar o prazer com o que é bom. Tal instrução, no entanto, é impossível se o ambiente social estimula as crianças a associar o prazer com o que é ruim. Assim, o ambiente precisa ser institucionalizado de tal maneira que os "prazeres ruins" sejam reprimidos e os "prazeres bons" sejam estimulados em seu desenvolvimento. Além disso, essa institucionalização pressupõe padrões, bem como seu cultivo e sua preservação. Desse modo, a pólis dos *nomoi* estabelece supervisão pública da educação desde o início do treinamento córico das crianças; estabelece, ainda, o cultivo de padrões por meio da função crítica que é atribuída ao espírito dionisíaco dos homens mais velhos; e estabelece, por fim, um ministério da educação como o cargo mais alto na estrutura política. A educação torna-se assim "um ato de atrair e conduzir as crianças" para os padrões que foram considerados certos pela voz da lei. A alma da criança não deve nunca aprender a sentir prazeres contrários à lei; ela deve aprender a derivar prazer e dor das mesmas coisas que os homens que definem os padrões. A *paideia* córica da pólis tem o propósito de formar a alma das crianças tão completamente que elas se tornem incapazes de experimentar prazer com o que é ruim. Os cantos da comunidade, os *odai*, tornam-se desse modo encantos, *epodai*, para as almas (*epodai tais psychais*), produzindo a harmonia de prazer e o *agathon*. Eles são de fato encantamentos da alma, equipando-a mais seriamente para o jogo ritual da vida; mas como crianças não conseguem suportar um excesso de seriedade eles precisam ser chamados de "jogos" (*paidiai*) e praticados como tais (659C-E).

Do jogo de crianças, a *paideia* leva-nos ao jogo sério dos adultos, e depois para o jogo da comunidade sob os *nomoi*. O *pathos* do jogo comunitário irrompe magnificamente por ocasião das reflexões do Estrangeiro sobre as representações teatrais na pólis. A apresentação de peças burlescas e cômicas deve ser deixada inteiramente para estrangeiros e escravos; nenhum homem livre da pólis deve aviltar-se aparecendo numa representação risível em público. O problema é diferente em relação às peças sérias, ou seja, em relação à tragédia. Quando os trágicos se dirigem à pólis solicitando permissão para se apresentar e para que lhes seja fornecido um coro de cidadãos, os magistrados que têm de tomar a decisão devem responder da seguinte maneira:

> Respeitados estrangeiros! Nós somos, nós mesmos, os poetas de uma tragédia — e é a melhor e a mais nobre de todas. De fato, toda a nossa constituição foi arquitetada como a representação [*mimesis*] simbólica da vida melhor e mais nobre e acreditamos que ela seja realmente a mais verdadeira de todas as tragédias. Assim, vocês e nós somos ambos poetas do mesmo estilo, artistas rivais e atores rivais no mais nobre dos dramas que apenas um *nomos* verdadeiro pode alcançar — ou esse pelo menos é o nosso sentimento. Portanto, não esperem que permitamos facilmente que vocês ergam o seu palco em nossa praça pública e que deixemos que as vozes melodiosas de seus atores se elevem acima das nossas próprias em arengas para nossas mulheres e filhos e para o povo em geral sobre os mesmos temas que os nossos e, em sua maior parte, para o efeito oposto. Pois seríamos totalmente loucos, e assim o seria toda a pólis, se essa autorização lhes fosse concedida antes que os magistrados tivessem decidido se as suas composições são adequadas para ser recitadas em público ou não. Então vão, filhos e herdeiros das mais doces Musas, e mostrem seus cantos para os magistrados para comparações com os nossos próprios; e, se eles forem tão bons quanto os nossos ou melhores, nós lhes concederemos um coro; porém, se não forem, amigos, não poderemos fazê-lo. (817B–D)

7 O credo

O jogo da pólis é sério porque a sua medida é Deus. Na pólis dos *nomoi*, porém, os homens não são os filhos de Deus; eles são suas marionetes. No nível existencial mais baixo, que seria o dos cidadãos, a medida divina não pode ser a ordem viva da alma; Deus e o homem afastaram-se e a distância agora precisa ser coberta pelos símbolos de um dogma. Da visão do *Agathon*, o homem caiu para a aceitação de um credo. Platão, o salvador, retirou-se; sua pólis não pode ser penetrada pela presença de sua realidade divina; Platão, o fundador de uma religião, vê-se diante do problema de como a substância de sua comunicação mística com Deus pode ser traduzida num dogma com força de obrigação.

Platão foi o primeiro, mas não o último, filósofo político a se ver diante desse problema. O sistema moderno que chega mais perto da sua abordagem do problema é o *Tractatus Politicus* de Spinoza. Se considerarmos a posição do judeu marrano que havia rompido com a ortodoxia, que tentou regenerar um credo religioso a partir de seu misticismo pessoal, que se associou aos líderes da aristocracia holandesa, que se interessou pela construção de um governo político-religioso que assegurasse a paz interna para a Holanda, encontraremos vários elementos reunidos que fazem sua posição assemelhar-se em muitos aspectos à platônica. De particular interesse é a sua tentativa de formular um credo para o povo. Ele tentou resolver seu problema pela criação de um conjunto mínimo de dogmas que deixaria a máxima liberdade para indivíduos que talvez quisessem adornar a estrutura básica com detalhes próprios, ao mesmo tempo em que seria suficiente como um vínculo religioso para a comunidade política. Além disso, Spinoza, o místico, não precisava do dogma para si mesmo mais do que Platão, mas criou-o deliberadamente, como o fez Platão, para a massa de homens cuja força espiritual é fraca e que só pode absorver o espírito na forma de símbolos dogmáticos.

A solução de Spinoza, que podemos chamar sucintamente de "dogma mínimo", foi também a de Platão. O mínimo platônico compreende três dogmas: (1) a crença de que os deuses existem; (2) a crença de que eles cuidam dos homens; e (3) a crença de que eles não podem ser aplacados, ou "subornados", com sacrifícios e orações (885B). A institucionalização desse dogma mínimo assumirá a forma de um *nomos*, que é constituído, especificamente, da provisão para a punição da impiedade em si (confinamento ou morte) e do proêmio. A provisão para a aplicação é simplesmente uma sentença (907D–E); o proêmio preenche a maior parte do Livro X.

Como já abordamos o conteúdo principal desse proêmio em vários contextos, agora precisamos apenas dirigir a atenção para o caráter "persuasivo" particularmente notável desse poema. Aqui, onde o destino final da alma está em jogo, Platão ataca o agnosticismo e as aberrações espirituais da época pela última vez e com mordacidade em ampla casuística. Uma vez mais ele examina a decadência do mito antigo e o ceticismo da geração mais nova, os tipos do *esprit fort*, as devastações produzidas na mente dos semi-educados pelo progresso da ciência natural, a organização de comunidades sectárias e de credos privados e esotéricos, e as extravagâncias de mulheres histéricas. É um exame que poderia ter sido escrito hoje. Sua ira é despertada particularmente pelo tipo que combina agnosticismo com velhacaria. O agnóstico comum que se posiciona contra preconceitos religiosos pode, em outros aspectos, ser um caráter respeitável e ver com repulsa a possibilidade de cometer um ato injusto. Muito mais perigoso é o agnóstico que é ao mesmo tempo possuído de uma ambição incontinente, de um gosto por luxos, que é sutil, inteligente e persuasivo; pois essa é a classe de homens que abastece os profetas e fanáticos, os homens que são meio sinceros e meio insinceros, os ditadores, demagogos e generais ambiciosos, os fundadores de novas associações de iniciados e os sofistas ardilosos (908D-E). Para designar esses males da época apropriada e abrangentemente, Platão usa agora a categoria de *nosos*, uma doença da alma (888B). O *nosos* da desorientação espiritual ocorre o tempo todo em casos individuais; e a maioria dos homens é suscetível de ser afetada por ele. Contra a possibilidade dessa atribulação, o caráter epódico do proêmio, seu caráter de encantamento para a alma, deve ser o grande preventivo.

A pólis dos *nomoi* não pode se apoiar apenas na persuasão para a preservação de sua substância espiritual. Quando a doença eclode apesar de todas as precauções, é preciso adotar medidas coercivas contra os indivíduos afligidos por ela. A aplicação da lei contra a impiedade é confiada a um magistrado especial, o Conselho Noturno. Esse Conselho é composto dos dez Guardiões das Leis mais velhos, de sacerdotes insignes, do ministro da educação, de homens que foram enviados ao exterior para estudar instituições estrangeiras e de um número de membros mais jovens. Esses membros mais jovens, que são selecionados pelos anciãos, atuam principalmente como informantes sobre a vida e os problemas da pólis. O Conselho Noturno reúne-se diariamente entre a aurora e o nascer do sol, o momento em que a mente está menos preocupada com os afazeres do dia. Sua função mais importante é a de um tribunal espiritual que julga as infrações ao credo. Os descrentes nos deuses serão confinados por cinco anos num reformatório. Nessa reclusão, eles receberão visitas apenas dos membros do Conselho Noturno, que tentarão influenciá-los e despertar seu discernimento espiritual. Se o esforço educativo ao longo dos cinco anos não surtir efeito, eles serão sentenciados à morte.

O tribunal espiritual completa a construção da pólis como uma comunidade teocrática. Essa instituição e sua função despertaram as sérias desconfianças dos historiadores na era liberal. Tocamos em ambos os aspectos desse problema, ou seja, nos preconceitos secularistas dos liberais e nas limitações teocráticas de Platão, nas seções anteriores de nossa análise das *Leis*. Podemos, porém, acrescentar o comentário de que, diante das experiências contemporâneas, nosso palpite quanto às razões de Platão para a sua construção foi aguçado. Na medida em que se acredita de boa-fé que a alternativa ao controle espiritual e à aplicação de um credo deve ser a liberdade do espírito, o Conselho Noturno de fato parece sinistro. Platão, no entanto, não podia levar em conta essa alternativa, pois o horizonte de sua experiência estava tomado pela tirania do povo e pelo assassinato de Sócrates. Hoje, nosso horizonte está repleto de experiências similares. Temos boas razões para duvidar que um projeto do tipo platônico pudesse resolver os problemas da época no plano pragmático da história; mas também perdemos nossa ilusão de que a "liberdade" conduzirá sem erro a um estado de sociedade que mereceria o nome de ordem.

O código dos *nomoi* está substancialmente completo. Porém, um empreendimento não atinge o seu fim com a mera realização de uma tarefa. Não fizemos tudo o que devíamos fazer antes de proporcionar uma garantia permanente para a preservação de nossa obra. Como o fio das Moiras, a trama dos *nomoi* precisa ser irreversível (960B-D). Com essa reflexão, Platão introduz o tópico que preenche as páginas finais das *Leis*, o tópico da *soteria*, uma palavra que oscila no contexto dessas páginas entre os significados de preservação e salvação. No caso de uma pólis, tal preservação deve estender-se, além da saúde corporal e da preservação da existência, para a saúde da alma. As almas precisam manter-se sintonizadas com os *nomoi*, e esse estado de sintonia, a *eunomia* da psique, deve ser garantido por provisões especiais (960D).

O instrumento para assegurar a *eunomia* será o Conselho Noturno. Vimos que a pólis é composta de um material humano heterogêneo. A própria função do Conselho Noturno como um tribunal espiritual pressupõe que seus membros sejam homens de uma qualidade que lhes possibilite ser juízes e educadores das ovelhas errantes. Essa qualidade superior será devida em parte à sua natureza; no entanto, será devida também a uma educação mais rigorosa a que os futuros ocupantes desse alto cargo terão de se submeter. Os cidadãos não devem ser todos deixados no mesmo nível de instrução (965E); aqueles que deverão se tornar os guardiões devem alcançar um domínio mais perfeito da *arete* em palavras e ações do que a massa de seus concidadãos (964D). Sem tal providência, a pólis seria um corpo sem cabeça. Os cidadãos da pólis serão seu tronco; o Conselho Noturno será a cabeça. Os membros mais jovens desse Conselho, que servem como informantes, serão os olhos dessa cabeça; os membros mais velhos representarão o seu entendimento diretivo, o *nous* (964E–965A).

A educação mais rigorosa para os guardiões tem o propósito de criar neles uma consciência crítica da realidade do espírito, assim como a habilidade de expressar essa realidade e seus problemas num discurso sensato. Esse estado de consciência crítica, embora não seja a visão mística do *Agathon*, é consideravelmente mais do que a aceitação do dogma por parte do cidadão comum. O dogma mínimo para a massa das pessoas, assim, é complementado na pólis por uma forma mais elevada do credo para a elite espiritual e intelectual.

A consciência nesse nível mais elevado do credo será estendida para um número definido de doutrinas. Em primeiro lugar, os guardiões terão de ser claros quanto à natureza da *arete*. Não será suficiente para eles saber que há uma série de virtudes: coragem, temperança, justiça e sabedoria. Eles terão também de compreender em que sentido essas muitas virtudes são uma só. Essa unidade em direção à qual a multiplicidade das quatro virtudes converge é o *nous* que governa todas elas. O pleno entendimento do *nous hegemon* é o primeiro requisito para os guardiões (963A; 964B). A relação entre *nous* e *nomos* é uma vez mais sutilmente sugerida pela observação de que esse requisito é inescapável para os guardiões de uma *theia politeia*, de uma constituição divina (965C). O mesmo tipo de entendimento crítico terá de se estender aos outros problemas da alma e de sua ordem, por exemplo o entendimento do *kalon* e do *agathon* (966A). Acima de tudo, porém, o que é exigido é um entendimento das coisas divinas. Para o cidadão comum, a conformidade com a tradição será suficiente; à posição de guardião, porém, nenhum homem deveria ser admitido se não fosse inspirado e se não tivesse trabalhado com esses problemas (966C–D). A instrução na divindade terá de se estender, em particular, para o entendimento de duas doutrinas fundamentais. A primeira é a doutrina de que a alma é a mais antiga de todas as coisas criadas, de que ela é mais antiga e divina do que qualquer coisa que derive seu movimento de uma causa prévia. A segunda é a doutrina de que a ordem nos movimentos das estrelas revela o *nous* como seu princípio governante (966E). Nenhum homem mortal poderá alcançar o verdadeiro temor de Deus (*theosebeia*) se não tiver compreendido essas duas doutrinas da alma como o governante imortal de todos os corpos, e do *nous* que é revelado nas estrelas (967D–E). Para dar apoio ao seu entendimento dessas doutrinas, os guardiões devem, por fim, ser bem instruídos nas ciências preparatórias; eles devem ver a conexão entre a compreensão do cosmos e os problemas da música; e devem ser capazes de se expressar coerentemente em relação a esses vários problemas. Um homem que não tenha adquirido entendimento crítico, em adição às virtudes comuns, não é adequado para ser o governante de uma comunidade; seu papel deverá ser, nesse caso, o de súdito (967E–968A).

Este será o último *nomos* a ser acrescentado à codificação: o Conselho Noturno, composto de membros que são instruídos dessa maneira, deve funcionar como o guardião da pólis para fins de sua *soteria* (968A–B).

Os caminhantes decidiram-se quanto ao último *nomos*. Mas, agora, surge a questão crítica: quem irá educar os educadores? Nesse ponto, a conversa retorna do jogo imaginativo para a realidade da situação. Nenhuma elaboração estatutária desse último *nomos* é possível. A fundação da colônia deve ter a sua origem na comunicação existencial entre os fundadores e os primeiros assentados; a comissão fundadora terá de injetar o espírito na fundação por meio de sua associação com os futuros guardiões permanentes da pólis. E no que a comissão fundadora encontrará a sua fonte de inspiração? Na presente conversa, de que participa um membro dessa comissão, o cretense Clínias. E a liderança espiritual da comunidade existencial que foi estabelecida entre os participantes dessa conversa está sem dúvida com o Estrangeiro ateniense — que agora declara que a exposição de suas convicções quanto à educação e à criação será a sua parte nessa iniciativa. O terceiro participante, o lacedemônio Megilo, completa o pensamento; ele aconselha seu amigo cretense a não poupar pedidos e convencimentos para ganhar a cooperação do Estrangeiro na fundação da colônia — pois sem ele teriam de desistir do empreendimento agora que compreenderam o seu pleno significado.

Platão morreu aos oitenta e um anos. Na noite de sua morte, pediu que uma garota trácia tocasse flauta para ele. A menina não conseguiu encontrar o ritmo do *nomos*. Com um movimento de seu dedo, Platão indicou-lhe a Medida.

Parte 2
Aristóteles

Capítulo 7
Aristóteles e Platão

1 A evolução do pensamento aristotélico

Aristóteles nasceu em 385 a.C., em Estagira, uma pequena cidade na costa do Egeu a leste da Calcídia. Aos dezessete anos, em 367, ele entrou para a Academia e manteve-se como membro da escola até a morte de Platão, em 348. Depois que Platão morreu, ele deixou Atenas e foi para a Ásia Menor. Lecionou em Assos durante três anos e, depois, por mais dois em Mitilene, em Lesbos. Em 343 foi chamado à corte de Pela como tutor do jovem Alexandre. Quando Filipe morreu e Alexandre sucedeu-o ao trono, Aristóteles voltou a Atenas, em 335, e fundou a sua própria escola, o Liceu. Lecionou até 323, quando a morte de Alexandre fez reviver o nacionalismo ateniense, tornando aconselhável para Aristóteles deixar a cidade. Ele se mudou para Cálcis, na Eubeia, onde morreu alguns meses depois, em 322[1].

---

[1] Fundamental para o entendimento de Aristóteles é Werner JAEGER, *Aristotle*, Oxford, ²1948. Também indispensáveis são: Ulrich von WILAMOWITZ-MOELLENDORF, *Aristoteles und Athen*, Berlin, 1893, 2 v.; e Eduard ZELLER, *Die Philosophie der Griechen*, Leipzig, 1923, II/2. Sobre a ciência da política aristotélica, ver as introduções e os ensaios prefaciais em W. L. NEWMAN, *The Politics of Aristotle*, Oxford, 1887-1902, 4 v.; a obra de Sir Ernest BARKER, *The Political Thought of Plato and Aristotle*, London, 1906, assim como a introdução e notas ao seu *Politics of Aristotle*, Oxford, 1946; Hans KELSEN, The Philosophy of Aristotle and the Hellenic-Macedonian Policy, *Ethics* 48 (1937/38) 21-64; também as seções sobre Aristóteles em Charles H. McILWAIN, *The Growth of Political Thought in the West*, New York, 1932; George H. SABINE,

As datas ajudarão a compreender o desenvolvimento do pensamento de Aristóteles. Quando ele entrou para a Academia em 367, a escola já existia havia quase vinte anos, Sócrates morrera havia trinta anos e Platão já tinha mais de sessenta anos. A fase socrática da obra de Platão, incluindo a *República*, tornara-se um corpo de literatura a ser estudado pela geração mais jovem; e o próprio Platão estava envolvido no trabalho que viria a resultar na série de diálogos do *Teeteto* ao *Filebo*, assim como na elaboração de sua teologia tardia no *Timeu*, no *Crítias* e nas *Leis*. Ao entrar para a Academia nesse momento crítico, o jovem Aristóteles foi formado tanto pela tradição socrática como pelas novas forças que tendiam a decompô-la em seus componentes religioso e intelectual.

Da obra inicial de Aristóteles, apenas fragmentos foram preservados. Eram diálogos, e seus títulos indicam que o jovem filósofo estava conscientemente trabalhando com os problemas socráticos. O *Eudemo* ou *Sobre a alma* corresponde ao *Fédon* platônico, o *Grilo* ou *Sobre a retórica* ao *Górgias*, o *Sobre a justiça* à *República*, e o *Sofista*, o *Político*, o *Banquete* e *Menexeno* aos diálogos platônicos de títulos idênticos. A única obra em prosa, o *Protréptico*, era um discurso sobre a vida filosófica dirigido a Temison, um príncipe de Chipre. O diálogo *Sobre a filosofia* provavelmente foi escrito pouco depois da morte de Platão, pois continha uma crítica da teoria platônica da Ideia análoga à crítica na *Metafísica* I. Os fragmentos são suficientemente numerosos para dar a certeza não só de que as obras iniciais estavam formalmente relacionadas aos diálogos socráticos de Platão, como também de que Aristóteles havia absorvido e adotado para si a concepção platônica de filosofia como um movimento da alma. Para o jovem Platão, como sabemos, a filosofia consistia numa ordenação da alma pelas três forças de Tânatos, Eros e Dike; e, correspondendo às três forças, a filosofia era a prática da morte, do caminho erótico da alma para o *Agathon* e da ordenação reta da alma por meio da participação na Ideia. A mesma concepção de filosofia como modo de vida, no sentido mais literal de vida verdadeira em contraste com a morte das paixões, permeava a obra inicial, exotérica, de Aristóteles. Ela é uma continuação do filosofar platônico-socrático e, como tal, exerceu sua influência por todo o período helenístico e além dele. O tema do *Protréptico* foi posto em forma de diálogo por Cícero em seu *Hortêncio*; e, pela mediação ciceroniana, impressionou profundamente santo Agostinho:

A History of Political Theory, New York, ²1947; e Alfred Verdross-Drossberg, *Grundlinien der Antiken Rechts – und Staatsphilosophie*, Wien, ²1948.

Esse livro mudou os meus sentimentos e voltou minhas orações para Ti, ó Senhor, e mudou minhas aspirações e [meus] desejos. [...] Com um incrível calor no coração, eu ansiei pela imortalidade da sabedoria; e comecei a elevar-me para poder retornar a Ti. [...] E não foi o belo discurso que me convenceu, mas o que ele dizia. [...] Fui movido, acendido e inflamado pelo livro; e só amorteceu um pouco o meu zelo ardente o fato de que o nome de Cristo não se encontrava nele.[2]

A filosofia como modo de vida no sentido platônico-socrático havia moldado a alma de Aristóteles; e a marca deixada era indelével. A noção de que uma grande ruptura separa a filosofia aristotélica da platônica tem várias fontes. Com algumas delas teremos de lidar mais tarde com mais detalhes. No momento, vamos mencionar apenas que o nosso quadro da filosofia aristotélica, considerando que a obra inicial está quase inteiramente perdida, foi determinado principalmente pela obra educativa esotérica dos anos posteriores[3]. Sobre o outro lado do golfo imaginário entre os dois pensadores, estávamos igualmente prejudicados até recentemente, porque não tínhamos nenhum entendimento claro do grande desenvolvimento do Platão tardio. Se comparamos a *República* platônica com a *Metafísica* aristotélica ignorando a estrada que leva de uma à outra, as duas obras parecem de fato representar duas abordagens inteiramente diferentes do problema da filosofia — em especial se não dermos muita atenção a seções como a *Metafísica* XII, em que as transições ainda podem ser sentidas pelo leitor mais imaginativo. E, por fim, em sua obra esotérica, Aristóteles foi muito explícito em sua crítica às teorias platônicas, e muito menos explícito em seu reconhecimento ao que ele havia adotado e desenvolvido. Na *Política* II, por exemplo, o leitor encontrará uma rejeição bem argumentada de certas partes da *República*; no restante da obra, dificilmente estará consciente da extensão em que Aristóteles usa o *Político*, o *Filebo* e as *Leis* no desenvolvimento de sua própria teoria política, a menos que tenha os diálogos platônicos bem presentes em sua mente.

O que de fato aconteceu não é tão difícil de entender se lembramos da data crítica da entrada de Aristóteles para a Academia. Ele não entrou apenas no modo de vida do filósofo; ele entrou também no debate de seus resultados. O modo de vida havia produzido símbolos doutrinários para sua expressão, como a imortalidade da alma, a ordem reta da alma, o ser verdadeiro da Ideia e a ordem da realidade pela *methexis*, pela participação na Ideia. Uma

---
[2] AGOSTINHO, *Confissões* III, 4.
[3] A reconstrução do desenvolvimento de Aristóteles é a obra de Werner Jaeger.

interpretação de Deus, do homem e do mundo tinha sido desenvolvida; e os termos dessa interpretação podiam ser submetidos a investigação crítica sob muitos aspectos. Podia-se examinar o método que havia levado à construção dos termos, podia-se examinar sua coerência sistemática, podia-se testar o seu valor como instrumentos de ciência empírica e podia-se examiná-los à luz das novas descobertas em matemática e astronomia e do crescente conhecimento da cosmologia babilônica. A Academia não era uma instituição para a transmissão de conhecimentos de manual; em seu centro estava um grupo de estudiosos extremamente ativos preocupados com o desenvolvimento de problemas. Por vinte anos, Aristóteles foi um membro desse grupo; e, embora as respostas de sua obra tardia diferissem amplamente das de Platão e das de seus codiscípulos Espeusipo e Xenócrates, elas eram respostas a problemas do círculo platônico.

Vamos tomar como exemplo um aspecto do problema da Ideia. Na concepção platônica, a Ideia era um *eidos*, uma forma paradigmática com existência separada e transcendental. A pressuposição de formas com existência separada fez surgir a questão de como as formas separadas poderiam ser as formas da realidade empírica. A resposta platônica de que o fluxo do vir-a-ser tem ser na medida em que participa da Ideia, ou na medida em que a Ideia é incorporada nele, levou apenas a novas questões referentes ao significado da participação. Aristóteles aboliu esses problemas abolindo a pressuposição de formas separadas como sendo uma duplicação desnecessária. A forma é percebida como tal na realidade por uma função da mente, pela *noesis*. Não há um ser essencial com exceção das essências que discernimos como tais no fluxo da realidade; e elas não entram no vir-a-ser a partir de um domínio transcendental do ser, mas a essência gera a essência no fluxo infinito e não criado da própria realidade. De uma só vez, livramo-nos do domínio das ideias paradigmáticas, das especulações sobre a possibilidade de que as ideias sejam números de um tipo ou de outro, da *methexis*, da incorporação, da criação do mundo, do demiurgo, e assim por diante. E, no que se refere à história da filosofia no nível doxográfico, temos agora uma oposição clara entre o transcendentalismo e o idealismo platônicos, de um lado, e o imanentismo e o realismo aristotélicos, de outro. Platão e Aristóteles desenvolveram dois sistemas metafísicos inteiramente diferentes.

Na verdade, nem Platão nem Aristóteles desenvolveram sistemas; eles estavam demasiadamente envolvidos na descoberta de novos problemas. O que aconteceu no plano da filosofia deve antes ser descrito como uma mudança do foco da atenção, acompanhada de uma extensa diferenciação de problemas. Platão e Aristóteles estavam de acordo quanto à presença da forma na realidade empírica. Ao ser retirada a atenção da origem da forma realizada num domínio de formas separadas, a estrutura formal da realidade em si apareceu mais claramente à vista. Um vasto campo de novos problemas se abriu, como os problemas de substância e acidente, de essência como o objeto de definição, de ato e potencialidade, de matéria e enteléquia, assim como os problemas lógicos que foram reunidos no *Organon*. Quando a atenção de Aristóteles voltou-se nessa direção, quando sua investigação referiu-se à forma imanente e às imensas ramificações de seus problemas, a pressuposição platônica da forma transcendental de fato poderia parecer uma duplicação desnecessária, e talvez não verificável, dessa forma imanente que era dada com tanta certeza na experiência imediata da alma. Ainda assim, devemos estar conscientes de que a crítica de Aristóteles à Ideia não é uma crítica ao pensamento de Platão em si. Platão não "duplicou" a forma imanente; ele havia descoberto a forma transcendental como uma substância separada num momento em que a sua atenção experimental estava voltada numa direção oposta à aristotélica. A exploração por Aristóteles do campo da forma imanente não é, em si, um argumento contra a forma transcendental. Surge então a questão: o que foi feito dos problemas que haviam sido vistos por Platão quando o olho de sua alma estava voltado para o *Agathon*? Aristóteles os abandonou?

A resposta não pode ser simples. O domínio platônico do ser eterno e imutável não era uma suposição gratuita; ele era experimentado como uma realidade no fascínio erótico da alma pelo *Agathon*, assim como em seus efeitos catárticos. O domínio das ideias era constituído dos símbolos que expressavam a experiência de transcendência do filósofo. E Aristóteles não só tinha consciência dessa origem como pôde participar dessas experiências. Uma das mais belas formulações do problema da fé ocorre num fragmento de sua obra *Sobre a oração*, ao tratar das religiões de mistérios: "Aqueles que estão sendo iniciados não precisam apreender nada com o entendimento [*mathein*], mas ter uma certa experiência interior [ou paixão, *pathein*] e, assim, entrar num determinado estado mental, pressupondo que sejam capazes do estado mental, em primeiro lugar"[4]. O *cognitio Dei* pela fé não é um ato cognitivo em que é dado um objeto, mas uma paixão espiritual, cognitiva, da alma. Na paixão da fé é experimentada a base do ser, e isso significa a base de todo ser, inclu-

---

[4] JAEGER, *Aristotle*, 160.

sive a forma imanente. Assim, é legítimo simbolizar a base do ser por meio de formas imateriais, como a Ideia platônica. O ser pode ser experimentado em sua articulação imanente ao mundo ou por meio do *pathein* da alma em abertura para a sua base; e, para expressar a relação entre o ser transcendental e o ser imanente, não temos nenhum outro meio que não o uso analógico de termos derivados de nossas experiências do ser imanente. Se em sua interpretação do ser um filósofo quer explicar toda a estrutura do ser — ou seja, tanto o ser imanente como o transcendente —, ele não tem muita escolha. De uma forma ou de outra, ele precisa fazer o que Aristóteles acusa Platão de fazer, ou seja, ele precisa "duplicar" o ser. Assim, a crítica aristotélica à Ideia é inócua no que se refere à questão da duplicação. Ela não é inócua, no entanto, quando ataca o uso especulativo que Platão fez do ser transcendental em sua interpretação do ser imanente. A relação entre o ser transcendental e o ser imanente, como acabamos de indicar, só pode ser simbolizada analogicamente. Nem Platão, nem Aristóteles penetraram de fato nesse problema de especulação metafísica; e uma fórmula aproximadamente satisfatória só foi encontrada na *analogia entis* tomística. Platão, de fato, hipostasiou o ser transcendental como um dado, como se ele fosse pressuposto na experiência imanente ao mundo; e tratou o ser absoluto como um gênero de que as variedades do ser imanente são espécies. Aristóteles criticou com razão essa parte da especulação platônica e, ao eliminar essa confusão, penetrou na clareza de sua própria ontologia. Por essa magnífica realização, porém, ele pagou o grande preço de eliminar o problema da forma transcendental juntamente com o seu mau uso especulativo.

    Aristóteles rejeitou as ideias como existências separadas, mas não repudiou as experiências em que a noção de um domínio das ideias se originou, nem abandonou a ordem do ser que havia se tornado visível pelas experiências dos filósofos desde Heráclito, Parmênides e Xenófanes. A consequência é uma curiosa transformação da experiência de transcendência que pode, talvez, ser descrita como uma diluição intelectual. A plenitude da experiência que Platão expressou na riqueza de seu mito é, em Aristóteles, reduzida à concepção de Deus como o movente primeiro, como o *noesis noeseos*, o "pensamento do pensamento". O Eros em direção ao *Agathon* é correspondentemente reduzido ao *agapesis*, o prazer na ação cognitiva por si só. Além disso, a alma não é mais imortal como um todo, mas apenas a parte dela que Aristóteles chama de intelecto ativo; o intelecto passivo, que inclui a memória, perece. Por fim, a *via negativa* mística pela qual a alma sobe para a visão da Ideia no *Banquete* é diluída à elevação para as virtudes dianoéticas e para o *bios theoretikos*[5].

Mantive a análise da questão o mais próxima possível da forma em que ela surge no texto aristotélico. Isso foi necessário para esclarecer a origem de certos problemas de filosofia pós-platônicos, mas tem a desvantagem de que um descarrilamento que, embora presente em Aristóteles, era ainda contido por seu gênio não fica totalmente à vista nem em sua natureza, nem em suas consequências. Como o descarrilamento tornou-se um dos principais modos de filosofar depois de Platão — tão predominante, de fato, que a história da filosofia é, em sua maior parte, a história de seu descarrilamento —, uma nota de explicação cabe bem aqui. Estou falando da transformação de símbolos desenvolvidos para o fim de articular as experiências do filósofo em tópicos para especulação. O fenômeno como tal não ocorre, na sequência de Platão, pela primeira vez. Na verdade, o estudo dos sofistas em *Ordem e história* II, capítulo 11, foi uma análise da transformação do Ser parmenidiano num tópico de especulação imanentista. Mas a obra platônica tinha o propósito de reverter o descarrilamento e restabelecer a experiência do filósofo da ordem do ser, assim como o simbolismo para sua articulação, em oposição aos sofistas; e Platão chegou ao ponto de desenvolver os pares de conceitos que estudamos neste volume (capítulo 3, §3, 1) com o propósito de evitar a recaída na filodoxia sofística. Se a recaída ocorreu assim mesmo na geração seguinte a Platão, e precisamente na obra dos discípulos que ele próprio havia instruído na Academia, uma razão se sugere que estaria ligada à estrutura do próprio filosofar e não pode ser explicada pelo rótulo "sofística" — pois nem Aristóteles, nem Espeusipo eram sofistas, e hesitamos em aplicar o rótulo de pensadores à classe de Anaxágoras e Demócrito, embora eles tenham participado da transformação tópica do Ser de Parmênides.

Não há muito a ser dito sobre o problema em princípio, porque ele é a simplicidade em si. O salto no ser diferencia o Ser transcendente ao mundo como a fonte de todo ser e, correspondentemente, vincula ao "mundo" o caráter de imanência. Como as experiências de transcendência só podem ser articuladas por meio da linguagem que tem a sua função original no mundo da experiência dos sentidos, os símbolos, tanto conceitos como proposições, que

---

[5] Para a concepção do movente primeiro como o *noesis noeseos*, ver *Metafísica* XII, 9, 1074b; para o *agapesis*, ver *Metafísica* I, 980a; para a concepção da alma e sua parte imperecível, ver *De Anima* III, 5; para o *bios theoretikos*, ver *Política* VII, 2, 1324a.

se referem ao *terminus ad quem* de uma experiência de transcendência devem ser entendidos analogicamente, quer sejam símbolos do mito, da revelação ou da filosofia. O descarrilamento ocorre quando os símbolos são arrancados de seu contexto experiencial e tratados como se fossem conceitos referentes a um dado da experiência sensorial. A estrutura da falácia é de fato simples; só se pode dizer a um suposto filósofo: Não faça isso! Se ainda assim o erro é cometido, mesmo por um Aristóteles, sua fonte deve ser procurada não numa falha do intelecto, mas num desejo ardente de focalizar a atenção de modo tão completo num determinado problema que a extensão mais ampla da ordem do ser é perdida de vista. O filósofo da história, quando encontrar um descarrilamento desse tipo, ficará, portanto, menos interessado nos problemas fascinantes em que o pensador em questão se envolve (pois no plano da filosofia eles são não-problemas) do que nas experiências intensas que motivaram o equívoco. Como "problemas" dessa natureza irão nos ocupar longamente nos volumes subsequentes deste estudo, será suficiente no momento esboçar alguns dos conflitos históricos que são conduzidos na forma de debates pseudofilosóficos. Em um deles comentamos a desconfiança aristotélica quanto às ideias separadas platônicas. De acordo com a atenção do filósofo à fonte de ordem transcendente, ou à ordem no ser imanente, ou à ordem conforme refletida na ciência, as essências podem ser encontradas em existência separada, ou embutidas na realidade, ou nos conceitos da ciência. De modo correspondente, pode-se desenvolver "filosofias" que colocam a essência *ante rem*, *in re* ou *post rem*; e os respectivos idealistas, realistas e nominalistas podem criticar ferozmente a "posição" dos demais *ad infinitum*. Uma fonte rica de conflitos abriu-se, então, com a introdução de categorias filosóficas na teologia cristã. Quando as categorias da natureza e da pessoa foram aplicadas ao mistério da Encarnação, o debate cristológico se inflamou durante séculos até que uma formulação filosófica adequada pudesse ser encontrada na definição de Calcedônia em 451. Quando as categorias de forma e substância foram aplicadas ao mistério da Eucaristia, o novo problema da química transcendental explodiu na briga entre católicos e protestantes com relação à transubstanciação. Quando a *scientia Dei*, que inclui a presciência de Deus quanto ao destino eterno do homem, foi imanentizada na presciência do homem quanto ao seu destino, estava lançada a base para separar Igrejas de eleitos até a degeneração contemporânea em clubes cívicos para famílias socialmente compatíveis. Quando a ideia cristã de perfeição sobrenatural pela Graça na morte foi imanentizada para se tornar a ideia de perfeição da humanidade na história por meio da ação humana individual e coletiva, estava lançada a base para os credos de massa da gnose moderna.

Embora conflitos desse tipo possam ocorrer apenas depois que a filosofia como forma simbólica passou a existir, e embora os debates sejam conduzidos por meio de categorias filosóficas, seria manifestamente insensato entrar no debate com a intenção de explorar a validade do argumento. Se um estudo da ordem e da história assumisse a forma de uma história da filosofia, ou mesmo, mais especificamente, de uma história da filosofia política, meramente porque, depois da criação da filosofia, o debate ocidental sobre ordem é conduzido em forma filosófica, ele próprio sairia dos trilhos ao seguir as saídas dos trilhos da filosofia. As "filosofias" da ordem não devem ser tomadas por seu valor nominal, mas precisam ser criticamente examinadas sob o aspecto de terem ou não os símbolos usados retido o seu significado original de símbolos que expressam a experiência da fonte de ordem transcendente, ou se eles são usados como *topoi* especulativos para fins amplamente diferentes do amor platônico pela Medida divina.

2 A estrutura literária da *Política*

As reflexões precedentes nos guiarão para fixar nossa posição com referência aos problemas apresentados pela estrutura literária das obras esotéricas de Aristóteles. As primeiras obras, escritas para publicação, estão perdidas. As principais fontes sobreviventes para um estudo da ciência política aristotélica são a *Política* e a *Ética a Nicômaco*. Essas obras não têm a forma de tratados sistemáticos sobre o tema indicado pelos títulos, mas são coleções de *logoi*, de discursos ou indagações, a ser usados como base para o ensino oral. Embora os vários *logoi* das coleções não possam ser datados com exatidão, sabemos que eles pertencem a diferentes períodos da vida de Aristóteles. Alguns podem remontar (pelo menos em sua concepção) ao tempo em que ele ainda era membro da Academia, outros sem dúvida pertencem aos seus últimos anos. Os *logoi*, assim, são distribuídos ao longo de um período de mais de trinta anos e seu conteúdo reflete a mudança anteriormente discutida na atenção filosófica de Aristóteles. À motivação filosófica mais antiga pertencem os *logoi* em que a experiência de transcendência do filósofo determina a escolha dos problemas; ao período posterior pertencem as seções em que a estrutura da forma imanente torna-se o interesse predominante.

Ainda assim, é preciso cautela. A data da motivação não é um guia seguro para a cronologia das várias partes da obra. Embora possamos ter certeza de que os *logoi* que se apoiam numa base ampla de materiais empíricos pertençam ao período posterior (como *Política* IV, V e VI), não podemos sempre atribuir os outros *logoi* com segurança a um período anterior. A intensificação da preocupação com a forma imanente é uma *adição* aos interesses aristotélicos; ela não *substitui* a motivação filosófica anterior. Precisamos sempre estar cientes da possibilidade de que um *logos* que, pela natureza de seus problemas, pertença à classe anterior — e provavelmente, em sua concepção, remonte ao período anterior — tenha sido retrabalhado em anos posteriores sem revelar traços da mudança de interesse. Aristóteles, como indicamos, não estava interessado na unificação sistemática de seu pensamento escrito; ele estava interessado na completude de seus problemas. Quando suas várias investigações levavam a resultados conflitantes, ele simplesmente deixava os resultados colidirem; e as visões conflitantes eram pacificamente registradas lado a lado. O mais famoso caso de tal conflito ocorre na *Metafísica* XII, em que o discurso que desenvolve a concepção monoteísta de Deus como o movente primeiro e o *noeseos noesis* é interrompido por outro discurso, o atual Capítulo VIII. Nesse último discurso, que difere em estilo e elaboração do resto do livro, Aristóteles desenvolveu a concepção de quarenta e sete moventes primeiros divinos, cada um governando um dos movimentos irredutíveis de acordo com a nova astronomia de Eudoxo. No plano doutrinário encontramos assim, no mesmo livro, uma teologia anterior monoteísta e uma teologia posterior politeísta; e Aristóteles não demonstra nenhuma intenção de abandonar a visão mais antiga em favor da nova, nem de subordinar ambas as visões a uma construção sistemática mais elevada.

Aristóteles não é um pensador sistemático no sentido de que tentasse construir um edifício filosófico livre de contradições. De fato, a palavra *systema* não ocorre em suas obras como um termo técnico. A ausência de uma consciência sistemática é, provavelmente, a principal razão para que os escritos esotéricos de Aristóteles tenham tido tão pouca influência mesmo em sua própria escola nos séculos após a sua morte; quando sua palavra viva deixou de animar as suas anotações de aulas, estas se tornaram, aparentemente, letra morta. A eficácia do Aristóteles esotérico não tem início antes da publicação de sua obra pelo décimo primeiro escolarca dos peripatéticos, Andrônico, no século I a.C. Com a publicação, começa o trabalho de comentadores na escola, culminando nos comentários de Alexandre de Afrodísia, no final do século

II de nossa era. De Alexandre em diante, o estudo de Aristóteles tornou-se a base da filosofia sistemática em todas as escolas e a tradição manteve sua continuidade por meio dos árabes na escolástica ocidental. A concepção do Aristóteles sistemático cresceu na tradição dos comentários à obra e permaneceu como um sério obstáculo para um entendimento crítico do trabalho de Aristóteles até os dias atuais — quer o conceito prévio assuma a forma de uma insistência de que as obras de Aristóteles precisam ter uma ordem sistemática a todo custo, quer assuma a forma da crença no Aristóteles "real" tardio que, por fim, se livrou da dependência de Platão.

No caso da *Política*, que é o nosso interesse no momento, a situação é ainda mais complicada pelas interpretações e traduções anacrônicas de termos aristotélicos. A *Política* é composta de pelo menos três estratos literários claramente distinguíveis. O Livro II examina e critica as ideias dos predecessores quanto ao tópico da melhor pólis; ele é, evidentemente, o livro introdutório de um estudo anterior sobre esse tema. Os Livros III, VII e VIII contêm esse estudo da melhor pólis. Entre os atuais Livros III e VII é inserido um extenso estudo das constituições relativamente melhores que podem ser realizadas sob as condições existentes, assim como das causas de revoluções e dos meios de evitá-las. Alguns, porém, tendem a considerar os Livros IV e VI sobre as constituições relativamente melhores como um conjunto, e o Livro V, sobre as revoluções, como uma inserção ainda posterior num *logos* original que compreenderia IV e VI. De qualquer maneira, há um consenso de que IV a VI são um estudo posterior. O Livro I atual, por fim, é provavelmente a parte mais recente, anexada aos outros livros num momento em que toda a série de *logoi* já estava unida em sua forma presente.

O debate habitual sobre a ordem "sistemática" dos livros é complicado neste caso, como já indicamos, pelas traduções duvidosas. A "melhor pólis", que é o tema de III, VII e VIII, é expressa em nossas traduções modernas como o "Estado ideal". A tradução é anacrônica com relação a ambos os termos. Aristóteles não trata do "Estado", mas da "pólis"; e o que chamaríamos de Estado, ou seja, um povo politicamente organizado em seu território, está expressamente excluído do estudo. Além disso, Aristóteles não trata de "ideais", da mesma forma como Platão não o fazia. A palavra não ocorre em grego; e o seu significado não se cristaliza plenamente antes do século XVI d.C. A "melhor" tem mais de um significado no contexto aristotélico. Pode significar, entre outras coisas, "a mais forte", "a mais saudável", "a mais estável", "a mais adequada como um ambiente para a realização da vida contemplativa", "a que manterá sob controle da maneira mais adequada os homens que não são capazes de realizar a boa vida" e (sob o aspecto da dinâmica histórica) "o florescimento da pólis" ou "o ponto alto na realização da essência da pólis". Nenhum desses significados tem algo a ver com um "ideal". A "melhor" é o máximo hipotético numa escala de realizações; e não apenas em uma escala, mas numa pluralidade de escalas. O buscador de "ideais" ficará desapontado ao descobrir que Aristóteles tem pelo menos três "ideais" em sua *Política*: (1) a monarquia do homem virtuoso, (2) a aristocracia de um pequeno grupo de homens que combinem as virtudes de liderança e obediência civil, e (3) a constituição da classe média. A tradução equivocada afeta seriamente um entendimento da obra. Historiadores especulam sobre uma evolução de Aristóteles de sua juventude "idealista" para sua maturidade "realista"; o "realismo" da maturidade representaria o Aristóteles "real" que superou o seu "idealismo" anterior; "idealismo" e "realismo" são considerados diferentes fases "sistemáticas" em sucessão cronológica; o estado desordenado da *Política* poderia ser conversível à ordem por meio da "restauração" da sequência original dos livros (de forma que chegamos à sequência I, II, III, VII, VIII, IV, VI, V); e assim por diante.

Todo esse complexo de conjecturas parece-nos inadmissível. Na verdade, as duas fases em sucessão cronológica podem ser distinguidas. Mas elas não revelam uma evolução "sistemática" do "idealismo" para o "realismo". Os primeiros *logoi* são nutridos pela experiência dos filósofos-místicos. Depois que a ordem da alma platônico-socrática, e junto com ela a ordem da pólis, é criada e articulada, o resultado pode ser transmitido como doutrina. Sabemos agora o que é "o melhor", e esse conhecimento pode assumir a forma de "critérios" ou "padrões", os *horoi* aristotélicos. Os padrões são derivados dos platônicos pelo processo de intelectualização que descrevemos na seção anterior. Aristóteles sabe que o *bios theoretikos* é o "melhor" e que, em consequência, a "melhor" pólis é aquela em que a felicidade do *bios theoretikos* pode ser realizada. À *eudaimonia* do homem corresponde a *polis eudaimon* (1323b30). Por meio dos padrões, a política aristotélica é ligada à platônica; e essa ligação nunca é rompida. No entanto, os problemas platônicos foram modificados. Para Platão, a forma era transcendental e seu problema era a encarnação da Ideia na realidade histórica por meio da psique do filósofo e de seu círculo. Para Aristóteles, a forma é imanente à realidade; a essência da pólis é imanente à realidade da mesma maneira que a essência de um animal ou vegetal. A existência política, porém, é distinguida da existência animal ou vegetal na medida em que a ação humana racional influi na realização da essência da pólis. Uma pólis não cresce simplesmente; dentro dos limites estabelecidos pelas condições materiais e humanas, o homem pode contribuir para uma realização mais ou menos perfeita. Assim, o conhecimento de padrões será um auxílio para a prática política; e uma ciência política (*architektonike* ou *episteme politike*, E.N. 1094a 27 ss.) pode ser desenvolvida como um conjunto de conhecimento prático para o "legislador" (*nomothetes*). Aristóteles torna-se o professor de legisladores — uma função que foi delineada pelo Estrangeiro ateniense nas *Leis*. Há uma continuidade de evolução de Platão, o fundador da boa pólis, passando pelo Estrangeiro ateniense, que transmite tanto de seu conhecimento místico quanto é suportável para os fundadores de uma colônia, até Aristóteles, que formula padrões e elabora meios para a sua realização máxima sob diversas condições materiais. O ponto decisivo é que esse desenvolvimento estava completo na ocasião em que Aristóteles escreveu as primeiras partes da *Política*. Mesmo nas primeiras *logoi*, a pólis é uma entidade imanente ao mundo e a ciência política é a arte da realização máxima da sua essência. Os *logoi* posteriores não rompem com a posição anterior; eles apenas acrescentam imensamente ao exame das situações materiais típicas nas quais o legislador tem de operar e dos meios para se aproximar de uma realização da essência sob circunstâncias não propícias.

Os vários discursos reunidos na *Política* estão todos no mesmo nível "sistemático". Seria improdutivo extrair um novo significado deles rearranjando a sequência ou prestando uma atenção excessiva à época em que foram escritos. A ordem em que chegaram até nós foi determinada pelo próprio Aristóteles, e ele apresentou as suas razões para essa ordem no último parágrafo da *Ética a Nicômaco*:

> Primeiro, tentaremos revisar o que foi bem dito por nossos predecessores que investigaram o assunto. Depois, com base em nossa coleção de constituições, examinaremos o que é preservativo e o que é destrutivo para as pólis, assim como para suas diferentes constituições, e quais são as causas de algumas delas serem bem governadas e outras não. Tendo estudado essas questões, seremos mais capazes de compreender qual é a melhor constituição, e como cada uma deve ser ordenada, e de que leis e costumes precisa.

Esse plano descreve aproximadamente o arranjo dos Livros II a VIII da *Política*. A aceitação da ordem aristotélica, claro, não elimina os inúmeros conflitos entre as várias partes da obra. Uma interpretação da *Política* não pode ter a tarefa de encontrar um sistema teórico fechado no texto em si. O fato de que várias intenções teóricas permanecem inconciliáveis deve ser reconhecido. Ainda assim, os discursos como estão preservados são todos escritos por Aristóteles e originam-se na unidade de sua mente de filósofo. Assim, será legítimo fazer uma tentativa de extrapolar o conteúdo doutrinário da *Política* e explorar a possibilidade de encontrar o centro de pensamento que se encontra para além do texto conciso e por vezes fragmentário.

3 A consciência da época

A experiência central da política platônica foi a consciência da época. A era do mito popular estava chegando ao fim e a nova era dos filósofos, dos Filhos de Zeus, começava com Sócrates e Platão. A experiência encontrou a sua expressão nos mitos do *Górgias*, da *República* e do *Fedro*, do *Político*, do *Timeu* e do *Crítias*; e atingiu o nível doutrinário de uma teoria do ciclo histórico nas *Leis*. Essa consciência de época também está presente em Aristóteles, mas a experiência passou por uma modificação importante. Platão experimentava a si próprio como o inaugurador e governante régio da nova era; sua evolução poderia ser acompanhada do suspense da *República*, apreendendo que a fundação espiritual transbordaria para a realidade histórica e transformaria a Hélade, até as *Leis*, em que a expectativa do novo reino foi transfigurada nos dois símbolos cósmicos da pólis que era o tema da obra e da forma da obra em si. Em Aristóteles, a experiência foi objetivada: ele conhece a época e sabe que ela é marcada por Platão. A época tornou-se um fato histórico e a sua natureza pode agora ser discernida como uma incisão na história espiritual. Com Platão, conforme visto por Aristóteles, começa não uma nova era da pólis regenerada (pois os eventos políticos mostraram com muita clareza que a pólis estava perdida), mas um novo éon espiritual do mundo. O juízo de Platão acerca de sua era foi confirmado, mas a sua obra não é invalidada por seu fracasso em ligar o espírito ao poder na política pragmática. A transferência de autoridade que Platão pedia no *Górgias* tornou-se realidade histórica. A pólis pode declinar, reduzir-se à insignificância e desaparecer, mas o mundo continuará num movimento cujo significado é determinado por Platão.

Na consciência de época de Aristóteles, a Hélade atingiu uma posição espiritual no cenário do mundo por meio de Platão. Como uma potência espiritual, ela se equipara agora às mais antigas civilizações orientais. Ocorreu um *rapprochement* entre a Hélade e o Oriente, precedendo no tempo a expansão efetiva do período helenístico. No diálogo *Sobre a filosofia*, escrito pouco depois da morte de Platão, Aristóteles menciona que Zoroastro viveu seis mil anos antes do falecimento de Platão. O número não tem a intenção de dar uma informação historicamente exata; sua intenção é estabelecer uma relação entre Zoroastro e Platão como figuras simbólicas no drama cósmico. De acordo com o mito iraniano do grande ciclo, Ormuzd e Ahriman governam o mundo por três mil anos cada um; seus reinados alternados são seguidos por éons de lutas entre as duas forças do bem e do mal, terminando com a vitória do princípio do bem; todo o ciclo tem a duração de 9 mil ou, em outra variação do mito, de 12 mil anos. As fontes fragmentárias não revelam qual função precisa Aristóteles teria atribuído a Zoroastro ou a Platão no drama do mundo; tudo o que sabemos é que ele, obviamente, considerava-os figuras importantes na luta pela vitória do Bem no mundo e que aceitava a ideia iraniana de épocas nessa luta, espaçadas por múltiplos de três mil anos[6].

Embora não tenhamos um conhecimento preciso do papel atribuído a Platão no drama cósmico, o ambiente literário fornece pelo menos algumas indicações. Um documento precioso para a noção aristotélica de Platão como um guia espiritual é a sua *Elegia do Altar*, em que ele fala de seu mestre como

> O homem a quem não é permitido aos homens ruins sequer louvar.
> Que ele apenas, ou primeiro entre os mortais, revelou claramente
> Por sua própria vida e pelos métodos de suas palavras
> Como um homem torna-se bom e feliz ao mesmo tempo.
> Agora, ninguém mais pode alcançar essas coisas outra vez.

Os versos breves definem a identidade do bem e da felicidade como o núcleo do evangelho platônico; e o último verso expressa o sentimento de diferença de posição, para Aristóteles, entre Platão e os homens comuns[7]. Além disso, sabemos que o círculo da Academia estava ciente de uma afinidade interna entre a metafísica dualista platônica e a escatologia iraniana mesmo na época em que Platão ainda estava vivo. E é bastante possível que o próprio Platão tivesse se sentido inclinado, em seus últimos anos, a adaptar a sua teologia aos símbolos iranianos. Nas *Leis* (896E), encontramos a famosa passagem:

> Aten. E como a alma ordena e habita todas as coisas que se movem, como quer que se movam, não devemos então dizer que ela também ordena os céus?
> Clín. Claro.

---

[6] Sobre a atribuição dos fragmentos e seu significado, ver JAEGER, *Aristotle*, 131 ss.
[7] Para atribuição e tradução da *Elegia do Altar*, ver ibid., 106 ss.

Aten. Uma alma ou mais? Mais de uma — eu responderei por ti; de qualquer modo, não devemos supor que haja menos que duas — uma o autor do bem e a outra do mal.

Não é seguro que essa passagem signifique que Platão de fato desejava adotar o símbolo das duas almas do mundo como a expressão adequada de sua própria religiosidade; a formulação é inconclusiva; mas ela certamente mostra que ele brincava com a ideia.

A tendência geral no círculo platônico a aumentar o prestígio do platonismo por meio da associação com ideias iranianas é atestada por *Alcibíades I*. Nesse diálogo pseudoplatônico, Sócrates descreve a educação de príncipes da realeza persa. Aos catorze anos de idade, o jovem príncipe é entregue a quatro tutores. Os quatro educadores são escolhidos entre os mais excelentes entre os persas. Um deles é o mais sábio, o segundo o mais justo, o terceiro o mais moderado e o quarto o mais corajoso. O primeiro deles, o mais sábio, instrui seu aluno na sabedoria de Zoroastro, ou seja, na veneração aos deuses, e ensina-lhe os deveres de sua função régia; o mais justo ensina-o a falar a verdade; o mais moderado ensina-o a superar suas paixões e governar a si mesmo, para que ele venha a ser um senhor e não um escravo; e o quarto tutor treina-o para ser arrojado e destemido (*Alcibíades I*, 121–122). Do contexto fica claro que a Pérsia é considerada uma civilização-modelo, material e culturalmente, onde são concretizadas ideias que na Hélade atingiram apenas o estágio de aspiração e articulação intelectual. A sabedoria platônica, particularmente, é na Pérsia uma tradição antiga, praticada na educação do príncipe[8].

Em Platão, a consciência da época era uma experiência imediata e expressava-se na criação do mito. Para a geração mais nova, a época entrara na visão objetiva e podia ser discutida como um tema. Além disso, pela ampliação do horizonte e pela absorção do conhecimento oriental, o problema da época dissociava-se da crise política da Hélade. A conexão íntima entre o mito dos ciclos históricos e a corrupção concreta da democracia ateniense que encon-

---

[8] Sobre o influxo do conhecimento oriental na Academia, ver ibid., 131 ss. Em vista da escassez de fontes diretas, pode ser útil lembrar que a ideia da Pérsia como reino de um rei-filósofo no sentido platônico atravessou os séculos. Quando Justiniano fechou as escolas pagãs de Atenas em 529 d.C., vários de seus membros emigraram para a Pérsia na expectativa de encontrar um ambiente mais compatível no domínio do rei-filósofo. A maioria deles retornou depois de ter provado a realidade. Sobre uma possível conexão dessa emigração com o posterior florescimento de uma escola neoplatônica em Bagdá, ver Walter SCOTT, *Hermetica*, Oxford, 1924, v. I, 103 s.

tramos em Platão deu lugar à especulação abstrata sobre ciclos históricos em geral. Em *Problemata* (XVII, 3), Aristóteles reflete sobre os aspectos formais do problema dos ciclos de uma maneira que é curiosamente distanciada em comparação com a tristeza sentida de Platão com o destino de sua pólis. Aristóteles investiga o significado dos termos "anterior" e "posterior". Devemos realmente dizer que a geração da Guerra de Troia viveu anteriormente a nós e que aqueles que viveram antes foram anteriores a Troia, e assim por diante *ad infinitum*? Como sempre, Aristóteles rejeita a ideia de uma regressão indefinida. O Universo tem um início, um meio e um fim. Quando estamos perto do fim, estamos na verdade nos aproximando do início do período seguinte. Quanto mais no fim estivermos, mais próximos estaremos do início; e, assim, podemos ser "anteriores" a Troia, se Troia estiver no início do período de que estamos nos aproximando. O processo de gênese e desintegração, que é característico das coisas perecíveis, pode ser subordinado a uma lei de repetição eterna, similar ao movimento circular eterno dos corpos celestes. Seria tolice pressupor que os mesmos indivíduos repetem-se em identidade numérica; mas a teoria de que a espécie como um todo tem um curso de estrutura recorrente seria aceitável. Se considerássemos que a vida humana fosse um círculo da espécie, então o problema de "anterior" e "posterior" desapareceria, pois um círculo não tem início nem fim.

A formalização do problema é levada um tanto longe nessa passagem. O símbolo do círculo é tomado em seu sentido geométrico estrito, de forma que, de fato, "não devemos ser 'anteriores' àqueles que viveram na época de Troia, nem eles 'anteriores' a nós por estarem mais próximos do começo". Mesmo a recorrência do ciclo da espécie, porém, ainda faria com que fosse possível falar de anterior e posterior com significado se o ciclo tivesse, em si, uma estrutura inteligível de crescimento, auge e decadência. E, como iremos ver mais adiante, a especulação abstrata sobre o ciclo deve ser entendida à luz de outros pronunciamentos de Aristóteles sobre o problema. Platão, afinal, não é simplesmente qualquer evento num ciclo, mas marca um ponto alto estrutural. Ainda assim, o problema do ciclo encontrou agora a sua formulação abstrata; e essa formulação tornou-se historicamente efetiva e permeia a especulação ocidental de forma contínua, por meio da mediação árabe, até a alta Idade Média e até o nosso presente. Em particular, devemos observar que, pela formulação abstrata, o problema foi dissociado de uma teoria de catástrofes (embora, em outros contextos aristotélicos, as catástrofes reapareçam) e que o ciclo foi entendido como um padrão estrutural no tempo que pode repetir-se na vida da espécie humana.

Platão marca uma época no ciclo histórico. A objetivação teve ainda outra consequência, que afetou profundamente o pensamento aristotélico sobre temas políticos. Platão esteve envolvido com a crise da pólis; ele testemunhou a decadência de Atenas; e, mais do que isso, ele decretou uma sentença de morte para Atenas no *Górgias*. Um mundo estava morrendo. Para a geração de Aristóteles, os eventos cotidianos confirmaram o julgamento. A adversidade de Atenas, todavia, havia se tornado menos envolvente, porque um novo fator tinha entrado em cena, talvez superando em importância a tribulação ateniense; as proporções dos problemas haviam mudado completamente porque Platão tinha vivido. A ordem da Hélade estava se dissolvendo; mas civilizações, enquanto morrem, podem liberar potencialidades humanas como a platônica. Uma crise não é um fim absoluto. Vários setores numa sociedade desenvolvem-se diferentemente e, embora o desastre possa colher um deles, outros setores podem florescer em um novo princípio. Platão ainda enxergava a sociedade como uma unidade compactamente integrada de instituições políticas, educacionais e religiosas. Depois de Platão tem início uma diferenciação clara das áreas política, religiosa e noética da vida. Quando esse processo de diferenciação se instala, pode-se certamente falar na crise ou dissolução da civilização; mas a crise, por assim dizer, está concentrada em certos setores, por exemplo o político, enquanto outros setores, como o religioso, apresentam uma vida que aponta para o futuro. Em tais períodos, encontramos espantosos antagonismos políticos que se originam na dogmatização de visões parciais do fenômeno total. Para Platão, os políticos de Atenas eram os coveiros da liberdade política helênica, por sufocarem a vida do espírito que teria regenerado a Hélade. Para os políticos de Atenas, a tendência das escolas socráticas a retirar-se da vida política e a sua influência sobre os jovens pareciam ser um fator de solapamento da ordem política. E essa atitude não estava confinada a nacionalistas como Demóstenes; ela era também compartilhada pelo venerável e velho Isócrates, um tradicionalista conservador. Provavelmente é inevitável que numa sociedade em dissolução as interações entre as posições diferenciadoras não sejam vistas pelos vivos como parte de um processo total que segue o seu curso fatídico, mas sejam divididas em causas independentes. Não pode haver dúvida, claro, de que a retirada das melhores pessoas da política (que é uma característica típica desses períodos) agravará a crise, porque os piores elementos ficam com o campo para si. E igualmente não pode haver dúvida de que mudanças sociais que catapultam caracteres dúbios em grandes números para posições de mando tornam o ambiente político insuportável para homens bem-nascidos e com algum respeito próprio.

Para além dessa amargura de agonia civilizacional está o inelutável cisma de uma sociedade. O tom do pensamento mudará profundamente quando o cisma for aceito como um fato fora do alcance de ação de qualquer pessoa. Na obra de Platão, sentimos a sombria tensão que deriva de seu desejo teocrático de alcançar o impossível e restaurar o vínculo entre o espírito e o poder. Em Aristóteles, sentimos uma frieza e uma serenidade que derivam do fato, se podemos expressá-lo drasticamente, de que ele "desistiu". Ele consegue aceitar a pólis como a forma adequada de existência civilizacional helênica; ele consegue examinar sem paixão as variedades em sua vasta coleção de 158 estudos de constituições; pode formular padrões e dar conselhos terapêuticos para tratar casos doentios; não tem sonhos de um império helênico nacional espiritualmente reformado; a unificação que a Hélade está experimentando resulta da conquista macedônia, que acontece sobre a sua cabeça e, aparentemente, não lhe interessa muito; apenas as conquistas asiáticas de Alexandre causam alguma preocupação, porque ele desaprova a inclinação de seu ex-aluno a tratar os asiáticos como helenos e a estimular uma amalgamação das duas civilizações. Sua vida não está mais centrada em política, mas em sua religião estelar e no *bios theoretikos*; sua alma está fascinada pela grandiosidade da nova vida do espírito e do intelecto; e a sua obra, que percorre os domínios do ser, traz todos eles para o controle de sua mente imperatória. Para tal homem, os pontos de destaque da crise não mais estarão no infortúnio de Atenas, mas sim na nova vida que começa com Platão. Uma época está marcada, mas ela tem o caráter de um novo clímax do intelecto, do *nous*.

Podemos agora compreender melhor o significado que um *rapprochement* entre Platão e Zoroastro deve ter tido para Aristóteles. A espécie humana tem ciclos com uma estrutura definida; mas não necessariamente temos de procurar a lei dessa estrutura no crescimento e declínio político de uma civilização específica. A estrutura do ciclo pode ter uma abrangência maior, de modo que um clímax pode estar no Irã enquanto outro pode estar na Hélade. E as épocas serão marcadas por eventos na história espiritual da humanidade, não por eventos na esfera política — embora as constituições possam ter seus subciclos de crescimento e declínio. Não deve nos surpreender, portanto, que, nas cinco ou seis ocasiões em que Aristóteles se refere especificamente aos problemas do ciclo, ele se refira a descobertas e redescobertas de percepções científicas ou filosóficas. Na *Meteorologia* (I, 3), por exemplo, ao falar de sua teoria do éter, ele sugere que a ideia não é nova, mas pode ser encontrada na tradição mítica; e, então, continua: "Pois percepções científicas não ocorrem entre os homens apenas uma vez, ou duas vezes, ou um pequeno número de vezes; elas repetem-se um número infinito de vezes". Em *Metafísica* XII (1074b), ele fala da divindade dos corpos celestes e refere-se ao mito das eras remotas, que também considera que esses corpos sejam deuses. Nessa ocasião, porém, ele se aprofunda um pouco mais no problema do mito. Além de admitir as divindades celestes, o mito também nos diz que os deuses têm forma humana ou animal, e entra em detalhes antropomórficos sobre seus poderes e ações. Essa parte da tradição "foi acrescentada posteriormente em forma mítica com o propósito de persuadir o povo e como um expediente legal e utilitário". Se o acréscimo for descartado, o pensamento de que as primeiras substâncias são deuses parecerá uma enunciação inspirada e nos levará à reflexão "de que, embora provavelmente cada arte e cada ciência com frequência tenha sido desenvolvida ao máximo possível e perecido novamente, essas opiniões, ao lado de outras, foram preservadas até o presente como vestígios do tesouro antigo". Não se deve forçar demais a interpretação dessa passagem; ainda assim, ela parece conter a tese de que as percepções podem ser divinamente inspiradas e, então, encravar-se no processo histórico por meio de exigências políticas e utilitárias. Se tomarmos Aristóteles ao pé da letra, uma civilização tem um núcleo de percepção divinamente inspirada, que deteriora sob a pressão das necessidades no governo dos muitos e, depois, poderá ser recuperada quando os filósofos se libertarem dos embaraços políticos. A causa de decadência teria de ser buscada no setor político de uma civilização.

Vamos, por fim, examinar a aparência do problema do ciclo em *Política* VII, 10 (1329a40 ss.). Aristóteles fala da desejabilidade de ter uma sociedade organizada em castas ou classes hereditárias, separando os guerreiros governantes dos camponeses. Com referência óbvia a Platão, ele opina que essa não é uma descoberta recente, mas que o Egito era organizado de acordo com esse plano desde tempos imemoriais. Com uma formulação que já conhecemos de outros contextos, ele continua dizendo que tais esquemas "foram descobertos repetidamente, ou antes, um número infinito de vezes, no curso das eras". Pode-se supor que as "necessidades" tenham sido ensinadas pela própria necessidade, sempre que esta se fazia sentir, enquanto as coisas que adornam e enriquecem a vida crescem gradativamente; e essa regra geral poderá ser aplicada também a constituições (1329b24–31). O Egito é um país antigo; nós devemos aproveitar as descobertas já feitas pelos antigos e, depois, passar para temas até então negligenciados (1329b31–35). Nesse caso, Aristóteles trata de percepções inspiradas não pelos deuses, mas pela necessidade. Percepções de necessidades de ordem social também precisam de redescoberta. Da mesma forma como percepções inspiradas serão perdidas pelo crescimento excessivo de artifícios políticos, assim também as necessidades podem ficar obscurecidas na história de uma civilização política pelo crescimento excessivo de refinamentos e luxos. Além disso, sentimos nessas reflexões uma sugestão de crítica dirigida contra Platão. As implicações parecem ser que a redescoberta das necessidades de ordem na *República* é altamente meritória, mas teria talvez sido mais simples nesse caso não redescobrir, mas usar as ideias já prontas à disposição no Egito, usar o conhecimento já em nosso poder como um ponto de partida e avançar para o estudo de problemas menos bem explorados — como faz o próprio Aristóteles. Essa atmosfera é confirmada por *Política* II, 5 (1264a1-5), em que o argumento é usado ao inverso. Nessa seção, Aristóteles critica como impraticável a sugestão platônica de uma comunidade de mulheres e propriedades na classe mais elevada da *República*. Um dos motivos para a rejeição da ideia é a sua novidade. Não devemos desconsiderar a experiência da humanidade; se tais projetos fossem bons, eles não teriam permanecido não descobertos ao longo das eras. "Pois quase tudo já foi descoberto; embora nem tudo o que foi descoberto tenha sido adequadamente coletado e inventariado, e nem tudo o que é conhecido tenha sido posto em prática."

A teoria do ciclo é uma parte essencial da teoria do conhecimento aristotélica. A história da espécie move-se em ciclos, e a repetição dos ciclos desde o infinito criou algo como uma memória autorizada da espécie. Todas as grandes percepções, sejam elas religiosas ou pertençam à classe das necessidades de ordem, foram ganhas. A redescoberta pode ser auxiliada por um inventário dos mitos (em que os vestígios de descobertas anteriores são preservados) e pelo estudo de civilizações longevas (em que descobertas anteriores ainda estão incorporadas nas instituições). A ausência completa de qualquer traço de uma descoberta anterior, por outro lado, será um forte argumento contra o valor de uma ideia recém-proposta. Nessa função do ciclo na teoria do conhecimento reconhecemos uma vez mais o estilo peculiar de uma diluição intelectual, em comparação com a plenitude platônica da experiência. Platão havia autenticado seus discernimentos, puxados do inconsciente, por meio do mito do ciclo; a descida para o ônfalo cósmico da alma assegurava-nos da verdade do mito. Para Aristóteles, o mito do ciclo tornou-se uma doutrina, e o inconsciente como fonte de verdade é substituído pela memória da espécie que pode ser recuperada por meio de estudos históricos. O inconsciente não-objetivável de Platão é agora estendido pela infinitude da história; seu conteúdo é esgotado na série infinita de suas objetivações históricas. Apenas em raras ocasiões encontramos em Aristóteles um comentário que indique a sua consciência de que os materiais históricos não revelam sua verdade por si próprios, mas que precisam, por sua vez, de autenticação pela anuência da mente do pensador. A *Metafísica* XII, 8 (falando do mito dos deuses estelares), por exemplo, termina com esta frase: "Apenas nessa medida a opinião de nossos ancestrais e dos mais antigos predecessores é clara [ou inteligível] para nós" — provavelmente querendo dizer que as partes do mito que não coincidem com o discernimento do filósofo não são claras (*phanera*).

Vamos encerrar com uma frase de uma carta dos últimos anos do filósofo: "Quanto mais fico sozinho comigo mesmo, mais passo a gostar dos mitos". Essa frase retoma, anos mais tarde, um comentário na *Metafísica* de que "o amante de mitos é, num certo sentido, um amante da sabedoria" (982b18–20). O antigo amante da sabedoria, sozinho com as maravilhas do mito — essa é a figuração sublime da infinitude do tempo em que a verdade é encontrada, perdida e recuperada.

Capítulo 8
Ciência e contemplação

1 O alcance da ciência política

A vontade do fundador espiritual dota a política platônica de sua compacidade teocrática. Diante do olho contemplativo de Aristóteles, o produto da vontade criativa de Platão se desfaz, e as *disjecta membra* tornam-se tópicos independentes. A crítica de Aristóteles ao tamanho da pólis conforme sugerido por Platão nas *Leis* pode servir como exemplo da decomposição.

Aristóteles é de opinião de que 5 mil cidadãos seria um número grande demais para uma pólis bem ordenada. Para que tantas pessoas pudessem ser sustentadas em inatividade como uma classe governante, a pólis teria de possuir um território tão grande quanto a Babilônia (*Política* 1265a10–18). O ponto decisivo é que Aristóteles cita o número 5 mil, enquanto Platão traz 5.040. O número 5.040 foi escolhido por Platão devido às suas relações cosmológicas e não pode ser alterado para 5.039 ou 5.041 sem destruir as implicações musicais e zodiacais do simbolismo numérico. Isso, no entanto, é exatamente o que Aristóteles faz. Ele destrói o jogo platônico com os números cósmicos; ele despe o número de seu significado simbólico e trata-o como um número populacional estatístico. A população da pólis é o "tópico"; o número deve ser investigado sob seus aspectos práticos; e, assim, não importa se utilizamos o número "redondo" 5 mil em vez do número simbolicamente exato 5.040. Embora a transformação como tal seja bastante inteligível, ela é um tanto intrigante psicologicamente. Aristóteles era membro da Academia durante as décadas em que Platão trabalhou nas *Leis*; ele provavelmente estava totalmente inteirado de seus problemas simbólicos. Mesmo levando em conta que o seu interesse por números populacionais era prático, por que ele se lança a essa crítica a um número que ele devia saber que tinha um significado simbólico? Não temos uma resposta segura para essa questão, mas devemos estar cientes de que críticas desse tipo ocorrem com tanta frequência na *Política* que temos de pressupor na veneração de Aristóteles por Platão uma mistura de animosidade contida, que se expressava em interpretações equivocadas que não podem ser totalmente não intencionais.

A decomposição dos símbolos não deve ser interpretada como um fracasso de Aristóteles, ou como uma falta de capacidade para dar continuidade à obra de Platão no mesmo nível. A Pólis da Ideia originou-se na vontade de Platão de regenerar a Hélade espiritualmente. Diante dos acontecimentos, uma perseverança obstinada na atitude da vontade platônica não teria provado que Aristóteles estava à altura de seu mestre; teria sido tolo. No desenvolvimento tardio do próprio Platão, a vida do espírito estava a ponto, como vimos, de separar-se da pólis; um passo a mais teria levado à visão da comunidade universal da humanidade. A vida contemplativa de Aristóteles era uma das maneiras possíveis de lidar com a diferenciação efetiva da vida numa sociedade em crise. E um crítico poderia indagar apenas se Aristóteles teria ido suficientemente longe nesse caminho; poderia opinar que seu pupilo conquistador e os filósofos cosmopolitas contemporâneos haviam compreendido os sinais do tempo ainda melhor e agido mais radicalmente com base em suas percepções. Se há algo característico de Aristóteles como pensador político é seu conservadorismo, ou seja, sua hesitação em romper com os problemas que haviam se tornado tópicos por meio de Platão e ampliar o seu alcance. Não encontramos na obra de Aristóteles um tratamento sistemático da política segundo a nova posição contemplativa; encontramos, antes, a atitude contemplativa em ação numa variedade de problemas como eles se apresentam no ambiente.

Como consequência dessas hesitações, Aristóteles nunca alcançou uma delimitação clara do campo da investigação política. A obra que leva o título de *Política* é, em sua forma sobrevivente, construída como a segunda parte de um tratamento mais abrangente da "ciência política" que também compreende os temas da *Ética a Nicômaco*. Na *Ética*, Aristóteles propôs-se a definir a política como a ciência (ou arte) da ação humana. Ações têm fins, e os fins podem ser subservientes a fins mais elevados; assim, seguir-se-ia um *regressus ad infinitum* a menos que se supusesse a existência de um bem supremo (*t'agathon kai to ariston*) (1094a22). A ciência que explora o bem supremo e que se interessa pela ação humana sob o aspecto de alcançar o bem maior é uma "ciência mestra"; e essa ciência mestra é a ciência da política (1094a28). Ela é a ciência dominante não só no sentido de sua abrangência hierárquica, mas também no sentido prático de que ela regula o lugar das outras ciências práticas na economia da pólis. Pois ela estabelece quais das outras ciências devem ser cultivadas numa pólis, quais disciplinas de conhecimento as diferentes classes de cidadãos devem receber e em que medida eles devem aprendê-las. Além disso, esse poder regulador estende-se para as habilidades que são tidas na mais alta conta, como estratégia, administração da propriedade e retórica. Por essas razões, o fim (*telos*) da ciência política é o bem do homem. Estamos justificados em chamar a ciência do bem do homem de "ciência política" porque — embora o bem do homem seja o mesmo que o bem da pólis, ou seja, a *eudaimonia* — o bem da pólis é maior e mais perfeito (no sentido do *telos* mais abrangente); e, embora seja melhor obter e preservar o bem de um homem do que nada, é mais nobre e mais divino obtê-lo para uma nação (*ethnos*) ou uma pólis (1094b1-11). Nessa concepção abrangente de ciência política, podemos sentir as origens platônicas. Toda a vida do homem em sociedade está integrada numa hierarquia de bens. O bem do homem é o mesmo que o da pólis. O princípio antropológico em sua forma platônica, reversível, é pressuposto. E Aristóteles alude à *República* quando considera a realização do bem para um único homem como melhor do que nada (a pólis de um só homem platônica), mas a realização na escala da pólis melhor e mais divina. O programa é claramente uma conversão da ideia da *República* a uma ciência da política sistematicamente organizada.

É evidente que tal programa não pode ser executado na atitude contemplativa. A coordenação coesa do tema na *República* deriva da vontade espiritual de Platão. A realidade histórica, porém, quando se põe diante do olhar do observador, não é ordenada por essa vontade. Quando Aristóteles volta-se para a realidade de seu ambiente, ele tem de reconhecer o estado de diferenciação e dissolução social; e nesse campo, que de forma alguma é bem ordenado, ele encontrará a vontade platônica (e o seu produto, a Ideia) apenas como um fenômeno entre outros. Ainda assim, como ele de fato a encontra como um dos fenômenos da realidade, o programa não será privado de significado. A visão platônica de ordem tornou-se parte da realidade, e, embora a realidade resista a uma incorporação da ideia platônica, não pode escapar do destino de ser julgada de acordo com ela. A ideia tornou-se um padrão. Embora uma ciência política que pretenda explorar a estrutura da realidade política não possa ser esgotada pela exposição de padrões platônicos, ela terá de conter tal exposição como parte de uma investigação mais abrangente. E, embora a política aristotélica como um todo não execute o programa, de fato encontramos o programa realizado como parte da obra total na medida em que *Política* VII e VIII (o chamado Estado ideal dos tradutores) são uma exposição de padrões em conformidade com o programa esboçado na seção inicial da *Ética a Nicômaco*. Se aceitamos a tese de que *Política* VII e VIII são uma continuação de II e III, podemos dizer que esses quatro livros da *Política* correspondem às intenções programáticas que acabaram de ser delineadas. Podemos portanto esclarecer o seu lugar sistemático como a parte da política aristotélica que transforma os impulsos ordenadores da ideia platônica nos padrões da ciência política. Esses padrões, então, tornam-se o instrumento para classificar, avaliar e influenciar terapeuticamente a variedade de fenômenos da realidade política.

Aristóteles, porém, não elaborou nem mesmo esse sistema modificado. O programa encontra-se no início da *Ética*. A ciência que, no programa, é designada como "política" foi de fato subdividida pelo próprio Aristóteles em ética e política. Precisamos explorar as razões que induziram, contrariamente ao programa, uma contração da política aos temas reunidos no tratado que foi chamado especificamente de *Política*.

O programa aristotélico, quer seja ou não, em última instância, um programa de ciência política, tem um bom começo. O princípio antropológico na política conforme estabelecido por Platão requer que a ideia da pólis perfeita seja uma expressão da (ou que os padrões desenvolvidos por uma ciência política sejam baseados na) natureza do homem. Precisamos ter um entendimento sistemático da natureza do homem se queremos ter uma ciência política sistemática. De acordo com essas exigências, *Ética* I apresenta uma antropologia filosófica em linhas breves. Estamos em busca da verdadeira natureza do homem a fim de determinar (numa ciência de ação) o que é o bem supremo. Para a designação do bem supremo, usamos costumeiramente o termo *eudaimonia* (felicidade). Embora possamos pressupor concordância quanto ao termo, não há de forma alguma concordância quanto à questão de em que consiste, precisamente, a *eudaimonia* do homem. Três opiniões principais estão em conflito entre si. A *eudaimonia* pode ser encontrada, de acordo com alguns, numa vida de prazer e satisfação; ou, de acordo com outros, na vida da política em que se encontra prazer e ganha-se honra pela prática da excelência de caráter; ou, por fim, na vida de contemplação. Aristóteles decide-se pela vida de contemplação (*bios theoretikos*) como o modo de vida pelo qual a verdadeira *eudaimonia* pode ser alcançada, e dá respaldo à sua decisão por meio de uma análise das faculdades da alma humana.

A alma do homem tem uma parte irracional e uma parte racional e, de acordo com as preferências de classificação, pode-se subdividir uma ou outra em mais duas partes. Chegamos, assim, a uma divisão tripartite da alma em suas faculdades vegetativas e sencientes, que o homem tem em comum com os animais; em paixões e desejos, que não são racionais, mas que por meio da persuasão, num processo educativo, podem ser levados a obedecer à razão; e nas faculdades racionais propriamente ditas. Se, então, a função especificamente humana deve ser entendida como uma atividade (*energeia*) da alma, a função própria do homem (ao realizar essa excelência específica) pode ser mais precisamente definida como uma atividade da alma em obediência ao princípio racional (*logos*); ou: o bem do homem é a função de sua alma de acordo com a sua própria excelência (*arete*); ou: se houver uma pluralidade de excelências, de acordo com a melhor e mais perfeita (ou suprema) entre elas (I, 7).

Esta última provisão mostra-se necessária porque, de fato, há várias excelências humanas. Há, em primeiro lugar, o domínio das virtudes éticas. A virtude não é nem um estado da alma (como o prazer), nem uma faculdade; é uma qualidade do caráter (*ethos*), inculcada pela instrução e pela prática até tornar-se um hábito (*hexis*). Essas excelências são definidas como os hábitos de escolher o meio (*mesotes*) entre o excesso e a escassez (aos quais nossas paixões ou nossos prazeres poderiam nos levar) como um homem prudente escolheria de acordo com a razão (II, 5 e 6). Tais habituações a escolher o meio são, por exemplo, a justiça, a temperança, a coragem, a liberalidade, a magnificência e a boa disposição de ânimo. Para além dessas virtudes éticas, encontram-se, depois, as virtudes dianoéticas, isto é, o conhecimento científico (*episteme*), a arte ou habilidade (*techne*), a prudência (*phronesis*), a sabedoria (*sophia*) e a intelecção (*nous*), excelências que nos capacitam a alcançar a verdade em suas variedades de primeiros princípios (intelecção), universais e verdade demonstrada (conhecimento científico), domínio de um tema que resulta de uma combinação do conhecimento dos primeiros princípios e do conhecimento científico (sabedoria) e o meio certo de alcançar o bem do homem (prudência). As virtudes dianoéticas estão numa posição mais elevada do que as virtudes éticas; e, pela prática das excelências dianoéticas, o homem ascende à *eudaimonia* verdadeira do *bios theoretikos*.

Até aqui o programa pôde ser executado e Aristóteles pôde expandi-lo na análise detalhada e brilhante das várias virtudes que preenchem o corpo principal da *Ética a Nicômaco*. Além desse ponto, as dificuldades começam a aparecer. Em primeiro lugar, há complicações consideráveis com relação a definições. Começamos com uma definição de ciência política como a ciência geral da ação humana, culminando na exploração do bem supremo para o homem; e a primeira parte dessa ciência, assim presumimos, era a antropologia filosófica de *Ética* I. Agora, o que aprendemos é diferente. As virtudes éticas são desejáveis no homem, mas não são faculdades naturais; elas precisam ser inculcadas no homem por meio de processos que dependem, para sua eficácia, de um ambiente institucional adequado. Será a arte do legislador criar as instituições apropriadas, e nesse sentido o principal propósito da ciência política é produzir um certo caráter nos cidadãos, ou seja, fazê-los bons e capazes de ações nobres (1099b28-32). O significado da ciência política é agora contraído à arte do legislador, que precisa saber quais arranjos institucionais produzirão as excelências éticas desejadas e quais não o farão. Nessa restrição de significado, tocamos na razão para a subdivisão do tema em *Ética* e *Política*. A ética é a ciência das excelências; a política é a ciência dos meios institucionais adequados para produzir as excelências nos cidadãos.

Essa redefinição, porém, não é a última. Aristóteles, além disso, atribui à ciência política um lugar entre as virtudes dianoéticas; a ciência que supostamente produziu a classificação de virtudes éticas e dianoéticas torna-se agora uma das virtudes classificadas. A ciência política é o mesmo estado mental (*hexis*) que a prudência. A prudência pode ser compreendida como uma virtude com relação a assuntos privados, mas também se refere à pólis. Com relação à pólis, há dois tipos de prudência. O primeiro é a ciência legislativa (no sentido de ciência nomotética, de produção de constituição); o segundo associa-se a ações particulares de natureza deliberativa, judiciária e administrativa. O segundo é usualmente chamado de ciência política, embora — como ressalta Aristóteles — o nome pertença, mais propriamente, a ambos (1141b23-28). Além disso, a prudência também inclui a ciência da administração doméstica (*oikonomia*). A subdivisão completa da prudência, ao lado da prudência em questões privadas, dá-nos assim a Administração Doméstica, a Ciência Nomotética e a Ciência Política, e esta última subdividida em Judiciária e Deliberativa (1141b28-34). Essa, contudo, não é a nomenclatura que Aristóteles finalmente usa na *Política*. Por um lado, a *Política* não contém a ciência política (no sentido mais restrito definido aqui), mas apenas a ciência nomotética.

Por outro lado, não se limita à nomotética, mas contém também um longo discurso sobre administração doméstica em I, 3-13. Deixando de lado este último discurso econômico, podemos dizer que a ciência política que acaba surgindo na *Política* é uma ciência prudencial da nomotética, com uma rica mistura de reflexões sobre problemas de ética e antropologia filosófica.

Começamos com o programa da política como uma ciência geral da ação humana e acompanhamos o curso de redefinições. Vamos acompanhar agora o curso de uma segunda série de dificuldades intimamente relacionadas às primeiras, ou seja, as dificuldades que surgem da natureza da política como uma ciência prudencial. A política no sentido mais estrito de nomotética pretende ensinar ao legislador como criar as instituições que induzirão as excelências éticas nos cidadãos. Pressupondo no momento que tal ciência de meios para o fim desejado possa ser desenvolvida com sucesso, resta a grande questão de o fim ser ou não válido em si mesmo e se devemos dedicar algum esforço para sua realização. O valor da nomotética depende da validade da ciência prudencial da ética conforme desenvolvida por Aristóteles. E se alguém questionasse a verdade das proposições aristotélicas concernentes às excelências? E se propusesse um catálogo alternativo de bens a ser realizados na sociedade? Se, por exemplo, fizéssemos de um padrão de vida ascendente o valor supremo a ser realizado, as instituições governamentais que favorecem a realização desse fim divergiriam amplamente dos padrões desenvolvidos em *Política* VII e VIII. Em poucas palavras: Aristóteles tem de enfrentar o famoso "Isso é o que você pensa!".

Aristóteles percebeu o problema. Em *Ética a Nicômaco* II, 3 e 4, ele explica que a ciência política (no sentido de uma ciência geral da ação) tem um grau mais baixo de exatidão do que as ciências demonstrativas. Só podemos chegar à verdade numa ciência prudencial pela seleção de opiniões; e precisamos ter cautela ao passar das regras gerais para uma discussão de casos concretos. O leitor, portanto, deve receber as proposições com o mesmo espírito em que elas foram feitas, "pois é marca de um homem educado procurar precisão em cada classe de coisas na medida em que a natureza das coisas admita" — uma regra de ouro que deve ser levada a sério por nossos contemporâneos que se sentem infelizes porque a ciência política não tem o mesmo tipo de exatidão que a física (1094b11-27). Além disso, para discutir problemas éticos com discernimento, é preciso estar bem familiarizado com eles; os participantes precisam ter tido uma educação abrangente e experiência considerável de vida e conduta, pois essas experiências são a base da discussão. Jovens, portanto, não lucrarão muito com o estudo da ciência política; não faz diferença se eles são jovens em idade ou jovens em caráter. A ética não é uma questão de conhecimento abstrato, mas de formação efetiva do homem; assim, para pessoas a quem falte autodomínio, o mero conhecimento de regras éticas será de pouca utilidade, ao passo que o conhecimento crítico será de grande benefício para os homens cujas paixões sejam guiadas pela razão. O aluno deve estar de posse de bons hábitos a fim de ser um estudante inteligente do nobre e do justo e, de maneira geral, da ciência política (1095b6).

Mas ainda não lidamos com o problema de que diferentes pessoas desejam coisas diferentes como bem. Diante desse fato, devemos afirmar, ao que parece, que cada homem deseja como bem o que lhe parece bom e que, como consequência, temos apenas bens aparentes; ou que existe um bem real, mas que as pessoas que escolhem erradamente não querem de fato aquilo que desejam. Aristóteles resolve o problema definindo como bem o que é desejado no sentido verdadeiro, ao mesmo tempo em que admite que cada homem deseja o que lhe parece bom. Ele distingue bem "verdadeiro" de bem "fenomenal"; todos os bens são bons em aparência, mas o bem fenomenal só é o bem verdadeiro se desejado pelo desejo verdadeiro. A verdade do bem é inseparável da verdade do desejo; assim, um debate crítico sobre o bem só pode ser realizado por homens capazes de desejar de acordo com a verdade. A tal homem Aristóteles chama *spoudaios*. Os tradutores expressam o termo como "o homem bom". Seria talvez mais adequado falar do homem sério, ou circunspecto, ou, para opô-lo ao "homem jovem" inadequado para o debate ético, poder-se-ia chamar o *spoudaios* de homem maduro, ou o homem que alcançou plena estatura humana. Tal homem maduro difere dos outros por ver a verdade em cada classe de coisas, sendo, por assim dizer, sua *kanon kai metron*, ou seja, sua norma e medida (1113a29–35).

Essas reflexões de Aristóteles são, talvez, a mais importante contribuição já feita para uma epistemologia da ética e da política. Lembramo-nos do problema platônico da verdade (*aletheia*) do mito. A verdade da unidade compacta de desejo–bem é, na atitude contemplativa, o problema que corresponde à verdade do mito. Em nossa análise anterior da teoria do ciclo, vimos, além disso, que a memória da espécie no tempo infinito de ciclos recorrentes toma o lugar do inconsciente platônico do qual, por anamnese, o mito é tirado. As reflexões de Aristóteles são de importância inestimável na história das ideias porque, aqui, podemos observar no próprio ato como a verdade das ciências prudenciais surge da verdade do mito. O debate sobre a verdade em ação não é nem uma apresentação vã de opiniões sem verificação, nem uma intuição de "valores" no abstrato. É uma análise crítica das excelências em existência real numa sociedade histórica. A ciência prudencial pode formular princípios de ação (como o *mesotes*) de acordo com a razão (*logos*) porque encontra a lógica da ação incorporada nos hábitos do homem. A realidade da habituação e da conduta numa sociedade tem uma estrutura prudencial, e uma ciência prudencial pode ser desenvolvida como a articulação do logos na realidade. Desse discernimento fundamental, então, seguem-se os corolários. A análise de excelências só pode ser feita por homens que conheçam o material que estão analisando; e um homem só pode conhecer as excelências se possuí-las. Além disso, seus resultados podem ser entendidos como verdadeiros apenas por homens que possam verificá-los segundo as excelências que eles possuem, ou seja, por homens maduros — ou, pelo menos, por homens que estejam eles próprios suficientemente avançados em formação de caráter para compreender o problema. Como consequência, fazendo uma adaptação de uma fórmula famosa, a ética é uma ciência de pessoas maduras, por pessoas maduras, para pessoas maduras. Ela só pode surgir numa sociedade altamente civilizada, como sua autointerpretação; ou, mais precisamente, no estrato de uma sociedade civilizada em que as excelências sejam cultivadas e debatidas. A partir desse ambiente social, a consciência analítica das virtudes pode florescer; e essa consciência, por sua vez, pode tornar-se um fator importante na educação dos jovens.

A conexão estreita de uma ciência prudencial com uma sociedade em que as excelências são concretizadas cria uma série de problemas. Estes são, em princípio, os problemas que também surgiram na ocasião do mito platônico da alma; mas passaram por certas transformações no meio de contemplação aristotélico. Platão pôde desenvolver a boa *politeia*, pôde realizá-la em sua própria alma e na alma de seus amigos, mas não pôde realizá-la na realidade histórica como a ordem de Atenas ou de um império helênico. No plano da história pragmática, o filósofo não é a força ordenadora da sociedade; ele está em competição com forças rivais de vários tipos. A visão de ordem platônica não é uma possessão da humanidade; ela é a possessão de um grupo limitado; e o mesmo se aplica à ciência prudencial aristotélica. Outros grupos, e estes podem ser a maioria numa sociedade, serão menos receptivos, ou sequer serão receptivos, a essas noções. Os homens diferem entre si de uma maneira que Aristóteles caracteriza por meio de uma citação de Hesíodo:

> Ótimo é aquele que de si mesmo conhece todas as coisas;
> Bom, o que escuta os conselhos dos homens judiciosos.

> Mas o que por si não pensa, nem acolhe a sabedoria alheia,
> Esse é, em verdade, uma criatura inútil.[1]

Se traduzirmos essas linhas (1095b10-13) em tipos humanos, poderemos distinguir (1) homens que têm autoridade, (2) homens que sabem reconhecer a autoridade e aceitá-la, e (3) homens que nem têm autoridade nem sabem reconhecê-la e aceitá-la. Se definirmos a boa sociedade como uma sociedade em que o bem supremo do homem pode ser realizado, então chegaremos à proposição: a existência de uma boa sociedade depende da predominância social de um grupo de homens em que as excelências são realizadas, ou que são a "norma e medida" no sentido aristotélico. Quando a predominância de tal grupo for ameaçada, por uma razão histórica ou outra, pelas massas cujas paixões (*pathos*) não são contidas pela razão (*logos*), a qualidade da sociedade declinará. A ciência política, no sentido de uma ciência geral da ação, é, assim, inseparável de uma filosofia da existência histórica. A validade de suas percepções não está em questão; mas a validade será socialmente aceita apenas sob certas condições históricas. O questionamento previamente aduzido do "Isso é o que você pensa" é, portanto, de considerável importância numa teoria da ética. O questionamento não pode afetar a validade da ciência prudencial, mas faz-nos perceber que o debate sobre ética só pode ser conduzido entre os homens maduros e que um estudo abrangente de fenômenos morais deve incluir um estudo das atitudes morais dos tolos ou inúteis (*achreios*) no verso hesiódico. Uma patologia da moral, no sentido mais literal de um estudo da disfunção pelos caprichos da paixão (*pathos*), é tão importante para o entendimento da sociedade política quanto a ciência prudencial das excelências. Se compreendermos o "Isso é o que você pensa" não como um questionamento da validade, mas como uma manifestação da revolta contra a excelência, tomaremos consciência de como é precário o equilíbrio da boa sociedade na existência histórica. E compreenderemos que uma sociedade em bom funcionamento deve proporcionar instituições não só para inculcar excelências nos educáveis, mas também para administrar a massa não educável.

Aristóteles estava consciente desse problema. Em *Ética a Nicômaco* X, 9, ele reflete que a tarefa de ordenar uma sociedade seria fácil se fosse possível ensinar a virtude aos homens pelo discurso. O discurso pode incentivar um jovem generoso de nobreza de caráter inata; ele não pode guiar as massas para

---

[1] HESÍODO, *Trabalhos e dias*, 293 ss. [Traduzido por Leonel Vallandro e Gerd Bornheim, a partir da tradução inglesa de W. D. Ross para a *Ética a Nicômaco*. (N. da T.)]

a nobreza moral (*kalokagathia*). Os muitos são suscetíveis ao medo, não à vergonha; e eles se abstêm do mal não por sua vileza, mas por terem receio das sanções. Vivendo pela paixão, eles perseguem a felicidade do prazer; e não conhecem os prazeres nobres, porque nunca os experimentaram. Mudar os hábitos firmemente enraizados de tais caracteres por meio de argumentos é difícil, se não impossível. Pois, de modo geral, as paixões parecem não ser suscetíveis à razão, mas apenas à força. Este sendo o estado de coisas, será necessário dar suporte aos processos de educação pessoal numa sociedade por meio de processos compulsórios. A pressão impessoal da lei precisa vir em auxílio da influência pessoal e da conduta-modelo. A lei tem poder (*dynamis*) compulsório e, ao mesmo tempo, é uma regra que tem participação na prudência e no intelecto (*phronesis* e *nous*). Um sistema de leis certo, que eduque e aplique a disciplina aos jovens e penalize as transgressões dos adultos, é necessário para a estabilização da sociedade. E o legislador é o homem que sabe como criar instituições que terão o resultado desejado de assegurar a predominância social da excelência humana conforme entendida pelo *spoudaios*[2]. Chegamos uma vez mais à definição de política como a ciência da nomotética, mas agora sob o aspecto de uma ciência que proporcionará o instrumento de coerção complementar para manter sob controle aqueles membros da sociedade que não podem se qualificar como *spoudaioi*.

Estamos chegando mais perto das razões mais sutis que motivaram a subdivisão da ciência geral da ação em ética e política. Depois do fracasso pragmático de Platão, provavelmente estava claro para todos que se preocupavam com esses problemas que a sociedade política podia dissociar-se em círculos privados em que as excelências eram cultivadas (como, por exemplo, as comunidades de culto das escolas) e nos políticos que perseguiam fins bem diferentes. Ainda seria possível desenvolver uma ciência da nomotética como Aristóteles fez em sua *Política*, mas se os modeladores do destino político fariam algum uso dela era a grande pergunta, com resposta provavelmente negativa. Em vista da possibilidade ameaçadora de que o curso da história política viesse a aniquilar a formação efetiva de uma constituição pelos homens maduros, tornou-se desejável articular a sabedoria das excelências independentemente do problema de sua realização política. Pela *Ética a Nicômaco*, mais do que pela *Política*, a sabedoria prudencial da Hélade separou-se das contingências da realização concreta e tornou-se a possessão da humanidade,

---

[2] Nesse contexto, uma vez mais o problema do *spoudaios* é elaborado, 1176a15 ss.

ou antes da parte da humanidade que sabe reconhecer a autoridade e curvar-se a ela. A *Ética a Nicômaco* é o grande documento em que a autoridade do *spoudaios* afirma-se através das eras, para além dos acidentes da política.

2 O *bios theoretikos*

A concepção de política como uma ciência geral da ação humana, como vimos, foi animada pelos impulsos teocráticos platônicos. Na atitude contemplativa, porém, o programa não podia ser realizado, porque a realidade política de fato não era moldada pela ideia platônica. O que permaneceu do impulso inicial foi o esboço de uma antropologia filosófica nas seções iniciais da *Ética* e a conversão da ideia em padrões nas seções finais da *Política*. No intermédio, diante do olhar contemplativo, a realidade rompeu-se em uma sociedade dos homens maduros e na organização política que proporcionaria um ambiente adequado para inculcar a prática de virtudes éticas, assim como para reprimir os ineducáveis. De modo correspondente, a ciência da ação humana dissociou-se em uma ciência das excelências e uma ciência nomotética.

Mesmo com esses ajustes à realidade, ainda não foi coberto todo o campo de problemas. As complicações adicionais de uma ciência da política surgiram com a classificação de opiniões referentes à natureza da *eudaimonia*. De acordo com a variedade de opinião, três tipos de vida poderiam levar à felicidade: a vida *apoláustica* (ou seja, a vida de satisfação hedonista), a vida política e a vida teórica (*E.N.* 1095b14 ss.). Essa classificação implicava uma correlação específica entre política e a prática de virtudes éticas; o homem de caráter conduzirá a sua vida de ação no campo da política (1095b30). A ciência política, se restringida dessa maneira, excluiria a vida teórica de seu âmbito. Na *politeia* platônica, os reis-filósofos eram os governantes; na pólis empírica de Aristóteles, os filósofos estão à beira de remover-se inteiramente da política. Tal tendência deve de fato ter sido forte na Academia nos últimos anos de Platão; pois, em *Política* VII, 2, Aristóteles examina explicitamente a questão de qual modo de vida é preferível: a participação como cidadão na comunidade da pólis ou a vida de um estrangeiro que se distancia da comunidade política (1324a13 ss.). Na parábola da caverna, Platão havia pesado as razões para o retorno do filósofo à pólis; na realidade histórica, na prática da Academia, o distanciamento tendia a se tornar um modo de vida. "Foi esse círculo de estudantes que deu origem ao ideal de Aristóteles da 'vida teórica' — não, é bom que se diga, o ginásio animado do *Lísis* ou do *Cármides*, mas a casinha (*kalybe*) no jardim recluso da Academia. Sua quietude é a origem real das ilhas dos bem-aventurados no *Protrepticus*, essa terra de sonho de extramundanidade filosófica."[3] A vida do filósofo, com sua tendência apolítica, torna-se um novo fator, rompendo a concepção de uma ciência geral da ação como uma ciência política. A pólis continua a ser, para Aristóteles, a forma abrangente de existência humana; mas a verdadeira *eudaimonia* só pode ser encontrada transcendendo-se a vida da política, para a prática das virtudes dianoéticas.

A definição do *bios theoretikos* está estreitamente relacionada à definição de *eudaimonia*. Um homem deve ser considerado feliz quando está engajado em uma vida de ação de acordo com a virtude suprema (*teleios*) (*E.N.* 1101a15). Há graus de *eudaimonia* de acordo com as posições das virtudes realizadas na atividade humana. A felicidade suprema (*teleia eudaimonia*) será alcançada por uma vida ativa de acordo com as virtudes dianoéticas; e *eudaimonia* mais plena será uma forma de atividade contemplativa (*theoretike energeia*) (1178b7 s.).

Ao tomar essa decisão, Aristóteles volta à sua antropologia filosófica. A felicidade da atividade teórica é suprema porque a contemplação é a função suprema no homem; e ela é a função suprema porque é a função da parte suprema da alma do homem, ou seja, do intelecto (*nous*). A atividade (*energeia*) do intelecto é identificada como a atividade teórica (*theoretike energeia*) (1177a17 ss.). O significado de "supremo" ou "perfeito" é ainda mais bem elucidado pela designação de *nous* como a parte mais divina (*to theiotaton*) do homem; a atividade da parte mais divina, assim, torna-se a atividade mais divina; e o prazer que a acompanha torna-se o prazer mais divino, a verdadeira *eudaimonia*. A designação de divina é corroborada pelas características da atividade teórica. A ação do *nous* (1) estende-se às melhores das coisas cognoscíveis, em particular às coisas divinas; (2) é uma atividade que pode ser mantida mais continuamente do que qualquer outra atividade humana; (3) é acompanhada de um prazer específico de pureza e permanência maravilhosas; em contraste com as atividades da vida prática, ela (4) é menos dependente de instrumentos externos e da ajuda de outros homens, possuindo no grau mais elevado a qualidade da autossuficiência (*autarkeia*); (5) a vida teórica não tem nenhum propósito além de si mesma e a sua atividade é amada por si mesma, enquanto em todas as outras atividades nós trabalhamos por algum ganho

---

[3] JAEGER, *Aristotle*, 96.

decorrente de nossa ação; e (6) a vida teórica é uma vida de ócio (*schole*), e a vida de ócio, "escolástica", é a finalidade pela qual enfrentamos o trabalho de nossa vida prática. Em vista dessas qualidades, especialmente da autossuficiência, do ócio e da relativa liberdade da fadiga física, a vida teórica deve ser considerada a mais elevada, porque ela é a mais divina (1177a17-1177b26).

De tal vida, devemos dizer que ela transcende o plano meramente humano. O homem só pode levá-la na medida em que é mais do que homem, apenas na medida em que algo divino está realmente presente nele. Como essa parte divina na natureza composta do homem é o *nous*, a vida do intelecto é divina em comparação com a vida no plano meramente humano das excelências práticas. Assim, não devemos seguir o conselho daqueles que desejam comandar-nos a pensar apenas em coisas humanas pelo fato de sermos homens, e apenas em coisas mortais pelo fato de sermos mortais. É nosso dever fazer de nós mesmos imortais, na medida em que isso seja possível na vida, cultivando a atividade da melhor parte de nós, que pode ser chamada de nosso ser melhor ou verdadeiro. O *nous* é a parte orientadora ou governante de nossa alma (*to kyrion*), e seria de fato estranho se o homem escolhesse não viver a vida do seu próprio ser, mas a de alguma outra coisa. E, por fim, Aristóteles deixa sua linha de argumentação desembocar, para além da antropologia, no problema geral da ontologia. A realização mais adequada de cada coisa é a realização daquilo que é melhor em sua natureza (*physis*); a vida de acordo com o *nous* é a melhor e mais aprazível para o homem, porque o *nous*, mais do que qualquer outra coisa, é a própria natureza do homem. "A vida do *nous* é, portanto, a mais feliz [*eudaimonestatos*]" (1177b27-1178a8).

A explicação dada na *Ética a Nicômaco* deixa claro o significado do *bios theoretikos* no que se refere ao seu lugar na ciência geral da ação, na antropologia e na ontologia de Aristóteles. A ideia de uma vida do intelecto, porém, tem certas ramificações religiosas que, na explicação da *Ética*, embora sejam tocadas, não são suficientemente esclarecidas. Obviamente, o *nous* aristotélico é mais do que o intelecto que se torna ativo nas ciências de objetos imanentes ao mundo. O *nous* como o *theiotaton* é a região da alma em que o homem transcende a sua mera humanidade e entra em solo divino. Na atividade do *nous*, o homem preocupa-se com primeiros princípios e coisas divinas e, em tal atividade, sua alma participa das coisas divinas e engaja-se num processo de imortalização. No *bios theoretikos*, temos o equivalente intelectualizado da visão platônica do *Agathon* que, ao contemplar a Ideia, transforma a alma e faz que ela participe da ordem da Ideia. Além disso, as dificuldades do filósofo têm continuidade na transformação aristotélica do problema. A batalha de Platão com o mito popular ainda é a batalha de Aristóteles. Ele é forçado a pisar com cuidado e a ser defensivo na expressão de sua nova religiosidade em face de uma oposição conservadora que considera a investigação de assuntos divinos, uma *theoria theou*, inadequada e ímpia para os mortais. Em *Metafísica* I, Aristóteles examinou esse problema de forma mais elaborada. A investigação dos primeiros princípios, culminando na investigação da natureza de Deus como a causa primeira de todas as coisas, é a mais elevada de todas as ciências, porque trata dos fins de todas as coisas; e como o fim de uma coisa é o bem dessa coisa a ciência mais elevada culmina no conhecimento do bem supremo da natureza. Essa ciência de fenômenos celestiais e da gênese do Universo é, historicamente, a última de todas as ciências a se desenvolver; as ciências de coisas necessárias são a primeira preocupação do homem, e apenas quando um certo nível de conforto é alcançado o homem pode começar a se admirar (*thaumazein*) com os problemas por si só. A ciência dos primeiros princípios não procura uma vantagem ulterior, mas repousa em si mesma; e "como é livre o homem, dizemos, que existe para si próprio e não para outro, assim seguimos esta como a única ciência livre, pois apenas ela existe apenas para si" (982b)[4]. E uma vez mais ele se sente obrigado a defender sua exaltação da *philosophia prima* contra os poetas mais antigos que diriam que "apenas Deus pode ter esse privilégio". Os Deuses, afirma ele, não são ciumentos, e ele se apoia num provérbio citado por Sólon de que "os bardos contam muitas mentiras" (982b11-983a11)[5].

É difícil reconstruir o pleno significado do *bios theoretikos* a partir da obra esotérica de Aristóteles. As formulações posteriores, comparativamen-

---

[4] Nesse complexo de liberdade, ciência dos primeiros princípios, atividade do verdadeiro eu em contemplação e *eudaimonia* deve ser buscada a origem da distinção feita por Aristóteles entre homens livres e escravos. Ver, por exemplo, *Política* III, 9: "Uma pólis não existe apenas para a vida, mas para a boa vida; se fosse de outra maneira, poderia haver uma pólis de escravos ou de animais inferiores; mas isso não pode ser, pois eles não participam da eudaimonia e da vida de liberdade [*proairesis*]". Se consideradas as implicações religiosas do *bios theoretikos*, pareceria que, na distinção de Aristóteles entre homens livres e escravos, temos uma classificação de tipos humanos que, mais tarde, no cristianismo, desenvolve-se na distinção de *pneumatici* e *psychici* (são Paulo) e, mais adiante ainda, no gnosticismo, nas classes espirituais de uma hierarquia gnóstica.

[5] Sobre a cognoscibilidade de Deus numa ciência de primeiros princípios, ver Harry A. Wolfson, The Knowability and Describability of God in Plato and Aristotle, *Harvard Studies in Classical Philology* 56-57, 1947. Sobre a tensão entre Aristóteles e as visões helênicas tradicionais sobre esse ponto, ver Jaeger, *Aristotle*, 164, e Bruno Snell, *Die Entdeckung des Geistes. Studien zur Entstehung des europaeischen Denkens bei den Griechen*, Hamburg, ²1948, 53.

te concisas, pressupõem um desenvolvimento que deve ter se manifestado mais claramente nas obras mais antigas, das quais sobrevivem apenas fragmentos. Para recuperar o sentido peculiar da experiência, precisamos nos apoiar em materiais do ambiente literário dos primeiros tempos de Aristóteles. Nas *Disputas tusculanas* (V, 3, 8), Cícero conta uma história sobre Pitágoras que vem de Heráclides de Ponto, um estudante colega de Aristóteles. Na história, Pitágoras chama a si próprio de filósofo e explica o significado da palavra comparando a vida humana aos festivais de Olímpia. Vários tipos de homens vêm para os jogos: alguns para fazer comércio e para se divertir, alguns para competir nas disputas, outros meramente como espectadores (*theoros*). A história parece destinada a dotar da autoridade de Pitágoras a distinção aristotélica entre vida "apoláustica", política e teórica. O filósofo aparece como o "espectador"; e o *theorein* de Aristóteles ainda está próximo em seu significado do substantivo *theoros* de que ele deriva[6]. Além disso, algumas seções do *Epinomis*, que se aproxima muito das formulações de Aristóteles na *Metafísica* e na *Ética a Nicômaco*, informam-nos sobre o espetáculo a que o olhar do espectador era dirigido. Esse espetáculo era o Céu com os astros e seus movimentos. Os astros são divindades; e o Céu, a concha do mundo, é Deus, para quem podemos também usar os termos Cosmos ou Olimpo (*Epinomis* 977A-B). O movimento medido dos "deuses visíveis" (985D) será objeto de admiração maravilhada (*thaumazein*) para o homem afortunado (*eudaimon*); de tal admiração, ele seguirá para um desejo de compreender tanto quanto for possível para a natureza mortal, acreditando que assim passará a vida da maneira mais feliz e que no final de sua vida chegará a regiões congruentes com a virtude, onde terá ganho sua plena medida de sabedoria (*phronesis*) e permanecerá um espectador (*theoros*) do mais belo espetáculo para sempre (986C-D). O *theoros* será o contemplador do Céu nesta vida, e tal atividade de sua alma irá levá-lo à *eudaimonia* da contemplação eterna[7].

Nas sutis identificações de Olimpo, Cosmos e Ouranos (Céu) sentimos, ainda, uma tentativa deliberada de reforma religiosa. A transição dos antigos

---

[6] JAEGER, *Aristotle*, 96 ss.

[7] O leitor deve observar o progresso de *thaumazein* (a origem aristotélica do filosofar) para *theorein* nesta passagem. Sobre o complexo de *thaumazein, theastai* e *theorein*, ver SNELL, *Die Entdeckung des Geistes*, 47 s. Sobre a conexão de religiosidade "teórica" com a religiosidade homérica da aristocracia emigrante nas pólis asiáticas, ver ibid., 50, especialmente a reflexão sobre a relação entre a "vida teórica" e o *thaumazein* homérico (52 s.).

Olímpicos para a nova religiosidade estelar parecia requerer alguma persuasão de que a nova atitude, com sua óbvia absorção de elementos orientais, não era tão revolucionária quanto devia parecer para os contemporâneos. E, de fato, no *Epínomis* encontramos uma longa exposição ao leitor, tentando persuadi-lo de que os helenos são obrigados a, e capazes de, realizar essa reforma. Os helenos são lembrados de que sua situação geográfica é particularmente favorável para a excelência humana, uma vez que a Hélade encontra-se a meio caminho entre um clima ventoso e um clima estival. Isso, em si, é uma vantagem. Mesmo assim, a descoberta das divindades cósmicas foi feita primeiro na Síria e no Egito, porque essas regiões são mais adequadas para a observação dos astros. Mas agora que esse conhecimento chegou até os helenos eles devem se lembrar de que sempre que adquiriram algo do exterior transformaram-no em uma coisa mais nobre. Há esperança de que, uma vez mais, essa aquisição dos bárbaros venha a se desenvolver num culto mais nobre e mais justo das novas deidades entre os helenos, levando em conta sua civilização, sua sabedoria profética délfica e suas instituições de culto atuais (987D–988A). Esse programa de fusão da religiosidade helênica com a oriental corresponde em suas intenções à ampliação aristotélica do horizonte histórico por meio das especulações sobre ciclos em que Zoroastro e Platão podem marcar épocas. A nova religião estelar é um desenvolvimento na cultura helênica, mas é também um desenvolvimento pelo qual a Hélade entra conscientemente na comunidade mais ampla da humanidade. Pois, em seu louvor das novas divindades, o autor do *Epinomis* recomenda-as como imagens divinas (*agalmata*), as "mais belas e mais comuns a toda a humanidade"; nenhuma outra está estabelecida em lugares mais variados, nenhuma se distingue mais por sua pureza, majestade e toda a sua existência viva (984A). A divindade da concha cósmica que tudo envolve tende a se tornar o símbolo da unidade da humanidade. Na obra esotérica de Aristóteles, essa tendência encontrou a sua expressão mais clara em *Metafísica* XII. Acima das divindades estelares, eleva-se o movente primeiro do cosmos eterno, o *noesis noeseos* autossuficiente, no único princípio originador e mantenedor do mundo: "Pois o mundo não tem a vontade de ser mal governado: o governo de muitos não é bom, que seja um só o senhor" (1076A3 ss.)[8]. O simbolismo político insinua-se na especulação sobre a unicidade da realidade divina. O termo "monarquia do mundo" ainda não ocorre em Aristóteles, mas o seu

---

[8] A citação é da *Ilíada* II, 204. Ver *Ordem e história* II, cap. 3, §2, 1.

significado está presente. Atingimos o ponto do qual a teologia helenística–romana da monarquia do mundo terá seguimento[9].

A vida teórica transcende a vida política no sentido mais restrito da palavra; nós a vemos expandindo-se na especulação do movente primeiro divino e culminando na ideia da ordem monárquica do cosmos. A lógica imanente da vida teórica parece direcionar a especulação da pólis para o cosmos com uma constituição monárquica. Ainda assim, em sua *Política*, Aristóteles não segue esse curso; a pólis continua a ser, para ele, a forma perfeita de existência política na história. Seu método de integrar o problema da vida teórica numa ciência política é um tanto complicado. Talvez possamos compreender melhor as peculiaridades da construção comparando-a a cursos alternativos que teriam sido possíveis.

O curso mais óbvio a ser seguido teria sido o reconhecimento de áreas da vida humana além da política. A tendência a tal reconhecimento estava presente mesmo nas obras mais tardias de Platão, como vimos; era ainda mais acentuada na geração aristotélica da Academia; e a formação das "escolas" foi um passo importante em direção à institucionalização que vemos completada na ascensão da Igreja. Tal reconhecimento, para que não resultasse no apolitismo estéril dos "estrangeiros" que Aristóteles temia, teria exigido, porém, uma redefinição das esferas da vida política e da vida teórica de tal maneira que a ordem política se tornasse uma base da existência humana subserviente à vida espiritual da alma, à santificação da vida no sentido cristão. Considerando a situação histórica, esse curso não seria praticável; uma construção imaginativa desse tipo teria sido anacronicamente distante da estrutura da realidade histórica.

Vimos uma segunda possibilidade à beira da realização em *Metafísica* XII. A simbolização teológica da nova religiosidade poderia ter elevado à teologia política de uma monarquia do mundo, construindo uma monarquia da humanidade como o análogo da ordem cósmica. Aristóteles evitou essa construção análoga apesar de haver, sob seus olhos, um império em formação. As razões dessa contenção podem ser inferidas da *Política*. Aristóteles tinha noções muito precisas acerca da formação de monarquias por meio de conquista

---

[9] Sobre os problemas de *Metafísica* XII, ver JAEGER, *Aristotle*, 219-227. Sobre a especulação posterior sobre a monarquia do mundo, começando em Aristóteles, ver Erik PETERSON, *Der Monotheismus als politisches Problem*: Ein Beitrag zur Geschichte der politischen Theologie im Imperium Romanum, Leipzig, 1935.

e da violência. Ele reflete sobre a opinião de que a posse do poder supremo é a melhor de todas as coisas, porque colocaria à disposição do possuidor os meios para realizar o maior número de ações nobres. Se isso fosse verdade, o homem capaz de fazê-lo deveria tomar o poder de todos os demais — vizinhos, pai, irmão e amigos — e fazer de si próprio o senhor supremo. A opinião, porém, só pode ser considerada verdadeira se pressupomos que o bem supremo pode ser alcançado por meio de roubo e violência. Se não fazemos essa pressuposição, devemos dizer que a conduta virtuosa subsequente não pode restaurar a excelência que foi perdida pelo afastamento inicial da virtude (1325a34 ss.). O governo de um rei é justificável apenas sob a condição de que uma sociedade produza um homem ou uma família de destacada excelência, que supere em muito todo o resto do povo. Nesse caso, seria injusto manter no ostracismo tal homem ou família, ou tratá-los como iguais aos outros; o povo deveria reconhecer voluntariamente tal superioridade de virtude e aceitar o homem, ou a família, como rei ou como a família real (1288a7–33). A negação de dignidade real e a relegação de tal homem à posição de súdito — "isso seria como se os homens pretendessem governar a Zeus, dividindo as suas funções de governo entre si" (11284b30 ss.). Nessas passagens, ouvimos um eco dos "filhos de Zeus" platônicos. Aristóteles reconhece seu direito ao governo, mas duvida que tal situação pudesse surgir com alguma frequência. A superioridade de um único homem tem mais chance de ocorrer em condições primitivas: "Reinados não surgem nos nossos dias", e quando eles surgem são antes monarquias ou tiranias, pois em nosso tempo inúmeros homens são de igual qualidade e não há um homem individual tão destacado que apenas ele pudesse ser adequado à grandeza do cargo (1313a5). Ainda assim, o improvável pode acontecer e o homem incomparavelmente superior pode aparecer. Nesse caso, teríamos de dizer que "tal homem teria com justiça de ser considerado um Deus entre os homens". Esses homens divinamente preeminentes, porém, são uma lei em si, e não podemos fazer leis para eles. A ciência da nomotética só é aplicável a sociedades em que sejam dadas regras gerais para iguais; não há regra para a exceção (1284a3 ss.)[10].

---

[10] As passagens sobre reinado citadas aqui proporcionaram o tema para um grande debate desde que Hegel (*Geschichte der Philosophie*, 401, v. II) sugeriu que Aristóteles estava se referindo a Alexandre. Não há nada no texto para corroborar a sugestão. Para todo o complexo das relações entre Aristóteles e Alexandre, assim como para a literatura sobre o tema, ver Victor EHRENBERG, *Alexander and the Greeks*, Oxford, 1938, cap. 3, 62-102, "Aristotle and Alexander's Empire".

Quando Aristóteles desdenha a abordagem do problema da monarquia como um análogo cósmico, sua rejeição da possibilidade está fundamentada em considerações metodológicas. A sociedade de homens livres helênica continua a ser o modelo de existência humana em sociedade; a ética é a ciência da ação humana baseada nas experiências de uma sociedade desse tipo; e a política (como nomotética) é a ciência dos meios legislativos que assegurarão a sua existência estável. A *Ética a Nicômaco* limita a variedade de problemas que podem entrar numa ciência da política. Os problemas da grande nação territorial (o *ethnos*) e, mais ainda, os problemas de impérios supranacionais ou de uma unidade política da humanidade estão excluídos de consideração. A restrição do alcance da política é fortificada pela teoria aristotélica da distribuição de caracteres étnicos pelo mundo habitável. Os povos que vivem em climas frios e na Europa são cheios de espírito (*thymos*), mas falta-lhes inteligência e habilidades; assim, eles mantêm uma liberdade tosca, mas não são adequados para organização política e são incapazes de governar outros. Os povos da Ásia têm inteligência e habilidades, mas não têm espírito (*thymos*); assim, veem-se continuamente em sujeição e escravidão. Mas os povos helênicos, situados num clima intermediário, participam de todas as qualidades em bom equilíbrio; assim, eles permanecem em liberdade e são a nação politicamente mais bem organizada entre todas. "E, desse modo, eles poderiam muito bem governar todos os outros — se, por acaso, viessem a se unir politicamente" (1327b20–33).

Apenas uma análise e uma avaliação de todas as passagens permitirão um juízo equilibrado quanto à atitude de Aristóteles em relação ao problema da monarquia do mundo. E mesmo com toda a atenção não se pode chegar a mais do que probabilidades. Sente-se uma animosidade fracamente velada contra certas ideias caras a Platão. O homem que supera todos os outros por sua excelência, e que será voluntariamente aceito como rei pelos homens livres, é excluído como um anacronismo. O sonho platônico de um império helênico, especialmente o sonho de um império do mundo, é descartado com um olhar de desdém para a desunião helênica real que não pôde sequer evitar o domínio pelos macedônios. Por outro lado, o orgulho civilizacional helênico está fortemente presente, e podem-se imaginar as profundas desconfianças de Aristóteles quanto a uma aventura imperial que combinaria e amalgamaria helenos e bárbaros numa mesma unidade política. No que se refere à ciência da política, portanto, somos lançados de volta à pólis.

Tendo eliminado as alternativas, a construção pela qual a vida teórica está relacionada à pólis é simples em si, embora um pouco surpreendente. Sem muita discussão, Aristóteles faz uso de analogias. A ciência geral da ação humana esclareceu o significado da verdadeira *eudaimonia*. Temos agora de perguntar se o melhor modo de vida é o mesmo para homens individuais e para comunidades. Essa pergunta deve ser respondida na afirmativa, e a base para tal afirmação é a opinião comum da humanidade. Aceita essa resposta sem mais debates, e uma vez que concordamos quanto à concepção aristotélica da verdadeira *eudaimonia*, chegamos à concepção de uma *polis eudaimon* (1323b31). Como a *eudaimonia* é a mesma para o homem e para a pólis, as categorias éticas também se tornam transferíveis. O homem verdadeiramente virtuoso é o *spoudaios* no sentido da *Ética a Nicômaco* e, correspondentemente, podemos agora falar de uma *spoudaia polis* (1332a33). No plano da política concreta, a *eudaimonia* da pólis é alcançada quando os cidadãos são treinados de tal maneira que todos os estratos da existência humana desenvolvem-se adequadamente — a base econômica, as virtudes práticas e guerreiras, e a arte da existência pacífica contemplativa. "Deve haver guerra pelo bem da paz, trabalho pelo bem do ócio, coisas úteis e necessárias pelo bem das coisas honradas." E, para alcançar essa classificação adequada dos bens na pólis, seu sistema educacional deve treinar as crianças e os homens de todas as idades para realizar a sua natureza humana em sua plena dimensão (1333a32–1333b5). A construção aristotélica, assim, no geral é fiel ao princípio antropológico platônico. Como na *República*, as virtudes da pólis são desenvolvidas paralelamente às virtudes do homem. "Assim, a coragem, a justiça e a sabedoria da pólis têm o mesmo significado e forma que as qualidades que nos permitem falar de indivíduos como justos, sábios ou moderados" (1323b33-37). A ideia teocrática certamente é convertida em padrões para julgar a qualidade de uma pólis; mesmo assim, é surpreendente, como sugerimos, que a conversão não rompa com a construção analógica de uma *polis eudaimon* elaborada apesar de a vontade fundadora platônica não ser mais uma força viva na atitude contemplativa aristotélica.

Esse conservadorismo peculiar, a relutância em romper com a forma platônica ao lidar com a política, manifesta-se ainda mais fortemente na especulação de Aristóteles sobre a *eudaimonia* da pólis como um existente contido em si mesmo. A pólis, para ser ativa, não precisa necessariamente ocupar-se de relações externas; a atividade da pólis pode ser um fim em si mesma; ela pode ser uma ação das várias "partes" da pólis sobre as demais, reproduzindo analogicamente a ação contida em si mesma do *bios theoretikos*, assim como a atividade da existência divina. A analogia da existência *autarkous* permeia o mundo desde o indivíduo, passando pela pólis, até Deus (1325b14-32). Nessa construção especulativa da autarquia da pólis como um análogo à existência *autarkous* divina, Aristóteles dá continuidade ao mito da pólis como um análogo cósmico, conforme Platão o havia desenvolvido nas *Leis*. Apesar da transição para a especulação contemplativa, vemos Aristóteles retendo as formas da criação mítica platônica na *República* e nas *Leis*.

Capítulo 9
A ciência da pólis

1 A natureza da pólis

A investigação é afunilada até a pólis, e a primeira pergunta a ser respondida refere-se à sua natureza.

Cada pólis é uma comunidade (*koinonia*); e cada comunidade é estabelecida com vista a algum bem, pois os homens agem para obter o que eles julgam ser bom. A pólis visa ao bem supremo, na medida em que é a comunidade mais elevada, que abrange todas as outras. A comunidade mais elevada e abrangente é chamada especificamente de comunidade política ou pólis (*Política* 1252a1-6). Como a pólis é uma comunidade composta, a investigação de sua natureza terá de partir da análise do todo composto (*syntheton*) e descer às suas partes componentes não compostas (*morion*). Tal análise nos permitirá distinguir os diferentes tipos de governo de comunidades, os mais elementares e os mais elevados (1252a17 ss.). A comunidade fundamental é a casa (*oikos*), que consiste nas relações elementares entre homem e mulher, pais e filhos, senhores naturais e súditos naturais (ou escravos). A meta da casa é cuidar das necessidades elementares cotidianas do homem. Para a satisfação de necessidades mais complexas, os homens organizam a comunidade que se situa um plano acima, constituída de uma associação de casas, a aldeia (*kome*). O governo da aldeia surgirá da transferência do governo da casa; se o governo da casa for de realeza, o governo de realeza será o mais elementar. Essa é a razão pela qual as pólis helênicas foram, originalmente, governadas por reis;

e essa forma de governo primitiva ainda pode ser encontrada entre bárbaros. Uma associação de várias aldeias numa comunidade mais elevada resulta, por fim, na pólis, a comunidade completa (*teleios*), suficientemente grande para ser quase ou totalmente autossuficiente (*autarkeia*). Tal pólis existe "por natureza" (*physei*) na medida em que a comunidade natural, a casa, existia por natureza. Pois a casa começou a existir por exigência da vida, e essa comunidade elementar expandiu-se até ter atingido a existência por exigência da boa vida (*eu zen*). Com a expansão até a pólis, a comunidade elementar atingiu o seu fim (*telos*); e ao fim que uma coisa atinge quando se desenvolve plenamente chamamos sua natureza (1252a24-1253a2). Dessa análise dependem as formulações consequentes: "A pólis existe por natureza" e "O homem é, por natureza, um ser político" (*politikon zoon*). Além disso, o homem que é apolítico, não por acidente biográfico, mas por natureza, ou está num nível baixo na escala de humanidade, aproximando-se de um estado bestial e associal, ou está acima disso, um aventuroso e errante amante da guerra (1253a2-7).

Na aula propriamente dita, essas breves notas de abertura da *Política* foram provavelmente apenas o texto para uma longa exposição. De fato, elas tocam na maior parte das questões fundamentais da política aristotélica. Em primeiro lugar, encontramos as categorias de natureza, de potencialidade e de realização concreta aplicadas ao estudo da pólis. Os modelos experimentais para tal categorização são fenômenos do mundo orgânico, onde podemos de fato observar evoluções da potencialidade de uma semente para a realização concreta de sua natureza numa árvore totalmente crescida. A legitimidade dessa transferência não é de forma alguma segura, porque (e esta é a segunda questão, fazendo sua aparição inevitável) a pólis não é um organismo, mas um ser composto que deve parte de sua existência à vontade dos seres humanos que a compõem. O crescimento da pólis não é um processo biológico inevitável; os homens não são forçados a participar da pólis por necessidade ou instinto. O homem não é um animal gregário (*agelaion zoon*); ele é um *politikon zoon*, e isso significa que o fim, o *telos*, da comunidade encontra-se no domínio do reconhecimento consciente e deliberado de bem e mal, de certo e errado. Pois "é característico do homem, distinguindo-o de outros seres vivos, o fato de que apenas ele tem um senso de bom e mau e de certo e errado". E precisamente na comunidade de percepções morais encontra-se a comunidade de uma casa ou de uma pólis (1253a7-18). A natureza do homem, embora encontre a sua realização plena na pólis, não produz a pólis automaticamente. O impulso (*horme*) para a comunidade política está presente em todos os homens por natureza; mas é necessário um fundador para criar a pólis; e o homem que primeiro reuniu outros numa comunidade política foi o "autor do maior bem" (1253a30 ss.).

A introdução do "autor" (*aitios*) da pólis desloca a evolução do reino orgânico para a história. A brevidade das notas faz que seja arriscado tentar adivinhar as intenções de Aristóteles. Podemos dizer apenas que a sequência casa, aldeia e pólis reproduz aproximadamente a sequência histórica da forma social nas *Leis* de Platão. Para Platão, a sequência de formas simples para mais complexas de organização social marcava as fases do ramo ascendente do ciclo histórico. Para Aristóteles, ela também marca tais fases; mas a descrição empírica mais frouxa de Platão é agora subordinada à realização concreta de uma "natureza"; as fases históricas tornaram-se "partes" da pólis. O ajuste da construção tem suas vantagens, assim como suas desvantagens. Pode ser considerado uma vantagem o fato de que o "significado da história" torna-se mais nítido. As fases não se seguem simplesmente umas às outras por graus de complexidade social crescente; elas são uma sequência significativa até a realização plena na autarquia de uma comunidade em que o *bios theoretikos* pode ser realizado. Formas diversas de organização social não precisam ser classificadas como espécimes botânicos; elas podem ser dispostas na ordem de um processo inteligível. Já vimos que esse método permite a Aristóteles interpretar o reinado como uma forma que pertence a uma fase passada do ciclo histórico e não precisa ser levada em consideração na análise da pólis propriamente dita. Além disso, Aristóteles aborda o problema que foi desenvolvido com cuidado por Vico, ou seja, o problema da substância que passa por mudanças evolutivas no curso de um ciclo. Um crescimento ou decadência deve ser o crescimento ou decadência de algo. Vico trata esse algo sob o título da *mente eroica*; Platão identificou-o, pelo menos para o período de decadência, como a ordem da psique; Aristóteles identificou-o, pelo menos para o período de crescimento, como a *physis* política do homem. Pela transferência das categorias de natureza e realização concreta do modelo biológico para a pólis, Aristóteles, assim, fez surgir incidentalmente a questão teórica que precisa ser enfrentada por todo pensador que esteja em busca de linhas finitas de significado no fluxo da história. Essas vantagens, porém, devem-se a uma rigidez de construção que, em outros aspectos, não cumpre o seu propósito. As fases platônicas do crescimento da forma política eram muito mais ricas em detalhes empíricos, e Platão podia prosseguir com sua descrição além da pólis, para a federação das nações, o *ethnos*. Essa elasticidade da descrição empírica é perdida na especulação de Aristóteles sobre a *physis* da pólis. Embora isso possa parecer curioso à primeira vista, Platão é o melhor empirista; Aristóteles, que deseja encontrar forma na realidade a todo custo, só consegue encontrá-la ao preço de perder as partes da realidade que não se encaixam no padrão de sua forma em evolução. A pólis é uma generalização prematura que parte de materiais insuficientes. A forma, se de fato se quer encontrá-la no fluxo histórico da existência política, irá se mostrar consideravelmente mais complicada do que Aristóteles imaginava.

Considerando a séria simplificação do problema da forma, não devemos nos surpreender por ver que Aristóteles explora outras abordagens para a questão diferentes da primeira tentativa. Na análise de *Política* I, 1–2, talvez tenha sido inesperado encontrar fases históricas como as partes componentes da pólis. Teríamos esperado, antes, uma análise da estrutura estática em seus elementos componentes. Tal análise, de fato, encontramos na seção sobre o lar. Uma vez mais, Aristóteles anuncia seu postulado de analisar uma coisa em seus primeiros e menos numerosos elementos (*meros*) e reconhece como tais elementos, no lar, três relações: de senhor e servo, de marido e mulher e de pais e filhos (1253b1–12). Essa enumeração de elementos é o resíduo de uma enumeração mais abrangente feita por Platão em *Leis* 690A–C. Platão queria estabelecer os "axiomas" (*axiomata*) do governo. O termo *axioma* tem originalmente o sentido de uma "reclamação do direito de posse", mas já começa a mudar na obra posterior de Platão no sentido do significado de uma primeira premissa que não precisa de prova[1]. Platão considera que existem sete "axiomas" de governo desse tipo, válidos igualmente "para as grandes pólis e para os pequenos lares". São eles:

(1) Os pais devem prevalecer sobre os filhos.

(2) Os bem-nascidos devem prevalecer sobre os vulgares.

(3) Os velhos devem prevalecer sobre os jovens.

(4) Os senhores devem prevalecer sobre os escravos.

(5) Os melhores devem prevalecer sobre os piores.

(6) Os pensantes (ou conhecedores, ou sábios) devem prevalecer sobre os ignorantes.

(7) O homem escolhido por sorteio deve prevalecer sobre o homem que não é assim escolhido.

---

[1] Sobre a mudança do significado jurídico para o teórico da palavra "axioma" nessa passagem das *Leis*, ver JAEGER, *Paideia*, 3:235.

As três relações componentes do lar de Aristóteles correspondem aos axiomas platônicos (1) e (4). Em *Política* I, 3, a análise é aplicada apenas ao lar; porém, em *Ética a Nicômaco* VIII, 10, os três elementos são utilizados para a teorização de formas de governo numa pólis, em conformidade com a premissa platônica de que os axiomas são igualmente válidos para as pólis e para os lares. Aristóteles fala dos três tipos de constituição (*politeia*), isto é, monarquia, aristocracia e timocracia, e de suas perversões (*parekbasis*) correspondentes, isto é, tirania, oligarquia e democracia (1160a30–1160b23). E ele prossegue afirmando que os paradigmas dessas constituições podem ser encontrados nos lares. A monarquia tem seu paradigma na relação entre pai e filhos; a aristocracia na relação entre marido e mulher; a timocracia na relação entre irmãos. As perversões correspondentes da forma governamental têm seus paradigmas nas perversões das relações domésticas fundamentais (1160b23–1161a9). A construção é tão vaga em sua execução que é impossível determinar com precisão quais são os paradigmas e qual, precisamente, é o *tertium comparationis*. Ainda assim, ela não deixa de ter interesse, porque traz o problema das experiências originais em que as relações humanas em condições sociais mais complexas estão implantadas. E, uma vez mais, devemos notar que, em comparação com a lista de axiomas de Platão, a construção aristotélica empobrece o empirismo muito mais amplo e rico das *Leis*.

As características da melhor pólis, os "padrões", estão intimamente ligadas à natureza da pólis, na medida em que a melhor pólis é aquela em que a sua natureza está perfeitamente realizada. A transição da investigação da natureza da pólis para o estudo de sua realização perfeita é oferecida pelo Livro II da *Política*, em que Aristóteles examina as lições que podem ser derivadas das realizações históricas de várias pólis, assim como das sugestões de outros pensadores para o desenvolvimento de padrões. Os materiais estudados organizam-se em três grupos. Primeiro, Aristóteles discute as sugestões feitas por outros pensadores, especificamente as sugestões feitas por Platão na *República* e nas *Leis*, assim como as de Faleas da Calcedônia e Hipodamo de Mileto; segundo, ele examina as constituições históricas da Lacedemônia, de Creta e de Cartago; terceiro, ele apresenta brevemente as ideias de legisladores como Sólon, Filolau, Carondas e Pítaco. As críticas discursivas do Livro II esclarecem os breves comentários introdutórios sobre a natureza da pólis com respeito a vários pontos.

Uma primeira crítica é dirigida contra a exigência platônica de unificação máxima da pólis, assim como contra as medidas que servem a esse propósito, como a posse comunitária das mulheres e das crianças e da propriedade. A exigência suscita a questão fundamental quanto a se os membros de uma pólis devem ter todas as coisas em comum, ou nada em comum, ou algumas coisas em comum e outras não. Que eles não tenham nada em comum é impossível, porque, nesse caso, a pólis seria não existente. Deve haver pelo menos um território, reconhecido como posse comum dos membros da pólis. Além dessa posse comunitária fundamental, porém, o grau de unificação desejável é um problema aberto. "A pólis é, por natureza, uma multidão (*plethos*) [diversificada]" (1261a18-19). Se tentarmos unificá-la além de um certo ponto, ela deixará de ser uma pólis e alcançará a unidade de uma família e, em última instância, de um indivíduo. A unificação máxima destrói a pólis, pois a *raison d'être* da pólis está precisamente em ser ela uma associação de tipos humanos diversificados; um grupo de pessoas iguais não é uma pólis. A unificação que é considerada por alguns o maior bem da pólis é, na verdade, a sua destruição, "pois o bem de cada coisa é o que a preserva" (1261b9). A autarquia requer diversificação; se a autarquia é desejável, então é preferível um grau mais baixo a um grau mais alto de unificação (1261b10-15). A comunidade de mulheres e crianças produziria um grau indesejável de unificação e, portanto, deve ser rejeitada — deixando de lado o argumento discutido anteriormente de que novidades desse tipo são merecedoras de desconfiança em princípio.

Tal comunidade intensa é indesejável por mais uma razão. A força viva de toda sociedade é a *philia*, um termo que, em latim, pode ser traduzido como *amicitia*, mas que, em português, deve ser entendido, de acordo com o contexto, como "amor" ou "amizade". A *philia* é a substância fundamental de todas as relações humanas, o vínculo de sentimento, que varia em aspecto, intensidade e estabilidade de acordo com as coisas que são sentidas para criar a comunidade no caso concreto. A *philia* será casual, sem tocar o ser do homem como um todo, se for baseada em utilidade ou prazer; ela afetará todo o ser se for baseada em virtude ou excelência. No plano da amizade perfeita entre pessoas que não são relacionadas por vínculos familiares, teríamos de caracterizar um amigo como um homem que deseja e faz o que é bom pelo seu amigo, que deseja que seu amigo viva e exista pelo bem dele próprio e que se entristece e se alegra junto com seu amigo (*E.N.* 1166a1 ss.). Essas características da amizade, porém, são derivadas da consideração que um homem bom tem por si próprio. Pois o homem bom também está de acordo consigo mesmo, deseja as mesmas coisas com a alma indivisa, realiza suas ações em prol de si próprio (isto é, do eu noético nele) e deseja a sua própria vida e segurança e, em particular, a segurança de seu eu noético. "Pois é bom para o *spoudaios* existir"; e é bom para ele ser como ele é, e ele não quer possuir nenhum bem sob a condição de ser qualquer outra pessoa que não ele próprio; ele quer continuar sendo o que é, no sentido de preservar a identidade de seu verdadeiro eu, que é o *nous* nele (1166a19-29). A amizade perfeita, assim, deve ser baseada no amor por si mesmo, no sentido descrito acima; o amor por si mesmo nesse sentido, da vida em harmonia com o *nous* orientador dentro da alma, é a fonte de ordem nas relações humanas na medida em que a comunidade perfeita será alcançada entre homens que tenham a ordem do *nous* em comum. Nesse ponto de sua descrição, Aristóteles toca na fonte fundamental de ordem entre os homens. A ordem especificamente humana da sociedade é a ordem criada pela participação do homem no *nous* divino; a ordem justa na sociedade será realizada no grau em que a potencialidade da ordem noética se realizar na alma dos homens que vivem em sociedade. A justiça está fundada, em última instância, em *nous* e *philia*. Quando os homens vivem em existência harmoniosa, de acordo com o seu verdadeiro eu, e quando o acordo entre eles é baseado nesse acordo dentro de si próprios, prevalece entre eles a relação que Aristóteles chama de *homonoia* — que pode ser traduzida como uma amizade baseada em harmonia na realização do *nous*[2]. A *homonoia* nesse sentido é, especificamente, a "amizade política" (*politike philia*) (1167b3-4). A amizade política não é uma concordância de opinião como poderia ocorrer entre estranhos, ou uma concordância quanto a proposições científicas; é uma concordância entre cidadãos quanto aos seus interesses, uma concordância sobre políticas e sobre a sua execução. Pode-se falar em *homonoia*, por exemplo, quando cidadãos concordam sobre a eletividade dos cargos públicos, ou sobre uma aliança militar, ou sobre a indicação de um governante (1167a22-1167b4). A estabilidade de uma pólis depende do sentimento duradouro de amizade entre os homens bons; pois os homens mesquinhos são capazes de amizade apenas no nível de utilidades e prazeres efêmeros, e assim a discórdia prevalecerá numa comunidade em que os interesses de curto prazo dos vulgares estiverem em conflito entre si e com o interesse comum (1167b5-16).

Aristóteles critica a comunidade platônica de mulheres, crianças e propriedade à luz de sua teoria da *philia*. "A amizade é o maior bem da pólis" (*Política* 1262b27). Uma pólis, para ser estável, precisa ser organizada de tal maneira

---

[2] A versão do rei James da Bíblia traduz a *homonoia* cristã, a comunidade pela participação em Cristo, como "conformidade". Na literatura latina, o termo é traduzido como *concordia*.

que se torne uma rede de relações de amizade diversificadas. Cada ser humano é um centro, que irradia relações de amizade em todas as direções em que é possível uma comunidade, mesmo que efêmera, com outros seres humanos. Quando os homens não tiverem nada que possam pôr numa comunidade de amizade, as relações de amizade desaparecerão. Quando as relações normais entre homens e mulheres, pais e filhos são interrompidas por uma organização comunitária das relações sexuais, as qualidades humanas de que normalmente são dotadas tais relações não têm espaço para se realizar. A concretude das relações pessoais desaparecerá e a própria substância da vida comunitária irá evaporar. Tal organização comunitária, sugere Aristóteles, deve antes ser imposta às classes mais baixas, a fim de mantê-las fracas e desinteressadas em seu modo de existência, e não à classe superior, como Platão deseja. "Pois há duas coisas que fazem os homens se preocuparem e amarem uns aos outros: o senso de propriedade e o senso de posse valiosa — e nenhuma pode existir numa sociedade assim organizada" (1262b23-25).

O mesmo argumento é apresentado na crítica a uma comunidade das propriedades, conforme sugerido por Platão, ou de uma equalização da propriedade, conforme sugerido por Faleas de Calcedônia. O amor por si mesmo no sentido anteriormente descrito está implantado "por natureza"; e do eu real como seu centro ele se irradia para toda a área de posse, descendo até os bens (1263a40-1263b1 ss.). Aristóteles reconhece que a regulamentação da propriedade é um problema fundamental e que, na opinião de alguns pensadores, é mesmo a questão a que todas as revoluções (*stasis*) se relacionam (1266a37 ss.). Ainda assim, os males que acompanham a ordem da propriedade não podem ser resolvidos, em última instância, por meio da legislação. A propriedade, como regra geral, deve ser privada, para assegurar para todos o seu campo pessoal de ação e para permitir que cada um cuide de seus próprios negócios (1263a26 ss.); medidas legislativas não devem ir ao extremo de uma equalização fútil, mas parar na limitação da quantidade de propriedade (1266b27 ss.). A raiz do mal não é a propriedade em si, mas o desejo do homem. Aristóteles retorna repetidamente a esse ponto. Os males que acompanham a ordem da propriedade não se devem à propriedade privada, "mas à perversidade (*mochteria*) do homem" (1263b23). "A pólis propriamente dita é uma multidão diversificada, e deve ser constituída numa comunidade unificada por meio da educação (*paideia*)" — e é estranho que o filósofo que queria fazer a pólis virtuosa por meio da educação tenha sugerido a melhoria de seus cidadãos pelas regulamentações, em vez do hábito e da filosofia (1263b36 ss.).

A mediocridade do homem é insaciável. [...] É a natureza do apetite ser ilimitado, e a maioria das pessoas vive para a sua satisfação. Em tais questões, o início adequado deve portanto ser buscado menos no nivelamento dos bens do que no treinamento das naturezas mais decentes para que elas não desejem mais e impedindo que as naturezas medíocres obtenham mais — e isso pode ser conseguido se elas foram mantidas inferiores, porém não maltratadas. (1267b1-9)

As diversas críticas são de importância teórica porque transmitem um discernimento mais íntimo do realismo especificamente aristotélico com relação à natureza humana. Ao estabelecer padrões para o Estado perfeito, não estamos livres de fazer qualquer suposição que nos agrade. "Podemos pressupor o que quisermos, mas devemos evitar o impossível" (1265a18 s. e 1325b39 s.). A natureza da pólis é a natureza do homem em existência social plenamente desenvolvida; e essa natureza torna-se o fator limitante na especulação sobre padrões institucionais. O princípio antropológico de Platão como a base da ciência política é defendido por Aristóteles contra o próprio Platão. O leitor moderno deve interessar-se especialmente pela direção do ataque aristotélico contra determinados aspectos da política platônica que têm um toque de Utópico. Aristóteles reconhece o elemento do "impossível" na especulação de Platão, não em suas ideias referentes à natureza do homem e ao sistema de educação adequado (onde, provavelmente, o leitor moderno o procuraria), mas na falta de um apoio consistente no processo educativo e em seu desvio para soluções institucionais (que o leitor moderno provavelmente consideraria a abordagem realista, por exemplo, para a abolição dos males da propriedade privada). Além disso, devemos observar que um excesso de regulamentação institucional e de unificação da sociedade não é considerado uma melhoria dos males inegáveis, mas antes um mal adicional, pela destruição da plena amplitude de realização humana. A natureza do homem não pode ser mudada, nem pode a perversidade inerente ser contrabalançada por regulamentações; o realismo político deve operar por meio da *paideia* do homem; e deve assegurar o predomínio social do *spoudaios*.

2 A ordem da pólis

A pólis é perfeita quando a natureza da pólis é plenamente realizada. Se a pólis fosse um produto orgânico, nenhum problema de uma pólis perfeita poderia surgir numa ciência de ação. Nesse caso, o contemplador não poderia fazer mais do que descrever as pólis existentes e observar se a natureza é de fato plenamente realizada ou se o crescimento foi tolhido ou deformado por algum motivo. A perfeição torna-se um problema na ação porque, como vimos, a intervenção histórica do "autor" ou do legislador é um fator que influi na realização. Como consequência, a perfeição deve ser compreendida em relação ao campo de ação de um legislador. Não há sentido em projetos de ordem que estejam fora do campo de ação de alguém. Um legislador é limitado pelos meios à sua disposição; ele precisa operar com os materiais que lhe são dados pelas circunstâncias, ou seja, pelo conjunto de fatores que Aristóteles chama de *choregia*. O mais sábio dos legisladores não poderá alcançar a perfeição quando os materiais forem inadequados, como, por exemplo, quando a população for grande demais ou pequena demais para uma pólis perfeita, quando o território for inadequado, quando as condições econômicas forem contrárias a uma ordem justa, quando a população tiver uma disposição servil, e assim por diante. Uma teoria da melhor ordem deve basear-se num estudo dos fatores limitantes. Só podemos projetar instituições-padrão se pressupomos condições (*hypothesis*) no domínio dos materiais (*choregia*) favoráveis à perfeita realização; e, ao pressupor tais condições desejáveis, precisamos ter o cuidado de não pressupor o impossível, pois, nesse caso, nossa especulação nomotética perderia o contato com a realidade e se tornaria fútil (1325b33–1326a3). A área de materiais está, em princípio, fora do campo da ação nomotética. Portanto, torna-se ainda mais importante definir esse campo de ação em si, assim como explorar os seus vários graus de estreitamento sob condições desfavoráveis. A arte nomotética do legislador será orientada para a realização perfeita, mas, concretamente, ele precisa se contentar com o melhor que lhe for possível fazer. A estrutura do raio de ação é um problema central para o legislador, e Aristóteles dedicou-lhe o Livro III da *Política*.

Na organização da *Política*, o Livro III ocupa a posição-chave. Ele é a ponte entre o exame introdutório da natureza da pólis e a aplicação nomotética subsequente a casos concretos. O campo de ação para o legislador é a *politeia* ou *politeuma*, traduzida diversamente como "constituição", "tipo de governo" ou "forma de governo". O próprio Aristóteles define a *politeia* como a ordem (*taxis*) dos residentes de uma pólis (1274b38). A melhor tradução seria "ordem da pólis", e as variedades seriam mais bem denominadas "tipos de ordem"; assim, iremos usar esses termos sempre que a linguagem convencional de "constituição" ou "forma de governo" puder levar a confusões. Tal cuidado no uso dos termos é necessário porque, no Livro III, os conceitos de Aristóteles passam por certas alterações de sentido. O termo "pólis", por exemplo, não é usado no mesmo sentido que nos Livros I e II, quando a "natureza da pólis" era o tópico. No Livro I, a pólis era uma comunidade cujas "partes" podiam ser determinadas como lares e aldeia. No Livro III, a pólis ainda é algo composto, mas lar e aldeia foram substituídos pelos cidadãos (*polites*) como suas partes. "A pólis é uma multidão [*plethos*] de cidadãos." Essa é a definição que responde à pergunta de abertura do Livro III: "O que é de fato a pólis?". E a pergunta precisa ser feita porque Aristóteles agora está em busca da pólis que é objeto da "atividade do estadista e do legislador"[3]. A pólis do legislador não é a pólis do filósofo. O legislador precisa saber qual é a natureza da pólis; mas ele irá realizar essa natureza, na medida do possível, pela concentração de seus esforços na "ordem da pólis".

A distinção entre natureza e ordem, entre a pólis de um filósofo e a de um legislador, leva a dificuldades teóricas que Aristóteles não pôde dissolver ou, com mais cautela, não dissolveu em sua obra sobrevivente. Além disso, até onde sei, todas as interpretações de Aristóteles interrompem-se nesse ponto. Para evitar uma interrupção similar, a análise a seguir será dividida em duas partes. Na primeira parte, vou acompanhar as intenções teóricas de Aristóteles, seguindo o texto o mais de perto possível. Na segunda parte, vou expor a natureza do problema que causa as dificuldades e tentar mostrar por que ele não pode ser resolvido com os meios da metafísica aristotélica.

A ordem da pólis, embora variável dentro de uma certa margem, não é uma questão de livre escolha, mas é determinada de perto pelas condições externas e forças sociais designadas sob o título "materiais". Dessa variabilidade dentro de limites seguem-se uma série de problemas com relação ao raio da ação nomotética. Aristóteles lida com eles numa sequência mais ou menos sistemática, e nós vamos segui-la, desconsiderando apenas as retomadas, repetições e variantes.

Da variabilidade da ordem, em primeiro lugar, surgem dúvidas com respeito ao tema da ação política. Uma determinada ação deve ser considerada uma ação da pólis ou meramente da oligarquia ou tirania no poder? A ques-

---

[3] O novo problema será inevitavelmente obscurecido se a pergunta "O que é de fato a pólis?" for traduzida — como encontramos em uma tradução — como "Qual é, exatamente, a natureza essencial do Estado?". A *natureza* da pólis certamente *não* é o tema do Livro III.

tão é de importância prática, uma vez que governos democráticos, quando sucedem à tirania ou à oligarquia, têm o hábito de repudiar as dívidas em que incorreram seus predecessores com o argumento de que alguns governos apoiam-se na força e não são estabelecidos para o bem comum. Na medida em que esse argumento tem a intenção teórica de identificar a pólis com uma ordem democrática e de negar um caráter representativo a tiranias e oligarquias, Aristóteles o rejeita; pois as democracias também se apoiam com muita frequência na força e, nesse caso, as ações de um governo democrático não poderiam ser mais consideradas as ações da pólis do que as ações de oligarquias e tiranias. Qualquer que seja a resposta para a questão das dívidas públicas, o argumento suscita o problema da identidade da pólis em princípio. Deve-se dizer que a pólis permanece a mesma enquanto as gerações nascem e morrem, como um rio permanece o mesmo embora as águas mudem continuamente? Ou deve-se comparar o povo de uma pólis a um elenco teatral, que em um momento pode aparecer como um coro cômico e, depois, como um coro trágico, de forma que, com a mudança da *politeia*, a pólis também mudaria? Aristóteles inclina-se para a segunda alternativa. A pólis, reflete ele, é uma comunidade, e o que os cidadãos têm em comum é a sua ordem da pólis; quando a forma (*eidos*) da ordem muda, podemos considerar que a pólis já não é mais a mesma, pois "uma pólis é a mesma basicamente em relação à sua *politeia*". Se esse argumento fosse levado adiante até a sua conclusão, a pólis como sociedade na história iria desaparecer. A cada vez que ocorresse uma revolução vitoriosa de oligarcas ou democratas em Atenas, ter-se-ia de falar na abolição de uma pólis e no estabelecimento de uma nova, que apenas por um ato arbitrário conserva o mesmo nome. Aristóteles deixa a questão em suspenso. Mas ele conclui a argumentação com a frase: "Se uma pólis está ou não obrigada pela justiça a cumprir seus compromissos quando ela muda a sua ordem governamental [*politeia*] é uma outra questão" (1276b14 s.). Nessa frase, a pólis é novamente o tema que mantém sua identidade mesmo com as mudanças nos tipos de ordem — mas agora a questão das dívidas, que nesse caso deveriam ser pagas, é deixada em suspenso. Uma conciliação dessas várias intenções teóricas é impossível.

 Um segundo problema surge da nova definição da pólis como uma multidão de cidadãos. Como nem todos os seres humanos que vivem no território de uma pólis são cidadãos, é preciso indagar: quem pode ser chamado de cidadão e qual é o significado do termo? (1275a1 ss.). Seguindo por exclusão, Aristóteles decide que estrangeiros e escravos residentes, pessoas que têm direito a usar o tribunal apenas em decorrência de tratados comerciais, crianças que ainda não estão registradas, idosos que já foram dispensados do serviço, pessoas que foram privadas da cidadania e exilados não devem ser incluídos sob o termo *cidadão*. Os cidadãos devem ser definidos como pessoas que participam do serviço público, seja esse judiciário ou deliberativo, como mero jurado ou como membro da assembleia. Essa definição, porém, está exposta a dificuldades da mesma espécie que a definição da *politeia*, no sentido em que a definição do cidadão teria de mudar com os diferentes tipos de ordem. A definição que acabou de ser proposta seria apropriada a uma democracia, porém menos adequada a oligarquias, que não possuem um corpo reconhecido de cidadãos (*demos*) que se reúnem em assembleia. Em tais tipos de ordem, apenas as pessoas que participam de funções jurídicas e deliberativas seriam cidadãos. E, uma vez mais, intromete-se aqui o problema da pólis em existência concreta; pois na frase de conclusão dessa seção Aristóteles volta a assegurar que uma pólis é uma multidão de cidadãos, suficientemente numerosos para ter autossuficiência (1275b20). Essa frase significa que as pessoas que participam de funções públicas numa oligarquia devem ser suficientemente numerosas para esse fim? Ou Aristóteles negaria a uma tirania (em que um número insignificante de pessoas participa de funções públicas) o nome de pólis? Ou isso significa que uma pólis é autossuficiente se tiver cidadãos suficientes por direito de nascimento mesmo que nem todos eles sejam cidadãos por função?

As indagações devem permanecer em suspenso por enquanto, porque nesse ponto Aristóteles introduz um novo fator complicador. Ele pergunta se a excelência (*arete*) do homem bom e do bom cidadão é a mesma ou não. Para responder a essa pergunta é preciso ter uma noção da excelência de um cidadão. Os cidadãos têm um objetivo comum, ou seja, o bem-estar (*soteria*) de sua comunidade. "E essa comunidade é a constituição [*politeia*]." A excelência do cidadão, portanto, será relativa à constituição e, como há muitas formas (*eidos*) de constituições, a excelência do cidadão não pode ser a mesma em todos os casos. Quando falamos de um homem bom, porém, temos em mente o único tipo de bem. Assim, é possível ser um bom cidadão sem ser um homem bom (1276b16-36). E isso será verdadeiro até para a melhor forma de governo. Pois a pólis é composta de elementos humanos dissimilares, todos os quais têm de contribuir com a sua parte específica para a existência do todo — alguns em posições de mando, alguns como súditos —, e, consequentemente, embora todos devam ser bons cidadãos contribuindo com sua parte específica para o todo, eles ocuparão posições variáveis na escala de excelência humana. Isso, no entanto, não significa que as duas excelências nunca possam coincidir na mesma pessoa. O bom governante ou estadista, por exemplo, deve ser também um homem sábio e maduro (*spoudaios*). Para o cidadão comum, porém, a sabedoria não é necessária e é suficiente que ele tenha a "opinião verdadeira" (*doxa alethes*) que lhe permita submeter-se à autoridade. E precisamos considerar então o "governo político" (*politike arche*) no sentido específico que é o governo sobre iguais de sua própria raça e sobre homens livres. Nesse caso, a arte do governo pode ser adquirida apenas passando pela arte da obediência. O bom cidadão sob um "governo político" deve ser igualmente capaz de governar e obedecer, e o homem bom na sociedade de homens livres e iguais possuirá também a excelência do bom cidadão.

Depois dessa digressão, Aristóteles retorna à tarefa de definir o cidadão. É de fato justificável definir o cidadão como uma pessoa que participa de determinadas funções públicas, ou não deveriam também as classes dos artesãos ser incluídas no termo? Mas, se os incluirmos, não poderemos manter a definição do bom cidadão que é capaz tanto de governar como de obedecer; e, se os excluirmos, como deveriam eles ser classificados, uma vez que não são escravos nem estrangeiros? Aristóteles decide que nem todas as pessoas necessárias para a existência de um Estado podem ser consideradas cidadãos. Não sendo os artesãos nem escravos nem estrangeiros, como eram nos tempos antigos, então devemos decidir que nem todos os homens livres podem ser considerados cidadãos, mas apenas aqueles que estão livres dos trabalhos mais humildes. Aqueles que estiverem encarregados do trabalho necessário serão excluídos da cidadania "na melhor pólis". Na verdade, porém, vemos artesãos aceitos como cidadãos em muitas pólis. Como consequência, devemos pressupor vários tipos de cidadãos; e o cidadão no sentido mais pleno será o homem que participe das honras da pólis.

Dessa argumentação tortuosa nada pode ser concluído com absoluta clareza — especialmente porque, num ponto decisivo, o manuscrito tem uma lacuna de tamanho indeterminado. Ainda assim, é possível discernir pelo menos uma linha de problemas. Aristóteles está preocupado com a tensão entre a natureza única da pólis e as muitas variedades de realização. Da especulação sobre essa tensão surge a possibilidade de que a forma (*eidos*) da ordem possa ser levada a coincidir ao máximo possível com a natureza (*physis*) da pólis. Chegamos, assim, à noção da melhor pólis como a pólis cuja ordem (*politeia*) será uma organização dos homens livres e iguais, isto é, da sociedade de homens maduros conforme descrita na *Ética a Nicômaco*. Embora tal coincidência máxima seja desejável, o cientista político deve reconhecer que as pólis históricas ficam bem longe dessa perfeição; na verdade, Aristóteles admite aqui e ali que nenhuma das 158 constituições examinadas por ele está de acordo com os seus padrões. Tal deficiência, porém, não é razão para lhes negar o nome de pólis. O problema da política não é esgotado pelo exame da natureza da pólis; a investigação metafísica precisa ser complementada pelo que podemos chamar de uma sociologia da política. Os homens, de fato, associam-se na pólis com o propósito de uma boa vida, e a busca desse fim é a natureza da pólis; mas isso não significa que a busca será particularmente bem-sucedida. "Todos os homens desejam, manifestamente, a boa vida e a felicidade; mas, enquanto alguns têm o poder de alcançá-la, outros não o têm, devido a algum fator da fortuna ou da natureza; pois a boa vida requer certos recursos, embora menos para aqueles de melhor disposição do que para aqueles que tenham uma disposição pior. E outros, embora tenham o poder, vão pelo caminho errado porque percebem equivocadamente o fim" (1331b39–1332a4). Como "alguns homens podem alcançar a excelência, enquanto outros a têm pouco ou nada, essa é claramente a razão pela qual surgem diferentes tipos de pólis, assim como diversas variedades de constituições. Pois, como diferentes tipos de homens buscam a *eudaimonia* de diferentes maneiras, eles também farão para si diferentes modos de vida e diferentes formas de governo" (1328a37–1328b2). E tais excentricidades apoderaram-se até mesmo dos helenos, que têm a fama de ser os mais bem governados, "pois os legisladores que criaram suas constituições claramente não as organizaram com vistas ao melhor fim, nem instituíram leis e sistemas educacionais com vistas a todas as excelências, mas, de uma maneira vulgar, pensaram nas qualidades que pareciam úteis e com mais chances de levar a ganhos" (1333b5–11).

A pólis, assim, é, na melhor das hipóteses, uma sociedade fortemente diversificada em que a plena estatura moral só será obtida por um grupo comparativamente pequeno. A melhor pólis conteria uma associação de tais homens maduros livres e iguais como seu grupo politicamente dominante; essa associação seriam os "cidadãos" no sentido estrito das pessoas que se revezam nas funções deliberativas e jurídicas. Mesmo sob essas condições mais favoráveis, porém, a associação dominante de cidadãos provavelmente não seria homogênea; diferenças de excelência seriam sentidas; e a plena estatura talvez fosse alcançada apenas por um, ou por muito poucos por vez, que se qualificariam como "estadistas". Abaixo desse núcleo dominante estendem-se as fileiras dos habitantes da pólis que Aristóteles gostaria de excluir da cidadania por uma razão ou por outra. Há, primeiro, o grande estrato de artesãos, cujo trabalho duro e cuja pobreza os impedem de desenvolver as excelências do homem maduro. E abaixo deles estão os escravos. A escravidão é considerada por Aristóteles uma instituição desejável, na medida em que as pessoas que são legalmente escravas são também escravas por natureza. "Um escravo por natureza é um homem que é capaz de ser posse de outro (e portanto é posse de outro) porque participa suficientemente da razão para apreendê-la, mas não o suficiente para possuí-la" (1324b21 ss.). A concepção de um escravo por natureza desperta com frequência a indignação dos igualitários — bastante sem razão, pois a concepção não nega a igualdade da natureza humana, mas é uma tentativa de diferenciação empírica de tipos de personalidade dentro dessa natureza igual e comum. Os escravos por natureza que praticarão algum ato ruim quando não houver um mestre de olho neles são empiricamente, claro, um setor bastante grande de toda sociedade, tanto da nossa quanto da grega. Quando um membro do governo trabalhista britânico refletiu que as melhorias sociais aumentaram o número de pessoas "cuja renda é mais alta do que a sua estatura moral", ele apresentou uma definição sociológica clara do escravo por natureza.

Como essa diferenciação das posições humanas pode ser conciliada com a ideia de uma natureza humana igual para todos? Aristóteles viu a dificuldade (*aporia*) especialmente com relação aos escravos por natureza. "De qualquer maneira, há uma dificuldade. Se eles têm virtude, como se diferenciam dos homens livres? E se não a têm, isso seria estranho, uma vez que eles são seres humanos e participam da razão [*logos*]." E dificuldades similares podem ser encontradas quanto a mulheres e crianças. A resposta para a aporia não pode ser buscada na pressuposição de diferenças de grau; pois a diferença entre governar e ser governado é uma diferença de espécie, não de grau. É evidente, portanto, que tanto escravos como senhores devem possuir virtude, embora de uma maneira diferente. A solução de Aristóteles é muito similar à de Platão na *República*. A estrutura da alma, com as suas partes governantes e subordinadas, e a função de domínio da alma sobre o corpo fornecem as diferenciações de espécie. Todos os seres humanos têm, sem dúvida, a mesma estrutura da alma, porém diferenciada de acordo com a predominância de uma ou outra parte. O escravo não é capaz de deliberação; a mulher pode deliberar, mas não com plena autoridade; enquanto a criança possui a faculdade deliberativa numa forma não desenvolvida. O governante precisa possuir a virtude dianoética completa, ao passo que cada um dos outros tipos precisa ter apenas a proporção apropriada de excelência dianoética. O mesmo se aplica às excelências éticas. Todos devem participar delas, mas não da mesma maneira. A coragem, a temperança e a justiça de um homem não são as mesmas que as excelências correspondentes de uma mulher. É portanto inadequado dar uma definição geral de virtude; seria melhor diferenciar as virtudes terminologicamente, de forma que a variante específica de cada tipo de pessoa seja apropriadamente distinguida (1259b22 até o final do Livro I).

Aristóteles não executou seu programa com detalhamento suficiente para ser mencionado aqui. Ainda assim, o princípio de sua solução é claro. Ele adota o método platônico de descrever caracteres conforme a predominância de um ou outro dos fatores componentes da alma; mas Aristóteles vai além de Platão no sentido de que introduz diferenças de sexo e idade, de ocupação e posição econômica, de casualidade biográfica (*tyche*), do estado civilizacional da sociedade, além de diferenças geográficas e raciais, como fatores que determinam uma ampla variedade de tipos sem romper a unidade da natureza humana. Dentro dessa grande variedade de tipos humanos que habitam a pólis, ele distingue então a associação de homens maduros como o grupo em que a excelência humana encontra-se maximamente realizada. Esse grupo é o que poderíamos chamar de representante virtual da população total da excelência de vida a ser realizada pela pólis; e a sua ordem é a *politeia*, a forma organizacional da pólis. Essa concepção de governo implica que a pólis é mais perfeitamente ordenada quando a associação governante é mais estritamente limitada a homens que realizem de fato as excelências éticas e dianoéticas em suas pessoas (com a ressalva de que dentro desse próprio grupo podem existir graus de perfeição). Quanto mais a associação governante é diluída pela inclusão de homens que são deficientes nas excelências, ou seja, quanto mais o governo se torna democraticamente representativo no sentido moderno, menos representativo ele será no sentido aristotélico de um governo que represente a excelência da pólis. Essa ideia aristotélica do governo como a representação da excelência de uma pólis deverá ser claramente entendida se quisermos evitar equívocos apressados de interpretação. O vocabulário da política aristotélica sobreviveu aos séculos, mas seu significado mudou profundamente. Seria um erro sério ler o nosso constitucionalismo democrático moderno (que pressupõe a ideia cristã de igualdade) no constitucionalismo aristotélico de uma associação governante que representa a excelência da comunidade.

Uma análise aristotélica, no sentido da *Analytica Posteriora*, começa com a observação pré-analítica dos problemas da maneira como eles surgem dos materiais e tenta penetrar na estrutura essencial da área do ser respectiva. Na análise que acabamos de acompanhar, os problemas no nível pré-analítico levaram Aristóteles a desenvolver uma série de três distinções conceituais. Em primeiro lugar, a observação de revoluções, assim como das mudanças correspondentes das constituições numa pólis, motivou a distinção entre natureza e ordem da pólis. Uma vez que a ordem da constituição estivesse estabelecida como uma categoria, ela tinha de ser a ordem de algo; e a constituição adquiriu a função de uma "forma" em relação aos cidadãos como sua "matéria". Essa segunda distinção entre a forma constitucional e os cidadãos levou à dificuldade de que um bom número de homens pertencem, de alguma maneira, à pólis, mas não podem ser classificados como cidadãos se o cidadão é definido como a "matéria" que se encaixa na "forma" constitucional. Isso foi embaraçoso, porque os cidadãos que se encaixavam como matéria na "forma" constitucional da pólis eram, afinal, os mesmos homens que eram membros da pólis que tinha uma "natureza". Para lidar com esse problema, Aristóteles, fez uma terceira distinção entre o homem bom e os bons cidadãos. Mas o resultado da análise conduzida por meio desses conceitos não foi muito feliz; pois Aristóteles teve de admitir que apenas sob circunstâncias excepcionais de ordem constitucional, tais como não se observava em nenhuma das pólis históricas, poderia o homem bom ser ao mesmo tempo o bom cidadão. Se isso, porém, fosse admitido sem reservas, a teoria da pólis como o tipo de comunidade em que o homem encontra a plena realização de sua natureza desmoronaria; a natureza da pólis não poderia mais ser ligada à natureza do homem pelo princípio antropológico que Aristóteles havia herdado de Platão; e abrir-se-ia uma perspectiva para a possibilidade de existência humana, em modos satisfatórios de realização da natureza humana, em sociedades de um tipo diferente da pólis. Aristóteles evitou esse desmoronamento de sua ciência política como uma ciência da ordem da pólis admitindo, por um lado, a tensão entre natureza e ordem da pólis e prescrevendo, por outro, que o legislador aproximasse a ordem da natureza tanto quanto praticamente possível. Os problemas que surgem dentro da análise não foram, assim, desenvolvidos até as suas consequências teóricas; e evitou-se que o desmoronamento da análise se tornasse manifesto fazendo a distinção entre a pólis do filósofo e a pólis do legislador.

Esse complexo exercício filosófico precisa ser desenredado a partir do ponto de seu óbvio descarrilamento técnico. Se pressupomos, como Aristóteles, que a pólis é algo com uma natureza ou essência, o caráter problemático de sua *episteme politike* torna-se claro quando a investigação da natureza (*physis*) da pólis no Livro I precisa ser complementada por uma investigação de sua forma (*eidos*) no Livro III. Como *physis* e *eidos* são sinônimos para "essência", a pólis é algo com duas essências diferentes. Não pode haver dúvida de que algo está errado. Para tornar o monstro de duas cabeças inteligível, vou explicar primeiro o mecanismo teórico de sua construção e depois as motivações.

As dificuldades têm sua origem na tentativa de aplicar as categorias ontológicas, que haviam sido desenvolvidas na *Física* e na *Metafísica*, sem esclarecer melhor a ordem da existência humana na sociedade. As categorias de forma e matéria haviam sido inicialmente elaboradas de forma a classificar tipos definidos de entidades, ou seja, o organismo, o artefato e a ação com uma finalidade. No caso de uma planta ou animal, pode-se de fato descrever uma forma fenotípica que permanece a mesma durante a vida do organismo, enquanto no processo do metabolismo a matéria é absorvida e ejetada. No caso do artefato, pode-se de fato falar do projeto de um artesão como a forma a ser imposta à matéria usada. E no caso da ação com uma finalidade o projeto pode ser interpretado como a forma que organiza os recursos como materiais para alcançar um fim. Quando, porém, as categorias são aplicadas à pólis, quando a constituição se torna a sua "forma" e os cidadãos a sua "matéria", as dificuldades do argumento aristotélico são inevitáveis. Devem ser contadas como cidadãos todas as pessoas que residam de modo permanente no território da pólis? Nesse caso, porém, os metecos e os escravos seriam cidadãos, e tal linguagem estaria em conflito com o uso cotidiano. Como cidadão deveria ser contado, portanto, apenas um homem que participasse do processo governamental, se não em cargos mais elevados, pelo menos como um votante em assembleias. Mas essa definição encontra a dificuldade de que nem todas as pólis têm a "forma" de uma democracia; numa tirania ou numa oligarquia, nem todos os homens livres terão o direito de votar em uma assembleia, embora não percam a sua condição de cidadãos e não desçam à posição de metecos ou escravos. Aristóteles, é verdade, admite que a definição do cidadão como um homem que participa do processo de governo será mais adequada para uma democracia do que para outras "formas", mas não leva a análise adiante. Ele quer reter a constituição como a "forma" da pólis; e então os cidadãos, em seu papel de "matéria", precisam ser definidos como pessoas que têm um lugar e uma função dentro da "forma". Se, portanto, acompanhamos o argumento desde o *eidos* de volta à *physis* da pólis, deparamo-nos com a estranheza de uma pólis que muda de identidade toda vez que a mudança da constelação do poder resulta numa nova "forma"; e quando o acompanhamos do cidadão para o homem, encontramos que um homem pode ser um homem bom sem ter o *status* de cidadão na "forma" da pólis e que ele pode ser um homem muito mau precisamente quando é um bom cidadão nos termos da "forma". Deve estar amplamente claro que as categorias ontológicas, desenvolvidas por ocasião dos modelos enumerados na *Física* (II, 3) e na *Metafísica* (I, 9 e XII, 3), não são instrumentos adequados para a teorização da ordem na sociedade. A tentativa de Aristóteles de usá-las assim mesmo é um caso claro da transformação de categorias filosóficas em *topoi*, arrancados de seu contexto e usados de forma especulativa, quer se encaixem ou não no campo de problemas.

Aristóteles estava ciente das dificuldades em que esse procedimento o envolvia. Na verdade, ele apresentou as dificuldades de modo tão completo e preciso que sua exposição é o melhor guia para uma teorização alternativa que possa dissolvê-las. Como a construção bizarra certamente não trai uma falta de poderes intelectuais, impõe-se a questão de sua motivação. Que experiência de ordem exigiu essa construção como o meio adequado de sua expressão? Que ganho era tão importante a ponto de fazer Aristóteles se dispor a pagar o preço das dificuldades? Essas indagações serão mais bem abordadas se primeiro expusermos a solução das dificuldades, que Aristóteles não aceitou embora a sua própria análise o tenha deixado a um passo dela.

A ordem constitucional de uma sociedade não deve ser construída como a sua essência ou forma, porque o corte institucional, a qualquer dado momento, não é algo com um *status* ontológico próprio. Uma sociedade existe no tempo na medida em que produz um representante que agirá por ela; e a composição da representação tende a mudar com as mudanças na constelação de forças no curso histórico de uma sociedade. A ordem constitucional, isto é, a organização da ação social representativa aceitável no momento, é uma fase da ordem à qual pode ser atribuída a posição de uma subforma dentro da ordem abrangente da sociedade que se estende pela duração de sua existência. Esse problema não escapou nem a Platão nem a Aristóteles, como sabemos, no plano de suas observações empíricas. Ambos os filósofos sabiam que as pólis helênicas exibiam uma sequência típica de constelações de poder e "formas" de constituições correspondentes, percorrendo o ciclo de monarquia, aristocracia, revolta popular, tirania do tipo Pisístrato, oligarquia e democracia de vários graus de radicalismo. No que tange à prática da ciência política, a sociedade em toda a extensão de seu curso histórico, com o seu ciclo de subformas constitucionais, estava bem estabelecida como uma unidade de investigação. Além disso, como era reconhecido que o ciclo de formas aplicava-se não só a uma pólis em particular, por exemplo Atenas, mas era típico dentro de uma gama de variações para todas as pólis helênicas, mesmo a pólis individual já estava superada como a unidade ontológica e dera lugar à sociedade helênica, organizada como uma multiplicidade de pólis, como a unidade de investigação empírica. E mesmo o mundo helênico das pólis no sentido mais estrito havia sido superado como a unidade final pela construção platônica do custo da história grega, que incluía, além da sociedade helênica, também a aqueia e a cretense. Na prática da ciência, estava bem avançado o processo em que o objeto de investigação expande-se da ordem das sociedades concretas para civilizações, de civilizações individuais para classes de civilizações que pertencem ao mesmo tipo de ordem e, por fim, para a ordem da história de uma humanidade, que não é de forma alguma uma unidade finita de observação, uma vez que se estende indefinidamente pelo futuro. O que quer que pareça ser uma unidade finita de observação no estudo da ordem acaba por se revelar uma subunidade no vasto processo da história da humanidade; e os complicados problemas de estrutura nesse processo — que são o tema do presente estudo — obviamente não podem ser resolvidos declarando-se que uma das subunidades seja a unidade com *status* ontológico e designando a sua estrutura como uma essência.

Por que Aristóteles, quando teorizou, não explorou os problemas que estavam expostos diante dele no plano da observação empírica? A resposta deve ser que a sua relevância não podia se tornar visível dentro da experiência de ordem helênica. A *episteme politike*, a ciência da ordem da pólis, só poderia se expandir numa ciência da ordem e da história numa situação em que a existência na forma histórica tivesse sido estabelecida, isto é, na órbita da revelação mosaica e cristã. O procedimento aristotélico de interromper as suas próprias observações empíricas fazendo da constituição o *eidos* da ordem é a prova clássica da tese de que o exercício da ciência com um máximo de racionalidade só é possível quando os domínios do ser são completamente diferenciados.

Mas por que o estudo da ordem deveria ser interrompido pela atribuição do caráter de *eidos* à constituição? Não seria possível que pelo menos o curso de uma pólis, com a sua sucessão de formas constitucionais, tão bem incluído no alcance da observação empírica de Aristóteles, tivesse recebido a posição de uma unidade ontológica merecedora de análise sob o aspecto da essência? Essa nova indagação, referente ao motivo da decisão positiva de Aristóteles quanto à constituição como o *eidos*, deve ser respondida à luz de sua construção da *physis* da pólis. A investigação aristotélica da *physis*, a natureza da pólis, é orientada não para o curso histórico da sociedade e sua estrutura, mas para a melhor ordem da pólis. Aristóteles, embora admita que seu modelo da melhor pólis é ajustado às condições históricas de uma sociedade de homens maduros, dos *spoudaioi*, insiste, ainda assim, que seu paradigma articula a essência da pólis. Essa proposição é defensável se aceitas as duas pressuposições de que (1) a natureza do homem alcançou a sua plena realização no tipo do *spoudaios* que cultiva o *bios theoretikos*, e de que (2) a plena manifestação da natureza humana só é possível numa sociedade do tipo da pólis. É certo que nenhuma das duas pressuposições pode ser admitida como verdadeira depois de Cristo — mas a relação com a mais diferenciada antropologia cristã é de interesse no momento apenas na medida em que ela nos permite circunscrever a análise da essência aristotélica como uma busca de perfeição, dentro da experiência mais compacta da *physis*, da natureza, que no cristianismo é conduzida sob o pressuposto de que a perfeição está no além. A ordem da sociedade na história é teoricamente irrelevante para Aristóteles, porque ele está convencido de que a ordem perfeita pode ser realizada dentro da história; a ordem da história em si só se torna um interesse absorvente quando a perfeição é reconhecida como um símbolo de realização escatológica para além da história. Se, no entanto, a ordem perfeita é considerada realizável na história, a estrutura empírica da ordem, embora teoricamente irrelevante, adquire relevância pragmática como a condição sob a qual a ordem perfeita será realizada. Embora o filósofo, que está em busca do paradigma da perfeição, não tenha nenhum interesse teórico na expansão histórica da realidade não essencial (não essencial, se a essência for a *physis*), o legislador precisa do conhecimento empírico completo dessa realidade, uma vez que ela é o meio em que ele deseja construir a pólis perfeita. A investigação da estrutura essencial da sociedade e de sua ordem teve de ser interrompida com o *eidos* constitucional do legislador, porque o limite de relevância era estabelecido pela *physis* do filósofo. A ascensão e a queda da sociedade, embora empiricamente observadas, permanecem dentro da fatalidade da ordem cósmica, e, para o domínio da essência, acima dessa fatalidade elevam-se apenas a vida teórica do *spoudaios* e a sociedade perfeita que expressa a ordem de sua alma. Apesar da descoberta empírica do curso histórico da sociedade helênica, e apesar da consciência da época espiritual marcada por Sócrates e Platão, a história não tem ainda significado. O salto no ser do filósofo libertou a *physis* paradigmática do homem e da sociedade, mas não desligou, como o fez o salto no ser mosaico e profético, a ordem da história do mito do cosmos[4].

---

[4] Para um maior aprofundamento desse problema, ver o capítulo 10 a seguir.

3 Tipos de ordem

Há mais de um tipo de ordem constitucional (*politeia*). A próxima tarefa é a determinação dos vários tipos e das diferenças entre eles (1278b6 ss.). Com o propósito de obter um princípio adequado de diferenciação, Aristóteles apresenta uma nova definição de ordem constitucional. Anteriormente, a *politeia* foi definida como a ordem dos residentes de uma pólis, agora ela é definida como "a ordem [*taxis*] da pólis com relação às várias magistraturas e, em especial, com relação às mais elevadas; pois o grupo dominante [*kyrion*] é em toda parte a magistratura governante [*politeuma*] da pólis, e a magistratura governante é a própria constituição [*politeia*]" (1278b9 s.). Numa democracia, por exemplo, o povo (*demos*) é o grupo dominante, numa oligarquia são os poucos (*oligoi*); e, assim, as duas constituições podem ser distinguidas. Um segundo princípio de diferenciação é dado pela atenção ao interesse comum (*sympheron*). As constituições podem dar atenção ao interesse comum de acordo com a justiça estrita; ou podem dar atenção apenas ao interesse pessoal dos governantes. O primeiro tipo pode ser chamado de constituições retas (ou verdadeiras, *orthos*); o segundo tipo pode ser chamado de defeituoso, ou de perversões (*parekbasis*) das constituições verdadeiras. O segundo tipo é pervertido na medida em que contém um elemento de despotismo, enquanto uma pólis deve ser uma comunidade de homens livres (1279a17-22). Da combinação desses dois princípios diferenciadores segue-se a classificação dos tipos de ordem nas duas séries de constituições retas e pervertidas. As constituições retas são o reinado (a forma verdadeira de monarquia), a aristocracia (a forma verdadeira de um governo dos poucos) e o governo constitucional (a forma verdadeira de governo pelos muitos, o *plethos*)[5]. As constituições pervertidas são a tirania (no interesse do monarca), a oligarquia (no interesse dos ricos) e a democracia (no interesse dos pobres) (1279a26-1279b10).

Essa classificação dos tipos de ordem é derivada da classificação dada por Platão no *Político*. Logo depois de apresentá-la, Aristóteles critica-a com habilidade e tanta eficácia que uma classificação inteiramente diferente aparece na discussão de problemas concretos. O ponto de ataque é a pressuposição acrítica

---

[5] O termo governo constitucional (*politeia*), que é usado, de modo geral, para todas as constituições, é considerado por Aristóteles o mais apropriado para designar o governo dos muitos, porque é difícil para a multidão de homens livres possuir a excelência plena. A multidão se destacará, mais provavelmente, na virtude militar (*polemike*). Aparentemente, Aristóteles considerou a existência de uma conexão etimológica entre *politeia* e *polemos* (1279a41-1279b5).

de que um governo dos poucos, quando degenera, é um governo dos ricos, enquanto um governo dos muitos, quando degenera, é um governo dos pobres. Existe realmente tal harmonia preestabelecida entre poucos e ricos e muitos e pobres? Não necessariamente, e em alguns casos incomuns os muitos são na verdade os ricos e os poucos os pobres. Normalmente, porém, os ricos de fato são poucos e os pobres de fato são a maioria. Essa correlação não pode ser encontrada por especulação teórica e classificação lógica. Ela é uma questão de observação empírica; e o fato dessa correlação deve ser introduzido como uma constante na análise da política. Aristóteles propõe, com efeito, algo como uma formulação primitiva da curva de Pareto para a distribuição de renda em qualquer sociedade. Na prática, portanto, a luta política é disputada entre os ricos, os pobres e os virtuosos, que podem ser ricos ou pobres. Os problemas práticos da política decorrem do fato de que os três tipos coexistem numa pólis e que cada tipo apresenta a sua própria reivindicação, em nome da justiça, a ser a parte dominante. Os ricos reclamam uma posição de governo devido à sua situação na comunidade; os pobres, em nome de sua liberdade; os virtuosos, em nome de sua excelência. Assim, a discussão dos tipos de ordem deve seguir o caminho das reivindicações apresentadas pelos vários tipos sociais enumerados.

A análise concentra-se primeiro nas reivindicações respectivas dos ricos e dos pobres. As reivindicações são apresentadas em nome da justiça; mas são reivindicações parciais, que não esgotam toda a ideia de justiça. A justiça pode ser encontrada, por exemplo, na igualdade, e a igualdade é de fato parte da justiça, mas apenas para os iguais. Mas a justiça também pode ser encontrada na desigualdade de direitos e tratamento, e a desigualdade também é parte da justiça, mas apenas para os desiguais. Quando os princípios de igualdade e desigualdade são examinados em abstrato, sem levar em conta as qualidades concretas das pessoas, eles levam a juízos errôneos. Aqueles que são desiguais em algum aspecto, por exemplo, em riqueza, tendem a se considerar desiguais aos outros em todos os aspectos. Aqueles que se sentem iguais em algum aspecto, por exemplo, em liberdade de nascimento, tendem a se considerar iguais a todos em todos os aspectos (1280a7-25). Se cedêssemos a essas reivindicações respectivas, chegaríamos à construção de governos como oligarquias ou democracias rígidas. Como, porém, "aqueles que são iguais em apenas uma coisa não devem ter igualdade em todas as coisas, e aqueles que são desiguais em relação a uma coisa não devem ter uma participação desigual em todas as coisas, decorre necessariamente que as constituições baseadas nessas reivindicações são perversões" (1283a26-29).

Na prática política, o conflito de reivindicações não pode ser solucionado pela decisão em favor de uma ou da outra parte, nem pode ser resolvido como se fosse um conflito de reivindicações decorrentes de um contrato dentro do direito civil. Uma pólis não é meramente um grupo de pessoas assentadas num território; nem se poderia falar de uma pólis se algumas de suas casas entrassem numa espécie de aliança para se defender de malfeitores mas, fora isso, permanecessem como as mesmas unidades individuais de antes. Uma pólis é mais do que uma organização para a prevenção de crimes e para a troca de bens. Ela é a comunidade dos clãs e aldeias para uma vida feliz e honrada, baseada na *philia*, a amizade, entre os homens; e a *philia* está arraigada na realização do verdadeiro eu. A pólis existe para as ações nobres, e aqueles que mais contribuem para esse fim por meio de sua virtude política têm uma participação maior nela do que aqueles que se destacam pela riqueza ou aqueles que não são mais do que seus iguais pelo nascimento livre (1280b24–1281a8). A solução para o problema da ordem justa, assim, não pode estar na harmonização das reivindicações entre ricos e pobres; a justiça da pólis deriva da *philia* e da realização da excelência humana. O problema da justiça só pode ser resolvido na prática política se o terceiro tipo social, o virtuoso, entra em cena.

Todas essas reflexões ainda deixam a questão de como um governo deve ser organizado a fim de assegurar um máximo de justiça. Aristóteles não se expressa explicitamente quanto a esse ponto no contexto do Livro III, mas suas análises sugerem que ele está retornando às considerações e soluções dadas por Platão nas *Leis*. Nenhuma das reivindicações conflitantes é aceitável como o princípio organizador do governo. Os ricos oprimiriam os pobres e os pobres saqueariam os ricos. Além disso, os grupos excluídos do governo seriam inimigos públicos, causando instabilidade revolucionária permanente. As reivindicações parciais resultariam no que Platão chamou de "não-constituições". Aristóteles vai além de Platão ao excluir também um governo dos virtuosos, porque tal governo só seria uma "oligarquia" ainda mais restrita, desonrando um número ainda maior de cidadãos por excluí-los das honras do cargo[6]. A solução deve ser buscada numa acomodação que reserve os cargos de influência para os cidadãos ricos, instruídos e responsáveis e que abra para a massa dos homens livres pobres um acesso ao governo por meio da partici-

---

[6] Nesta sugestão de que o governo dos virtuosos é mais uma "perversão" podemos ver um dos muitos ataques sutis à *República* platônica.

pação em eleições e comissões de supervisão. Isso parece ser uma resposta um tanto frágil para as grandes indagações levantadas, e torna-se ainda mais frágil pelas reflexões sobre o problema da lei que aparecem nesse contexto. Pois seria melhor se o magistrado simplesmente governasse de acordo com a lei. Mas seria melhor apenas se a lei fosse justa. Na prática política, porém, a lei deve ser da mesma compleição que o próprio tipo de ordem. Uma democracia com uma lei oligárquica é tão inconcebível quanto uma oligarquia com uma lei democrática. Enquanto na prática a ordem da pólis depender de acomodações precárias entre ricos e pobres, o Estado de direito não significará muito como uma garantia da ordem justa.

O enigma dessas respostas insatisfatórias é resolvido por meio de alguns comentários muito breves sobre a dinâmica histórica dos tipos de ordem. As várias ordens governamentais que apareceram anteriormente em classificação sistemática são agora transformadas em fases de um processo histórico. O reinado, como uma forma antiga de governo, apareceu quando os homens de virtude eminente eram poucos em número e as pólis eram pequenas em tamanho. Um homem chegava ao reinado com o consentimento de seus conterrâneos porque se distinguia por inventividade nas artes e nos assuntos militares, porque os reuniu numa comunidade e adquiriu terras para eles e, assim, tornou-se o fundador e líder natural. Tais reinados, naturalmente, eram governos dos virtuosos, porque apenas homens bons poderiam conceder tais benefícios. Com a prosperidade e o aumento da população, os homens de excelência tornaram-se mais numerosos e não mais se dispunham a se submeter ao reinado; eles desejavam um Estado comum (*koinon*) e estabeleceram uma constituição. A república aristocrática, assim, foi a segunda forma de governo. Quando a classe governante se deteriorou e começou a enriquecer às custas do bem comum, a riqueza adquiriu honra e a fase da oligarquia foi atingida. A concentração de riqueza em poucas mãos resultou em tiranias; e as tiranias deram lugar ao governo das crescentes massas de homens livres relativamente pobres. Agora que as pólis aumentaram ainda mais em população, não mais será fácil estabelecer qualquer constituição diferente da democracia (1286b8–22). O ciclo de forma política, assim, é a resposta final para o problema da classificação. A deliberação insatisfatória sobre as formas boas e más dissolve-se no reconhecimento de um processo civilizacional em que os efeitos cumulativos de paz, ordem, prosperidade, aumento da população e concentração de riqueza produzirão a deterioração da excelência fundadora inicial, até que a democracia popular se torne a única forma historicamente possível. A derivação dessa concepção da teoria da forma em deterioração desenvolvida por Platão na *República* é evidente.

Examinando todo o curso da reflexão de Aristóteles sobre tipos de ordem, podemos dizer que ele experimentou as várias abordagens que foram sugeridas no *Político*, nas *Leis* e na *República*. Nenhuma dessas abordagens pareceu muito satisfatória. A segunda parecia superar a primeira, a terceira à segunda. A unificação das várias intenções teóricas em uma única teoria coerente não foi tentada, e talvez fosse impossível.

A unificação das várias intenções teóricas de fato não foi alcançada — mas não se pode descartar o filosofar aristotélico com uma afirmação seca como essa. Em seções anteriores deste capítulo, destacamos que a qualidade do pensamento de Aristóteles não deve ser buscada, e não pode ser encontrada, na perfeição de um sistema, mas na inventariação e na ordenação abrangentes de problemas. Além disso, sua exposição filosófica em geral, e especialmente em ética e política, começa das opiniões pré-analíticas mantidas sobre o tema em questão, considerando que qualquer opinião, por mais equivocada, ainda conterá uma parte da verdade e que o exame crítico de opiniões deixará como seu sedimento a verdade parcial que elas continham. Entre essas opiniões pré-analíticas a ser examinadas, Aristóteles também coloca as opiniões de Platão, juntamente com as de outros pensadores. Assim, no curso das reflexões que acabamos de analisar, a classificação platônica de constituições em formas verdadeiras e pervertidas é rejeitada como inadequada porque o critério de bom e mau é buscado na observação ou não-observação da lei. "Pois as leis devem ser feitas para se adequar à constituição, e não a constituição para se adequar às leis" (1289a13 s.). Embora a distinção de formas verdadeiras e pervertidas seja preservada, o critério é deslocado para a predominância de um ou outro dos tipos sociais. A distinção subsequente dos três tipos, rico, pobre e virtuoso, permanece, uma vez mais, inconclusiva no que se refere a uma classificação de constituições, mas deixa como seu resultado valioso o discernimento da estratificação fundamental de toda sociedade nas classes dos ricos e dos pobres, indicando a necessidade de instituições que pudessem evitar explosões revolucionárias. E a classificação final de várias constituições como as fases históricas da pólis acrescenta um novo critério, mas não invalida os resultados da análise precedente. O processo de filosofia aristotélica tem uma entelequia. Mesmo que o resultado da cadeia de reflexões, o seu *telos*, não seja articulado, ele é alcançado ainda assim. Neste caso, é a multiplicidade da forma política. As variedades dessa multiplicidade são determinadas pela desintegração da virtude fundadora inicial, pela estratificação social nas classes dos ricos e dos pobres, por condições geográficas, acidentes históricos e aumentos populacionais. Das reflexões do Livro III, emergimos numa multiplicidade da realidade política que requer investigação empírica e inventariação de detalhes com um grau de diferenciação além do alcance da classificação original de seis constituições pela qual as reflexões tiveram início. Os seis termos originais, claro, ainda podem ser usados, mas precisam ser estendidos, a fim de cumprir seu propósito, por meio de uma série de subdivisões. Esse vasto exame empírico de formas e problemas constitucionais é feito nos Livros IV, V e VI da *Política*.

4 A multiplicidade da realidade política

O espírito de atenção dedicada aos detalhes empíricos que anima o exame dos Livros IV–VI encontrou sua expressão representativa não na própria *Política*, mas por ocasião de um estudo empírico comparável em zoologia. Estamos nos referindo a uma página famosa do *De partibus animalium*:

> Das coisas constituídas pela natureza, algumas são não geradas, imperecíveis e eternas, enquanto outras são sujeitas a geração e degeneração. As primeiras são incomparavelmente excelentes e divinas, porém menos acessíveis ao conhecimento. As evidências que poderiam lançar luz sobre elas, e os problemas que ansiamos por resolver com respeito a elas, são fornecidas apenas escassamente pela sensação; ao passo que, quanto às plantas e animais perecíveis, temos informações abundantes, uma vez que vivemos em seu meio, e fartos dados podem ser coletados sobre todos os seus vários tipos, bastando estarmos dispostos a ter o trabalho necessário. Ambos os departamentos, porém, têm seu encanto especial. As escassas concepções a que podemos chegar sobre as coisas celestiais nos dão, pela sua excelência, mais prazer do que todo o nosso conhecimento do mundo em que vivemos; do mesmo modo como meio vislumbre de pessoas que amamos é mais prazeroso do que uma visão demorada de outras coisas, quaisquer que sejam seu número e suas dimensões. Por outro lado, em certeza e completude o nosso conhecimento das coisas terrenas tem a vantagem. Além disso, sua maior proximidade e afinidade conosco equilibra de certa maneira o interesse mais elevado das coisas celestiais que são os objetos da mais alta filosofia. Tendo já tratado do mundo celestial, até onde nossas conjecturas podem alcançar, prosseguiremos tratando dos animais, sem omitir, ao máximo que pudermos, nenhum membro do reino, por mais ignóbil. Pois se alguns não têm graças para encantar os sentidos, até mesmo esses, ao revelar para a percepção intelectual o espírito artístico que os projetou, dão imenso prazer a todos que possam

encontrar as ligações de causa e que sejam inclinados à filosofia. De fato, seria estranho se as representações imitativas deles fossem atraentes, porque eles revelam a habilidade mimética do pintor ou do escultor, e as realidades originais não eram mais interessantes, pelo menos para todos que tenham olhos para discernir as razões que determinaram a sua formação. Não devemos, portanto, nos retrair com aversão infantil do exame dos mais humildes animais. Todos os domínios da natureza são maravilhosos; e como Heráclito, que quando os estrangeiros que vieram visitá-lo encontraram-no aquecendo-se junto ao fogo na cozinha e hesitaram em entrar, teria lhes dito para não ter medo de se aproximar, porque mesmo naquela cozinha havia divindades presentes, assim também nós devemos nos aventurar no estudo de todos os tipos de animais sem repulsa; pois cada um e todos eles nos revelarão algo natural e algo belo. A ausência de acaso e a tendência de tudo a um fim são encontradas nas obras da Natureza no grau mais elevado, e o resultante de suas gerações e combinações é uma forma do belo.[7]

O inventário de problemas nos Livros IV–VI é volumoso. Devemos nos confinar a uma exposição dos princípios em que o levantamento foi baseado. Pólis não são animais, e a ciência política não é uma ciência de formas naturais. A forma política ainda é um problema para a arte, a *techne*, do legislador. Da mesma maneira que outras artes, a arte da política precisa considerar o seu tema, as constituições, sob quatro aspectos: (1) estudar qual constituição é a melhor por natureza e por circunstâncias materiais; (2) examinar qual constituição é a melhor sob as circunstâncias menos favoráveis existentes na realidade; (3) considerar o que o legislador pode fazer no caso de uma constituição já existente estar abaixo da relativamente melhor que poderia ter sido alcançada sob as circunstâncias atuais; e (4) considerar uma constituição média que seja mais ou menos praticável para a maioria dos casos (1288b10–40).

Para executar esse programa, Aristóteles precisa, em primeiro lugar, enfrentar seriamente o problema da multiplicidade de formas. Um aparato bem mais elaborado do que a classificação de seis formas será necessário, e ele será obtido por meio de uma retomada do problema das "partes" da pólis. Desta vez, a pólis é comparada a um animal. Quando determinamos a espécie de animais, precisamos proceder determinando os vários órgãos que são indispensáveis para um animal. O número desses órgãos é limitado, mas cada um deles pode ter muitas formas diferentes. Assim, temos para cada

---

[7] ARISTÓTELES, *De partibus animalium*, trad. para o inglês de William Ogle, edição Oxford de *The Works of Aristotle*, 644b21–645a26.

órgão uma série de variedades; e qualquer membro de cada série pode entrar em combinação com qualquer membro das outras séries, criando dessa maneira a imensa multiplicidade de formas animais. Do mesmo modo devemos agora proceder com relação à pólis. Cada pólis é constituída de uma série de elementos necessários e, como variações desses elementos são possíveis, as combinações das variações produzirão uma multiplicidade indefinidamente grande de diferentes pólis. Como elementos necessários, Aristóteles especifica os seguintes:

(1) agricultores ou camponeses
(2) artesãos
(3) a classe do comércio — atacado e varejo
(4) operários
(5) guerreiros
(6) participantes da administração da justiça e das assembleias deliberativas
(7) os ricos que servem à pólis com seus bens
(8) os homens que servem como magistrados e governantes da pólis

Essa lista de partes (*meros, morion*), porém, não recebe um uso direto na análise da realidade. Aristóteles interpõe a reflexão de que várias dessas funções podem aparecer no mesmo indivíduo. O guerreiro também pode ser um agricultor ou um artesão; ou ele pode ser um conselheiro ou um juiz; e, de modo geral, a maioria das pessoas acredita que, além de suas outras funções, elas são bastante capazes de se incumbir das obrigações de um cargo político. Apenas duas "partes" nunca podem ser combinadas num único indivíduo: pois ninguém pode ser rico e pobre ao mesmo tempo. Os ricos e os pobres, assim, tornam-se eminentemente as "partes" de uma pólis em que todos são ricos ou pobres além de qualquer outra função na comunidade que possam exercer. Essa distinção de partes eminentes (*malista*) e comuns determina o procedimento seguinte da análise, porque agora, uma vez mais, oligarquia e democracia podem se mover para a posição de formas constitucionais focais, enquanto as variações das partes comuns possibilitam a classificação das formas políticas como subvariantes de oligarquias e democracias (1290b21-1291b13).

Aristóteles concentra sua atenção em oligarquias e democracias. A discussão dessas formas ocupa uma parte significativa do Livro IV e todo o livro VI. Ainda assim, essa preocupação não o faz perder de vista as outras formas, ou seja, reinado, aristocracia, governo constitucional e tirania. O exame é exaustivo, e a clareza em relação ao princípio que governa o exame como um todo é importante para o entendimento da intenção teórica de Aristóteles. Além disso, o entendimento do princípio teórico tende a lançar alguma luz sobre a gênese do pensamento aristotélico referente à política.

O princípio torna-se claro por meio de mais uma das redefinições de conceitos fundamentais das quais já vimos tantas. Quando Aristóteles esboça programaticamente (1289a25 ss.) o exame que virá a seguir, ele fala do "discurso original sobre constituições" em que havia descrito os três tipos de constituições boas e suas perversões correspondentes, e então prossegue: "Falamos [no primeiro discurso, ou discurso original] sobre aristocracias e reinados — pois teorizar sobre a melhor constituição é o mesmo que falar das formas que levam esses nomes, uma vez que cada uma delas implica virtude e equipamento com meios externos". A identificação da melhor constituição com a aristocracia torna-se ainda mais específica pela explicação de que a constituição discutida "nos primeiros discursos" recebeu o seu nome adequadamente, porque seus cidadãos devem ser os melhores (*aristoi*) de acordo com a excelência (*arete*) no sentido estrito e não simplesmente bons de acordo com algum outro padrão; pois apenas "numa aristocracia o homem e cidadão bons são o mesmo" (1293b2 ss.).

A identificação da pólis perfeita como a aristocracia que é discutida nos capítulos finais do Livro III esclarece a estrutura intricada da política aristotélica em vários aspectos. Em primeiro lugar, a identificação impõe uma revisão do conceito de perversão (*parekbasis*). Com a definição estrita da aristocracia como a melhor constituição, todas as outras constituições adquirem o caráter de imperfeições. A "melhor pólis" torna-se agora, na escala dos tipos de ordem, a constituição "mais verdadeira", e o caráter de imperfeição invade até mesmo a própria categoria da aristocracia. Pois há constituições a que o nome de aristocracia não pode ser negado e que, mesmo assim, não são a "melhor constituição", como as pólis em que os magistrados são escolhidos "não só por causa de sua riqueza, mas também por causa de sua nobreza"[8]. Elas não são melhores porque a realização da excelência não é "preocupação pública" declarada, mas estão perto disso, porque de fato selecionam homens com uma

---

[8] *Política*, 1293b10–22. Traduzi como "nobreza" o advérbio grego *aristinden*. Aristóteles deseja distinguir essa qualidade da excelência que é devida à *arete*. *Aristinden* pode significar distinção social pela nobreza de nascimento, mas também distinção pelo valor ou outros méritos, exceto a riqueza. A distinção pela riqueza é identificada nessa passagem especificamente pelo advérbio correspondente *ploutinden*.

boa reputação de discernimento e confiabilidade. Um exemplo de tal tipo de aristocracia em que a excelência (*arete*) é preferível se associada à riqueza é Cartago; e a Lacedemônia também pode ser chamada de aristocracia porque, embora temperada por elementos democráticos, concede o devido lugar à excelência (1293b12-17). Como consequência de tal consideração, Aristóteles chega a um conceito diferente de perversão. Reinado, aristocracia e governo constitucional continuam a ser as constituições "verdadeiras" em relação às *parekbaseis*, as perversões no sentido anterior; mas, com a diferenciação da "melhor constituição" como a constituição "mais verdadeira" (*orthotatos*), todas as outras "afastam-se" ou "ficam aquém" (*diamarthanein*) da "mais verdadeira" e "devem ser reconhecidas entre as perversões [*parekbaseis*]" no novo sentido (1293b25 ss.). O novo conceito de perversão corresponde metodologicamente ao novo aparato de uma classificação mais diferenciada das formas de governo. Com a subdivisão das seis formas principais em variedades de acordo com as variações na lista das "partes", torna-se também necessário subdividir o significado de "verdadeiro" e "perverso", para que a diversidade de valores corresponda à diversidade de formas.

A identificação da melhor pólis com a aristocracia, ou antes, com uma das subvariedades de aristocracia, ilumina também as intenções sistemáticas de Aristóteles. O exame das formas nos Livros IV a VI não é empreendido como um exame empírico contra as especulações sobre uma forma "ideal" nos Livros III, VII e VIII. As passagens do Livro IV citadas acima fazem referência ao Livro III e incorporam a discussão da monarquia e da aristocracia do livro anterior no exame abrangente; e uma subvariedade da aristocracia é a própria melhor pólis. Por meio dessa inclusão, a pólis perfeita torna-se uma das formas da multiplicidade estudada nos Livros IV a VI, no mesmo plano sistemático que as formas deficientes. Diante dessa declaração explícita do próprio Aristóteles, a tese de um rompimento nítido entre a especulação sobre o "ideal" e um estudo da "realidade" dificilmente pode ser mantida. Seria possível argumentar, certamente, que a inclusão das respectivas partes do Livro III no exame dos Livros IV a VI fosse uma reflexão tardia de um período posterior e que a intenção original fosse inteiramente diferente. Considerando o texto, em particular de III, 14 (1284b35-1285b33), porém, o argumento não parece convincente. Pois o capítulo em questão examina os tipos de realeza, distinguindo (1) o reinado lacedêmonio, (2) o reinado bárbaro, fortemente assemelhado à tirania, (3) a ditadura eletiva, (4) o reinado heroico do período helênico antigo, e (5) a monarquia patrimonial (*pambasileia*). Aqui, portanto, na parte inicial da *Política*, já está totalmente desenvolvido o método de diferenciação da categoria primária de reinado em subvariedades, o qual é explicitamente exposto apenas no Livro IV. O método "empírico" posterior foi empregado até mesmo na seção mais inicial que tratava do "estado ideal". Assim, podemos admitir que, no momento de escrever o "primeiro discurso", Aristóteles talvez ainda não tivesse planejado a ampliação posterior num estudo das "formas deficientes"; mas não podemos concordar que o método empregado ao tratar das "melhores formas" diferisse fundamentalmente do método que ele utilizou em seu estudo posterior das "formas deficientes". É razoavelmente certo que os capítulos finais do Livro III tenham sido originalmente escritos com a intenção de serem uma transição para os Livros VII e VIII; mas, quando Aristóteles os reinterpretou como uma transição para o Livro IV, ele pôde fazê-lo sem violentar seu conteúdo.

Do rico conteúdo do exame feito nos Livros IV a VI, selecionaremos apenas alguns exemplos representativos.

Como um exemplo da diferenciação de categorias primárias em subvariedades, podemos usar o caso da democracia. Aristóteles descreve quatro tipos de democracia (VI, 4): democracia agrícola, (2) pastoril, (3) comercial urbana e (4) popular urbana. A ordem das séries é uma ordem de valor; a democracia agrícola é o melhor tipo e a popular urbana é o pior. O critério para a ordenação é desenvolvido em outro contexto (IV, 4), em que as democracias são classificadas de acordo com a sua realização de justiça e igualdade. Cinco desses tipos são distinguidos: (1) uma democracia guiada por leis que cuidem para que os pobres não tenham mais vantagens que os ricos, para que nem pobres nem ricos sejam senhores, mas ambas as classes sejam iguais; (2) o tipo em que os magistrados são eleitos de acordo com uma certa qualificação, baixa, de bens; (3) a democracia em que todos os cidadãos não desqualificados participam igualmente dos cargos públicos, mas em que a lei ainda permanece suprema; (4) o tipo em que nenhum cidadão é desqualificado, mas a lei ainda é suprema; e (5) o mesmo que 4, mas com o direito da multidão de prevalecer sobre a lei por meio de decretos. As duas séries de tipos apresentam uma correspondência mútua. Aristóteles considera que uma democracia pode ser estabelecida com facilidade e sucesso sob as condições de uma comunidade agrícola de habitantes livres. Os cidadãos são pobres demais para negligenciar seu trabalho e se dedicar à política; eles ficarão satisfeitos se os cidadãos mais prósperos cuidarem dos deveres públicos, desde que os ocupantes dos cargos não perturbem os outros cidadãos; e seu desejo de participar do governo será satisfeito pelos atos ocasionais de eleição e controle. A democracia popular urbana, por outro lado, com o poder de produção de decretos nas mãos de uma multidão, que pode facilmente reunir-se na ágora e ser seduzida pelas arengas de demagogos, nem pode ser considerada uma constituição. "Pois onde as leis não governam não há constituição."

Como um segundo exemplo, selecionamos as sugestões de Aristóteles referentes a uma constituição média que resolveria o conflito entre os ricos e os pobres que estava acontecendo na maioria das pólis helênicas do seu tempo. Ele apresenta suas sugestões (IV, 11) como a busca da "melhor constituição e do melhor modo de vida para a maioria das pólis e a grande massa dos homens". Na busca de tal constituição, precisamos "nem pressupor um padrão de excelência [*arete*] além do nível do homem comum [*idiotes*], nem de educação que requeira talentos e recursos naturais, nem de uma constituição equipada de acordo com os nossos desejos"; devemos supor um padrão que seja acessível à maioria das pessoas e à maioria das pólis. As aristocracias discutidas anteriormente (incluindo a melhor) ficam fora do alcance da maioria das pólis, ou aproximam-se pelo tamanho numérico de seu grupo governante do próprio tipo de governo constitucional (*politeia*) que está agora sob consideração. Para o princípio orientador de suas sugestões, Aristóteles recorre à *Ética a Nicômaco*. A *eudaimonia* será alcançada por meio de uma vida de acordo com a virtude, e a virtude é o curso médio (*mesotes*); o curso médio da vida é o melhor, e estamos em busca de uma média tal que seja alcançável para os homens do povo em geral. Aplicando esse princípio à pólis, encontramos três estratos sociais em todas as comunidades: os muito ricos, os muito pobres e aqueles que estão em posição intermediária, ou seja, a classe média no sentido econômico. Tendo-se concordado que a medida ou média é o melhor, a quantidade média de bens é a melhor. Tal grau médio de posses é mais receptivo à razão; uma riqueza excessiva, por outro lado, alimenta a insolência e a criminalidade na grande escala, enquanto a pobreza excessiva gera malevolência e marginalidade. Uma pólis apenas de ricos e pobres é uma pólis de déspotas e súditos subjugados, uns desprezando, os outros invejando. O companheirismo e a amizade, que são necessários para a existência feliz de uma pólis, só podem crescer entre homens que sejam aproximadamente iguais; e a classe média é, portanto, o elemento verdadeiramente estabilizador. Os homens de posses médias são os mais seguros, porque não são nem tão pobres para invejar os ricos, nem tão ricos que os pobres tramem saqueá-los. Assim, um legislador agirá da maneira mais sábia quando se apoiar fortemente na classe média ao elaborar uma constituição. Se ele elaborar uma constituição oligárquica, cuidará para que as leis favoreçam também a classe média, pois nesse caso as tendências despóticas dos muito ricos encontrarão um contrapeso no grupo médio; e deverá fazer o mesmo ao criar uma democracia, pois também aqui a classe média será um contrapeso para as tendências dos pobres a saquear. Tal sabedoria, porém, não será de muito uso para o legislador nos casos em que não houver uma classe média, ou apenas uma muito pequena. Somente cidades maiores são propensas a ter uma classe média apreciável; e esse fato explica o curso turbulento da política nas pólis menores e a sua tendência a degenerar alternadamente em oligarquias radicais ou democracias. De modo geral, "a classe média costuma ser pequena"; e como estabelecer a sua própria classe no poder é considerado o prêmio da vitória em guerras civis tanto por democratas como por oligarcas, a forma média "nunca surge, ou muito raramente e em muito poucos lugares". A melhor pólis que é baseada no *mesotes* da riqueza parece partilhar com as aristocracias o destino da impraticabilidade. Aristóteles, com tristeza, vê-se forçado a confessar: "Dois tipos de constituição, principalmente, vêm a existir: democracia e oligarquia; pois bom nascimento e excelência são encontrados em poucos homens, enquanto riqueza e grande número são comuns. Em nenhum lugar há uma centena de homens bem nascidos e bons; mas homens ricos nós encontramos em muitos lugares" (1301b39–1302a3).

É difícil selecionar um exemplo representativo do Livro V sobre as causas de revoluções e os meios de preservar as constituições. O valor do estudo está na riqueza de detalhes, na rica casuística da vida turbulenta das pólis helênicas. Ele deve ser lido como um todo. Os princípios utilizados na discussão não trazem nada de novo. "Em todo lugar, a desigualdade causa revolução [*stasis*]... sempre aqueles que desejam igualdade sublevam-se em lutas faccionais" (1301b27 ss.). A justiça parcial, discutida num contexto anterior, quando serve como o princípio de uma constituição, causará o ressentimento daqueles cuja dignidade e cujo senso de justiça forem violados. Numa situação carregada de tensão explosiva, uma série de eventos e motivos típicos fornecerá as causas e ocasiões mais imediatas de irrupções revolucionárias. Esses motivos e eventos típicos são insolência, medo, predominância excessiva, desprezo demonstrado pela classe dominante, ou desprezo gerado por ela, crescimento desproporcionado de poder em uma seção da sociedade à custa de outros, intrigas eleitorais, displicência, mesquinharia, pequenas concessões que atuam como indutores de exigências perigosas e dissimilaridades dos grupos sociais, como, por exemplo, diferenças raciais. Uma aplicação típica do princípio, assim como das várias motivações, pode ser encontrada na página sobre revoluções em democracias:

> Em democracias, a principal causa de revoluções é a insolência dos demagogos. Pois ou eles soltam privadamente informações contra homens de propriedades e, assim, compelem-nos a se combinar (pois o medo comum une até mesmo os maiores inimigos), ou agitam a multidão contra eles em público. E pode-se ver isso acontecendo em muitas situações. Em Cos, a democracia foi derrubada porque surgiram demagogos maus e os notáveis se combinaram. Em Rodes, os demagogos não só ofereciam pagamento para a multidão, como também dificultaram o pagamento de dinheiro devido aos capitães navais; e estes, devido aos processos movidos contra eles, foram forçados a se combinar e a derrubar o governo do povo. [...] E o exame mostraria que também em outros casos as revoluções acontecem mais ou menos da mesma maneira. (1304b20 ss.)

5 A melhor constituição

Os Livros VII e VIII da *Política* contêm a especulação sobre a melhor constituição (*ariste politeia*). O discurso está incompleto; o Livro VIII é interrompido no que provavelmente é o final da discussão sobre educação musical. Na parte que sobreviveu, o leitor é remetido algumas vezes a uma exposição posterior, mais detalhada, de problemas que no momento são abordados apenas superficialmente. Exceto por essas referências, não sabemos qual seria o conteúdo da parte perdida ou qual teria sido a sua extensão.

O exame da melhor constituição não é um exercício utópico; é um estudo crítico. No nível nomotético do estudo, as pessoas se beneficiarão mais se tiverem a constituição que for mais bem adaptada às suas circunstâncias peculiares; o único critério de "melhor" nesse nível é a estabilidade, no sentido de que uma constituição será adequada se não gerar insatisfação ao ponto de revoltas violentas. Tal empirismo, porém, não é base para uma interpretação crítica e filosófica do homem em existência política. Se queremos saber qual é a melhor constituição, precisamos primeiro determinar qual é "a vida preferível"; pois, no sentido filosófico, a melhor constituição é aquela que permite a realização mais plena da natureza humana. Assim, precisamos primeiro saber o que é a natureza humana e o que é a realização (1323a14–22). Nos três primeiros capítulos do Livro VII, portanto,

Aristóteles oferece uma breve exposição da teoria dos bens, da eudaimonia, das partes da alma, do problema da autarquia e da analogia entre a existência perfeita humana, política e divina. Com esse complexo de problemas já estamos familiarizados[9].

Nem a melhor vida do homem, nem a da pólis podem ser realizadas sob condições externas desfavoráveis. Assim, o estudo da melhor constituição deve, em segundo lugar, determinar o material, a *choregia*, necessário para a realização perfeita. Na escolha desse material, o filósofo precisa usar algum tato e contenção. É preciso fazer suposições, pois sem elas o exame da melhor constituição é impossível; mas elas não devem ser improváveis, pois nesse caso perderíamos contato com a realidade e o estudo não teria valor (1235b33 ss.). Aristóteles estende essas suposições necessárias a quatro classes de "materiais": (1) tamanho da população, (2) extensão e natureza do território, (3) localização da pólis e (4) caráter natural da população.

Com relação ao tamanho da população, Aristóteles requer um número de pessoas que sejam suficientes para realizar a autarcia, a boa vida em comunidade, mas não muito maior do que o mínimo. Beleza e ordem requerem medida (*metron*); a lei é um tipo de ordem, a boa lei é a boa ordem; assim, uma ordem da lei não pode penetrar numa multidão muito grande — apenas um poder divino, não humano, pode ordenar o Universo. Além disso, há certas considerações práticas. Na melhor constituição, as autoridades devem ser eleitas e indicadas de acordo com o mérito; se a população for grande demais, as qualificações de um homem não serão suficientemente conhecidas por seus concidadãos e o preenchimento dos cargos se dará ao acaso. Além disso, estrangeiros e metecos afirmariam ser cidadãos e ninguém poderia identificá-los.

Com relação à extensão e à natureza do território, aplicam-se considerações similares. O território deve ser autossuficiente na medida do possível, ou seja, deve conter os recursos agrícolas e a matéria-prima necessários para atender às necessidades da comunidade. Deve ser grande o bastante para os habitantes viverem com moderação e liberdade no desfrute do ócio. Do ponto de vista militar, ela deve ser facilmente defensável. A cidade em si deve estar situada de tal maneira que, por um lado, sirva à proteção do campo e, por outro, seja um mercado facilmente acessível para a produção agrícola do território.

Com relação à localização, a proximidade do mar tem suas vantagens, assim como suas desvantagens. O acesso ao mar é uma vantagem militar em

---

[9] Ver capítulo 7 e capítulo 8, §1.

vários aspectos; comercialmente, também é de alguma importância, porque facilita a importação de mercadorias que não podem ser produzidas no país. Ainda assim, um desenvolvimento portuário é indesejável, devido à entrada de estrangeiros, ao efeito desintegrador de costumes estrangeiros e à licenciosidade da vida dos marinheiros no porto. Uma organização separada da área portuária, a alguma distância da cidade, que impedisse, ao máximo possível, o contato entre o povo e os marinheiros, será a melhor solução.

Com relação ao caráter da população, por fim, Aristóteles desenvolve a teoria de caracteres regionais com a qual já estamos familiarizados. O caráter dos helenos é o mais adequado para o estabelecimento da melhor constituição.

A plena realização da natureza humana e os materiais são definidos como a condição da construção. Aristóteles pode, agora, seguir para a organização da melhor constituição propriamente dita. Ao abrir suas reflexões sobre o tema, ele apresenta mais uma redefinição da relação entre a pólis e suas partes. A pólis é uma estrutura ou composto (*systasis*). Como no caso de outras estruturas, nem todas as coisas que são indispensáveis para a sua existência podem ser chamadas de partes dela num sentido estrito[10]. Um homem, por exemplo, precisa de instrumentos e de vários tipos de posses para existir; mas suas posses não são parte do homem, e sim um instrumento para sua existência. Da mesma maneira, uma pólis precisa de propriedades, "mas as propriedades, embora até mesmo os seres vivos estejam incluídos nelas, não são parte da pólis"; pois "pólis é uma associação de pessoas semelhantes [*koinonia ton homoion*]" buscando a melhor vida, e não uma associação apenas de quaisquer seres humanos; e como a realização perfeita da natureza humana não é possível para todos, nem todos os seres humanos podem participar da associação de iguais e, assim, não podem ser parte da pólis. Embora não possam ser parte da pólis, são, ainda assim, indispensáveis para a sua existência. Uma pólis precisa de agricultores que produzam os alimentos, de artesãos, da classe militar, dos ricos, de juízes, de funcionários públicos e de sacerdotes. Surge, então, a questão de quais dessas funções indispensáveis devem ser descartadas pelos membros da associação que são as "partes" da pólis. Aristóteles decide que, na melhor pólis, os cidadãos (no sentido de "membros da associação dominante") não

---

[10] A tradução de *systasis* como "organismo", ou a introdução do adjetivo "orgânico" ao falar das partes, como encontramos em várias traduções, pode induzir a erro. A seção do Livro VII que começa com o capítulo 8 não contém uma teoria orgânica do Estado no sentido moderno; como o texto logo irá mostrar, Aristóteles está desenvolvendo exatamente o oposto de uma teoria orgânica.

devem ser agricultores, artesãos ou comerciantes, porque essas ocupações não permitem o tempo de ócio necessário para o desenvolvimento das excelências. Os cidadãos, assim, estão limitados às ocupações de guerreiros, funcionários públicos e sacerdotes; e devem participar de todas essas funções no curso de sua vida. As funções militares e de governo correspondem aos dois apogeus da vida, marcados por força e sabedoria; e os sacerdotes devem ser escolhidos entre os velhos das classes dos guerreiros e autoridades públicas, e de forma alguma entre as classes mais baixas, "pois é apropriado que os deuses recebam honras apenas dos cidadãos". Além disso, a classe dominante deve ter a maior parte dos bens, pois eles são os cidadãos no sentido estrito, enquanto as classes mais baixas, "que não são produtoras de excelência", não participam da excelência da pólis. E, na medida em que os bens devem estar nas mãos da associação dominante, os lavradores do solo devem ser escravos ou servos de uma raça estrangeira. As formulações são criticamente apontadas contra *República* 419 s., em que Platão exclui os guerreiros da participação no governo da pólis e mesmo da plena felicidade; esse seria o arranjo constitucional que Aristóteles caracteriza como uma "oligarquia dos virtuosos" e, em consequência, como um tipo defeituoso de ordem. Não se pode fazer toda a pólis feliz, afirma Aristóteles contra Platão, sem fazer feliz o grupo autossuficiente de cidadãos que constitui a associação dominante (*Política* 1264b8-25). A melhor pólis, assim, requer uma associação dominante em que a posição de governo possa ser ocupada, alternadamente, por todos os membros. A associação deve incluir a classe dos guerreiros e, em vista do tamanho da classe, deve-se admitir uma certa amplitude na realização individual da excelência. Fora isso, porém, Aristóteles concorda com Platão quanto à desejabilidade de um sistema de castas e menciona o Egito como um país em que tal sistema vinha sendo mantido desde tempos imemoriais.

Como estamos vivendo numa época em que a discussão pública sobre temas políticos sofre de confusão ideológica, não será supérfluo enfatizar que o exame que Aristóteles faz da melhor constituição não tem nada a ver com "fascismo". A construção da melhor constituição é um problema teórico para o qual a solução é determinada por meio de pressuposições axiomáticas. Supondo que seja função da constituição proporcionar uma estrutura organizacional para a realização máxima da excelência humana pelo menos para os homens que puderem chegar de fato a realizá-la, qual é a melhor constituição? A resolução do problema pressupõe a existência de um grupo social suficientemente grande que possa merecidamente ser considerado capaz de realizar a excelência no sentido aristotélico. Com relação à existência de tal grupo, Aristóteles expressou suas opiniões explicitamente: onde se poderia encontrar uma centena de homens de excelência que seriam o número suficiente para ser a associação dominante de uma única pequena pólis? A resposta é: em lugar nenhum na situação histórica concreta. Aristóteles concorda com Platão que, na situação histórica, uma "elite" capaz de realizar a melhor pólis não existe. Por nenhum esforço da imaginação pode a construção da melhor constituição ser interpretada como um convite a um *coup d'état* por parte de uma elite autoindicada. Aristóteles, como vimos, até duvidava que um governo constitucional da classe média, que equilibrasse um pouco a democracia radical, fosse viável sob as circunstâncias. A época é democrática, e Aristóteles resigna-se à perspectiva de que apenas constituições democráticas podem ser estabelecidas com alguma chance de estabilidade. Tal resignação, porém, não implica o abandono de padrões críticos; ainda que a democracia urbana de seu tempo possa ser histórica e politicamente inevitável, ela ainda é o que é. Aristóteles é um filósofo; ele não é um lacaio intelectual do historicamente inevitável.

Com o Livro VII, 13 (1331b24), começam as reflexões sobre educação. Elas continuam até o final do Livro VIII, quando são interrompidas, como já dissemos antes, na educação musical. O fragmento sobrevivente não dá nenhuma pista sobre o plano da discussão como um todo. Tudo o que podemos extrair com segurança são algumas declarações referentes a princípios.

A seção sobre educação inicia com uma retomada do problema da melhor pólis. Em seu centro está a associação dominante dos homens de excelência. A existência dessa pólis é condicionada, em parte, pelos "materiais" indispensáveis sobre os quais o legislador não tem controle e, em parte, por um processo educacional a ser institucionalizado por leis. A formulação adequada dessas leis pressupõe um entendimento claro do objetivo da educação; e como o objetivo da educação na melhor pólis é a formação de homens livres, distinguidos por suas excelências éticas e dianoéticas, Aristóteles retoma brevemente os seus princípios de ética (1331b24–1332b11). Dessa retomada surge como problema central a divisão da vida em negócios (*ascholia*) e ócio (*schole*)[11]. Negócios e ócio, guerra e paz, ações visando ao que é necessário e

---

[11] É praticamente impossível traduzir os termos *ascholia* e *schole* adequadamente. Em grego (como no latim *otium* e *negotium*), ócio, *schole*, tem a conotação positiva, enquanto negócios (*ascholia*) indicam, negativamente, a ausência de *schole*. A conexão etimológica com *schein* (de

útil e ações visando ao que é nobre — essa é a divisão fundamental. Assim, no sistema de preferências aristotélicas, a guerra deve ser conduzida em prol da paz, os negócios devem ser realizados em prol do ócio, e as coisas necessárias e úteis com o propósito das coisas nobres. A vida na melhor pólis deve ser organizada de tal maneira que a realização do homem no ócio seja alcançada.

Desse princípio derivam-se alguns problemas para a educação. Se a educação servir apenas ao necessário e útil, ou se os homens forem educados para as artes da guerra, mas não para a paz, como os lacedemônios, a plena realização da excelência humana tornar-se-á impossível, porque os homens não saberão o que fazer com seu tempo livre, que deveria servir ao ócio. O problema é ainda mais especificado pela distinção entre ócio e jogo (*paidia*). O tempo de ócio não é tempo de jogo. O jogo tem o propósito de diversão, relaxamento ou recreação; o jogo é, portanto, mais adequado para homens que se dedicam a um trabalho duro e que precisam de relaxamento como equilíbrio. O jogo pode ser necessário depois do trabalho a fim alcançar um estado de descanso como precondição para o ócio, mas não é ocupação para o ócio em si. A educação deve, portanto, equipar um homem com conhecimento e treiná-lo em atividades intelectuais; pois apenas as ciências que não servem a nenhum outro fim e podem ser estudadas em função delas mesmas, como um modo de vida, são a atividade adequada para o ócio de um homem de excelência. Não sabemos que outra ocupação para o ócio Aristóteles teria admitido, exceto a música de um tipo que ajude na formação do caráter. Até o ponto em que o texto chega, o *bios theoretikos* aparece como o modo de vida em que a natureza do homem se torna maximamente realizada. A educação do melhor Estado deve habituar e treinar um homem de tal maneira que ele seja capaz dessa realização suprema.

6 Conclusão

Enfatizamos repetidamente que Aristóteles estava menos interessado na construção de um sistema do que na elaboração de um inventário completo de problemas. Vamos agora, para concluir, examinar o inventário em ordem sistemática.

---

echo) sugere uma interrupção de atividade, um descanso, que resulta numa "posse de si mesmo", como o significado básico, enquanto *ascholia* sugeriria, correspondentemente, uma perda de si mesmo em atividades periféricas.

A especulação aristotélica sobre política começa pelo princípio antropológico platônico. A sociedade política é o campo para a realização da natureza humana. Se quisermos compreender a estrutura da pólis, precisaremos entender a natureza do homem que entra em sua formação, e se tivermos uma noção da realização máxima da natureza humana poderemos desenvolver padrões críticos para julgar a eficácia de uma pólis para tal realização máxima.

O princípio teórico está profundamente entranhado na criação platônica do mito da alma. A teoria aristotélica da natureza humana tem como sua base empírica a ordem da alma revelada por meio de Sócrates-Platão. Na *República* de Platão, a nova ordem da alma do filósofo amalgamou-se com a tradição nomotética helênica na criação da boa pólis. Na obra posterior de Platão, a fundação político-religiosa irá se dissociar na consciência da nova religião e na realidade política que era inadequada para a sua apropriada absorção. A presença viva do rei-filósofo foi substituída nas *Leis* por instituições simbólicas. Na obra de Aristóteles, o processo de dissociação continuou. Platão tornou-se agora o fundador religioso, marcando uma época na história espiritual da humanidade. A antropologia filosófica desenvolveu-se numa disciplina autônoma que serviu como base para uma teoria geral da ação. A teoria da ação em si tornou-se uma nova disciplina no corpo principal da *Ética a Nicômaco*; e a teoria da realização máxima da natureza humana no *bios theoretikos* apontou muito distintamente na direção de novas comunidades espirituais para além da pólis histórica da época. A ciência nomotética da política, por fim, tendeu a se tornar uma arte independente de elaborar instituições que, sob as circunstâncias dadas, minimizassem o perigo de revoluções. Todas essas tendências centrífugas, porém, ainda eram mantidas juntas pela noção da "melhor pólis", ou seja, pelo remanescente intelectualizado da boa pólis platônica. A melhor pólis aristotélica não era nem uma pólis governada pela presença viva do rei-filósofo, nem um jogo simbólico como a pólis das *Leis*. Ela se tornou algo como um enigma intelectual que precisava ser resolvido como uma questão de tradição. A sobrevivência desse remanescente mostrou, no mínimo, a força viva da ideia helênica de que a vida do homem só poderia encontrar a sua realização na pólis. O horizonte teórico de Aristóteles, assim, estava seriamente limitado pela concepção da ciência política como uma arte nomotética para a pólis, e nada além da pólis.

As consequências dessa limitação felizmente foram menos graves do que poderiam ter sido se Aristóteles houvesse sido mais "sistemático". O *corpus* literário da ciência política foi definido pelos blocos da antropologia filosófica do início da *Ética a Nicômaco* e pela construção da melhor constituição no final da *Política*. Entre os dois blocos limitadores, a preocupação não sistemática de Aristóteles com a completude da lista de problemas revelava o alcance de uma ciência política que, se sistematicamente organizada, atingiria uma estatura consideravelmente mais impressionante do que o paradigma da melhor constituição. Precisamos apenas recapitular os complexos teóricos mais importantes:

(1) A fundação da ética como uma ciência do caráter maduro.

(2) A constância do conhecimento humano através das vicissitudes da história e a importância do mito como uma fonte de conhecimento que se tornou obscurecido por incrustações pragmáticas.

(3) O ciclo de formas políticas e o entendimento da variedade de formas como fases da ordem política.

(4) A inevitabilidade das tensões sociais na coexistência de tipos humanos permanentes e empíricos, como (a) o maduro e o imaturo, e (b) o rico e o pobre; a ramificação experimental desse conhecimento numa fenomenologia da virtude, diferenciada de acordo com os vários tipos humanos.

(5) O reconhecimento da multiplicidade histórica de formas políticas; a limitação da arte do legislador; e, de modo mais geral, o reconhecimento dos limites muito estreitos da ação política em qualquer dada situação histórica.

(6) O alicerce da justiça na *philia*, e da *philia* na realização do verdadeiro eu na comunidade; como um corolário, o alicerce da sociedade da *homonoia* de seus membros, em sua participação no *nous* divino; e, como consequência, a função da associação dominante na ordem de uma sociedade.

Esse catálogo reúne os tópicos de uma ciência política sistemática, que vai de uma antropologia filosófica e de uma ética fundada na ontologia, passando por uma teoria da substância da comunidade e sua institucionalização, até uma filosofia da história e uma teoria da crise civilizacional. Uma teoria da dinâmica política aparece, indo dos autores benéficos da pólis à anarquia da multidão propensa aos saques, e da realização da excelência dianoética à administração das massas urbanas por meio da ganância e do medo. Essa abrangência da ciência política nunca foi cultivada em continuidade; as retomadas descontínuas em santo Tomás, Maquiavel, Bodin, Rousseau ou no constitucionalismo de extração protestante estendem-se a não mais do que partes desse vasto campo de teoria. Apenas em nosso tempo a abrangência da ciência política de Aristóteles aparece novamente em sua plena extensão, porque, sob a tensão de nossa própria crise, estamos recuperando o entendimento experiencial dos problemas envolvidos.

Capítulo 10
Sobre tipos de caracteres e ceticismo

Em sua antropologia filosófica, Aristóteles desenvolveu a teoria da natureza humana comum a todos, mas em sua ciência nomotética da política ele reconheceu que a realização da natureza humana era privilégio de poucos. Em seu reconhecimento, ele chegou a considerar uma diferenciação da teoria das excelências de acordo com a variedade de tipos humanos, programa que foi esboçado, mas não executado. O problema requer alguma elaboração que está além da abrangência da política aristotélica no sentido estrito.

O problema origina-se na situação do filósofo que possui a Verdade. Aristóteles sabe qual de fato é a natureza do homem; ele sabe que a eudaimonia consiste na prática do *bios theoretikos*; e sabe-o não só como uma proposição na ciência, mas experimentalmente, pela habituação de sua alma e pela prática de sua vida. Este último ponto é crucial. A ciência prudencial não é um corpo de conhecimento do qual a verdade é evidente para todos, mas requer inclinação e habituação para o seu pleno entendimento. Ela não pode ser transmitida como informação, mas deve ser adquirida como posse por intermédio da formação da alma. A verdade do filósofo não é uma receita para transformar a humanidade como um todo, mas cria um novo tipo de homem entre os outros. O próprio estudo da natureza do homem revela-a como algo que o homem não possui simplesmente, mas sim como uma potencialidade que precisa ser realizada no processo da vida, e se tal realização não é muito bem-sucedida, o portador da potencialidade continua sendo um homem. A plena realização da natureza humana destaca-se em contraste com o pano de fundo do mistério de seu fracasso.

A tensão entre o homem potencial e o homem real é apenas uma das fontes da preocupação de Aristóteles com a variedade de tipos humanos que ameaça romper a ideia da humanidade comum. Uma segunda fonte evidencia-se em sua atitude com relação à multiplicidade da realidade política.

Medidos segundo o padrão da melhor pólis, os tipos contemporâneos de ordem apareciam em vários graus. A política como uma ciência nomotética, porém, não tinha a tarefa de transformar as formas imperfeitas na melhor forma. Pelo contrário, qualquer tentativa nesse sentido foi rejeitada, uma vez que levaria apenas a perturbações e revoluções. As formas perversas tinham de ser aceitas como existiam historicamente; e à arte do legislador cabia apenas minimizar seus males a fim de preservá-las e estabilizá-las. Se a premissa aristotélica da pólis do filósofo como um padrão for aceita, a consequência na pólis do legislador gerará desconfianças. Pois a terapia nomotética parece não ter outro propósito que não seja tornar a forma perversa tão durável quanto possível. E começamos a nos perguntar sobre a sabedoria de um estudo que, aparentemente, não pode fazer mais do que irritar os grupos dominantes de todas as pólis existentes ao dizer-lhes que a sua ordem é perversa.

Esses problemas, embora não resolvidos, são pelo menos um pouco esclarecidos pelo estudo aristotélico das técnicas da influência política, da *techne rhetorike*.

1 A *Retórica* de Aristóteles

Em sua *Retórica*, Aristóteles pretende aperfeiçoar o tratamento corrente do tema em dois aspectos. Em primeiro lugar, ele quer dar à retórica deliberativa, ou seja, à arte do estadista de persuadir sua audiência a adotar um curso certo de ação política, seu lugar adequado ao lado da retórica forense e epidíctica. Em segundo lugar, ele quer elevar a retórica de uma arte da persuasão por meio do jogo com as emoções para uma arte da persuasão pela razão. Embora nem a retórica forense, nem a epidíctica, nem o jogo com as emoções sejam negligenciados na obra, estamos especificamente interessados nos aperfeiçoamentos pretendidos, uma vez que eles lançam luz sobre a atitude de Aristóteles em relação à prática da política.

Na prática da persuasão, quando o estadista se dirige à sua audiência, a ocasião do discurso equipa-o com três ferramentas para alcançar o sucesso: (1) o caráter (*ethos*) do orador, (2) o estado de espírito da audiência e (3) a argumentação propriamente dita. Dos três fatores, o caráter do orador classifica-se facilmente em primeiro lugar como meio de persuasão, pois confiamos mais rapidamente num homem de probidade em relação às coisas em geral, e depositamos nossa confiança absoluta nele quando se trata de questões prudenciais fora da ciência exata. A persuasividade do caráter, no entanto, precisa ser compreendida não como uma reputação que precede o orador, mas como uma qualidade de caráter que se torna manifesta na competência do próprio discurso. E a competência do discurso depende do domínio do tema político, assim como de sua adaptação ao caráter da audiência. Assim, o orador eficaz precisa ser capaz de raciocinar logicamente, precisa compreender as variedades de caráter (*ethos*) e excelência (*arete*) humanos e precisa entender as emoções (*pathos*). A retórica, portanto, é uma ramificação da dialética e do ramo da ética que pode ser adequadamente chamado de político (*Retórica* 1356a). Em suma, podemos dizer que o estadista deve ter um conhecimento da dialética, da ética e da política aristotélicas que ele não pode possuir a menos que seu caráter seja formado pelo *bios theoretikos*.

O conhecimento da melhor pólis, assim, entra na prática da política não como um programa de reforma, mas existencialmente, por meio do estadista cujo caráter tenha sido formado pela ciência prudencial aristotélica. O estadista como um tipo de caráter apresenta-se diante do povo e de sua pólis como um caráter de um tipo diferente. No discurso, os dois tipos estão relacionados entre si, na medida em que o tratamento apropriado do caráter do povo depende da formação adequada do caráter do estadista. A *Retórica*, portanto, retoma os tópicos da *Ética a Nicômaco* e da *Política*, mas orientada, por assim dizer, para o caráter da audiência provável. O tópico da eudaimonia, por exemplo, aparece como o tema central da retórica deliberativa. Na *Retórica*, porém, Aristóteles não separa a eudaimonia da vida teórica das ideias correntes sobre felicidade. Pelo contrário, ele deixa a variedade de opiniões num estado de factualidade acrítica. Felicidade pode ser prosperidade combinada a excelência, ou existência autossuficiente, ou o desfrute seguro da vida hedonista, e assim por diante. E "todos basicamente concordam que a felicidade é uma ou mais dessas coisas". Ele, então, enumera as "partes" da felicidade, como bom nascimento, amigos, filhos, riqueza, uma velhice feliz, vantagens físicas, fama, honra e boa sorte (I, 5). O único item que está faltando nessa enumeração é a excelência (*arete*). A excelência não está entre os objetivos que um orador deve apresentar à sua audiência para que sejam alcançados. Na *Retórica*, as excelências são transferidas para a seção sobre a retórica epidíctica, ou laudatória, porque a excelência é um tema para louvor e crítica, e não para aconselhamento.

Ao mesmo tempo em que o orador não deve incomodar o público com uma exposição teórica das excelências em si, seu discurso deve transmitir a impressão de um caráter que é formado pela posse dessas excelências (1366a23 ss.). O orador, embora use o seu conhecimento teórico, deve operar com as categorias do que poderíamos chamar de moralidade do povo. Na prática política, o povo está interessado nas excelências devido à sua utilidade social. Uma virtude é nobre (*kalos*) porque é, ao mesmo tempo, boa e digna de louvor; e ela tem essas qualidades porque é uma faculdade de beneficência (*dynamis euergetike*). Sob esse aspecto, as "partes" da virtude precisam ser arranjadas numa hierarquia que se estende de justiça, coragem e temperança, passando por magnificência, liberalidade e gentileza, até prudência e sabedoria. A posição na hierarquia é determinada pela "utilidade para os outros". Justiça e coragem são muito úteis para os concidadãos na guerra e na paz; a prudência está em posição mais baixa porque ajuda apenas a chegar às decisões acertadas sobre as relações de vários bens e males com a eudaimonia; e a sabedoria (*sophia*) não é sequer mencionada na avaliação detalhada (1366a33-1366b22). O orador deve adequar-se à opinião popular em geral e deve dar especial atenção às variantes de opinião em sua audiência concreta. As ênfases devem ser colocadas diferentemente diante de citas, lacedemônios ou atenienses. Como regra geral, o que quer que seja estimado como nobre pela audiência deve ser tratado como tal pelo orador, pois, na opinião popular, o que é estimado e o que é nobre são praticamente a mesma coisa (1367b7-12).

Na escolha de sua "linha de argumentação", o orador será guiado pelo caráter da audiência. O estudo das variedades de caráter será portanto uma preocupação fundamental do estadista. Os caracteres a ser estudados podem ser colocados sob os dois títulos principais de individuais e coletivos. No que se refere a caracteres individuais, Aristóteles reflete sobre audiências compostas de jovens ou velhos, ou de homens no apogeu de sua vida, sobre audiência de homens de bom nascimento, de ricos e poderosos e, inversamente, sobre audiências compostas de pobres, de desafortunados e de desprovidos de poder (II, 12-17). Tão importante quanto os caracteres individuais são os caracteres dos vários tipos de ordem política. Fazendo uma breve revisão dos tipos (I, 8),

Aristóteles distingue o fim (*telos*) de cada um deles: a liberdade da democracia, a riqueza da oligarquia, o conservadorismo cultural e o institucionalismo da aristocracia e a autoproteção do tirano. A cada um desses tipos corresponde uma atmosfera moral, um caráter (*ethos*); e os caracteres dos tipos de *politeia* devem ser levados em consideração da mesma maneira que os caracteres dos indivíduos (1366a12 ss.).

A *Retórica* proporciona uma visão mais clara do problema peculiar da variedade de caracteres. Vemos Aristóteles fazer um valoroso esforço para injetar pelo menos uma dose da natureza realizada do homem num campo de realidade política que, de outro modo, conteria apenas potencialidades imperfeitamente realizadas. Pelo menos uma fagulha da melhor pólis entrará na realidade na medida em que seus alunos, por intermédio de sua presença existencial, exercerem uma influência persuasiva. Como Platão nas *Leis*, ele se agarra à ideia de um influxo atenuado da Verdade na política. O caráter homeopático da dose, porém, deixa ainda mais evidente que Aristóteles não conseguiu dissolver a tensão entre a melhor pólis não existente e as perversões concretas. O representante do *bios theoretikos* seria um tipo de caráter entre outros, os quais ele teria de respeitar e aceitar como existentes. Seria possível dizer mesmo que a diferenciação do tipo contemplativo resultou na caracterização mais nítida dos tipos não contemplativos e acrescentou legitimidade à sua existência.

2 O fracasso da metafísica imanentista

A especulação aristotélica termina num sério impasse, tanto prático como teórico. Na prática, a descoberta da verdade parece não servir a nenhum outro propósito que não forjar um novo instrumento para manter o resto da humanidade na inverdade de sua existência. Na teoria, encontramo-nos diante de uma aporia que afeta a teoria da natureza humana e sua realização.

O filósofo que possui a Verdade deve seguir, consistentemente, o caminho de Platão na *República*; ele deve lançar o chamado ao arrependimento e à submissão ao governo teocrático da Verdade encarnada. Aristóteles, porém, não lança tal chamado e, em consequência, as imperfeições da realização (embora tecnicamente chamadas de "perversões") tendem a se tornar essências por si próprias, formando a multiplicidade da realidade; elas se tornam "caracteres", e a categoria de caráter é estendida até mesmo de indivíduos humanos para tipos de constituição. A dimensão da potencialidade-realização é, assim, atravessada por um plano em que os graus de imperfeição aparecem como tipos coordenados a ser respeitados e preservados em sua essência; as imperfeições tornam-se realizações de seus tipos específicos. Esse conflito teórico não pôde encontrar uma solução dentro do "sistema", porque o problema que o causou não havia se tornado suficientemente explícito.

O problema que está na base da aporia aristotélica poderia ser convenientemente identificado como "historicidade da Verdade". A Verdade do filósofo é descoberta nas experiências anteriormente analisadas de Sócrates-Platão. A experiência catártica de Tânatos e a experiência entusiástica de Eros abrem a alma para a realidade transcendental; e elas se tornam eficazes da reordenação da alma que Platão simbolizou por meio de Dike. A Verdade não é um conjunto de proposições sobre um objeto imanente ao mundo; ela é o *summum bonum* transcendente ao mundo, experimentado como uma força orientadora na alma, a respeito da qual só podemos falar na forma de símbolos analógicos. A realidade transcendental não pode ser objeto de cognição à maneira de um dado imanente ao mundo, porque ela não compartilha com o homem a finitude e a temporalidade da existência imanente. Ela é eterna, fora do tempo; não é cotemporal com a alma experimentadora. Quando, por meio das experiências do tipo socrático-platônico, a eternidade entra no tempo, podemos dizer que a "Verdade" torna-se "histórica". Isso não significa, claro, nem que o brilho da eternidade no tempo seja a experiência privilegiada dos filósofos, nem que agora, numa data específica da história, ele tenha ocorrido pela primeira vez. Significa que, no período crítico sob discussão, estamos avançando, no sentido platônico, das simbolizações do mito popular para as experiências diferenciadas dos filósofos e para suas simbolizações. Esse avanço é parte do processo histórico em que a antiga ordem simbólica do mito desintegra-se nas almas (da maneira anteriormente descrita) e uma nova ordem da alma em abertura para a realidade transcendental é restaurada num nível mais diferenciado. Por "historicidade da Verdade" queremos dizer que a realidade transcendental, precisamente por não ser um objeto de conhecimento imanente ao mundo, tem uma história de experiência e simbolização.

O campo dessa história é a alma do homem. O homem, em seu conhecimento de si mesmo, não conhece a si mesmo apenas como um existente imanente ao mundo, mas também como um existente em abertura para a realidade transcendental; mas ele conhece a si mesmo nessa abertura apenas historicamente, no grau de diferenciação que as suas experiências e a sua simbolização tiverem alcançado. O autoentendimento do homem é condicionado e limitado pelo desenvolvimento de sua existência em direção à transcendência. Como consequência, a natureza do próprio homem como objeto de investigação metafísica não é de todo um objeto imanente ao mundo; a formação da alma por meio da transcendência invasora é parte da "natureza" que exploramos na metafísica. Quando o filósofo explora a ordem espiritual da alma, ele explora um reino de experiências que pode descrever apropriadamente apenas na linguagem de símbolos que expressem o movimento da alma em direção à realidade transcendente e a inundação da alma pela transcendência. No limite da transcendência, a linguagem da antropologia filosófica deve tornar-se a linguagem da simbolização religiosa.

Na constatação desse problema limítrofe, tocamos nas dificuldades da metafísica aristotélica. Estudamos os aspectos religiosos da concepção do *bios theoretikos*. Em sua antropologia filosófica, Aristóteles, seguindo Platão, penetrou na região do *nous* no sentido religioso. Ele chegou à ideia de um "eu verdadeiro" do homem e à ideia de *homonoia*, ou seja, da formação paralela das almas dos homens pelo *nous*, como o vínculo da sociedade. Na verdade, Aristóteles penetrou tão fundo nessa região que a sua própria terminologia pôde ser usada por são Paulo ao fazer da *homonoia* o conceito central da teoria de uma comunidade cristã. Ainda assim, permaneceu em Aristóteles a hesitação fundamental que distinguia a ideia de homem helênica da cristã, ou seja, a hesitação em reconhecer a formação da alma humana por meio da graça; faltava a experiência da fé, a *fides caritate formata* no sentido tomístico. No caso de Aristóteles, o sintoma mais pungente dessa hesitação é a sua insistência em que a amizade (*philia*) entre Deus e o homem é impossível. A igualdade é para ele um elemento essencial da amizade; a *philia* entre desiguais é difícil, se não impossível; e torna-se inteiramente impossível se um parceiro na amizade é tão distante do outro quanto Deus, pela sua preeminência de qualidades, está do homem (*EN* 1158b35 ss.). Essa é a posição helênica, em contraste com a experiência cristã da *amicitia* entre Deus e o homem. A posição aristotélica não admite uma *forma supranaturalis*, uma elevação da natureza imanente do homem por meio do amor supranaturalmente formador de Deus. É verdade que os deuses aristotélicos também amam o homem (*EN* 1179a23 ss.), mas seu amor não alcança a alma nem a molda para o seu destino. A natureza aristotélica do homem continua a ser uma essência imanente como a forma de um ser orgânico; a sua realização é um problema dentro do mundo. Embora o eu noético seja o *theiotaton* no homem, e embora a sua realização seja concebida como uma imortalização, a natureza humana encontra a sua realização imanentemente. A transcendência não transforma a alma de tal maneira que ela possa encontrar sua plena realização na transfiguração, por meio da Graça, na morte.

A construção metafísica da natureza humana como uma forma imanente é tecnicamente inadequada porque, supostamente, deveria incluir estruturas da alma que são formadas pela transcendência. Do conflito entre a realidade das experiências e a construção metafísica originam-se as *aporiai* da filosofia aristotélica que nos ocupam no momento. A experiência de transcendência, por um lado, é diferenciada até o ponto em que a realização supranatural da potencialidade humana surge em plena vista; pois o *bios theoretikos* é, dentro das limitações helênicas, uma santificação da vida que leva para a imortalização da alma, para o *beatitudo* no sentido cristão. A metafísica da forma imanente, por outro lado, requer a realização imanente da potencialidade humana. Desse conflito resulta a construção de uma realização imanente da potencialidade supranatural da alma[1].

Vamos encontrar uma situação teórica similar no final da Idade Média, quando, com a desintegração do cristianismo e a nova onda de imanentismo, pensadores políticos começaram a evocar a ideia de uma realização intramundana da existência humana perfeita. A imanentização da realização transcendental resultou, nesse momento, no desenvolvimento de "ideais" políticos e, por fim, no quiliasmo político de transformar a sociedade num paraíso terrestre por meio de organização e violência. Os modernos e imanentistas possuidores da Verdade não hesitam em estender as suas bênçãos a todos a quem ela não diz respeito.

Um movimento similar de idealismo e quiliasmo políticos teria se encontrado na lógica da metafísica aristotélica. Porém, a sensibilidade espiritual e o magnífico realismo, tanto de Platão como de Aristóteles, preservaram-se do catastrófico desvirtuamento que caracteriza a política moderna — embora, em nosso estudo de Platão, tenhamos tido ocasião de observar o ponto de perigo de um desabamento numa tirania teocrática. O conflito entre espiritualismo transcendental e metafísica imanentista produziu sua confusão apenas no estágio teórico. A construção imanentista da melhor pólis, na verdade, levou Aristóteles a classificar todas as constituições empíricas como perversões, mas não o induziu a declarar guerra contra as perversões em nome da Verdade. Ao contrário, a sua cuidadosa atenção à multiplicidade da realidade política conduziu aos problemas que caracterizamos como uma sociologia política.

---

[1] Para os problemas desta seção, ver capítulo 9, §2.

Conduziu à teoria de um ciclo de formas políticas e, acima de tudo, conduziu ao problema dos "caracteres" cuja autonomia de existência histórica deve ser respeitada pelo possuidor da Verdade.

Do complexo de problemas esboçados acima, vemos surgir um estudo genuinamente "natural" do homem e de sua existência em sociedade e na história — "natural" não no sentido biológico, mas no sentido dos componentes da essência do homem que determinam a estrutura da existência humana intramundana. A "natureza" nesse sentido, porém, não é uma essência independente, pois a noção dessa "natureza" é formada com base na ocasião experiencial que, historicamente, traz à vista a formação supernatural da alma espiritual. Com a diferenciação das experiências socrático-platônicas, a natureza imanente começa a diferenciar-se como sua correlativa. Na antropologia filosófica e na política de Aristóteles, essa diferenciação correlativa é o problema que permeia tudo. Ele se expressa na diferenciação de um *bios theoretikos*, que não pode mais ser adequadamente integrado à supostamente abrangente ordem política imanente, e de uma ordem política e histórica imanente, a ser julgada pelos padrões críticos do filósofo como uma "perversão", mas a ser deixada, assim mesmo, em seu estado pervertido. Vemos prefigurada uma diferenciação que, mais tarde, irá se desenvolver na ordem temporal e espiritual de uma sociedade cristã.

3 Os *Caracteres* de Teofrasto

As aporias de uma metafísica imanentista permaneceram sem solução não só na obra de Aristóteles, mas no seu tempo em geral. Ainda assim, a pressão dos problemas se fazia sentir. Mesmo sem soluções adequadas, os problemas continuaram a incomodar e os homens tiveram de lidar com eles da melhor maneira que podiam. Vamos examinar agora o que pode ser chamado de desvios que o problema do imanentismo experimentou quase no fim do século IV a.C.

Na sociedade que Aristóteles representa em sua obra, as escolas filosóficas podiam prosperar e a ideia e a prática do *bios theoretikos* podiam se desenvolver. Quanto ao resto, porém, essa sociedade queria, estritamente, ser deixada como estava. As obras aristotélicas sobre ética, política e retórica são a evidência monumental da força e do encanto de uma sociedade que preservará o seu estilo de existência a qualquer preço, assim como da obstinação que determinará o seu curso até sua eliminação da história como uma potência. Nos conselhos contidos da *Retórica*, em particular, sentimos a atmosfera social de homens que não querem receber aulas e exigem respeito pelo seu "caráter" da forma como ele é, assim como a urbanidade, às vezes desesperadamente forçada, do autor que não quer impor a sua Verdade a cavalheiros com firme convicção. No nível pragmático da história, as decisões referentes a seu destino político foram tiradas das mãos desses homens pela conquista macedônica e pela ascensão do Império. Na verdade, as sociedades das pólis, e especialmente a sociedade ática, privadas de seu poder, continuaram a existir. Mas eram agora sociedades em que os "caracteres" tinham o campo para si, sociedades que haviam perdido o seu mito e não haviam ganhado o espírito, sociedades de observação arguta, humor, sentimentos sofisticados, dignidade pessoal, tato sutil e muito discernimento psicológico. Uma atmosfera peculiar, para a qual os gregos não tinham uma palavra, a atmosfera do que os romanos chamaram *humanitas*, começou a se difundir[2].

No novo clima muito humanístico foram escritos os *Caracteres* de Teofrasto (*ca.* 370-287), o sucessor de Aristóteles como escolarca do Liceu. Esses inteligentes e divertidos esboços de caracteres pretendem representar modos de vida típicos, bons e ruins, como eles ocorrem na sociedade ateniense da época. Eles são baseados, como diz a Carta Dedicatória, na observação da "natureza humana" e servem ao propósito educacional de ensinar aos jovens que tipos de homens devem ser evitados e quais devem ser cultivados. A natureza humana observada por Teofrasto (e isto se aplica mesmo se a *Protheoria* em que o termo ocorre fosse espúria) não é mais a natureza aristotélica do *politikon zoon*; nenhum problema de potencialidade e realização é levantado. É a natureza humana em sua variedade de caracteres e comportamentos típicos, mesquinhos e covardes, desconfiados e pretensiosos, carrancudos e afáveis, supersticiosos, intrometidos, jactanciosos, ambiciosos, loquazes, trapaceiros, alcoviteiros, arrogantes, inconsequentes, rústicos e despudorados. É a natureza humana em seus aspectos cômicos, vulgares, desprezíveis e medíocres. E talvez não tenha sido acidente que, dos caracteres bons e maus projetados, apenas os maus foram preservados — se é que os bons chegaram a ser escritos. É uma natureza de motivações, uma natureza sem *telos*.

Com seu *Caracteres*, Teofrasto criou um modelo literário que, em situações sociais similares, pôde ser seguido por outros. Depois das convulsões

---

[2] Sobre o desenvolvimento da *humanitas* na Hélade, ver SNELL, *Die Entdeckung des Geistes*, 240 ss.

do século XVI d.C. em nossa civilização ocidental, podemos observar um renascimento da arte teofrastiana de caracterização pelas várias traduções de sua obra, assim como um novo desenvolvimento da arte pelos *Caractères* de La Bruyère. Em seu próprio tempo, a obra de Teofrasto, apesar de sua importância sintomática, parece um pouco pálida contra o pano de fundo do grande desenvolvimento da Comédia Nova, da qual o representante mais importante foi Menandro (342-291), o amigo mais jovem e, talvez, aluno de Teofrasto. Por intermédio de Menandro e de seu rival Filêmon, este último florescimento naturalista da sociedade ática foi transmitido aos romanos e imitado nas obras de Terêncio e Plauto.

4 Pirro

O impulso socrático-platônico passou. A tensão assassina entre Sócrates e Atenas dera lugar a uma tolerância mútua entre os cidadãos e as escolas. Indivíduos espetaculares como Diógenes até se tornaram figuras populares apreciadas. Se Atenas estava declinando para uma comédia de personagens, os filósofos estavam perigosamente próximos de se transformar eles próprios em figuras dessa comédia.

A causa dessa situação deve ser buscada, uma vez mais, no imanentismo que se expressou na construção metafísica aristotélica. As experiências da alma noética, como dissemos, apontam para o *realissimum* transcendental que não pode ser objeto de proposições verdadeiras à maneira de um objeto imanente. Os símbolos em que expressamos as experiências do *summum bonum* e do *beatitudo* são os símbolos da revelação e, metafisicamente, da *analogia entis*. Se impusermos a esse domínio da experiência a linguagem da metafísica imanentista, chegaremos a uma metamorfose da realização transcendental em realização imanente. A beatitude irá se tornar eudaimonia, e a verdade do *summum bonum*, que invade a alma e orienta-a para seu destino, tornar-se-á a verdade de um modo de vida, como uma realização humana de conduta e caráter imanente ao mundo que leve à felicidade. Como consequência de tal transformação, o problema da felicidade irá se tornar debatível como um objetivo a ser alcançado dentro da vida humana. Os filósofos podem concordar e discordar quanto à natureza precisa do estado de felicidade, assim como quanto aos meios que a produzirão. E não discutirão esses temas como uma questão de experimentação psicológica, mas com um absolutismo de convicção que deriva das implicações transcendentais das experiências que os animam. Entre 400 e 300 a.C., desenvolveram-se a Academia e o Liceu, as escolas dos cínicos, dos cirenaicos, dos epicuristas e, provavelmente, dos estoicos. Uma multiplicidade de possuidores da Verdade distribuíam suas filosofias de conduta; e eles não se refreavam muito ao expressar suas opiniões uns sobre os outros. Um padrão sociológico de exercício filosófico estava crescendo, o qual teve o efeito perene de gerar desconfianças sobre a condição da filosofia como uma ciência e de gerar ceticismo com relação a uma verdade sobre a qual podem ser apresentadas tantas proposições diferentes quantos forem os filósofos na história da humanidade.

Contra esse pano de fundo, destaca-se a figura de um contemporâneo mais jovem de Aristóteles, a figura de Pirro de Elis (363–275). Não sabemos nada sobre as suas ideias por uma fonte direta, pois ele não escreveu, nem fundou uma escola. Esse é precisamente o ponto de interesse. Se os filósofos representam o afastamento da pólis, Pirro representa o afastamento da filosofia. Até onde a sua doutrina se torna tangível com alguma confiabilidade (por meio de seu aluno Timon de Fliunte, conforme relatado por Arístocles), ele afirmava que, para alcançar a felicidade, precisamos refletir primeiro sobre o que as coisas são e, segundo, sobre qual atitude devemos adotar em relação a elas e, terceiro, qual será o estado de espírito resultante. Com referência ao primeiro ponto, ele afirma que a natureza das coisas é indiscernível. Assim, com referência ao segundo ponto, devemos suspender todo juízo e não abrigar crenças, opiniões ou inclinações. E dessa atitude resultará, em terceiro lugar, o silêncio (*aphasia*) e, subsequentemente, a ataraxia[3].

O afastamento radical da indulgência com qualquer proposição imanentista com relação à natureza das coisas parece ter a característica distintiva do modo de existência de Pirro, mais do que uma doutrina, a qual, sob tais condições, é impossível. Sexto Empírico, quando trata da matéria, distingue três tipos principais de filosofia: a dogmática, a acadêmica e a cética. Aristóteles, Epicuro e os estoicos são os representantes da filosofia dogmática, que afirma ter encontrado a verdade; Carnéades e os acadêmicos posteriores representam a tese de que a verdade é inapreensível. A filosofia dogmática e o ceticismo da nova Academia, portanto, opõem-se entre si. O ceticismo de Pirro, porém, é uma terceira posição, nem de dogmatismo, nem de ceticismo epistemológico, mas de uma suspensão existencial do juízo que pressupõe uma capacidade

---

[3] Eusébio, *Praeparatio Evangelica* XIV, 18, 2-3.

mental (*dynamis*) específica. O resultado de tal suspensão (*epoche*), que nem afirma uma verdade, nem defende a sua incognoscibilidade, será um "descanso da mente" (*stasis dianoias*)[4]. Uma outra informação reveladora é proporcionada por Diógenes Laércio: "Teodósio, em seus *Capítulos céticos*, nega que o ceticismo deva ser chamado de pirronismo; pois, se o movimento da mente a uma ou outra direção é inalcançável por nós, nunca saberemos ao certo o que Pirro de fato pretendia e, sem saber isso, não podemos ser chamados de pirronistas. Além disso (diz ele), há o fato de que Pirro não foi o fundador do ceticismo; nem possuía ele nenhum princípio definido; mas um pirronista é alguém que, nas maneiras e na vida, assemelha-se a Pirro"[5]. Embora Pirro pudesse ser considerado um cético, havia algo nele que tornava necessário distinguir o seu ceticismo existencial do ceticismo epistemológico da Academia.

À distância de milênios, é difícil determinar com precisão a essência experiencial da atitude pirrônica. Ainda assim, há algumas indicações na literatura cética que nos permitirão formar pelo menos uma ideia provável. Nas *Hipotiposes* de Sexto Empírico, há um capítulo sobre o *telos* do ceticismo[6]. O *telos*, ou fim, é entendido no sentido aristotélico do fim pelo qual todas as ações e atividades da razão são empreendidas, enquanto esse fim em si não tem nenhum fim ulterior. Os céticos, assim como Aristóteles, estão em busca de uma ciência da ação, e essa ciência deve culminar no conhecimento do fim mais elevado e abrangente da vida. Diferentemente de Aristóteles, porém, a busca do cético tem um traço específico. Uma vez que a situação histórica, com a sua pluralidade de opiniões filosóficas sobre a felicidade, compele-o a procurar tranquilidade diante do turbilhão de opiniões, a sua busca da felicidade assume a forma de uma busca da "*ataraxia* em relação ao dogma". Para esse fim, ele examinará opiniões e avaliará se elas são verdadeiras ou falsas; no processo, ele se verá envolvido em contradições; por fim, ele suspenderá o julgamento; e "quando, assim, ele suspendeu o juízo, seguiu-se, como por acidente, a ataraxia em questões de opinião". O cético também esperava alcançar tranquilidade por meio da verdade; e, quando a impossibilidade de decisão em prol de uma verdade forçou-o à suspensão (*epoche*) do juízo, a *ataraxia* seguiu-se à suspensão "como uma sombra ao seu corpo". A felicidade da alma é encontrada quando a busca por ela em termos de bens imanentes é abandonada.

---

[4] Sexto Empírico, *Hipotiposes pirrônicas* I, 3-4 e 8-10.
[5] Diógenes Laércio, trad. para o inglês de R. D. Hicks, Loeb Classical Library, IX, 70.
[6] Sexto Empírico, *Hipotiposes pirrônicas* I, 25-30.

A descrição feita por Sexto do movimento da alma pirrônica em direção à ataraxia parece substancialmente correta, embora esteja separada por séculos da vida de Pirro. Pelo menos, no que se refere à cor específica da tranquilidade resultante, ela é compatível com certos fragmentos de um poema de Timon de Fliunte, o seguidor de Pirro. Numa ocasião, Timon pergunta: "Como, ó Pirro, conseguiste escapar da servidão à sabedoria vazia [*keneophrosyne*] das opiniões sofísticas?"; e, em outra ocasião: "Por que apenas tu, entre os homens, destaca-se à maneira [*tropos*] de um Deus?" E, como uma resposta para tais perguntas, soa a sabedoria atribuída por Timon a Pirro:

> Vou falar-te, de fato, sobre o ser como ele parece a mim. Pois eu tenho a regra da verdade correta neste dito [*mythos*]: Que a natureza de Deus e do Bem existem na eternidade [*aiei*], e daí provém para o homem a vida mais justa e mais equitativa [*isotatos*].[7]

Nesse dito, Pirro parece ter penetrado no problema do imanentismo até o seu cerne. O objeto das proposições é o mundo cotemporal das aparências; Deus e o Bem, dos quais provém a ordem equitativa da vida humana, existem na eternidade, além do alcance de proposições imanentes. A força enigmática que levou Pirro a aparecer como uma figura beatífica, semidivina para seus contemporâneos foi o silêncio do místico. Além disso, Diógenes Laércio conta que Pirro acompanhou Anaxarco nas viagens deste último à Índia com Alexandre, e que lá ele conheceu os "gimnosofistas". Estes o impressionaram tanto que ele adotou a filosofia do "agnosticismo e da suspensão do juízo". Ele também "afastou-se do mundo e passou a viver em solidão, raramente mostrando-se mesmo para seus parentes"; e cultivou esse hábito porque ouvira um dos indianos repreender Anaxarco dizendo que "ele nunca seria capaz de ensinar aos outros o que é bom enquanto ele próprio se mantivesse à volta das cortes reais"[8]. Pode-se pôr em dúvida se existe uma cadeia de influência tão simples e direta quanto Diógenes pressupõe; mas certamente devemos levar em conta a possibilidade de que o misticismo de Pirro, como podemos percebê-lo nos relatos fragmentários e imperfeitos, deva algo às campanhas de Alexandre e ao seu contato com o misticismo hindu.

Pirro foi uma figura única e isolada. Ele não fundou uma escola nem uma religião. E a continuidade de seu efeito parece ter morrido com seus poucos

---

[7] De SEXTO EMPÍRICO, *Adversus mathematicos* XI, 20. As duas perguntas precedentes são citadas por DIÓGENES LAÉRCIO IX, 65.
[8] DIÓGENES LAÉRCIO IX, 61 e 63.

alunos e admiradores próximos. Ainda assim, o poder de sua personalidade afirmou-se ao longo dos séculos. Ele foi considerado a fonte do movimento do ceticismo no período romano, como é evidenciado pela obra de Sexto Empírico, e o ceticismo permaneceu associado ao seu nome até o nosso tempo.

O misticismo da *epoche* teve, inevitavelmente, consequências de longo alcance na história da ordem e das ideias. Acima de tudo, ele desacreditou o "sábio", o *sophos*, que afirmava possuir a Verdade[9]. Na ciência do ceticismo, o descrédito da verdade assumiu a forma de uma análise sólida e brilhante das circunstâncias da cognição, das limitações das faculdades de apreensão e cognição e das inclinações que causam a variedade de "opiniões verdadeiras" mantidas pelos filósofos sobre a natureza das coisas. A ciência dos céticos foi, por assim dizer, uma extensão do estudo teofrastiano e menandriano dos caracteres na sociedade para os caracteres filosóficos. Mas foi mais do que isso, na medida em que o estudo das variedades de dogmas filosóficos e de suas causas estendeu-se ainda mais, de modo a abranger as contradições de instituições jurídicas, convicções morais, usos e costumes, mitos e lendas ao longo da história no tempo e ao longo da extensão geográfica no espaço, com a sua multiplicidade de civilizações que haviam se tornado mais bem conhecidas para os pensadores helenísticos devido às conquistas de Alexandre. A súbita expansão do horizonte civilizacional, que varreu a pólis para um canto do mundo conhecido, fez-se sentir fortemente na redução de toda a multiplicidade de sociedades, com o seu conteúdo civilizacional, a um campo de aparências que não poderia ser nem uma fonte, nem um veículo da Verdade[10].

No que se refere à prática da vida, o cético foi lançado de volta a um conservadorismo simples. "Vivemos de uma maneira não dogmática, seguindo as leis, costumes e emoções naturais"[11]. Ele aceitou os costumes e convicções prevalentes na sociedade que o cercava pelo acaso de seu nascimento e deixou a história ser negociada sobre a sua cabeça, como era adequado para o súdito de um Império.

---

[9] Ver a argumentação incisiva em SEXTO EMPÍRICO, *Hipotiposes* II, 22-47, com o seu ataque ao *sophos*, e com a análise da não apreensibilidade e não concebibilidade do "homem" e, consequentemente, da impossibilidade de formar a "ideia de homem".

[10] A vasta elaboração da posição cética como a encontramos na obra de Sexto não foi, claro, realizada por Pirro. Sexto resume o desenvolvimento de séculos em seu título atemporal "pirronismo". A grande classificação sistemática dos *tropoi*, por exemplo, não deve ter sido alcançada antes de Enesidemo, durante o século I a.C.

[11] SEXTO EMPÍRICO, *Hipotiposes* I, 231.

Índice remissivo

Academia 27, 28, 65, 66, 75, 76, 80, 81, 83, 148, 197, 203, 220, 224, 225, 239, 282, 283, 327-330, 333, 335, 341, 342, 350, 360, 361, 366, 426, 427
Achreios 358
Adikos 212
Aeigenes 227
Agalmata 365
Agape 228
Agapesis 332, 333
Agathon 22, 23, 26, 92, 97, 103, 108, 116, 120, 121, 156, 172-177, 179, 186, 196, 197, 208, 235-237, 240, 261, 262, 268-270, 291, 318, 319, 323, 328, 331, 332, 351, 362
Agelaion zoon 372
Ageros 212
Agostinho, santo 27, 52, 152, 216, 257, 258, 328, 329
Agroikia 86
Aionios 257
Aisthesis 253
Aitia 116, 258; *Anaitios* 116
Aitios 373
Akolasia 96, 97
Akosmia 97
Albright, William F. 41
Alcibíades 98
Alcibíades I 342

Aletheia 128, 138-140, 166, 167, 173, 223, 254, 256, 290, 356
Alethes doxa 227
Alethos pseudos 128
Alexandre o Grande 28, 38, 63, 81, 82, 217, 220, 281, 283, 327, 345, 367, 428, 429
Alexandre de Afrodísia 336
Allotriopragmosyne 125
Alma 12, 15, 18-22, 24-32, 35-38, 40, 67, 69-74, 78, 79, 85, 86, 91, 92, 97, 99-105, 108, 111, 114, 117-120, 122-125, 127-131, 133, 135, 136, 138, 140-148, 150-153, 155-157, 161-164, 166, 168-177, 182, 184-193, 196-201, 203, 204, 206-209, 214, 215, 226, 227, 229, 230, 232, 233, 236-239, 242-252, 255-258, 260, 261, 269-271, 279, 283, 285, 288-292, 294, 301, 302, 306-308, 311, 316, 318-323, 328, 329, 331-333, 338, 341, 342, 345, 347, 353, 357, 361, 362, 364, 366, 376, 377, 386, 387, 392, 407, 412, 415, 420-423, 425, 427, 428
Alma do mundo 196, 197, 208, 209, 242, 243, 341, 342
Amathia; megiste amathia 301
Amicitia 376, 421
Amizade. *Ver philia*
Ammerman, Robert 45
Amor. *Ver Eros*
Amor Dei 187

Amor sui 187
Ampliação do logos 155
Anacarsis 192
Analogia entis 213, 332, 425
Analogon 173
Anamnese 102, 216, 235, 237, 239, 252, 356
Anamnesis (Voegelin) 38
Ananke 116
Ananke 58, 259-262, 264, 312
Anaxágoras 333
Anaxarco 428
Andreia 168, 226
Andreia 169
Andrônico 336
Angelos (mensageiro) 121
Anima mundi 27, 197
Anselmo, santo 30, 40
Ansiedade 72, 123, 131, 144
Antigos e modernos 248
Antropologia 137, 145, 168, 289, 352, 354, 355, 360-362, 392, 412, 413, 415, 421, 423
Antropomórfico(a) 29, 30, 245, 246, 251
Aparência e realidade 139, 167
Aphasia 426
Apodeixis 215
Apolitismo 176, 203, 205, 366
Apolo 298, 317
Apologia (Platão) 67, 70, 73, 91
Aporia (dificuldade) 386
Aquiles 81, 82
Archaios (antigos) 248
Arche 236, 258, 384
Architektonike politike 339
Archontes 162
Archontes 169
Arete 56, 125, 146, 190
Arete 116
Areto 154
Ariste politeia 11, 406-411
Arístocles 63, 426
Aristocracia 110, 146, 181, 187, 217, 219, 238, 296, 299, 320, 338, 364, 375, 390, 393, 401, 402, 419
Aristoi 401
Áriston 63

Aristos phylax 144
Arquelau 88
Arte 29, 32, 78, 86, 99, 108, 111, 112, 121, 125, 127, 129, 138, 140, 152, 154, 155, 160, 175, 189-191, 193, 196, 212, 218, 221-227, 230, 233, 245, 274, 285, 287, 288, 295, 302, 315, 317, 339, 346, 350, 353, 354, 369, 380, 384, 399, 412, 413, 416, 425
Ártemis-Bêndis. *Ver* Bêndis
Ascholia 410, 411
Asebeia 64, 68
Askesesin 175
Ataraxia 426-428
Ataraxia em relação ao dogma 427
Ataxia 254, 255, 257. *Ver também Taxis*
Atechnos 218
Atena 263, 298
Atenas 301-303, 305, 342-345
Athanasia 280, 296
Atlântida 213, 237-239
Atlas 267, 268
Atopa 89
Auden, W. H. 11
Autarkeia 361, 372; *autarkes* 160; *ouk autarkes* 160
Autarquia 180, 370, 373, 376, 407
Automatoi 176
Autoridade 14, 21, 32, 35, 65, 66, 97, 99, 100, 101, 103-105, 149, 150, 156, 163, 195, 212, 219, 229, 243, 253, 257, 280, 284, 286, 303, 340, 358, 360, 364, 384, 386
Axiomas do governo 374
Axiomata 374

Bagdá, escola neoplatônica em 342
Banquete (Aristóteles) 328, 333
Banquete (Platão) 27, 73, 173, 261, 328
Barker, E. 66, 327
Basileia 299
Basileus 215
Basilike techne 222
Beatitudo 422, 425
Bebida 298
Bem e Mal 73, 74, 97, 186, 187, 208, 209, 216, 264, 341, 342. *Ver também Agathon*
Bêndis 114, 115; Bendídes 119

Bentham, Jeremy 95
Berdiaev, N. 105
Bergson, Henri 25
Bios eudaimonestatos 362
Bios theoretikos 17, 333, 338, 345, 353, 360-363, 369, 373, 392, 411, 412, 415, 417, 419, 421-423
Bluck, R. S. 66
Blumenberg, Hans 47
Boa pólis 22, 130, 131, 142, 143, 146-148, 152, 153, 155, 157, 159, 162, 163, 166-168, 170, 172, 177, 178, 181-184, 190, 192, 193, 230, 232, 233, 240, 257, 266, 276, 288, 339, 412
Bodin, Jean 171, 413
Brown, Truesdell S. 45

Cálicles 35, 85, 89-104
Calvinismo 105
Caos 264
Caractères (La Bruyère) 425
Caracteres (Teofrasto) 423, 424
Caracteres, tipos de 168-171, 226, 359, 418, 419, 423-425, 429
Carondas 192, 375
Cassirer, Ernst 43
Castro, Fidel 24
Catarse 104-105
Caverna, parábola da. *Ver* Parábola da caverna
Ceticismo 426-429
Céu 152
Cherniss, H. F. 66
China 182
Chora 259-261
Choregia 380, 407
Cícero 328, 364
Ciclo 116, 187, 188, 211, 214, 216, 234, 287, 288, 294, 299, 300, 302-305, 307, 312, 340, 341, 343-347, 356, 373, 390, 396, 413, 423
Ciclos cósmicos, mito dos (*Político*) 210, 211, 213, 216, 217, 288, 296
Ciência política 20, 21, 38, 129, 222, 225, 276, 335, 339, 349-352, 354-356, 358, 360, 361, 366, 379, 388, 390, 399, 412, 413

Cimon 98
Cínicos 205, 426
Cirenaicos 426
Città corrotta 90, 201
Civitas Dei 27, 152, 200
Civitas naturae 27, 200
Cognitio Dei 30, 331
Cognitio fidei 30, 246
Cognitiva, investigação 153, 156, 157, 163
Comte, Auguste 28, 30, 217, 245
Comunidade 21, 25, 27, 29, 32, 33, 35, 68, 73, 77-79, 82, 90, 91, 97, 104, 108, 110, 119, 120, 129, 144, 152, 154, 159, 166, 167, 176-178, 179, 181, 197, 199, 215, 225, 227, 228, 247, 266, 269, 275, 280, 281, 283-286, 291-293, 298, 304-307, 309-311, 317, 318, 320, 321, 324, 347, 350, 360, 365, 371-373, 376-378, 381-383, 387, 388, 393-396, 400, 403, 407, 413, 421
Concordia 377
Conditio humana 91
Conhecimento. *Ver Episteme*
Consciência 11, 16-18, 28-30, 44, 67, 89, 91, 93, 121, 139, 144, 145, 151, 170, 172, 180, 187, 199, 204, 214-216, 229, 230, 242-245, 247, 250-252, 254, 256, 258, 287, 290, 323, 331, 336, 340, 342, 348, 357, 358, 392, 412
Conselho Noturno 34, 321, 322, 324
Constituição da alma 172
Constituições 28, 29, 33, 37, 148, 154, 162, 183, 296, 300-302, 304, 305, 307, 310, 337, 339, 345, 346, 375, 383, 385, 388, 390, 393-395, 397-399, 401, 402, 405, 410, 422
Contrato, teoria do 135, 136
Controle totalitário 36, 318
Conversão 19, 77, 175, 284, 351, 360, 369
Cook, Thomas I 40
Coríntios, carta aos 165, 166
Corisco de Scepsis 80, 81, 82
Cornford, F. M. 66, 111, 112, 241, 262
Cosmos 22, 24, 26, 29, 31, 34, 79, 103, 111, 112, 116, 138, 168, 180-182, 196, 197, 208, 209, 213, 216, 228, 233, 234, 236-238, 240, 242, 243, 250, 252-264, 270, 283-285, 293, 294, 307, 308, 315, 323, 365, 366, 392
Crátilo (Platão) 102, 104
Credo 319-324

Credo ut intelligam 245
Creta 183, 266, 286, 287, 375
Criação e mito da criação 254-258, 260
Crianças 108, 110, 151, 165, 166, 181, 182, 195, 231, 234, 298, 302, 307, 315-318, 369, 376, 377, 383, 386
Crise 38, 65, 66, 74, 118, 132, 137, 139, 160, 192, 220, 303, 342, 344, 345, 350, 413
Cristo 28, 156, 166, 217, 228, 329, 377, 392
Crítias 230, 231, 262, 263
Crítias (Platão) 180, 182, 187, 197, 202, 210, 211, 229-231, 233-241, 262-266, 269-271, 328, 340
Críton 72
Crossman, Richard 23

Daimon 116, 117, 145, 146; Daimonion 68, 70, 176
Daimona 67
Declínio da pólis, narrativa do 181-187
Declínio (*lysis*) 182
Definição de Calcedônia 334
Demegoros 92
Demiourgos 212
Demiurgo 253-263, 270, 312
Democracia 25, 28, 33, 37, 64, 100, 160, 164, 183, 185, 187, 217-219, 296, 304, 305, 343, 375, 383, 389, 390, 393, 396, 400, 403-406, 410, 419
Demócrito 125, 242, 333
Demos 15, 27, 99, 178, 383, 393
Demóstenes 344
Demou Eros 99
De partibus animalium (Aristóteles) 398, 399
Desigualdade 167, 290, 305, 394, 405
Desordem 15, 20, 25, 28, 65, 68, 97, 109, 122, 124, 125, 129, 130, 178, 184, 187, 192, 203, 208, 212-215, 217, 220, 222, 223, 233, 254, 256, 304, 317
Deus 28, 29, 31, 41, 46, 53, 69, 70, 77, 82, 97, 100, 104, 105, 116, 123, 128, 129, 131, 145, 167, 168, 190, 193, 201, 203, 211-213, 215, 225, 250, 251, 254, 274, 279, 283, 284, 286, 287, 289-296, 305, 306, 308, 310-313, 315, 319, 320, 323, 330, 332, 334, 336, 363, 364, 367, 370, 421, 428
Deuses visíveis 364

Diagoge 316
Dianoia 76, 174
Diaphonia 301
Digressão do *Teeteto* 95, 172, 203
Dikaiosyne 120, 125, 126, 168
Dike 71, 72, 74, 114, 138, 139, 237, 263, 310, 311, 328, 420
Diógenes de Laércio 67, 427, 428
Diógenes de Sinope 425
Dion (Plutarco) 74
Dion 15, 34, 74-78, 278
Dionisíaca, alma 123, 131, 152, 176
Dionísio I 74, 76
Dionísio II 74, 76, 77, 79
Dioniso 298, 317
Dios 78
Dogma 39, 71, 275, 291, 315, 319, 320, 323, 427
Doxa 20, 117, 127, 131, 133-140, 142, 157, 253, 254, 256
Doxa alethes 384
Dualismo 186, 187
Dux 28, 216
Dynamis 127, 144, 359, 427
Dynamis euergetike 418
Dynasteia 299

Edizesamen 145
Educação 14, 21, 22, 24, 32, 108, 147, 151, 154, 158, 160-162, 164, 166, 167, 175, 176, 177, 182, 192, 204, 227, 274, 277-280, 287, 289, 316-318, 321-324, 342, 355, 357, 359, 378, 379, 404, 406, 410, 411
Egípcio, mito 213, 230, 235-238, 241, 243, 252, 256
Egofania 30
Ehrenberg, V. 367
Eidolon 177
Eidolon tes dikaiosynes 125
Eidos 22, 154, 156, 157, 162, 163, 166, 172, 183, 330, 382-384, 389, 391, 392
Eikasia 174
Eikon 173, 253-257
Eikos mythos 254, 256
Ekei 121

Elegchos 295
Elegia do Altar (Aristóteles) 341
Eleutheria 96, 302
Elpis 289
Emerson, Ralph Waldo 15
Emmetros 311
Emphron 77, 292
Empsychos 201
Empsychos kosmos 297
Empsychos physis 293
Encarnação 13, 181, 183, 255-258, 264, 285, 334, 338
Encarnação, mito da 257, 258
Energeia 353, 357; *theoretike energeia* 361
Enesidemo 429
Engel-Janosi, Friedrich 39, 43
Enthousiasmos 73, 186
Epanodos 120, 121, 156
Epekeina 173
Epicuro e epicuristas 426
Epideixis 313
Epikuroi 160
Epínomis (Platão) 249, 365
Epistates 162
Epistatikos 219
Episteme 20, 127, 130, 133-136, 144, 154, 155, 173-175, 219, 222, 339, 353, 388, 391
Episteme politike 339, 388, 391
Epi talethes 236
Epithymetikon 169, 185
Epithymia 136, 185; *symphytos epithymia* 212
Epoche 427, 429
Epodai 318
Era de Cronos 100, 101, 212, 214, 215, 219, 250, 296, 297
Era de Zeus 100, 101, 214, 263, 296, 297
Era dos metais 164-168, 182, 225, 226
Era Gnóstica 47
Era do Império 63, 220, 328, 329
Erasto 80, 81, 82
Er, o panfílio 115, 120, 123
Eros 73, 74, 76, 78, 89, 90, 92, 97, 99, 173, 186-188, 198, 237, 261, 269, 296, 328, 332, 420
Escatologia 216, 341

Escravidão 179, 226, 277, 368, 386
Escuridão e luz 123, 124
Espanha 283
Esparta 63, 183, 282, 305
Especulação 13, 22, 27, 40, 117, 138, 157, 237, 244, 252, 288, 332, 333, 343, 365, 366, 369, 370, 374, 379, 380, 384, 394, 402, 406, 412, 419
Espeusipo 330, 333
Ésquilo 71, 116, 192, 229, 244, 262, 265
Estelar, religião 345, 365
Estoicos 426
Ethe 130
Ethesi 175
Ethnos 300, 351, 368, 373
Ethos 24, 32, 149, 274, 281, 294, 353, 417, 419
Ética a Nicômaco 11, 39, 335, 339, 350, 352, 354, 355, 358-360, 362, 364, 368, 369, 375, 384, 404, 412, 417
Euclides 201, 202
Eudaimonia 96, 104, 176, 265, 293, 310, 338, 351-353, 360, 361, 363, 364, 369, 385, 404, 407, 415, 417, 418, 425
Eudemo (*Sobre a alma*) (Aristóteles) 328
Eugenes 227
"Eugenia" passagens da 22, 178, 179
Eugonia 182
Eumatheia 141
Eumênides (Ésquilo) 262
"Eunomia" 22, 23
Eunomia 322, 323
Euphyes, eutyches 182
Eurípides 102
Eusébio de Cesareia 426
Eu zen 372

Faleas da Calcedônia 375
Fascismo 38, 41, 409
Fédon (Platão) 72, 73, 328
Fedro (Platão) 26, 73, 77-79, 102, 149, 173, 182, 195-201, 207, 208, 216, 225, 261, 340
Fé e razão 40, 252
Felicidade. *Ver Eudaimonia*
Fenício, conto 164-166, 168
Fides caritate formata 421
Filebo (Platão) 317, 328, 329

Filêmon 425
Filhos de deuses 281
Filhos de Zeus 78, 101-103, 340, 367
Filipe II 63, 81, 327
Filodoxia 333
Filódoxo 20, 126, 135
Filolau 375
Filosofia 12-15, 17, 19, 21, 29, 33, 34, 40-43, 45, 46, 53, 65, 73, 79-81, 90, 92, 94, 95, 97, 101, 111, 120, 123, 129, 131, 142, 143, 150, 154, 156, 161, 163, 170, 171, 182, 190, 192, 199, 203, 209, 213-215, 222, 230, 242, 245, 251, 256, 257, 262, 266, 278, 291, 315, 317, 328-331, 333-335, 337, 341, 358, 378, 397-399, 413, 422, 426, 428
Filósofo 13, 14, 16, 18-20, 24, 25, 27-29, 31, 33, 34, 37-39, 47, 63, 69, 70, 72, 76, 78, 79, 81, 85, 95, 97, 101, 108, 112, 120-122, 124, 126, 127, 129-132, 135, 139, 141, 142, 144, 148-152, 155, 156, 161, 163, 164, 170, 175, 176, 191, 192, 196, 198-203, 205-210, 214, 215, 220, 229-231, 233, 242, 247, 251, 276-279, 281, 288, 296, 320, 328, 329, 331-335, 338, 340, 342, 348, 357, 360-362, 364, 378, 381, 388, 392, 407, 410, 412, 415, 416, 419-421, 423
Filósofo (Platão) 202
Física (Aristóteles) 389, 390
Forma de governo 109, 183, 217, 223, 372, 380, 383, 396
Forma supranaturalis 421
França 283
Frank, E. 241, 308
Franklin, Julian 39
Friedländer, P. 154, 176
Friedrich, Carl Joachim 37, 39, 42, 43, 46
Fundação, jogo da 21, 26, 148, 149, 153, 157

Galeno 154
Genesis 173, 258, 260, 281
Gennaion (*pseudos*) 165
Genos 127, 179
Georgoi 162
Gerações 118, 132, 142, 157, 192, 248, 249, 262, 267, 287, 382, 399
Germânico, reinado 282
Giges, mito de 136, 161

Gigon, O. 67
Gnose 251, 335
Gnósticos 16, 31, 251
Goethe, Johann Wolfgang von 246, 250
Goldschmidt, V. 66
Górgias (Platão) 15, 65, 66, 72-74, 85-87, 89-92, 99-101, 103, 104, 149, 156, 314, 328, 340, 344
Governante Régio 29, 33, 215-222, 225, 227, 260, 262, 271, 284, 297, 340
Governo. *Ver* Forma de governo
Governo constitucional 33, 207, 217, 220, 224, 276, 277, 279, 304, 312, 393, 401, 402, 404, 410
Grene, D. 66
Grilo (*Sobre a retórica*) (Aristóteles) 328
Guardini, R. 67
Guerra 179

Hadas, Moses 23, 40, 41, 43
Hades 81, 102, 115-123, 129, 145, 161, 177, 190
Hamartemata 105
Hannaford, Ivan 23
Harrison, J. E. 244
Hassner, Pierre 45
Hebreus, Carta aos 30
Hécate 115
Hedone 289
Hefesto 213, 263, 266
Hegel, G. W. F. 43, 46, 367
Hegemones 267
Hegemon kai kyrios 80
Heidegger, Martin 43
Heimarmene (Destino) 212, 228
Heinze, M. 169
Helênica, federação 282
Helênica, império 65, 271, 281, 300, 303, 304, 345, 357, 368
Héracles 71, 232
Heráclides de Ponto 364
Heráclito 13, 40, 68, 124, 125, 145, 167, 229, 332, 399
Hérmias de Atarneus 80-82
Hermócrates (Platão) 202

Hermócrates 230, 231, 241
Heródoto 161
Hesíodo 124, 128, 138, 140, 157, 166, 182, 189, 192, 226, 238, 244, 288, 357, 358
Hexis 353, 354
Hildebrandt, K. 66, 78, 111, 112, 199, 241
Hipócrates 154
Hipodamo 269, 375
Hipotiposes (Sexto Empírico) 427, 429
História 9, 11-13, 15-19, 23, 25-27, 29, 31, 35, 36, 38, 41-43, 45, 46, 53, 71, 80, 89, 94, 98, 100, 101, 103-105, 110, 113, 115, 119, 124-126, 128, 135-137, 140, 143, 148, 150, 152, 154, 156, 157, 165-167, 171, 177, 178, 183, 184, 187, 188, 191, 196, 197, 199, 200, 205, 208, 209, 210, 213-216, 220-222, 224, 232-239, 241, 242, 244, 245, 251, 252, 254-258, 262-264, 266, 271, 274, 284, 287, 288, 294, 296, 300, 303, 315, 322, 330, 333-335, 340, 345, 347, 348, 356, 357, 359, 364-366, 373, 382, 391, 392, 412, 413, 420, 423, 424, 426, 429
Hitler, Adolf 28, 217
Hobbes, Thomas 136, 137
Homem 12, 13, 15-18, 20, 24-30, 34, 35, 37, 39, 40, 46, 63, 64, 67-70, 72, 73, 76-80, 85-101, 104, 108, 109, 112, 114-119, 122, 125, 127-134, 136-142, 144-147, 150-152, 154, 156, 158, 159, 161, 162, 164, 166, 169-171, 173-176, 179, 182, 184, 186, 189, 190, 192, 193, 197, 199, 200, 203-208, 211-216, 219, 221, 222, 224, 226, 227, 230, 231, 234, 235, 237, 238, 240, 242-244, 246, 249, 251, 253-256, 259, 261-263, 270, 271, 274, 275, 278, 284, 285, 289-297, 301, 308, 310-317, 319, 323, 324, 330, 334, 338, 339, 341, 345, 351-364, 367-369, 371-374, 376-379, 383, 384, 386-390, 392, 396, 401, 404, 406-408, 411, 412, 415-417, 419-421, 423, 428, 429
Homem de política/negócios 95, 118, 204-206, 208, 209
Homero 28, 101, 114, 116, 128, 140, 161, 171, 189, 191-193, 229, 238, 239
Homoiosis theo 206, 216
Homo-mensura 310
Homonoia 29, 181, 227, 228, 377, 413, 421
Horme 372
Horoi 338
Hortêncio (Cícero) 328

Huizinga, J. 244, 314
Humanidade. *Ver* Homem
Humanitas 424
Hybris 227, 264, 265
Hygies 158
Hypar 177
Hyperesia: hyperetai tois nomois; ton theon hyperesia 310
Hypothesis ton theon 296, 297
Hypothesis 380

Idea (ou lidos) 154, 183, 255
Ideal 11, 14, 20, 24, 97, 124, 142, 143, 146, 163, 266, 276, 337, 338, 352, 360, 402, 403
Ideia 12, 14, 23, 26, 32, 34, 37, 39, 44, 79, 87, 96, 102, 105, 108-112, 116, 127, 128, 155, 172, 175, 176, 178-180, 183, 191, 193, 195-197, 199, 200, 206-210, 213, 216, 218, 226, 230, 232, 233-240, 242, 249, 255-257, 260, 261, 263, 264, 266-269, 271, 275-283, 285, 292, 304, 305, 307, 334, 341-343, 345, 347, 351, 352, 360, 362, 366, 369, 386, 387, 394, 412, 416, 419, 421-423, 427, 429
Idiotes 404
Igreja 284
Igualdade 28, 94, 115, 119, 121, 128, 166, 167, 185, 201, 291, 292, 305, 386, 387, 394, 403, 405, 421
Iluminismo 247-249
Imanentismo 38, 419-423, 425
Imitatio Achillis 82
Imitatio Socratis 28, 103, 203
Império Romano 283
Inconsciente 29-31, 214, 237-239, 243-246, 250-253, 256, 347, 356
Início e fim 157, 286-288
Institucional, ordem 145, 304
Intelecto. *Ver Nous*
Investigação 21, 22, 44, 53, 67, 68, 114, 115, 130, 135, 142-146, 148-154, 156, 157, 160, 163, 171, 188, 206-208, 210, 330, 331, 350, 352, 363, 371, 375, 385, 388-392, 398, 421
Iraniana, escatologia 341
Ireneu 251
Isogonia 167
Isonomia 282

| Índice remissivo **437**

Itália 65, 74, 192, 231, 282

Jaeger, Werner 42, 66, 67, 82, 162, 327, 329, 331, 341, 361, 363, 364, 366, 374
Jaspers, Karl 37, 203
Jesus. *Ver* Cristo
João, são 145
Joaquim de Fiore 28, 216
Jogo 15, 21, 26, 72, 83, 85, 87, 89, 90, 93, 99, 103, 115, 120, 121, 127, 148, 149, 153, 157, 161, 163, 167, 168, 175, 215, 236, 244, 245, 250, 251, 274, 289, 290, 292, 293, 297, 298, 304, 305, 307, 312-320, 324, 349, 411, 412, 416
Jowett, B. 165
Julgamento dos mortos 91, 99, 101, 104, 108, 112, 237
Jung, C. G. 115
Justiça e injustiça 94, 124, 139, 141, 143
Justiniano 342

Kairos 295, 296
Kakia 125; *Kaka* 189
Kallion 158
Kallipolis 158
Kalokagathia 359
Kalon 156, 323
Kalos 418
Kanon kai metron 356
Katabasis; katabateon; kateben 19, 113-115, 177
Kata logon 184
Kata physin 155
Katastasis; katastasis politeion 141, 147
Kelsen, Hans 23, 327
Keneophrosyne 428
Kentron 186
Kerenyi, K. 115
Kerferd, G. B. 42
Kierkegaard, Søren 43
Kinesis 154
Kirk, Russell 44
Koinon 281, 396
Koinoneo 178
Koinonia 97, 371
Koinonia ton homoion 408

Kome 371
Kosmios te kai theios 156
Kosmos 97, 258; *akosmia* 97; *kosmein* 172
Kosmos empsychos 297
Krisis 207
Kritikos 219
Krueger, G. 66
Kuhn, Helmut 46
Kyrion 362, 393

La Bruyère, Jean de 425
Láquesis 116
Legislador 35, 80, 221, 239, 249, 279, 285, 292, 295, 299, 302, 305, 310, 312, 313, 339, 354, 355, 359, 380, 381, 388, 392, 399, 405, 410, 413, 416
Lei 28, 29, 33-35, 69, 70, 72, 82, 92, 94, 96, 100, 105, 116, 135, 136, 138, 139, 147, 162, 186, 198, 199, 203, 211, 217-225, 228, 244, 261, 265, 274-277, 279, 280, 283, 289, 299, 301, 303, 304, 311, 312, 318, 321, 343, 345, 359, 367, 396, 397, 403, 407
Leis (Platão) 33, 34, 64, 80, 132, 134, 136, 217, 218, 221-225, 232, 261, 270, 275-280, 285-287, 294-296, 304, 309, 310, 312, 313, 339, 359, 367, 385, 397, 403-405, 410, 429
Lênin, V. I. 28, 217
Lestes 97
Levinson, R. B. 66
Libido dominandi 31
Liceu 327, 424, 426
Licurgo 192
Locke, John 94, 136
Logismo notho 259, 260
Logismos 289-292, 298, 301, 316
Logistikon 169, 171, 185, 186, 189
Logoi 166, 335-339
Logos 15, 79, 144, 145, 153, 155, 253, 254, 256, 289, 296, 336, 337, 353, 357, 358, 386
Logos alethinos 236, 254, 256
Logos basilikos 219, 221, 222
Logos da alma 144, 145, 153
Luxuriosa, pólis 158-161
Lype 289
Lysis 182

Makrologia 87
Malista 400
Mal. *Ver* Bem e mal
Manasse, Ernst Moritz 45
Mania 26, 104, 173, 186, 187, 197, 198
Maquiavel, Nicolau 187, 283, 413
Marionete 274, 289, 292, 298, 306
Marx, Karl 28, 217
Materes 301, 305, 307
Mathein 331
Mathema 91
Mathemata megista 172
Mathetes 144
McIlwain, C. H. 327
Medida 16, 20, 24, 27, 29, 35, 39, 41, 44, 47, 65, 66, 71, 78, 82, 88, 94, 104, 109, 114, 115, 120, 122, 124, 127, 129, 130, 132, 133, 147, 150, 152, 155, 156, 163, 167, 168, 172, 175, 188, 191, 193, 196, 197, 218, 219, 221, 225, 233, 238, 242, 250, 251, 259, 260, 273, 274, 281, 284, 289, 292, 297, 298, 305, 310, 311, 317, 319, 322, 330, 338, 348, 351, 352, 355, 356, 358, 362, 364, 371, 372, 375, 377, 381, 382, 386, 390, 392, 393, 404, 407, 409, 417, 419, 429
Megaloprepeia 141
Megiste amathia 301
Meleto 67
Menandro 425, 429
Menexeno (Aristóteles) 328
Menexeno (Platão) 167, 328
Mensageiro 121, 123
Mente eroica 373
Mentira 24, 128, 165-167
Meros 374, 400
Meson 118, 218, 305
Mesotes 353, 357, 404, 405
Metabole 125
Metafísica (Aristóteles) 328, 329, 336, 346, 348, 363-366, 389, 390
Metaxy 13, 16, 127
Meteorologia (Aristóteles) 345
Methexis 330
Metron 22, 180, 305, 407. *Ver também* Medida
Mill, John Stuart 217

Miltíades 98
Mimesis 191, 221, 222, 319
Minerva 13, 46
Mistério da iniquidade 213
Místico, corpo 181
Mito 12, 13, 23, 24, 28-31, 34, 45, 53, 67, 70, 73, 83, 100-105, 112, 116, 118-120, 122, 131, 136-138, 143, 156, 157, 161, 166, 167, 179, 180, 188, 190-193, 200, 201, 208, 210, 211, 213-219, 226, 229, 230, 233, 235-253, 255-258, 260, 261, 263, 264, 266, 271, 275, 283-285, 288, 289, 296, 306, 314, 315, 320, 332, 334, 340-342, 346-348, 356, 357, 363, 370, 392, 412, 413, 420, 424
Mochteria 378
Modelos de alma e sociedade 168
Monarquia 28, 146, 181, 183, 187, 217, 221, 296, 305, 338, 366, 368, 375, 390, 393, 402, 403
Monarquia do mundo 365, 366, 368
More, Paul Elmer 44
Morion 371, 400
Morte. *Ver Tânatos*
Mundo da *pólis* (Voegelin) 13, 14
Murray, G. 244, 249, 262
Museu 140
Mythos 166, 233, 236, 244; *eikos mythos* 254-256; *en mytho* 233, 236

Nacional-socialismo 23, 38
Natureza, mito da 28, 200, 201, 216, 233, 275
Nazismo. *Ver* Nacional-socialismo
Neoplatonismo 342
Neos kai sophos (modernos esclarecidos) 248
Newman, W. L. 327
Nicolau de Cusa 291
Niemeyer, Gerhart 39, 43, 44
Nietzsche, Friedrich 208
Nilsson, M. P. 114
Noesis noeseos 332, 333, 365
Noetos topos 173
Nomimos 97
Nomos 93, 97, 149, 275, 289, 291, 292, 296, 297, 310, 319, 320, 324
Nomos empsychos 279, 291

Nomotética 354, 355, 359, 360, 367, 368, 380, 381, 412, 415, 416
Nomothetes 35, 279, 339. Ver também Legislador 35, 279, 339
Nooumenon 173
Nosos 38, 321
Nous 18, 167, 173, 254, 255, 258-262, 264, 296, 297, 308, 310, 312, 313, 323, 345, 353, 359, 361, 362, 377, 413, 421
Nous-em-psique 83
Nous hegemon 323
Números 308, 309

Oates, Whitney J. 46
Ochlos 205, 208
Ócio. Ver Schole
O'Connor, Flannery 42
Odai 318
Ogle, W. 399
Oikeia; oikeoprageia 125
Oikistes 148, 157
Oikonomia 354
Oikos 371
Oitava Carta (Platão) 76, 282
Oligarquia 108, 182, 183, 185, 217, 296, 304, 375, 381-383, 389, 390, 393, 395, 396, 400, 405, 409, 419
Omphalos: da alma 31, 243; Creta como 287
Onarhypar 177
Oneirata 166, 167
Oneiron 167
Opsis 175
Ordem 12-22, 24, 26, 28, 29, 31-33, 36-38, 40-45, 53, 65-72, 77, 78, 88, 89, 91, 92, 94, 97-99, 101, 103, 104, 107-113, 115, 116, 118, 119, 121-125, 129-133, 137, 141-152, 154-165, 168, 170-172, 176, 177, 179-181, 183, 185, 187-190, 192, 193, 195-197, 199, 200, 203, 204, 208-210, 212-218, 220-227, 229, 230, 232, 233, 236, 242, 243, 247, 250, 254-270, 274, 275, 278-285, 288-291, 293-297, 301, 302, 304-306, 308, 310, 311, 317, 319, 322, 323, 329, 330, 332-335, 337-339, 344, 347, 351, 357, 362, 366, 373, 377-384, 387-397, 401, 403, 407, 409, 411-413, 416, 418, 420, 421, 423, 428, 429

Oresteia (Ésquilo) 71, 244, 262
Organon (Aristóteles) 331
Orientalização 283, 364, 365
Orthe 158
Orthos 218, 219, 393
Orthotate politeia 404
Oudenia 206
Ouk autarkes 158
Ouk orthe 218
Ourano 152
Ouranos 212
Ouro, Idade do 213-215, 247, 263, 296
Ousia 134, 135, 173

Paideia 24, 147, 161, 162, 176, 192, 219, 290, 298, 316-318, 378, 379
Paidia 290, 292, 315-317, 411
Paignion 291, 292
Palaia diaphora 192
Pambasileia 403
Panfílio, mito do 115, 116, 120, 130, 131, 143, 190, 237
Parábola da caverna 25, 120, 174, 196, 206, 260, 360
Parábola do piloto 164, 223
Paradigma 20-22, 24, 26, 28, 33, 44, 118, 119, 121, 130, 131, 136, 143, 145-153, 155, 156, 163, 166, 167, 172, 177, 193, 208, 232, 237, 256-258, 375, 392, 413
Parekbasis 375, 393, 401
Parergon 225
Pareto, curva de 394
Parmênides 13, 124, 127, 229, 332, 333
Participação 74, 73, 330, 377, 386, 387
Pasa athanatos 196
Pascal, Blaise 209
Pathe 290
Pathein 92, 331, 332
Pathemata 91, 300
Pathos 90, 91, 96, 97, 358, 417
Patrioi nomoi 299
Paulo, são 166, 284, 363, 421
Paz de Antálcidas 80
Paz de Filócrates 63
Peira 79

Peitho 71, 131, 132
Pephykenai 134, 135
Perdicas III 282
Perfeição 26, 102, 197, 216, 224, 242, 246, 334, 380, 385, 387, 392, 397
Periagoge 19, 23, 129, 175, 284
Peri areten epithymia 102
Péricles 98
Periodos 308
Peri ta onta 128
Pérsia 63, 81, 265, 266, 305, 342
Pérsias, os (Ésquilo) 265
Persuasão. Ver *Peitho*
Peterson, E. 366
Pètrement, S. 66
Petteutes 294
Phile kai akolouthos Theo 311
Philia 77, 82, 97, 227, 281, 302, 305-307, 376, 377, 395, 413, 421
Philochrematon 169, 185
Philodoxos 126, 127, 135
Philokalos 28, 198, 225
Philokerdes 169
Philomathes 169
Philonikon 185
Philos 280, 291
Philosophia 11, 90, 117, 190, 266, 268, 363
Philosophia prima 363
Philosophon 169
Philosophos 126, 135, 156, 198, 225; *kosmios te kai theios* 156
Philosophos physis 140, 141, 160
Philotechnia 266, 268
Phronesis 171, 173, 176, 232, 234, 253, 267, 269, 302, 353, 359, 364
Phylax 160, 162, 169
Physis 92, 93, 134, 135, 141, 154, 155, 160, 208, 293, 362, 373, 374, 384, 388, 389, 391, 392
Pireu 113-115, 119-121
Pirro de Elis 426
Pistis 174, 254, 259
Pítaco 375
Pitágoras e pitagóricos 192, 238, 239, 364
Planeton 127

Platão 11-40, 42-47, 53, 63-67, 70-83, 85, 86, 90-92, 94, 95, 97-103, 105, 108-113, 115-119, 120-131, 133, 135, 136, 138, 139, 141-156, 158-161, 163, 164, 166, 168-173, 175, 176, 178-188, 191-193, 195-205, 207-210, 213-218, 220-226, 229-231, 233, 236-241, 243-245, 247-257, 259-264, 266-269, 273-285, 287-292, 294, 297-300, 303-310, 312-322, 324, 325, 327-333, 337-347, 349-352, 357, 359, 360, 363, 365, 366, 368, 370, 373-375, 378, 379, 386-388, 390, 392, 393, 395, 397, 409, 410, 412, 419-422
Platon (Hildebrandt) 78
Plauto 425
Pleonexia 94, 265
Pleonexia 94, 104
Plethos (multidão) 16, 376, 381, 393
Plutão 102
Plutarco 74, 208
Poder e espírito 283
Poetas 103, 124, 128, 129, 134, 138, 139, 161, 165, 190-192, 198, 199, 214, 230, 238, 239, 247, 300, 319, 363
Polemos 393
Políbio 187
Polícrates 65
Poligenia 156-158, 160, 162-164, 166, 168, 177, 232
Pólis 12-14, 20-22, 25-29, 32, 34-36, 38, 53, 63-70, 76, 77, 87, 107-110, 112, 114, 117-119, 124, 125, 130, 131, 142, 143, 145-170, 172, 176-185, 187, 190, 192, 193, 195-200, 202, 203, 205, 207, 210, 219, 220, 222-224, 226, 227, 230-240, 242, 247, 249, 257, 261, 264, 266-269, 274-277, 279-285, 287-289, 291-296, 298-305, 307-313, 316, 318, 319, 321-324, 337-340, 343-345, 349-352, 354, 360, 361, 363, 364, 366, 368-385, 387-397, 399-402, 404, 405, 407-413, 416, 417, 419, 422, 424, 426, 429
Polis eudaimon 338, 369
Polis spoudaia 369
Politeia (formas de governo) 11, 19, 20, 24, 130, 155, 212, 217, 300, 304, 323, 357, 360, 375, 380, 382-384, 387, 393, 404, 406, 419
Polites 304, 381
Politeuma 380, 393
Política (Aristóteles) 11, 180, 329, 333, 335-340, 346, 347, 349, 350, 352, 354, 355, 359,

| Índice remissivo **441**

360, 363, 366, 371, 372, 374, 375, 377, 380, 398, 401, 403, 406, 409, 413, 417
Político (Platão) 28, 29, 33, 75, 101, 117, 156, 179, 182, 195, 201, 202, 209-211, 217-219, 222, 224, 225, 235, 247, 250, 260, 261, 263, 264, 271, 273, 276, 284, 287, 288, 290, 296, 304, 312, 328, 329, 340, 393, 397
Político (Aristóteles) 328
Politike arche 384
Politike episteme. Ver *Episteme politike*
Politike philia 377
Politikon zoon 372, 424
Polo 85-94, 104
Polymathie 125
Polypragmosyne 125, 126
Popper, K. R. 23, 25
Posêidon 263, 267-269
Praechter, K. 169
Praxis 310, 311
Primitiva, pólis 158, 159, 160
Princípio antropológico 12, 129-132, 145-148, 162, 158-172, 184-186, 352, 353, 369, 412
Problemata (Aristóteles) 343
Proêmios 278, 279, 284, 287, 313
Profundeza e descida 19, 114-123, 143
Prometeu (Ésquilo) 71, 244
Prooimia nomon (prelúdios ou preâmbulos à lei) 312
Propriedade 21, 128, 136, 154, 162, 182, 218, 351, 376-379
Propriedade dos símbolos 128
Prosphiles 97
Protágoras (Platão) 72, 128, 175
Protréptico (Aristóteles) 328, 360, 361
Pseudomorfose 283
Pseudos 128, 166, 167; *alethos pseudos* 128
Psicologia 105, 169, 185, 226, 266, 301
Psyche 196, 255, 308

Querefonte 67, 85, 89
Quinta Carta (Platão) 282

Ratio x *fides* 30
Rei-filósofo 14, 20, 28, 33, 34, 126, 196, 198, 209, 210, 276-279, 281, 288, 342, 412

República (Platão) 19-23, 25, 32-34, 42, 44-46, 71-73, 75, 90, 97, 101, 107-109, 111-113, 115-117, 120-123, 125, 129-135, 137, 143, 145, 146, 148-150, 153, 156, 157, 161, 166, 168, 171-173, 176, 177, 179-183, 186, 187, 189, 193, 195, 196, 198-202, 206-208, 210, 217, 226, 230-237, 239, 240, 242, 247, 256, 260, 264, 266, 267, 269, 273, 276-281, 284-286, 288, 290-292, 306, 328, 329, 340, 347, 351, 369, 370, 375, 386, 395-397, 409, 412, 419
Resistência à corrupção 123, 126, 163
Retórica (Aristóteles) 416-419
Revoluções 287, 300, 337, 378, 388, 405, 406, 412, 416
Rivaud, Albert 241
Robinson, C. A. 45
Romanos, Carta aos 166
Rosen, Stanley 40, 41, 43
Ross, W. D. 358
Rousseau, Jean-Jacques 413
Russell, Bertrand 23, 44

Sabedoria. Ver *Phronesis*; *Sophia*
Sabine, G. H. 66, 327
Saeculum senescens 216
Salto no ser 13, 15, 43-45, 152, 333, 392
Salvador com a espada 210, 220, 225
Sandoz, Ellis 39, 42, 43
Scheliha, R. von 74
Schelling, Friedrich 251, 252
Schema 219
Schole 316, 362, 410
Scientia Dei 334
Scott, W. 342
Segunda Vinda 216
Sema-soma 102, 103, 255
Sermão da Montanha 284
Sétima, Carta (Platão) 15, 34, 63, 75-77, 79, 278, 282
Sexta Carta (Platão) 82
Sexto Empírico 426, 427, 428, 429
Shinn, Roger L. 39, 46
Shorey, P. 66
Sicília 65, 74, 75, 81
Símbolos 16, 36, 43, 66, 101, 103, 113, 115, 116, 120-122, 124, 127, 128, 130, 144-147,

150, 161, 173, 190, 197, 213-215, 229, 238, 242-247, 249-252, 256, 257, 259, 274, 286, 297, 305, 315, 319, 320, 329, 331, 333-335, 340, 341, 350, 420, 421, 425
Siracusa 15, 74, 75, 76, 79, 81
Snell, B. 363, 364, 424
Sobre a alma (*Eudemo*) (Aristóteles) 328
Sobre a filosofia (Aristóteles) 328, 341
Sobre a justiça (Aristóteles) 328
Sobre a oração (Aristóteles) 331
Sobre a retórica (*Grilo*) (Aristóteles) 328
Sociedade 12, 15-17, 20, 22-28, 30, 32, 36-38, 53, 65, 68, 71-73, 78, 85, 86, 88-91, 93, 98, 99, 108, 112, 113, 115, 121-126, 129-137, 139, 141, 142, 144, 145, 147, 148, 154-156, 159, 163, 168, 169, 170, 172, 175-177, 185, 188, 189, 197, 199, 200, 201, 208, 210, 211, 215, 216, 219, 233, 242, 245, 246, 255-257, 266, 269, 271, 274, 277, 280, 284, 285, 289, 291, 302, 305, 306, 322, 344-346, 350, 351, 355, 357-360, 367, 368, 376-379, 382, 384-387, 389-392, 394, 397, 405, 412, 413, 421-425, 429
Sócrates 15, 19, 22, 25, 28, 33, 35, 42, 44, 63-73, 77, 78, 80, 85-104, 109, 110, 113-115, 118-122, 126, 127, 133, 134, 138, 141, 142, 146-153, 157, 159-166, 172-178, 181, 189, 190, 192, 193, 195, 196, 199, 201-203, 205, 207, 209, 210, 220, 223-225, 229-231, 233-241, 297, 322, 328, 340, 342, 392, 412, 420, 425
Sofista (Platão) 75, 202, 209, 264, 328
Sofista (Aristóteles) 328
Sofistas 14, 15, 38, 42, 124, 128, 129, 131, 134, 138, 140, 141, 145, 175, 198, 199, 215, 218, 230, 314, 321, 333
Sólon 63, 149, 192, 223, 231, 232, 234-239, 241, 363, 375
Sol, simbolismo do 286, 308
Solstício 91, 305, 312
Sonâmbulos 167
Sonho 14, 65, 137, 139, 164, 166-168, 177, 196, 239, 266, 300, 361, 368
Sophia 168, 169, 171, 353, 418
Sophon 12
Sophos 429
Sophron 77, 311
Sophrosyne 97, 168, 169, 226

Soteria 322, 324, 383
Spengler, O. 187
Spinoza, Baruch 320
Spoudaios 16, 39, 356, 359, 360, 369, 377, 379, 384, 392
Stalin, Joseph 24
Stasiastikos 218
Stasiotes 304
Stasis 378, 405
Stasis dianoias 427
Stewart, J. A. 241
Storia eterna ideale 188, 303
Strauss, Leo 41
Summa Theologiae (Tomás de Aquino) 46
Summum bonum 36, 137, 420, 425
Summum malum, medo da morte como 137
Suplicantes, As (Ésquilo) 71
Sympheron 393
Symphytos epithymia 212
Syngenes 254
Syntheke 135
Syntheton 371
Systasis 259, 408
Systema 336

Tales 192, 205, 208
Tânatos 72-74, 103, 237, 328, 420
Taxis 254, 255, 257, 380, 393
Taylor, A. E. 66, 67, 208, 241, 249, 253
Teatrocracia 318
Techne 152, 189, 399, 416
Techne metretike 152, 189
Techne rhetorike 416
Teeteto (Platão) 28, 72, 75, 90, 95, 182, 201-203, 207, 209, 225, 264, 328
Teleia eudaimonia 361
Teleios 361, 372
Telos 351, 372, 397, 419, 424, 427
Temison 328
Temístocles 98
Tempo 15, 16, 22, 23, 31, 34, 36-38, 42, 45, 47, 66, 68, 69, 75, 87, 93, 94, 99, 101, 112, 114, 115, 118, 119, 124, 126, 130, 142-144, 152, 160, 163, 164, 166, 171, 177, 182, 184, 185, 192, 195, 203, 204, 207, 210-213, 222, 223,

229, 232, 234, 235, 243, 244, 246, 249-251, 257-259, 265-267, 276, 278, 282, 286, 288, 290, 299, 300, 305-309, 316, 318, 320, 321, 335, 340, 341, 343, 348, 350, 356, 359, 367, 388, 390, 400, 404, 409-411, 413, 418, 420, 423, 425, 429

Teocracia 32, 33, 281, 284, 285

Teodiceia 116, 214

Teofrasto 423-425

Teogonia 156, 157, 248

Teologia 33, 34, 41, 128, 161, 162, 328, 334, 336, 341, 366

Teoria racial 23

Terceira Carta (Platão) 278

Terêncio 425

Tetraktys 259

Thaumazein 363, 364

Theia politeia 323

Theion paradeigma 156

Theios kosmios 156

Theios momeus 219

Theiotaton 361, 362, 421

Theoretike energeia 361

Theoria theou 363

Theoros theastai theorein 364

Theos 286

Theosebeia 323

Theou moira 141

Thremma 203, 204, 264

Thymoeides 160, 169

Thymos 368

Timeu de Lócrida 231, 236

Timeu (Platão) 18, 27, 29-31, 44, 46, 83, 101, 121, 149, 156, 182, 197, 202, 211, 229-235, 237-242, 248, 252-254, 256-258, 260-262, 264-266, 269-271, 287, 307, 308, 312, 314, 328, 340

Timocracia 110, 146, 181-183, 185, 375

Timoleon 80

Timoleon (Plutarco) 74, 80

Timon de Fliunte 426, 428

Timoria 105

Tirania 25, 28, 36, 80, 93, 117, 132, 137, 183, 185, 187, 203, 217, 221, 222, 283, 304, 318, 322, 375, 381-383, 389, 390, 393, 401, 403, 422

Tomás de Aquino 46, 291, 413

Topoi 38, 335, 390

Toynbee, A. J. 40, 43, 187

Tractatus Politicus (Spinoza) 320

Tragédia 71, 72

Transcendência 38, 40, 124, 138, 140, 167, 172, 173, 187, 315, 331-335, 421, 422

Transubstanciação 334

Trasímaco 35, 107, 113, 118-120, 131-133, 143, 242

Trindade/tríade 213, 259, 260

Trinta Tiranos 63

Tryphe 98; *tryphosa* 158

Tucídides 68, 154, 161

Tusculanas, Disputas (Cícero) 364

Tyche 295, 387

Ueberweg, F 169

Utopia 266

Verdade 12, 13, 17-19, 24, 27, 30, 31, 36, 42, 44, 79, 88, 89, 91-93, 99, 101, 104, 105, 120-124, 127-129, 135, 138, 139, 144, 165, 166-168, 173, 174, 179, 184, 191-193, 200, 218, 223, 227, 230, 233, 235, 236, 243-251, 254-256, 261, 289, 296, 310, 342, 349, 348, 353, 355, 356, 358, 367, 397, 415, 419, 420, 424-429

Verdross-Drossberg, A. von 66, 328

Via negativa 333

Vico, Giambattista 187, 188, 215, 303, 373

Vida teórica e contemplativa. Ver *Bios theoretikos*

Vida e morte 103, 123

Virtudes 16, 95, 96, 141, 168, 171-173, 175, 190, 193, 226, 270, 288, 290, 323, 324, 333, 338, 353, 354, 357, 360, 361, 369, 387

Weil, B. 42

Wilamowitz-Moellendorf, U. von 327

Wild, J. 66

Wolfson, H. A. 363

Xenócrates 81, 330

Xenófanes 13, 69, 124, 128, 161, 229, 236, 332

Xerxes 94
Xynon 137

Yeats, W. B. 11

Zetema 22, 142-145, 152, 155-157, 229
Zetesis 144, 145, 156

Zetetes 144
Zeus 78, 100-103, 214, 227, 241, 248, 262, 263, 265, 270, 271, 286, 294, 296-298, 305, 340, 367
Zeus agoraios 262
Zoogenes 227
Zoon empsychon ennoun 255
Zoroastro 341, 342, 345, 365

Edições Loyola é uma obra da Companhia de Jesus do Brasil e foi fundada em 1958. De inspiração cristã, tem como maior objetivo o desenvolvimento integral do ser humano. Atua como editora de livros e revistas e também como gráfica, que atende às demandas internas e externas. Por meio de suas publicações, promove fé, justiça e cultura.

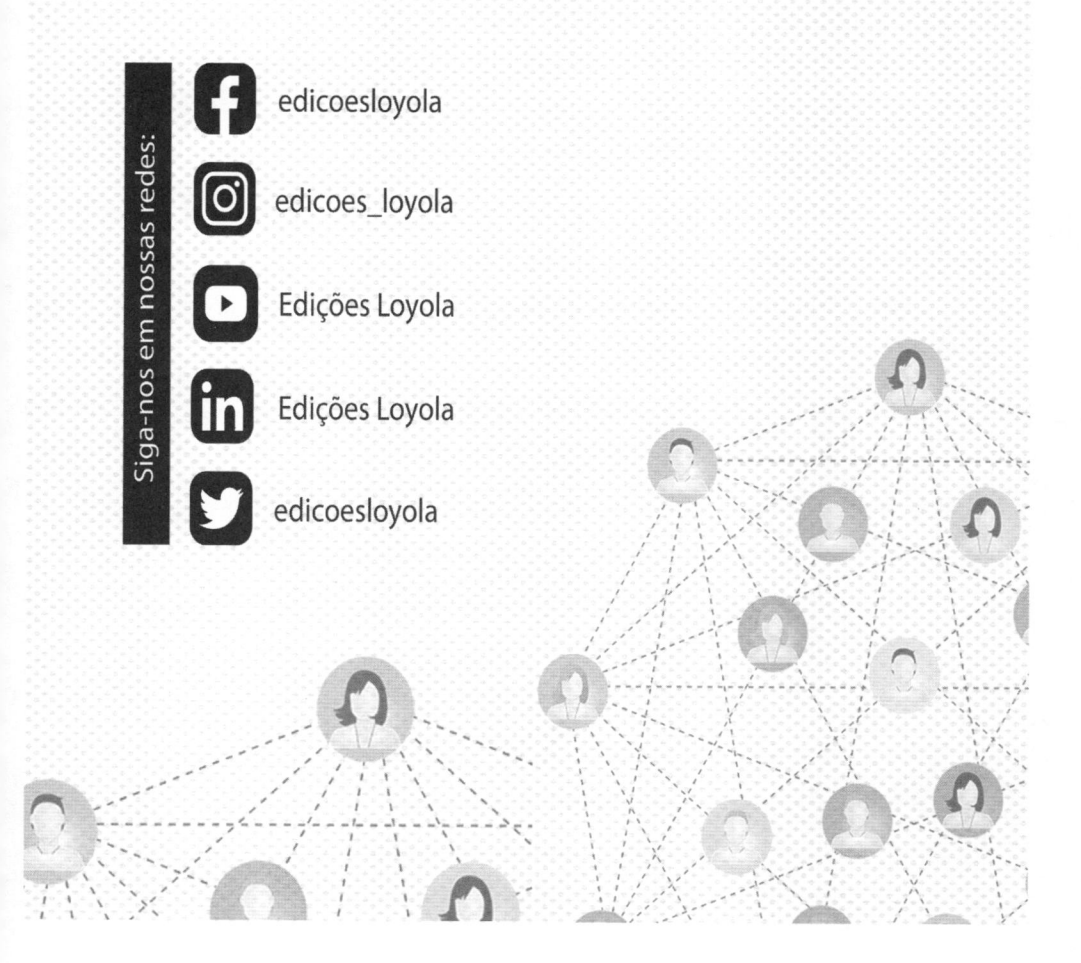

Siga-nos em nossas redes:

edicoesloyola

edicoes_loyola

Edições Loyola

Edições Loyola

edicoesloyola

Edições Loyola

editoração impressão acabamento
rua 1822 n° 341
04216-000 são paulo sp
T 55 11 3385 8500/8501 • 2063 4275
www.loyola.com.br